남남출판 원고지

스튜디오와
광장
사이에서

나남
nanam

양승동(梁承東)

1989년 KBS에 PD(공채 16기)로 입사해, 〈기동취재 현장〉, 〈세계는 지금〉, 〈추적 60분〉,
〈KBS 스페셜〉, 〈아침마당〉, 〈인물현대사〉, 〈HD 역사스페셜〉, 〈명견만리〉 등을 제작했다.
2006년부터 2년간 KBS PD협회장을 맡았고, 후반기 1년은 한국PD연합회장을 겸임했다.
2008년 8월 'KBS 사원행동' 공동대표를 맡기도 했다. 2018년 4월, 제23대 KBS 사장에
취임하고, 같은 해 12월부터 2021년까지 제24대 사장을 연임했다. 사장 재임 초반 한국
방송협회장을 겸임하기도 했다.

나남신서 2184

스튜디오와 광장 사이에서
공영방송 KBS 민주화 30년

2024년 12월 5일 초판 발행
2024년 12월 5일 초판 1쇄

지은이   양승동
발행자   趙相浩
발행처   ㈜나남
주소   10881 경기도 파주시 회동길 193
대표전화   (031) 955-4601
FAX   (031) 955-4555
등록   제1-71호(1979.5.12)
홈페이지   http://www.nanam.net
전자우편   post@nanam.net

ISBN   978-89-300-4184-3
            978-89-300-8655-4 (세트)

나남신서 2184

스튜디오와 광장 사이에서

공영방송 KBS
민주화 30년

양승동 지음

나남
nanam

공영방송 KBS가 나락의 길로 추락하고 있는 지금, 양승동 사장이 KBS 를 되새겨 볼 수 있는 귀한 책을 내놓았다.

수많은 자료와 증거를 가지고 기록한 〈스튜디오와 광장 사이에서〉는 KBS의 공영방송으로서의 조건, 한계, 가능성 등 많은 것을 곱씹게 하는 생생한 KBS 현대사이다.

제작 현장의 PD로, 사원행동과 새노조의 맨 앞자리에서, 그리고 최고 경영자로, 그는 중요한 대목마다 온몸을 던졌다. 그는 이 책에서 KBS가 권력에 종속된 굴종의 시대에는 어떻게 추락했고, 6월 항쟁 이후 자율 과 민주가 확대되는 시대에는 어떻게 공론의 장에서 선한 영향력을 행 사할 수 있었는지를 증언한다.

그 많은 이야기들을 양승동 사장의 성품처럼 낮은 목소리로 조곤조 곤 설명한다. 알려지지 않은 많은 이야기들도 나온다. 참으로 소중한 KBS 현대사다.

– 정연주 (전 KBS 사장)

5

나는 노조가 142일 장기 파업을 하던 2018년 KBS 이사로 임명됐다. 즉시 사장 선임 절차에 착수하며, 이사장으로서 청와대에 불개입을 요구했고, 청와대는 개입하지 않았다. 나아가 시민의 폭넓은 참여를 담보하는 시민자문단 제도를 채택하여, 자문단에게 이사회의 사장 선임권 40%를 행사토록 했다. 이사회와 시민자문단의 후보자 점수는 조금 달랐으나 순위는 똑같았다. 놀라운 일이 아닐 수 없었다.

양승동 사장은 그런 과정과 합의로 선임한 최초의 사장이었다. 지금 언론 현실은 비참하다. 어떻게 이렇게 하루아침에 망가질 수 있단 말인가, 망연자실했다. 이런 상황에 양승동 사장이 KBS를 깊이 성찰하는 글을 책으로 묶어 냈다. 그렇다. 거기 희망의 길이 있을 것이다. 우리는 온갖 풍상을 이겨냈다. 오늘의 현실이 얼마나 가겠는가. 다시 시작하는 지침서가 되길 바란다. 모든 구성원과 함께 환영하고 고대한다.

– 김상근 (전 KBS 이사장)

이 책은 양승동 PD가 1989년 입사한 이후 전개된 KBS의 민주화 과정에 대한 기록이다. 학자들처럼 멀리서 바라보는 제삼자적 관점이 아니라, 자신이 직접 참여한 방송 현장의 르포르타주다. 공영방송의 방송 민주화 투쟁은 대한민국 민주주의 발전과 밀접하게 연결된 역사적 사건이라는 점을 강조한다.

또한 공영방송 사장은 더 이상 대통령이 임명하는 낙하산이 아니라, 왜 시청자의 참여로 선출되어야 하는지 잘 담고 있다. 모든 역사가 현대사이듯, 이 책은 양승동 PD의 눈에 비친 KBS 현대사로써, 윤석열 대통령 시대 KBS의 암울한 현실을 올바르게 바라보게 하는 등대와 같은 책이다.

– 이창현 (국민대 언론정보학부 교수 · 전 KBS 시청자위원회 위원장)

'요즘 KBS에 관한 책에 누가 관심 있겠는가? 냉소의 대상일 뿐인데….'
'그래도 기록을 남겨야 한다. 그래야만 되풀이되는 불행을 막을 수 있다.'

이 책을 쓰려고 마음먹었을 때 두 개의 자아가 갈등을 일으켰습니다. 방송과 미디어 환경이 크게 바뀌어 '공영방송 무용론'까지 나오고 있는 게 현실이기 때문입니다. 사실 "공영방송이나 KBS에 왜 관심을 가져야 하지?"라고 묻는 분들도 있습니다.

이제는 KBS 같은 공영방송이 필요 없을까요?

공영방송이나 민주주의를 연구하는 학자들은 그렇지 않을 것이라고 말합니다. 앞으로도 공영방송의 존재 이유는 사라지지 않을 것이며 새로운 비전을 찾게 될 것이라고 합니다.[1] 수신료에 대한 저항이 있는 게 사실이지만 영국이나 독일, 스위스 등 유럽의 공영방송사들은 디지털·글로벌 미디어 시대에 적응하며 여전히 큰 영향력을 발휘하고 높은 신뢰를 얻고 있습니다. 하지만, 한국의 공영방송으로 초점을 맞춰보면 얘기가 달라집니다. 정상화되는 듯하던 공영방송 KBS가 다시 엉망이 돼 버렸습

---

1   그레이엄 머독, 2011,《디지털 시대와 미디어 공공성》, 이진로 외 옮김, 나남, 292쪽; 위르겐 하버마스, 2024,《공론장의 새로운 구조변동》, 한승완 옮김, 세창출판사, 52, 68, 72쪽 참조.

니다. 다시 공공연한 낙하산 사장이 내려오고 신뢰도는 추락했습니다. 또다시 냉소의 대상이 됐고 내부는 무력감에 빠진 듯했습니다.

우리 국민은 KBS가 이대로 추락하길 바랄까요? 저는 그렇지 않을 것이라고 봅니다. 많은 시민들은 여전히 KBS가 다시 일어서기를 기대하고 있다고 생각합니다.[2] 그래서 용기를 내서 KBS 이야기를 써 보기로 했습니다.

저는 1989년 2월 KBS에 입사해서 30년간 방송 PD로서 프로그램을 만들었습니다. 그 후 KBS 사장으로 3년 8개월을 일했습니다. 처음엔 사장 재임시절 이야기를 기록하려 했습니다. 하지만 초고를 쓰다가 중단했습니다. 이유는 윤석열 정권의 공영방송 장악 때문입니다. 박민 낙하산 사장은 KBS를 너무나 망가트렸습니다. 2016~17년 촛불 이후 저의 재임 시절과 윤석열 정권 이후 박민 사장 시기의 KBS는 비교 자체가 불가능해졌습니다. 제 재임시절 얘기를 아무리 성찰적으로 쓰더라도 자화자찬이 될 것 같아 다음 기회로 미루었습니다.

대신 PD시절의 이야기를 쓰기로 했습니다. 저의 PD시절 30년은 'KBS 민주화' 30년 역사와 시기적으로 거의 일치합니다. 제가 방송 프로그램 제작에 전념하면서, 또 나중에는 낙하산 사장 거부와 제작 자율성 지키기 싸움에 앞장서면서 보고 겪은 이야기를 해 보고 싶었습니다. 저의 PD 시절과 KBS 민주화 여정에 관한 이야기를 지금 할 만하다고 여긴 이유는 두 가지입니다.

하나는 '낙하산 사장이 왜 문제인가'를 분명히 얘기할 수 있다고 생각했기 때문입니다. 윤석열 대통령은 자신의 '술친구'로 알려진 박민 전 문

---

2 사장으로 재임 중이던 2021년 5월, 여론조사기관 한길리서치 및 '갈등해결·평화센터'와 함께 국민 209명을 대상으로 실시한 TV수신료 관련 '공론조사(1박 2일 숙의토론)'에서 "KBS 같은 공영방송이 필요하다고 보십니까?"라는 문항에 참여자의 91.9%가 '그렇다'고 답했다.

화일보 편집국장을 KBS 사장으로 거리낌 없이 앉혔습니다. 이래도 되는 걸까요? 이 질문에 대한 답을, 제가 겪은 1987년 6월 민주항쟁 이후의 KBS 민주화 역사를 통해 보여주고 싶었습니다. 공영방송사의 경우 '내부의 민주화'는 그 어떤 가치보다 우선한다고 생각합니다. 내부가 민주화되어야 제작 자율성이 보장되고, 그래야만 공정한 보도와 고품질 프로그램이 나올 수 있기 때문입니다. 기자가 뉴스를 취재하고 PD가 프로그램을 제작하는 데 충분한 자율성[3]을 갖고 있다면 내부가 민주화되어 있다고 할 수 있습니다.

또 하나의 이유는 KBS의 앞날을 예측할 수 있을 것이라는 기대 때문입니다. 윤석열 정부의 'TV수신료 분리징수' 밀어붙이기와 김의철 사장 해임 사태를 겪으며, KBS 내부가 혼란에 빠지고 사원들이 무력감에 빠진 모습이 한동안 지속됐습니다. 밖에서 저의 지인들이 많이 걱정하며 궁금해 했습니다. KBS인들이 왜 싸우지 않지? 이제는 체념하고 이대로 주저앉을 것인가?

이 책을 쓰면서 두 가지에 관해 명확히 확인할 수 있었습니다. 먼저 낙하산 사장이 KBS에 발붙여서는 안 된다는 것을 다시 한번 절감했습니다. 수신료를 주‡ 재원으로 하는 KBS는 국민의 신뢰가 없으면 존재할 이유와 가치가 없습니다. 지난 역사를 보면, KBS가 국민의 신뢰를 받은 시기는 사장이 민주적으로 선임된 때였습니다. 6월 민주항쟁 이후 그런 경우는 두 번 있습니다. 1988년 서영훈 사장과 2003년 정연주 사장 시기입니

---

3   물론 자율성은 기자나 PD가 마음 내키는 대로 할 수 있다는 것은 아니다. 자율성은 책임감과 균형을 이루어야 하고 데스크의 정당한 리더십을 따라야 한다. 사실 이러한 요소들까지 모두 고려한다면 제작 자율성은 동태적(動態的) 개념이다. 내부적으로 계속 환기하고 공론화할 필요가 있다.

다. 당시 KBS는 공정한 보도와 고품질 프로그램으로 국민으로부터 큰 신뢰를 받았습니다. 이 시기에 KBS는 내부가 민주화되고 제작 자율성이 보장됐습니다.

반면 낙하산 사장, 특히 2008년 이후 노골적인 낙하산 사장들이 선임된 시기에는 KBS의 신뢰도가 급격히 추락했습니다.[4] 계속해서 유사한 패턴이 반복됐습니다. 이러한 사실은 수치로 명확히 확인됩니다. 낙하산 사장 시기에는 KBS 내부 민주주의와 제작 자율성이 탄압받았습니다. 낙하산 사장은 태생적으로 정권의 안위와 오더(주문)에 민감할 수밖에 없습니다. 상식적으로도 그렇지 않겠습니까? 청와대나 용산 대통령실에서 내려보낸 사장이 인사권을 행사하는 방송사에서 뉴스가 공정할 수 있겠습니까? 자율성을 억압하면 창의성도 사라집니다. 그런 환경에서 고품질 프로그램이 나올 수 있겠습니까?

저의 경우를 조금 얘기해 보겠습니다. 1960년 4·19 혁명이 일어난 해에 태어나 1970~80년대를 몸으로 겪은 저는 한국 현대사와 남북 분단 문제에 관해 깊은 관심을 가졌습니다. 이를 방송 프로그램으로 제작하고 싶었고, 1980년대 말에 KBS PD가 되었습니다. 입사 후 약 15년, 2000년대 중반까지 우여곡절이 있었지만 스스로 성장하고 발전하고 있다고 느꼈습니다.

특히 2000년대 초중반, 사장이 민주적으로 선임되고 제작 자율성이 충분히 보장되는 환경 속에서, 저는 오랫동안 염원한 한국 현대사 프로그램 제작에도 본격적으로 참여할 수 있었습니다. 2003년 6월부터 2년

---

4   물론 청와대가 개입했어도 정권의 성격에 따라 차이는 있었다. 그 정권이 노골적인 방송장악을 기도하지 않은 경우, KBS 사장은 제작 자율성을 일정 정도 보장했다. 그런 경우 KBS의 신뢰도가 크게 떨어지지는 않았다.

동안 방송된 〈인물현대사〉입니다. 그때는 참 열심히 그리고 보람 있게 일할 수 있었습니다.

하지만 2000년대 중반, 제 30년 PD시절의 절반을 지나면서 제작에 집중할 수 없게 됐습니다. 이명박 정부 출범 직전입니다. 저는 제작 자율성이 보장되는 시기가 끝나감을 직감했고, 이 시점에 KBS PD협회장이 되었습니다. 제 PD 경력의 전환점입니다. 이후 정권의 방송장악에 저항하는 일에 앞장서게 되었습니다. 그러다가 사장까지 되었지만, 사실 저는 PD로서는 성공적이지 못했습니다. 저의 목표는 방송 전문인이었기 때문입니다. KBS 퇴직 후에 국제 다큐멘터리 영화제에 작품을 출품하는 것이 꿈이었습니다. 〈인물현대사〉를 제작하면서 제가 만든 방송을 보면, 스스로 부족하다고 느낄 때가 많았습니다. 통찰력 넘치고 시청자들의 깊은 공감을 받는 프로그램, 시사와 역사를 다루면서도 예술적 감각이 잘 배어 있는 콘텐츠가 되려면 제게 시간이 더 필요하다고 생각했습니다. 하지만 그렇게 되지 않았습니다. 만일 제작 자율성을 보장받으며 프로그램 제작에 전념할 수 있는 환경이 이어졌다면, 저는 계속해서 한국 현대사 관련 프로그램을 제작했을 것입니다. 그리고 지금쯤 내세울 만한 대표작 몇 편을 갖게 되었을지도 모릅니다. 하지만 그렇지 못해 아쉬움이 많습니다. 특히 요즘 강력한 흡인력이 있는 잘 만든 다큐멘터리 영화를 보면 더 그렇습니다.

저뿐만이 아니었습니다. 6월 민주항쟁 이후 대부분의 기자와 PD들은 낙하산 사장을 거부하고 제작 자율성을 지키기 위한 투쟁에 나서야 했습니다. KBS의 신뢰가 추락하며 시민들로부터 외면당하고 욕먹는 상황에서 어떻게 묵묵히 자기 일만 하고 앉아 있을 수 있었겠습니까? 취재와 제작 현장보다 광장이나 길바닥에 앉아 있어야 하는 시간이 더 길었던 때가 너무 많았습니다. 이 얼마나 사회적으로나 개인적으로 불행한 일이고 낭비입니까? 이제 더 이상 낙하산 사장은 안 된다는 것을 이 책을 통해 분명히 말하고 싶었습니다.

이 책을 쓰면서 제가 확인한 다른 한 가지는, 낙하산 사장에 대해서는 KBS인들이 앞으로도 계속 거부하고 싸울 것이라는 점입니다. 2022년 5월 집권한 윤석열 정권은 KBS를 과거 낙하산 사장 시대로 후퇴시켰습니다. 보도가 다시 '땡윤 뉴스' 소리를 듣고 고품질 프로그램들이 계속 사라졌습니다. 방송 프로그램과 인사를 둘러싸고 비상식적 일들이 너무 많이 일어났습니다. 그런데 어찌된 일인지 KBS 내부가 조용해 보였습니다. 밖에서 보기에 침묵이 길어지는 것 같았습니다. 하지만 제가 겪은 KBS 민주화 30년 여정을 반추하며 다시 확신을 얻었습니다. KBS 후배들이 결코 가만히 있지 않을 것이라고 말입니다. KBS인들은 위기에 처했을 때 늘 떨쳐 일어났습니다. 1987년 이후 예외가 없었습니다. 이 책을 마무리할 때쯤 그들이 다시 꿈틀거리며 일어서는 모습을 보여주었습니다.

현재의 KBS에 가장 큰 영향을 미친 사건은 바로 1987년 6월 민주항쟁입니다. 이때부터 KBS인들이 각성하고 행동하기 시작했습니다. KBS 민주화가 시작된 것입니다. 이 여정은 정권의 부당한 방송장악에 대한 KBS 구성원들의 끊임없는 투쟁의 역사입니다. 다시 말해 '제작 자율성'과 '내부의 민주화'를 억압하는 낙하산 사장과 이에 저항하는 내부 구성원들 간의 갈등과 충돌로 점철된 여정이었습니다.

이번에 정리해 보니, 6월 민주항쟁 이후부터 2016~17년 촛불 직후까지 30여 년 동안, KBS 사원들은 다섯 차례의 '공영방송 구하기 투쟁'을 벌였습니다.

6월 민주항쟁 이후 KBS 사원들이 과거의 부끄러움을 떨치고 일어났습니다. 이들은 스스로 PD협회를 비롯한 직능단체들과 노동조합을 결성해 "민주주의는 직장에서부터"라는 기치를 내걸고 내부 민주화를 시작합니다. 내부 민주화는 공정방송의 전제 조건입니다. 마침내 이들은 공정방송을 위한 제도적 장치를 쟁취해 냅니다.[5] 최초의 투쟁입니다.

하지만 노태우 정권이 다시 KBS를 장악하려 합니다. 전 사원이 떨치고 일어나 36일 동안 제작을 거부하며 싸웠습니다. 바로 1990년 'KBS 4월 투쟁'으로 2차 공영방송 구하기입니다. 한편 1990년대 10여 년, KBS 사원들은 노동조합을 중심으로 '민주적 방송법' 쟁취를 위한 연대투쟁에 적극 나섰습니다. 3차 투쟁이었습니다. 2003년 참여정부가 출범했지만 기대와 어긋나게 다시 낙하산 사장을 내려보냅니다. 다시 싸워야 했습니다. 4차 공영방송 구하기입니다.

물론 1993년 김영삼 정부가 출범하면서 민주화에 대한 기대감이 상승하고, 이후 김대중 정부를 거쳐 2003년 출범한 노무현 정부까지 정권 차원의 노골적 방송장악은 없었습니다. 이 시기에 KBS의 내부 민주화가 계속 진행되어 2005년 전후로 정점에 이릅니다. KBS는 전 매체를 통틀어 영향력에 이어 신뢰도까지 모두 1위를 기록하게 됩니다.

하지만 2008년 MB 정부는 다시 노골적으로 방송을 장악하려 했습니다. KBS인들은 공영방송을 구하기 위해 재차 일어섰고, 격렬한 충돌과 파행이 이어졌습니다. 이 투쟁은 2016~17년 촛불 직후까지 10여 년 동안 계속됩니다. 5차 공영방송 구하기 투쟁이었습니다.

이 책을 크게 두 축으로 엮었습니다. 한 축은 이러한 다섯 차례의 공영방송 구하기 투쟁을 중심으로 한 KBS 민주화의 큰 흐름입니다. 또 한 축은 저의 이야기입니다. 1989년에 PD로 입사해서 'PD는 프로그램으로 말한다'는 생각으로 줄곧 방송 제작에 전념하려 했던 이야기, 그리고 이명박·박근혜 정권 시기 10여 년 동안 방송장악 저지와 제작 자율성 지키

---

5 이때 처음으로 '(노사 간) 공정방송위원회'가 만들어지고 '(방송 관련) 4개 본부장 추천제'도 도입된다.

기에 앞장서게 된 이야기를 적었습니다. 민주화 여정 속에서 스튜디오와 광장을 수없이 오가며 때때로 고심해야 했지만, 동료들과 끝까지 함께 걸어간 이야기를 담았습니다.

이와 더불어 이 책 속에는 제 동료들에 관한 이야기가 많습니다. 그들은 낙하산 사장 거부 또는 퇴진 투쟁에 앞장서다가 구속되는가 하면 곡기를 끊고 단식을 선택하기도 했습니다. 저는 당당하고 꿋꿋하게 싸우며 자신을 희생한 선후배 동지들에게 부채 의식이 있습니다. 물론 빚이라면 촛불 시민들에게 훨씬 더 크게 지고 있습니다. 2008년 6월부터 촛불을 들고 KBS를 지켜주러 오셨던 시민들은 KBS인들에게 큰 힘이 되었고 또늘 깨어 있게 해주었습니다.

이탈리아 역사가 크로체[B. Croce]는 "모든 역사는 현대사"라고 했습니다. 지금의 시선과 문제의식을 통해 과거를 보게 된다는 의미죠. 이 책도 KBS 민주화 여정에서 제가 보고 겪은 일들을 현재의 제 관점과 기준으로 기록하고 평가한 것입니다. 물론 저의 관점과 기준은 과거부터 이어져 온 것이지만 현재 더 분명해졌습니다. 바로 KBS 조직 내부가 얼마나 민주적으로 움직이는지, 그리고 취재와 제작 현장에서 자율성이 얼마나 보장돼 있는지입니다. 거듭 말하지만 이럴 경우에만 공정한 보도와 고품질 프로그램으로 국민의 신뢰를 받을 수 있기 때문에 그렇습니다. 그러다 보니 관점이 다른 사람들이 불편해할 이야기들도 많습니다. 하지만 KBS가 겪고 있는 위기의 본질을 이해하고 더 이상의 퇴보를 막기 위해서는 과거를 묻어둬서는 안 된다고 생각합니다.

관점이 다른 분들은 책이나 기고 등을 통해 반박해 주시고, 당시에 논란이 됐던 사안들에 대해 투명하게 밝혀 주기를 기대합니다. 또한 이 책은 일부 노동조합에 대해서도 비판적으로 얘기했습니다. 물론 사장 재임 시절엔 모든 노동조합을 공평하게 대하려고 노력했습니다. 경영자로서 당연한 얘기입니다. 하지만 역사적 기록과 평가는 그럴 수 없습니다.

끝으로 이 책을 출간할 수 있게 해주신 조상호 회장님과 신윤섭 편집장 그리고 나남출판사 가족들께 깊이 감사드립니다. 많은 시행착오가 있었지만 덕분에 이 책이 햇빛을 볼 수 있었습니다.

차 례

추천의 글   5
책머리에   7
프롤로그   양 선배도 '적폐'가 됐다면서요?   23

1부 부끄러움을 넘어서

1987년 6월, 깨어나다   29
"부끄럽다"   30
〈여우의 이간질〉과 시청료 거부운동   30
내부의 꿈틀거림   35
6월 민주항쟁과 자괴감   38
집단적 각성, PD협회 결성   40
민주주의는 직장 안에서부터   45
마침내 노동조합을 만들다   48

'공정방송'의 기반을 만들다   52
무에서 유를, 행동하는 노조   52
변화의 상징, 〈심야토론〉   57
88서울올림픽과 공정방송   59
최초의 '민주적 사장'   67
민주 공채 1기   70
이상향, 서영훈 사장 시절   72

짧았던 봄날, 1990년 'KBS 4월 투쟁'   79
표적 감사와 여론몰이   79
바람이 그대들 곁을 떠나게 하는구나!   84
모두가 떨쳐 일어서다   87
80년대 언론학살 재현   93
불은 꺼졌지만 불씨는 남는다.   97

2부 민주화, 결실을 맺다

축적의 시간   103
PD는 프로그램으로 말한다   103
법정투쟁도 당당하게   109
'민주적 방송법' 투쟁 1   111
'우려 반 기대 반', 홍두표 사장   116
'공영성 강화'로 이어진 수신료 제도개선   122
노동법 문제로 파업?   125

KBS 1차 전성기   131
'개혁성에 일단 기대', 박권상 사장   131
영향력 1위   133
중견 PD가 되어가는 느낌   138
개혁 프로그램의 좌초   141
'민주적 방송법' 투쟁 2   144
편성규약을 처음 만들다   151

'민주적 사장' 선임을 위한 진통   155
8일 만의 자진사퇴   155
두 번째 '민주적 사장'   161

KBS 2차 전성기   164
정연주 사장과 시대정신   164
편성규약 1차 개정   167
제작 자율성, 꽃을 피우다   168
마침내 기회가 오다, 〈인물현대사〉   169
전 장르에 걸친 프로그램 만개   174
신뢰도 1위까지   177

3부 다시 부끄럽지 않으리라

개혁의 역풍과 노조의 변질   181
보직자 84% 감축   181
개혁의 역설   184
'코드 박살, 복지 대박'   186
격랑 속으로, PD협회장이 되다   189
"의원님 우리는 한배입니다"   194

방송 장악, 맨몸으로 맞서다   198
권력기관 총동원   198
당시 PD · 기자들의 생각은?   206
촛불, KBS를 지키러 오다   210
노조위원장이 제명당하다   214
2008년 8월 8일   218
사원행동 출범   224
8 · 17 KBS 대책회의   229
낙하산이 필요한 이유   233
노동조합에 분노하다   235
한밤의 대학살   239

'프로그램 재갈 물리기' 저지 투쟁 242

눈엣가시, 〈시투〉와 〈미포〉 242

대통령 라디오 주례연설 파동 244

조작 · 홍보 · 물타기 아니면 폐지 247

'사원행동'은 죽지 않는다 253

KBS를 KBS라 부르지 못합니다 259

추락하는 신뢰도 262

4부 특보 체제와 새노조

'특보 사장'과 이상한 노조 267

연임에 목매다 보면 267

저는 KBS를 지키려고 왔습니다 271

노조의 이상한 행보 274

마침내 '새노조'를 만들다 279

새노조 탄압 284

특보 체제, 그 본색과 역설 287

〈추적 60분〉 탄압 287

거저 주어지는 것은 없다 293

〈추적 60분〉은 살아 있다 301

엄혹한 시대에도 방송은 308

정권의 국정철학 구현 310

특보 체제의 역설 313

함께 가면 길이 된다   319

모두가 난(亂)을 생각한 지 오래다   319

5개사 연대파업   323

민간인 사찰 특종   325

여의도 희망캠프   330

파업을 접지만   334

특보 체제의 균열   337

공정방송은 중요한 근로조건   341

공감하라 행동하라!   344

5부 역사의 필연

세월호 참사, KBS를 뒤엎다   349

2012년 대선 보도   349

우려 7, 기대 3   354

우려가 현실로, 〈진품명품〉 파행   358

세월호 참사와 KBS   361

보도국장의 폭로   363

KBS판 명예혁명   366

사장 공백기의 아이러니   371

물거품 된 국장책임제   374

동트기 전이 가장 어둡다   379

'절대 불가 후보', 사장이 되다   379

편성규약 무력화부터   381

보도국 '정상화' 망령   386

'투잡' 시절   391

촛불, 시대의 어둠을 밝히다   393
혼용무도   393
국정농단과 KBS 보도   394
틈새 속에서, 특별제작팀   398
오래된 기억   407
점점 커지는 물결 속에서   409

비등점을 향하여   413
줄탁동시   413
제작 거부, 그리고 총파업   415
국정원의 '방송 장악' 물증   419
왜 '절대 불가 후보'라고 했을까?   421
'홍위병', 이사장의 착각   426
과천 벌판의 칼바람을 뚫고   431
2008년 8월과 2018년 1월   436

에필로그   칼바람에도 뿌리가 바르면   439

양 선배도 '적폐'가 됐다면서요?

2017년 9월부터 KBS본부노조(일명 새노조)가 '142일 파업'을 했다. 다섯 달 가까운 파업은 KBS 역사상 전무후무한 일이었다. 이 파업은 결국 사장을 물러나게 하는 데에는 성공했지만, 다시 일어나서는 안 되는 비극이었다. 방송사, 그것도 '대표 공영방송사'가 이렇게 파업한다는 것은 정상적인 일이 아니다. 아무리 지상파 방송의 영향력이 과거와 같지 않다고 하더라도 시청자와 국민을 생각하면 단 하루 파업도 주저되는 일이다. 그런데 100일을 넘어 142일 파업이라니. 다음 해 2월에는 평창동계올림픽도 예정돼 있었다.

파업 99일 차(12. 11.), 방송통신위원회가 마침내 'KBS 법인카드를 여러 차례 사적으로 유용한 강규형 이사에 대해 해임 절차를 밟기로 했다'는 보도가 나왔다. 두 달간 움직이지 않던 방통위가 결단을 내린 것이다. 이제 파업을 끝낼 실마리가 풀린 셈이다. 이 절차가 그대로 진행되면 한 달 내에 이사 한 명이 해임될 것이고, 그러면 고대영 사장 해임도 가능해질 수 있게 되었다. 이에 파업 중단 여부에 대한 내부 토론이 각 구역별로 벌어졌다.

12월 13일 수요일, KBS 신관 8층 사무실에서 기제·교양구역 PD총회가 열렸다. 다수 의견은 '파업을 계속해야 한다'는 쪽이었다. '이제는 복귀해야 한다'는 쪽은 소수였다. 내 의견은 소수 의견 쪽이었다. 이날 내 일지에는 이렇게 쓰여 있다.

복귀 문제로 갑론을박했다. 역시 강경 발언이 우세함. 용기 내어 소수 의견을 냄. 복귀해서 제작해 가면서 'TV편성위원회'를 활용해 보자고 제안했다. 시청자들을 생각해서 하루빨리 복귀하고 나머지 절차는 방통위와 노조 집행부에 맡기는 게 좋겠다고 했다.

파업 100일이 넘어간다는 건 큰 부담이었다. 나는 이번 파업의 영향력을 낙관하고 있었다. 따라서 100일을 안 넘겼으면 하고 바랐다. 하지만 내 제안이 혈기 넘치는 일부 후배들에게 받아들여지기 어려웠던 모양이다. 내 일지는 이렇게 계속된다.

37기 이하 후배 일부와 이 모 PD가 내 제안이 '패배주의'라며 신랄하게 비판함.

다음 날 민주광장(KBS 본관 2층 중앙홀) 전체 조합원 집회에 갔더니 한 동료 조합원이 이렇게 말했다.

"양 선배까지도 적폐가 되셨다면서요?"

함께 웃었다. 사실 내 마음속에는 두 가지 생각이 함께 있었다. 과거에도 파업 때마다 하루라도 빨리 중단해야 한다고 늘 생각했다. 파업으로 시청자와 관계가 단절된다는 것은 방송인으로서 큰 압박이다. 하지만 이렇게라도 하지 않으면 바뀌지 않을 것이라는 생각이 해를 거듭할수록 명확해진 것도 사실이다. 다만 당시 상황에서 내 역할은 소수 의견을 내는 쪽이라고 생각했다.

그날 광장에 모여 얘기를 나눠보니, 보도국 기자들도 PD들과 유사하게 대체로 선배 그룹은 복귀 쪽으로 의견을 냈지만, 후배들은 완강하다고 했다. 특히 정치외교부와 경제부의 경우 새노조 조합원 숫자가 적어 복귀하더라도 제대로 자율성을 보장받기 어렵다고 했다. 이 얘기를 듣고 내 의견을 바꿔야 한다는 생각이 들었다. 거기에다 강 이사가 방통위 청문 절차를 거부했다는 소식이 들려왔다. 이제는 파업을 계속할 수밖에 없었다.

12월 19일 화요일, 다시 기제·교양 PD총회가 열렸다. 새노조 박성주 중앙위원의 개회사가 끝나고 첫 번째로 발언을 신청했다. 엊그제 동료 조합원한테 들은 말이라며 "양 선배도 적폐 소리 들었다면서요?"라고 서두를 꺼내자 모두 웃었다. 내 생각도 '파업 계속' 쪽으로 기울었다고 말했다. 다만 결론은 열어 놓고 상대방 발언에 대해 너무 감정적으로 대응하지 말고 토론을 계속해 보자고 제안했다. 여러 명의 PD가 발언에 나섰고, 결국 파업을 지속하는 걸로 의견이 모아졌다.

시청자에 대한 송구한 마음과 이를 무릅쓰고라도 적폐 사장을 몰아내야 한다는 후배들의 강력한 목소리 사이에서 적폐 소리까지 들으며 고민했지만, 이내 다시 방향을 조정했다.

우여곡절이 있었지만 KBS 조합원들은 이런 식으로 집단 의지를 만들어 냈다. 이러한 집단 의지가 바로 142일 파업의 원동력이다. 이러한 일은 KBS 민주화 여정에서 여러 번 반복되었다. 그런 가운데 지금의 KBS가 만들어졌다. 지금부터 6월 민주항쟁 이후 30년 동안 KBS가 많은 파행과 갈등 속에서 구성원들이 치열한 내부 토론을 통해 계속해서 집단 의지를 만들어 내고, 이를 바탕으로 정권의 방송장악에 맞서 싸우며 시민과 시청자 곁으로 한 걸음 한 걸음 다가가려 했던 이야기를 하고자 한다.

1 부

부끄러움을 넘어서

1987년 6월, 깨어나다

1973년 KBS는 국영방송에서 공영방송이 되었다. 하지만 유신과 5공 독재 치하의 KBS는 무늬만 공영방송이었다. 1987년 6월 민주항쟁을 계기로 KBS는 이름에 걸맞은 공영방송을 향해 나아갈 수 있었다. 이후 1~2년 KBS 사원들은 PD협회를 비롯한 직능단체들을 만들어 사내 민주화운동을 시작하고, 뒤이어 노동조합을 결성해 공정방송을 위한 토대를 구축했다. 따라서 KBS에 가장 결정적 영향을 준 사건은 6월 민주항쟁이고 이후 1~2년의 시기는 공영방송 KBS의 원형이 만들어진 시기라고 할 수 있을 것이다.

이 시기에 KBS는 격동적이며 유동적인 상태였다. 당시 나의 선배들은 많은 난관을 용기와 지혜로 헤쳐 나가야 했을 것이다. 나는 1989년 2월에 입사했기 때문에 이 시기 KBS에 대한 기억은 단편적으로 들은 얘기들과 이런저런 기록물을 통한 간접 기억이다. 그럼에도 당시 선배들의 KBS 민주화와 공정한 방송을 향한 소신과 열정은 시간이 흐른 뒤에도 내게 깊은 영향을 주었음이 분명하다고 생각한다. 나는 당시 KBS 사원들이 어떤 마음으로 어떻게 생각하고 행동했는지 여러 기록[1]과 증언을 모아 정리해 보고 싶었다.

1 　당시의 〈KBS 노보〉와 〈KBS PD협회보〉, 그리고 《한국PD연합회 20년사 1987~2007》, 《현장기록, 방송노조 민주화운동 20년》 등을 참조했다.

"부끄럽다"

이 책을 쓰면서 선배 PD(고희일, KBS노조 초대 위원장)를 만났다가 호기심을 불러일으키는 자료를 보게 되었다. 비닐로 코팅해서 보관하고 있다는 2쪽짜리 유인물이다. 제목은 "KBS 민주화를 위한 우리의 선언", 첫 문장이 '부끄럽다'로 시작된다. 이 유인물은 1987년 6월 민주항쟁 직후 발표된 〈KBS PD협회 창립선언문〉의 기초가 됐다고 한다. KBS 민주화 30년 여정의 시작을 알리는 문건인 셈이다.

그는 자신이 직접 타이프 쳐서 만들었다고 했다. 요즘 보기 어려운 글자체다. 그리고 KBS나 PD 같은 영어는 손으로 쓰여 있다. 컴퓨터가 보급되기 한참 전, 두벌식 한글타자기로 쳤기 때문이다. 그런데 거의 40여 년 전 유인물이지만 '민주화', '대표 공영방송', '권력의 시녀', '공범자' 등 사용한 용어들을 보면 요즘 쓴 성명서 같다.

이 유인물은 수십 장 복사되지만, 배포되지 못했다. 유인물 속에 나와 있는 외부 기관원 때문이다. 하지만 "의로움은 '부끄러움'을 아는 것에서 시작된다"[2]고 했다. 부끄러움을 알게 된 'KBS 공채 PD 일동'은 이내 외부 기관원에 대한 두려움을 극복하고 KBS 민주화 여정을 시작한다.

〈여우의 이간질〉과 시청료 거부운동

1983년에 방송한 특별생방송 〈이산가족을 찾습니다〉는 KBS의 자랑스러운 방송 기록이다. 하지만 1980년대는 KBS에게 짙은 어둠의 시기이기도 했다. KBS 〈9시 뉴스〉는 뉴스 가치와 관계없이 매일 전두환 대통령 소식으로 뉴스를 시작한다고 해서 '땡전 뉴스'라는 오명을 얻었다. 당시

---

2   수오지심 의지단야(羞惡之心 義之端也) 〈공손추(公孫丑) 上〉,《맹자》.

KBS 민주화를 위한 우리의 선언

부끄럽다.

　우리나라를 대표하는 가장 큰 공영방송으로서 우리는 과연 공영방송다운 방송을 해왔는가? 얼마나 부끄러운 방송을 되풀이 자행해 왔던가?

　이제 우리 KBS 공채 PD 일동은 그 동안 공영방송이라는 허울 아래 권력의 시녀로서, 앞잡이로서, 충실한 공범자의 역할을 해왔던 지난 작태에 감히 고개를 들지 못할 따름이다. 공영방송의 주인은 국민임을 통감하면서도, 언제 단 한 번이라도 국민이 바로 주인임을 증거한 적이 있었던가! …

　앞으로 예상되는 정치 일정 가운데 민주화에 역행하는 어떠한 부당한 지시와 제작도 거부한다. …

　일체 외부 기관원의 출입 및 간섭을 거부한다.

　기회주의적인 간부들의 각성과 퇴진을 촉구한다.

　불명확한 외부인사의 KBS 내 요직인사를 거부한다. …

1987. 7. 16.

KBS 공채 PD 일동

두벌식 한글타자기로 타이핑한 'KBS 민주화를 위한 우리의 선언' 원본(1987. 7. 16.).

온갖 미사여구를 동원한 전두환 대통령의 해외순방 보도는 보는 사람의 얼굴을 화끈거리게 했다. 부끄러운 시절이었다.

그 부끄러움의 총체적 기록물이 남아 있다. 《5공 하 KBS 방송 기록》이라는 제목의 책자다. 300여 쪽에 이르는 책자로 1989년 KBS노동조합이 발간했다. 노조위원장 출신인 전영일 전 KBS 이사가 소장하고 있는 걸 이번에 처음 보게 됐는데, 사측과의 갈등이 커서 널리 배포하지는 못했다고 한다. 책의 부제가 '1980~87년 KBS 특집에 나타난 권언유착의 실상'이다. 1980년 신군부 집권 시기부터 1988년 2월 제5공화국 말기까지 8년 동안 KBS에서 방송된 뉴스와 특집(시사) 프로그램을 연도별로 분류해 대표적인 불공정 사례를 원 대본 그대로 수록하고 주석을 다는 형식으로 엮은 것이다.

특집기획 〈광주 사태〉　　　　　특집방송 〈전두환 장군의 이모저모〉
특별기획 〈한민통의 정체〉　　　카메라 초점 〈순화교육의 현장〉
연속 입체기획 〈여우의 이간질〉　특별기획 〈국운 개척 1,460일〉
보도기획 〈학원안정법〉　　　　　TV특강 〈민중민주주의란 무엇인가〉
특집방송 〈삼민투위 그들은 누구인가〉 …

목차만 훑어봐도 어떤 내용인지 짐작이 간다. 특히 〈여우의 이간질〉이라는 자극적 제목이 눈에 띈다. 1985년 2·12 총선을 앞두고 방송된 15편의 선거 캠페인 중 하나였다. 앞부분에서 성우가 내레이션으로 여우의 특성을 묘사하고, 이어 남녀 사회자가 등장해서 중간중간 드라마로 연출한 영상을 보며 진행하는 형식이다. 야당의 선거운동원과 후보자 부인을 음모나 꾸미는 여우에 비유하고, 여당 지지를 유도하기 위해 야당 선거운동을 여우의 이간질로 비하하고 있다. 조잡하기 이를 데 없다. 당시에는 이런 캠페인이 먹힐 걸로 생각하고 방송했을 것이다.

〈여우의 이간질〉 대본 일부

주요 컷	자막(비디오)	멘트(오디오)	
	자막: 연속입체기획 여우의 이간질 ○ 여우가 우리에 갇혀 있는 장면 …	내레이션	여우! 깨깽 깨깽 허어 이 여우 소리를 한 번 내려고 했더니 잘 안 됩니다그려! … 여우 교활하고 앙칼지기 이를 데 없어서 우선 자기 굴을 파지 않고 너구리 굴을 약탈을 해가지고 산다고 합니다. 이런 고얀! … 깨깽 깽깽! 헤에 여우 소리도 잘 안 되고 할 말 없습니다!
	사회자로 장면 체인지 뒷배경으로 TV 모니터	남 사회자	저도 한 번 해볼까요? 캐갱 깽깽! 잘 안 되는데. … 홍영자 씨 한번 해 보세요.
		여 사회자	캥! 캥! 잘 안 되는데요.
		남 사회자	하하 그런데요 이 여우의 울음소리 잘 내는 사람들이 있어요. 한 번 보시겠어요? 한 번 보세요.
	(모니터로 줌인) 야당선거 운동원 2명이 다방에서 무언가 음모를 꾸미고 있다. 자막: 골목을 막아 ○ 다방 안 장면 계속	운동원 1	몇 군데나 돼?
		운동원 2	한 다섯 군데쯤 되는데요.
		운동원 1	다섯 군데를 한꺼번에 다 막으려고 그러면 들통나기가 쉬워. 시장골목부터 반응을 보자구. …
		(이때 야당 운동원 1명이 헐레벌떡 다방 안으로 들어온다.)	
		운동원 3	아 됐습니다. 붙었습니다.
		운동원 1	그래? 좋아. (운동원 3을 가리키며) 그럼 하나는 여기 있어. 우리가 가볼 테니까.
		운동원 3	조심들 하십쇼. 이거 공무원 사칭하다 걸리면 큰일 납니다.

하지만 공영방송을 이용한 이런 식의 노골적 선거 개입은 역풍을 불러온다. 2·12 총선에서 김대중과 김영삼 등 '양김'이 주도한 야당(신민당)이 대도시에서 선전하며 돌풍을 일으키고, 시민들의 분노가 KBS를 향했다. 몇 년 전부터 산발적으로 벌어진 시청료 거부운동이 전국에 걸쳐 본격화된다. 1986년 1월 20일, 시민들은 'KBS-TV 시청료거부 기독교범국민운동본부'를 발족시키고, "KBS-TV를 보지 않습니다"라는 문구가 새겨진 스티커와 전단을 제작해 배포했다. 그 여파로 시청료 징수율이 급속히 낮아지기 시작하자, 정부와 KBS가 안간힘을 쓰며 이 사태를 막아보려 한 모양이다.

사태가 걷잡을 수 없이 번져가자 정부·여당은 대책을 놓고 골몰하기 시작했다. 먼저 한국방송공사법을 개정해 체납 시청료의 가산율을 10%에서 5%로 인하하는 유화책을 내놓았다. 다른 한편으로는 KBS에 시청료 강제징수권을 부여하는가 하면 1986년 11월에는 대도시를 대상으로 시청료를 전기세·수도세 등과 함께 내도록 하는 '통합고지서' 제도를 시행해 시청료 납부만 거부하는 것을 원천봉쇄하려 했다. 강온 양면책으로 시청료 거부운동을 무력화시키려 한 것이다. 당시 정부는 경찰력을 동원해 범국민운동본부의 스티커 나눠주기 가두캠페인을 물리력으로 막았다. 문화공보부는 각 신문사에 매일 하달하는 '보도지침'을 통해 시청료 거부운동에 대한 보도통제를 가했다.[3]

하지만 시청료 거부운동은 국민들의 공감대 속에서 계속 번져나가 징수율이 50% 이하로 떨어지게 된다. '땡전 뉴스'와 〈여우의 이간질〉 같은 노골적 정권 홍보방송이 불러온 시청료 거부운동은 당시 KBS 구성원들에게 엄청난 충격이었고 부끄러움이었을 것이다.

---

3   "[실록민주화운동] 66. KBS 시청료 납부거부운동", 〈경향신문〉, 2004. 8. 1.

내부의 꿈틀거림

1985년 2·12 총선 당시 대학생이던 나는 민주화 열기를 느끼면서 총선 유세장을 종종 찾았다. 야당을 지지하는 시민들이 유세장으로 구름처럼 몰려드는 모습이 인상적이었다. 가장 뚜렷이 기억나는 구호가 "군부독재 타도하자"였다. 이와 함께 "KBS 자폭하라"는 구호도 들렸다.

당시 총선 유세장에서 "KBS 자폭하라"는 소리를 듣고 KBS 입사를 심각하게 고민했다는 한 선배가 있다. 2·12 총선 두 달 후에 입사한 현상윤 PD다. 그가 신입사원 연수를 받던 당시의 이야기를 이렇게 기록으로 남겨 놓았다.

> 2·12 총선에서 '시민의 힘people power'을 느끼며 두 달 후인 1985년 4월 KBS에 입사한 340여 명의 올림픽 방송요원들은 이전과는 달랐다. 이들은 신입사원 연수 마지막 날 회사 임원진이 참석한 간담회 석상에서 '국민들이 KBS를 바라보는 시각과 KBS의 정체성' 등 당시에 '금지된 질문'을 공개적으로 제기했다.[4]

'KBS의 정체성' 같은 주제가 '금지된 질문'이었다니 지금 생각하면 격세지감이다. 하지만 이 '금지된 질문' 사건은 KBS 내부에 잔잔한 파문을 일으켰다. 그리고 얼마 후 PD들의 집단 움직임으로 이어졌다. 두 달 후인 6월 14일, PD들은 1985년 신입 프로듀서 환영회를 이용해 'KBS프로듀서협회' 창립을 선언하기로 한다. 이들은 환영회 행사를 마친 후 창립선언문을 낭독하기로 사전에 이렇게 뜻을 모았다.[5]

---

4 "PD협회 탄생 막전막후", 〈KBS PD협회보〉, 2007. 7. 20.
5 한국PD연합회, 2008, 《한국PD연합회 20년사: 1987~2007》, 121쪽.

그해 KBS에 신입 PD가 62명이나 한꺼번에 입사했다. 88올림픽방송 요원이었다. 그들이 신입사원 오리엔테이션을 마치는 날, 여의도에서 가까운 대방동 공군회관을 빌렸다. '1985년 신입프로듀서 환영회'란 명칭이었으나 사실 KBS프로듀서협회 창립대회였다. 300여 명의 PD들이 운집했다. MBC 등 타사의 대표 PD들도 비장한 각오로 참석했다. 창립선언문도 짙은 사회의식을 담았다.

하지만 이들은 준비한 창립선언문은 꺼내지도 못했다.

사전 콘티에 따라 초대 KBS프로듀서협회장으로 최 모 PD(드라마)를 선출하기로 했고, 본인도 내락하여 이 모임의 호스트가 됐던 터였다. 그런데 식이 진행되는 동안 이미 낌새를 채고 잠입하는 기관원들을 보게 된 것이다. 결국 마이크를 넘겨받은 최 모 PD는 인사말은 했으나, 협회장 취임을 사양하고 말았다.

결국 PD협회 결성은 무산됐다.[6] 협회 결성은 신변의 위협이나 해고당할 위험을 각오해야 한다. 당시 KBS에는 4~5명의 안기부 등 기관원들이 진을 치고 아무 곳이나 무단으로 출입하며 철통같은 감시망을 유지하고 있었다. 이들은 두 달 전 신입사원 연수 중에 불거진 불온한 기미를 그냥 흘려보내지 않았을 것이다.

하지만 내부의 꿈틀거림은 계속된다. 당시 울분을 삭일 수 없던 한 PD가 폭발한 사건이 일어났다. 1985년 9월, 대학가 개강을 앞두고 학생 시

---

6   사실 이번이 처음이 아니었다. PD들은 오래전부터 단체를 만들고 집단적 목소리를 내려 했다. 기록에 의하면 5·18 광주민주항쟁 바로 직전에 첫 움직임이 있었다. 1980년 5월 17일, 종로구 수송동 한 음식점에서 드라마 PD들이 모여 '드라마PD협회'를 만들기 위한 모임을 가진 것이다. 하지만 하필 그날이 5·18 전야여서 이 모임은 계속될 수 없었다. 1985년 초에도 KBS와 MBC PD들이 자주 연합모임을 갖고 가칭 '한국방송프로듀서협회'를 만들기 위해 움직였으나 성사시키지 못했다. 한국PD연합회, 위의 책, 107쪽.

- 기관원. 신고는 2992 -

KBS에 출입하는 보안사 윤○○, 안기부 허○○, 치안본부 조○○등 기관원 출입을 보는 즉시 조합사무실로 연락 바랍니다. 연락처 : 781 - 2992, 2993

1989년 11월에 발행된 〈노보〉에 '기관원 출입' 신고 전화번호가 실린 것으로 볼 때, 1985년 당시는 더 심했을 것이다. (블러: 편집자)

위가 크게 일어날 조짐을 보이자, 정부가 학원안정법을 제정해 대처하려 했다. 이에 KBS가 특별기획 〈민족의 장래를 생각한다〉라는 대담 프로그램을 방송한다. 그런데 담당 PD가 생방송 중에 연출을 거부하는 사태가 일어난 것이다.[7] 대형 사고였다. 입사 1년 차로 이 사건을 눈앞에서 생생하게 목격한 조연출 PD(현상윤)가 이렇게 기록했다.

이한빈 전 총리 등 각계의 사회원로들이 출연한 가운데 기획제작실장이 직접 스튜디오에 내려와 정중하지만 지시하듯 요구사항을 전달한다. 부조정실에는 현재 임원급으로 있는 PD가 디렉팅(연출)을 하고 있었는데 갑자기 벌떡 일어서더니 큐시트를 내동댕이치며 "나 이따위 방송 못해"하며 나가버린 것이 아닌가. 뒤에 서 있던 CP(부장급) 한 분이 황당해하며 디렉팅을 이어받아 방송은 사고 없이 마칠 수 있었다.[8]

---

7   이 사건의 주인공은 1983년 〈생방송 이산가족을 찾습니다〉를 연출했던 이원군 PD다. 그는 '1990년 KBS 4월 투쟁' 때도 주도적인 역할을 한다. 나중에 KBS PD협회장을 지냈고 정연주 사장 시절에는 부사장을 역임했다.

이 사건이 일어난 시점은 1987년 6월 민주항쟁이 일어나기 2년 전으로 여전히 서슬이 퍼런 시절이었다. 하지만 마음속에 누적된 분노와 자괴감이 얼마나 컸으면 이렇게 폭발했을까? 이런저런 파문들이 KBS에 연이어 일어나고 있었다.

6월 민주항쟁과 자괴감

PD협회를 결성하려는 조직적 움직임이나 개인적 울분이 터지는 등 내부의 꿈틀거림이 있었지만 해가 바뀌면서 다시 잠잠해진다. 정권이 민주화 세력에 대한 탄압의 고삐를 더욱 바짝 죄면서 정국이 얼어붙었기 때문이다. KBS는 여전히 정권의 보위와 홍보를 위한 역할을 요구받고 그대로 이행한다.

> 1986년 10월 29일, '북괴'의 금강산댐 건설 소식이 톱뉴스를 장식한다. KBS가 바빠지기 시작했다. 기자와 PD들도 덩달아 바빠야 했다. '북괴'의 수공水攻에 대응하기 위한 '평화의 댐' 성금모금 생방송이 연일 진행됐다. 모형 제작소에서 주문한 서울 시내 축소모형에 수돗물을 붓고 각종 효과와 특수조명을 동원해 완벽한(?) 영상을 만들어냈다. 순식간에 물에 잠기는 63빌딩의 위력적인 영상이 공중파를 타고 안방을 점거하게 되었다.[9]

하지만 1987년, 정국이 요동친다. 전두환 정권은 더 이상 5공 체제의 모순을 감당할 수 없게 된다. 그 결정적 계기는 1987년 1월 14일에 일어난 서울대 박종철 군 고문치사 사건이다. 경찰이 "대학생 한 명이 '탁' 치

8   "PD협회 탄생 막전막후", 〈KBS PD협회보〉, 2007. 7. 20.
9   새언론포럼, 2008, 《현장기록, 방송노조 민주화운동 20년》, 커뮤니케이션북스, 25쪽.

니 '억~' 하고 죽었다"고 발표했지만, 부검 결과 고문에 의한 사망으로 밝혀지면서 사태는 일파만파로 커진다. 정권은 고문 경찰 몇 명을 처벌하는 것으로 사태를 정리하려고 시도하는 한편, 각계에서 분출되어 온 직선제 개헌 요구를 4·13 호헌조치로 억눌렀다.

5월 18일, 천주교정의구현전국사제단이 박종철 고문치사 사건이 축소·은폐됐다고 폭로하면서 상황은 반전된다. 그럼에도 전두환 정권은 전당대회를 강행해 노태우를 '간선제' 대통령 후보로 뽑는다. 6월 10일이었다. 하지만 큰 오산이었음이 바로 드러난다. 시민과 학생의 분노가 임계점에 다다른 것이다. 1987년 6월 민주항쟁이 본격적으로 시작되었다.

6월 9일, 대학생들의 시위가 거세지는 가운데 최루탄에 맞은 연세대 이한열 군이 사망하고, 다음 날 '민주헌법쟁취 국민운동본부' 주관으로 서울을 비롯한 전국 22개 도시에서 시위가 열렸다. 그리고 '넥타이부대'로 불린 3~40대 직장인들까지 대거 참여하는 시위로 번진다. 결국 독재정권은 국민 앞에 항복한다. 바로 6·29 선언이었다.

하지만 KBS나 MBC의 뉴스는 여전히 '땡전 뉴스'를 벗어나지 못했다. 대규모 시위가 있던 6월 10일, KBS 〈9시 뉴스〉는 민정당 전당대회 소식을 톱 아이템으로 여섯 꼭지를 보도한다. 시위 소식은 그 뒤에 이어 '박종철 군 사건 규탄 전국 산발적 시위', '통일민주당 의원 산발적 도심 시위 참가' 등 두 꼭지로 보도했다. 논조는 대학생들이 여기저기서 "호헌 철폐" 등의 구호를 외치며 과격 시위를 벌여 시민들이 불편을 겪었다는 식이었다.[10] 당시 KBS 시사 프로그램에서도 6월 민주항쟁 상황을 전혀 다룰 수 없었다. 당시의 부끄러움과 자괴감을 한 PD가 이렇게 기록으로 남겼다.

---

10 KBS 홈페이지, 〈뉴스9〉, 1987. 6. 10.

시청 앞, 광화문, 명동 등에서는 수많은 시민들, 넥타이부대들이 거리로 쏟아져 나와 '호헌 철폐', '대통령 직선제'를 요구하며 연일 시위를 벌이고 있었다. 그 당시 기획제작실은 지금의 본관 2층 중앙홀(현 시청자광장)에 위치하고 있었다. 특집기획팀을 이루고 있던 여러 선배들과 우리들은 삼삼오오 모여 아무 말도 못하고 있었다. 저곳 시청 앞에서는 매일 역사가 진행되고 있는데 우리는 누구도 촬영을 나갈 수 없었다. 가슴 깊은 곳에서는 부끄러움과 자괴감이 밀려오는데 우리는 아무 말도 할 수가 없었다. 촬영 허가, 제작 허가가 나야하는데 그것은 꿈도 꾸지 못할 상황이었다.

"어떻게 해서든지 촬영을 해야 하지 않습니까?"

"……."

결국 지금은 퇴직하신 한 선배가 먼저 말을 꺼냈다.

"우리가 지금 이것을 기록해 놓지 않으면 우리 모두는 역사의 죄인이다. 회사에서는 촬영을 불허하니 우리 모두 집에 가서 스틸카메라라도 들고 나오자. 그리고 다 같이 시청 앞으로 나가자. 이것조차도 안 하면 우리는 이다음에 머리를 들 수 없다."[11]

집단적 각성, PD협회 결성

6월 민주항쟁이 6·29 선언으로 일단락되자, 거리로 나갔던 PD들은 회사로 돌아온다. 하지만 이들은 더 이상 예전의 그들이 아니었다. 6월 항쟁이 KBS 사원들에게 두려움과 부끄러움을 떨치고 일어날 수 있도록 양심을 깨우고 용기를 준 것이다. 이들은 이제 KBS 내부에서 뭔가를 해야만 한다고 생각하고 행동하기 시작한다. 이런 움직임은 이웃 MBC에서 먼저 시작되고 곧바로 KBS로 이어졌다.

---

11 "그해 6월에서 7월: PD협회 탄생기", 〈KBS PD협회보〉, 2007. 1. 4.

7월 13일 MBC 보도국에서 첫 봉화가 타올랐다. 저녁 9시 뉴스를 마친 후, 1985년 입사한 경찰 출입기자 그룹과 1981년 입사자들을 중심으로 철야농성이 벌어진다. 다음 날 제작부문의 PD들이 합류하여 방송 민주화 투쟁선언문을 채택하고 방송민주화추진위원회를 구성한다.[12] 이 소식은 즉각 KBS로 전해진다. 그날 저녁 교양국과 기획제작실 공채 8기 모임에서 조직적인 움직임이 시작된다. 7월 15일 저녁, 8·9·11기 10여 명이 진기웅 PD 집에서 다시 모여 구체적 행동 계획을 세운다. 전용길 PD가 성명서를 작성하고 11기 몇몇이 다음 날 아침 이를 배포할 계획이었다.[13]

6·29 선언 두 주 후인 7월 15일 저녁의 일이다. 당시의 상황을 전용길 PD가 이렇게 증언했다.[14]

이날 나와 고희일 PD는 도원결의를 했다. 그리고 나는 8절지 큐시트 용지에 글을 써 내려가기 시작했다. … KBS는 5적 중의 하나였고, 시내나 대학가엔 회사 차량을 갖고 취재 갈 수 없었다. 정신없이 써 내려간 것이 8절지로 2장 정도 되었다. 고희일 PD가 내가 쓴 글을 읽었다. 그리고 자신이 애지중지하며 갖고 있던 포터블 두벌식 한글타자기로 말없이 쳐내려가기 시작했다. 그 시절 복사기는 기획제작실 실장의 방 안에 딱 한 대가 있었다. 나는 사무실 방 안의 모든 책상들을 뒤져 A4 용지를 모았다. 그리고 함께 복사하기 시작했다. 밤 11시가 넘어섰다.

---

12 '6월 민주항쟁' 직후 MBC 구성원들이 KBS보다 한 발 앞서 '방송 민주화'를 위해 행동한 걸로 기록돼 있다. 당시 KBS는 규모나 인적 구성에서 더 관료적 분위기였다.

13 여기서 10여 명은 8기(전용길, 김철수, 진기웅), 9기(고희일), 11기(왕현철, 현상윤) 등으로 1980년대 초중반에 입사한 PD들이다. "그해 6월에서 7월: PD협회 탄생기", 〈KBS PD협회보〉, 2007. 1. 4.

14 "그해 6월에서 7월: PD협회 탄생기", 〈KBS PD협회보〉, 2007. 1. 4.

이들은 다음 날 유인물을 사내에 뿌릴 계획이었지만, 여전히 KBS 내에 기관원들이 상주했기 때문에 쉽지 않은 일이었다. 당시의 공포감을 전용길 PD가 솔직하게 전하고 있다.

"너와 나는 이제부터 무슨 일이 벌어져도 서로 믿고, 어떤 일이 있어도 서로 배신하지 말자!" 비장하게 결의했지만, 나는 집에 있는 마누라, 이제 갓 돌을 넘긴 큰 놈…. 아침이면 나 때문에 회사가 발칵 뒤집힐 것이라는 두려움…. 이런 생각들로 마음이 착잡했다.

시간이 지나면서 나를 더욱 두렵게 한 것은 회사에게 쫓겨나는 것이 아니라, 말로만 듣던 서빙고, 남영동 등 알지도 못하는 곳에서 물에 적신 거적때기에 말린 채 두들겨 맞아 죽을지도 모른다는 공포감이었다. 밤 12시가 거의 다될 무렵, 나는 가까스로 정훈 선배 집에 전화했다. 그리고 자초지종을 설명했다. 내일 아침이면 나와 고희일은 이 대자보를 뿌릴 것이고, 혹시 우리가 안 보이면 잡혀간 줄 알라고.

전 PD의 전화를 받은 정훈 선배는 1980년 언론통폐합 당시 TBC(동양방송)에서 해직됐다가 나중에 KBS로 입사한 PD다. 유인물 배포를 앞두고 그 후폭풍을 감당할 수 없다고 생각되자, 평소 믿고 따르던 선배에게 긴급 구조를 요청한 것이다.

그러자 경험 많던 정훈 선배는 즉시 중간 지점에서 만나자고 했고, 비가 억수같이 오던 그날 밤 우리는 마침 와이퍼까지 고장 난 똥차 K303을 몰고 새벽 1시쯤 방배동 어느 카페에서 만났다. 내 얘기를 듣고 난 후, 정훈 선배는 "잘알았다. 일단 선배들한테 2~3일만 시간을 다오. 내가 선배들과 상의하겠다. 이래도 여의치 않을 경우 너희들이 행동을 해도 좋다." 이렇게 제안했다.

두 사람은 선배의 조언을 받아들여 이날 일단 성명서 배포를 하지 않는다. 다음 날, 공채 1기부터 6기까지 선배 PD들이 본관 커피숍에 모였다. 1기(곽명세, 이석우)[15], 3기(이윤선), 4기(이원군), 6기(김영신), TBC 출신 기수(남성우, 정훈) 등이었다. 이들은 더 이상 침묵하지 않을 것을 다짐하고 공개적 집회를 갖기로 결의한다. 마침내 KBS PD들의 집단적 각성과 행동이 시작된 것이다.

다음 날(7월 17일) 저녁 6시, 일과를 마친 PD들이 ABC 가건물[16]에 모여들기 시작했다. 교양, 기획제작, 예능, 드라마, 편성, 라디오국 등 PD들이 속한 전 부서에서 90여 명의 PD들이 참석했다. 사상 초유의 일이었다. 분위기는 뜨겁게 달아올랐다. 두려운 마음으로 진실을 토해내기 시작했다. 권력의 시녀로서 부끄러운 방송을 해왔던 지난날에 대한 참회가 쏟아졌다. 독재 권력에 대한 성토 발언과 기회주의적 간부들의 퇴진을 요구하는 목소리도 거칠게 튀어나왔다. 민주화에 역행하는 부당한 지시와 프로그램의 제작을 거부해야 한다는 행동강령도 제기됐다. 밤을 새운 토론 끝에 더 많은 PD가 모여 총회를 열고 힘을 모으기로 의견을 모았다.[17]

이들은 집단 의지로 두려움을 이겨내는 경험을 한다. PD들의 집단 움직임 소식을 전해들은 경영진은 시대가 바뀌었음을 실감해야했다. 이들은 몇몇 강성 발언자들을 찾아 총회 불참을 종용하거나 발언 자제를 회유하기도 했으나 대세를 막을 수는 없었다고 한다.

7월 18일 오후 2시, ABC 가건물에는 139명의 PD가 참석한 가운데 김

---

15 공채 1기는 1973년 공사로 바뀌면서 그해에 입사한 첫 기수이다.
16 KBS 신관(88올림픽방송센터)이 완공되면서 철거된 임시 건물로 '86아시안게임방송센터'였다.
17 "그해 6월에서 7월: PD협회 탄생기", 〈KBS PD협회보〉, 2007. 1. 4.

참다운 공영방송을 위한 우리의 선언

민주화시대를 맞이하여 사회 각계에서는 민주화를 통한 국가건설에 힘찬 발걸음을 내딛고 있다.

그동안 언론계에 대한 국민의 질타와 불만은 수없이 제기되어 왔다. 특히, 공영방송인 KBS에 대한 국민들의 분노는 시청료거부운동이라는 구체적 결과로 나타났다.

그동안 KBS는 공영방송이라는 허울아래 권력의 시녀로서 부끄러운 방송을 해왔던 지난날에 대하여 감히 크게도 뉘우치지 못할 터이다. 공영방송의 주인은 국민임을 통감하면서도, 언제 단 한번이라도 국민이 주인임을 근거한 적이 있었던가?

온갖 무리하고 말도 안되는 억압속에 주인된 국민을 속이고 외면하고 모욕하면서 국민의 눈과 귀를 틀어쥐었던 지난 방송의 처절히 잘못하고 반성한다. 이에 다시는 이러한 방송을 되풀이해서는 안될 것을 다짐하면서 KBS가 참다운 공영방송으로의 걸음을 가기 위한 KBS 프로듀서 일동은 다음과 같이 선언한다.

1. KBS의 주인이 국민임을 부정하는 일체의 제도나 공권력을 거부한다. 따라서 비민주적인 언론기본법과 공영방송 심사법 및 관련 법규는 폐지 또는 개정되어야 한다.

1. 앞으로 예상되는 정치일정 가운데 민주화에 역행하는 어떠한 부당한 지시와 또 그런 제작을 거부한다.

1. 해직 언론인은 속히 복직되어야 한다.

1. 일체의 외부기관원의 출입과 간섭을 거부한다.

1. 이상의 구체적 실천을 위하여 가칭 PD 협의체를 구성하여 어떠한 장애도 행동으로 거부할 것을 강력히 다짐한다.

1987. 7. 18

KBS 프로듀서 일동

'참다운 공영방송을 위한 우리의 선언' 원본. 1987년 '6월 민주항쟁'의   ⓒ 〈KBS PD협회보〉(2007. 7. 20.)
열기와 함께 20년 전 KBS 선배들의 용기와 절절함이 생생하게 배어 있다.

영신 PD의 사회로 PD총회가 열렸다. 4시간의 격론 끝에 부끄러운 방송을 하지 않기 위해서는 PD들의 자율적 조직인 PD협회가 필요하다는 데 의견일치를 본다. 그리고 "참다운 공영방송을 위한 우리의 선언"이라는 제목의 결의문을 채택했다.

이 선언문은 바로 3일 전 타자기로 작성했던 'KBS 민주화를 위한 우리의 선언'을 토대로 작성됐다. '부끄럽다'로 시작했던 앞부분을 약간 바꾸고 '공채 PD 일동' 대신 'KBS 프로듀서 일동'으로 고쳤다.

그리고 7월 20일, 지역 PD까지 포함해 350여 명의 PD들이 발기인이 돼서 KBS프로듀서협회(현재 'KBS PD협회')의 창립을 선언했다. 그런데 특이한 점은 협회장을 선출하지 않은 상태로 창립을 선언한 것이다. 협회장을 뽑느라 창립이 늦어지는 경우 외부 기관과 회사의 개입으로 무산될 가능성이 있었기 때문이라고 한다.

이후 운영위원회에서 한 달여 준비 끝에 1987년 8월 29일, 2차 총회를 개최한다. 이 자리에서 협회 회칙을 채택하고 라디오본부 소속 이형모 PD를 초대회장으로 선출했다. KBS PD협회는 6월 민주항쟁 이후 탄생한 KBS 최초의 직능단체였다.

민주주의는 직장 안에서부터

PD협회의 창립은 'KBS 직장 민주주의'[18]의 출발이라고 볼 수 있다. KBS

---

18 우석훈 작가는 "우리가 한국의 민주주의를 얘기하지만, 자신의 일터나 회사 내부의 민주주의, 직장 민주주의는 간과한다"면서 "KBS 직장 민주주의의 장기목표는 '고품격 다양성'이라고 하고 싶다. 월급 많이 줄 테니까 입 다물라는 것은 전두환 시절 군사정권이 언론에 대해서 했던 정책이다. 그런 건 고품격이 아니다. 스스로 생각하고 스스로 계획하는 단위, 이들이 더 자율적으로 다양성을 찾아가는 것, 이걸 고품격 다양성이라고 할 것이다."라고 썼다. 우석훈, 2018,《민주주의는 회사 문 앞에서 멈춘다》, 한겨레출판, 170쪽.

내부가 민주화된다는 의미는 제작 자율성이 보장된다는 의미이다. 그렇게 되면 뉴스와 프로그램의 공정성과 다양성 그리고 품질이 높아진다. PD협회는 창립선언문에서 "앞으로 예상되는 정치 일정 가운데 민주화에 역행하는 어떠한 부당한 지시와 프로그램 제작을 거부한다"고 천명했다. PD들이 자율적 제작 환경에서 일할 수 있도록 하는 일, 즉 제작 자율성을 지켜주는 일이 PD협회의 가장 중요한 역할이라고 규정한 것이다.

당시 기록에 의하면 PD협회가 거둔 첫 번째 성과는 〈뉴스비전 동서남북〉 불방 사건을 해결한 일이다.[19] 〈뉴스비전 동서남북〉은 6월 민주항쟁 넉 달 후인 10월에 처음 방송을 시작했다. 이 프로그램은 그동안 방송에서 직접적으로 다루는 게 금기시되었거나 다루더라도 부정적으로 다루었던 주제들, 즉 정치 이슈와 함께 학생, 노동자, 농민, 도시빈민, 공해 문제 등을 방송했다. 그러다가 1988년 5월, '서울대 5월제'[20] 아이템에 대해 회사가 방송불가 판정을 내렸다. 당시 TV본부장은 '서울대 5월제'가 민중적 관점을 갖고 있다며 문제 삼았다.

이에 PD협회가 나선다. 전체 PD들을 대상으로 시사회를 열고 또 제작 PD(전용길)를 불러 청문회를 여는 등 적극적으로 대응한다. 한 달여에 걸쳐 PD협회가 조직적으로 움직이자, 회사로서도 어쩔 수 없었다. 결국 '서울대 5월제' 편은 한두 장면만 수정 보완을 거친 후 방송된다. 불과 1년 전이었다면 상상하기 어려운 일이었다. 이 사건은 PD협회가 제작 자율성을 지키는 데 버팀목 역할을 한 첫 사례이다.

이렇게 PD들이 성과를 내자 다른 직종에서도 협회 설립에 적극 나선다. 기술인·아나운서·카메라·촬영·미술·경영(행정)·지원협회 등의 직능단

---

19 "그해 6월에서 7월: PD협회 탄생기", 〈KBS PD협회보〉, 2007. 1. 4.
20 '서울대 5월제'는 서울대 학생들이 광주와 5·18을 추모하고 기억하기 위해 5월에 개최하는 축제 행사다.

체들이 속속 탄생했다. 그동안 공정 보도 활동에서 유명무실했던 기자협회도 집행부를 바꾸고 새롭게 출발했다. 이제 각 협회는 직종별로 조직 내부의 민주화운동을 전개한다.

하지만 얼마 지나지 않아 이들은 직종을 넘어 협회 간의 연대가 필요하다고 느끼게 된다. 자기 직종 내부의 민주화는 회사 전체의 민주화와 함께 가야 하기 때문이다. KBS에 아직 노동조합이 없는 시기였다. 1988년 1월 27일, 이들은 'KBS사내민주화추진 사원협의회'(이하 사원협의회)를 결성했다. 명칭에 '사내 민주화 추진'이라고 밝히고 있다. 사원협의회는 "민주화는 직장 안으로부터 시작되어야 한다"고 천명한다.[21] 사원협의회가 초기의 내부 민주화 과정에서 가장 주목한 이슈는 '정치권 특채자' 문제였다. 이 문제는 당시 KBS의 가장 큰 병폐였다.

KBS는 1973년에 공사^{公社}로 전환된 이후 공채 제도를 도입했다. 하지만 5공 정권 이후 공채 제도는 유명무실해지고, 청와대·안기부·보안사·감사원·공보처 등 권력기관 출신들이 대거 KBS의 요직으로 이동했다. 6월 민주항쟁 이후 문화공보부가 국회에 제출한 자료에 따르면, 1981년부터 1987년까지 KBS가 특채를 통해 뽑은 인원은 총 343명이다.[22] 이들이 바로 정치권 특채자들이다.

이러한 정치권 특채자들은 인사의 난맥상을 부채질했을 뿐만 아니라, 외부 기관원들과 긴밀히 연계돼 있어서 심각한 문제였다. KBS 내에 무단으로 출입하며 감시망을 유지하기 위해, 안기부 기관원들은 이들의 협조

---

21 새언론포럼, 앞의 책, 61쪽.

22 1985년 11월 9일, 국회 문공위에서 이철 의원이 "KBS는 공개 채용이 원칙인데, 1983년에 120명을 특채하고 단 2명을 공채했다. 1984년에는 134명을 특채하고 단 1명도 공채하지 않았다"고 지적했다. 특채가 너무 많았기 때문에 1980년대 초반엔 KBS가 공채를 통해 신입사원을 거의 뽑지 못했다. 이와 반대로 5공 정권은 언론통폐합 과정에서 많은 언론인을 해직했는데, KBS에서도 135명이 해직됐다. 새언론포럼, 위의 책, 60쪽.

가 필요했을 것이다. 따라서 당시 KBS에서 공정방송을 실현하기 위한 첫걸음은 독재정권의 잔재인 정치권 특채자 척결이었다.

바로 이 문제를 해결하기 위해 직종별 협회의 연대체인 사원협의회가 만들어진 것이다. 회사는 사원협의회의 존재를 인정하지 않을 수 없었을 것이다. 당시 사회적 분위기로 인해 분출하는 사원들의 요구를 일단은 수렴할 필요가 있었을 것으로 보인다. 1988년 3월 5일, 사원협의회와 사측은 공동으로 'KBS발전추진총협의회'(이하 KBS발전회의)를 출범시킨다. KBS발전회의는 사장과 기자협회장을 공동의장으로 하고 사원협의회 소속의 협회장 9명과 그 숫자에 맞춘 회사 측의 임원급 간부들로 구성했다.[23]

KBS발전회의에서 가장 먼저 착수한 사안은 정치권 특채자 처리 문제였다. 사원협의회 협회장들은 사측과 마주 앉아 정치권 특채자 출신 간부 3인에 대한 인사조치를 강력히 요구한다. 그들은 특히 크게 지탄을 받은 육사·안기부 출신 국장급 특채자들이었다.

처음에 사측은 시간을 끌며 버티지만, 당시 안팎의 민주화 흐름 속에서 사원협의회의 명분 있는 요구를 끝내 거부하기는 어려웠을 것이다. 결국 회사는 일단 이들을 보직 해임하고 대기 발령한다. 6월 민주항쟁 이후 초기의 KBS 사내 민주화 과정에서 사원협의회가 KBS발전회의를 통해 이룬 의미 있는 성과였다.

마침내 노동조합을 만들다

KBS발전회의는 현재의 '노사협의회'와 유사하다. 하지만 한계가 명확했다. 노동조합 집행부와 회사 경영진이 모여 사내 문제에 관해 협의하는

---

23 고희일, "초대 노조위원장에 당선되다", 〈책과 인생〉, 2022년 11월호, 98쪽.

노사협의회는 노동법에 근거한 협의체이다. 여기서 결정된 사안은 법적 구속력을 갖는다. 반면 당시의 과도기적 상황에서 만들어진 사원협의회의 대표들과 회사 경영진 간 협의체인 KBS발전회의는 법적 구속력이 없었다.

결국 서너 달 동안의 활동 끝에 협회장들은 벽에 부딪힌다. 사실 특채자 3인에 대한 조치는 시작에 불과할 뿐 해야 할 일들이 많았다. 이들은 사내 민주화를 지속적이고 강력하게 추진하기 위해서는 법적 보호를 받는 노동조합이 필요하다는 사실을 절감하고 노조 설립에 박차를 가한다.

KBS의 경우 노조 출범까지 MBC에 비해 어려움이 컸다고 한다.[24] MBC는 각 지방사가 독립된 법인체여서 기동력을 발휘하기가 수월했지만, KBS는 전국 네트워크가 '한국방송공사'라는 단일 회사에 속해 있었기 때문에 상대적으로 어려움이 있었다. KBS는 서울 본사뿐 아니라 전국적으로 지역국과 각 송신소, 중계소까지 복잡한 조직을 갖고 있다. 또한 다양한 직종과 직급이 섞여 있어 단일한 노동조합을 결성하는 데 그만큼 난관이 많았다.[25] 거기에다 외부 정보기관과 연결된 정치권 특채자들이 여전히 주요 요직을 차지한 채 버티고 있었다. 당시 노동조합에 대한 사원들의 인식 수준도 높지 않았을 것이다.

그렇지만 MBC 사원들이 한발 앞서 노동조합을 결성하자 KBS 사원들도 크게 고무된다. 그리고 1988년 5월 25일, 사내 민주화 운동을 주도한 사원협의회가 마침내 노동조합을 출범시켰다.

---

24 6월 민주항쟁 이후 신문사들이 먼저 노동조합 결성에 나서고, 이에 자극받은 MBC 사원들이 그해 12월 9일 노동조합 창립선언문을 발표한다. 방송사 최초의 노동조합 탄생이다. 새언론 포럼, 앞의 책, 36~37쪽.
25 〈KBS 노보〉, 제2호, 1988. 10. 8.

1988년 4월 28일, 사내 9개 사원협회 회장단은 KBS노동조합의 창설에 뜻을 같이하고, 기존 KBS발전회의에 참여하여 KBS의 발전을 위해 노력해 온 9개 사원협회 회장단과 사원협의회 총무, 대변인으로 구성되는 KBS노동조합 설립위원회를 발족시켰습니다.

준비위원회는 노동조합의 기본 골격인 규약 초안을 작성하면서 사내 각 직종 간의 위화감 해소 등 조합결성을 가로막는 각종 장애를 제거하기 위해 수차례의 회합을 가지는 등 토의를 거듭하여 공정방송의 확립을 통한 회사의 발전과 나의 발전을 이루기 위한 우리의 노동조합을 탄생시키기에 전력을 다했습니다.

마침내 1988년 5월 20일, 오전 9시 본관 휴게실에서 각 사원협회별 공히 10명씩 90명의 발기인으로 구성된 KBS노동조합 발기인 대회에서 KBS노동조합 탄생과 더불어 고희일 위원장과 부위원장 등 임원을 선출하고 5월 21일에 노동부에 신고, 5월 25일 신고필증이 교부됨으로써 정식으로 출범하게 되었습니다.[26]

PD협회가 탄생한 지 10여 개월이 지난 뒤였다. 5월 28일, KBS노동조합은 창립선언문을 통해 공식 출범을 내외에 알렸다.

방송공사 창립 15주년이 되고, 지난 1980년 암울한 시대 '언론 통폐합'이라는 미증유의 비극 속에서 이른바 공영방송으로 옷을 갈아입고도 8년이 흐르도록 우리는 줄곧 심한 몸살을 앓아왔다. … 이제 우리는 KBS 가족으로서 뼈아픈 반성을 바탕으로 구태의연한 타성과 관행, 그리고 무사안일의 껍질을 깨고 새로운 방송문화 창조의 주역을 자임한다. 우리는 오늘 공영방송 KBS, 가장 보람 있는 사내 근무 분위기 속의 KBS를 만들기 위해 한국방송공사 노동조합을 설립한다.

---

26 "KBS노조 이렇게 탄생했다", 〈KBS노동조합 노조소식〉, 제1호, 1988. 8. 5.

노동조합은 약 한 달여에 걸쳐 전국적으로 25개의 지부와 분회를 결성한다. 하지만 당시 노동조합이 발행한 노보勞報를 보면 많은 사원들이 여전히 반신반의하고 있음을 알 수 있다. 1988년 6월 30일에 발행된 〈노조소식〉 제1호에 "주저하지 맙시다"라는 제목으로 이런 글이 실려 있다.

전 사우의 관심과 지지 속에 구성된 KBS노조는 현재 약 2,500명의 조합원을 갖게 되었습니다. 그러나 아직 일부 사원들은 노조 가입에 주저와 망설임을 거듭하고 있습니다. 이는 오랜 세월 권위주의 행태에 물들었고, 또 그것에 과감히 맞서려는 우리들의 의지가 굳지 못하기 때문입니다. 노동조합은 헌법 및 노동관계법에 의해 그 구성과 활동이 보장된 합법적 기구로 타 방송 및 신문사에서는 우리보다 앞서 나아가고 있으며, 또한 상당한 결실을 맺고 있습니다. … 노조의 문은 항상 열려 있습니다. 현재 2층 공개홀 입구에 마련된 조합 임시 사무실에 전화하거나 직접 찾아와 주시기 바랍니다.[27]

---

27 이와 함께 "이것이 부당행위이다"라는 제목으로 부당 노동행위 사례들을 조목조목 설명하는 글도 싣고 있는 걸로 봐서, 당시 사측의 노조 가입 방해 움직임도 상당했을 것으로 추측된다. 하지만 민주화라는 시대의 흐름을 거스를 수는 없었다. 1주일 뒤에 나온 〈노조 속보〉 2호를 보면 "3,500여 조합원의 열기"라는 제목의 기사가 보인다. 한 주 사이에 1,000명이 늘어난 것이다.

'공정방송'의 기반을 만들다

당시 발행된 노보들을 보면 KBS노동조합은 처음 조합을 결성했을 때부터 가장 중요한 목표를 '공정방송'과 '제작 자율성'에 두고 있음을 알 수 있다. 임금 인상이나 복지 향상은 1순위가 아니었다.[1]

사실 제작 자율성을 바탕으로 이루어지는 공정한 방송은 기자나 PD 개개인의 양심과 의지만으로는 어렵다. 노동조합의 조직적인 힘이 뒷받침돼야 한다. 당시 KBS 사원들은 누구보다도 절감한 사실일 것이다.

무에서 유를, 행동하는 노조

나날이 늘어나는 조합원들의 기대 속에서 KBS노동조합은 본격적으로 사내 민주화 행보에 들어갔다. 하지만 노조는 이전의 관행을 유지하려는 사측과 갈등을 빚게 된다. 그동안 수세적이었던 사측이 역공을 취하기 시작한 것이다. 회사는 노조 출범 후 구역별 대의원을 선출하는 과정에

---

1   공영방송을 연구한 조항제 교수(부산대 신방과)는 공영방송사의 노조는 '산업적 노조'와 다르다며 이렇게 이야기한다. "지금까지 KBS와 MBC의 노동조합이 파업한 사유나 일수를 보면, 대부분이 사장의 거취나 공정방송과 관련되어 있고, … 보도를 포함한 해당 부서에 부당한 인사·압력을 행사한 사장들을 거부할 때, 노조들은 파업권을 행사했다. 임금 같은 처우 개선에 신경을 쓰는 '산업적 노조주의'와는 다른 '전문직적 노조주의'야말로 이들이 추구하는 방향이었다." 조항제, "특별기고: 노조가 왜 '정치적 투쟁' 하나 묻기 전에", 〈방송기자연합회보〉, 2017. 11. 20.

개입했다. 대의원으로 선출될 가능성이 큰 촬영부 소속의 한 카메라맨을 지역국으로 발령 낸다. 조합원에 대한 명백한 부당 인사였다. 또한 회사는 몇 달 전 사원협의회의 요구로 보직 해임돼 대기발령 상태에 있던 정치권 특채자 3인에 대해서도 구제 조치했다. 올림픽 사업단으로 발령을 낸 것이다.

당시는 정식으로 노보를 발행하기 전이어서, 노조는 〈노조 속보〉를 내며 적극 대응했다.[2] 1988년 7월 23일, 오전 11시부터 열린 임시 노사협의회가 밤늦게까지 지속된다. 그런데 어이없는 일이 일어났다. 밤 11시 30분경, 사측 대표들이 노조 측에 아무런 통보 없이 귀가해 버린 것이다. 노조는 "이는 (정치권 특채자) 3인의 거취 문제가 아니라 현 경영진의 '방송 민주화 의지' 문제"라고 규탄하며 집행부 20여 명이 농성에 들어갔다. 마침내 노조가 행동에 나선 것이다.

이틀 후, 조합원들은 KBS 역사상 최초로 사장에 맞서 집단시위를 결행한다. 집행부는 이날 노조 출범 이후 첫 조합원 집회를 계획했다. 회사의 '불법 시비'를 원천 차단하기 위해 집회 시간을 오후 5시로 정했다. 통상 근무시간은 오전 9시부터 6시까지지만, 점심시간 없이 일하는 걸로 하고 5시에 모이기로 한 것이다. 노조가 설립된 지 얼마 안 됐고 아직 단체협약을 체결하지 않았기 때문에 위원장을 비롯한 집행부의 간부들도 회사가 인정한 전임자가 아니었다. 위원장이 노조 업무에 전념하는 것을 막지는 못했지만, 나머지 집행부는 윗사람의 눈치를 보아가며 알음알음 노조 일을 하는 처지였다고 한다. 노조 집행부는 당시 신생 노조의 어려움과 한계를 하나하나 돌파하며 무無에서 유有를 만들어야 했다. 고희일 초대 노조위원장이 쓴 글을 보면 당시 상황이 눈에 들어온다.[3]

---

2   〈노조 속보〉 제1호(1988. 6. 30.)부터 제5호(1988. 7. 27.)까지 발행.
3   고희일, "최초 투쟁, 성공신화를 만들다", 〈책과 인생〉, 2023년 1월호, 89~90쪽.

(5시에 예정된) 조합원들의 본격 시위에 앞서 사무국(집행부) 부장들의 각오를 새롭게 하고 배짱도 키울 겸 해서 오전에 6층 사장실 앞에서 기습시위를 갖기로 했다. KBS 본관 6층은 사장을 비롯하여 임원들의 전용 공간이다. 사장실 앞에 늘어선 노조 간부들이 위원장의 선창에 따라 구호를 외쳤다.

"특채자를 파면하라!", "특채자를 파면하라!"

"정구호는 퇴진하라!", "정구호는 퇴진하라!"

비록 몇 명이 내는 소리였지만 평소 조용하고 엄숙하기만 한 6층에 처음으로 우렁찬 구호가 울려 퍼지자 사장을 비롯한 모든 임원들이 깜짝 놀라 문을 열고 뛰쳐나왔다. 이를 본 노조 간부들은 굴하지 않고 더욱 크게 구호를 외쳤다. 사장과 임원들은 기가 막힌다는 표정으로 한동안 바라보다가 각자의 방으로 돌아갔다. 노조 간부들은 이번에는 더욱 큰 소리로 〈늙은 군인의 노래〉를 개사한 〈늙은 방송인의 노래〉를 불렀다. 이 모습을 지켜본 어느 임원이 '세상 말세로구나. 말세야!'라고 혼잣소리를 했다.

나는 이 말을 들으며 '바깥세상에서는 변혁의 소용돌이가 몰아친 지가 언제인데 KBS 임원들은 아직도 독재 권력이 선사한 달콤한 권위주의라는 잠에 취해 있구나' 하고 생각했다.

조합 집행부의 사장실 앞 기습 시위 소식은 삽시간에 사내로 퍼졌다. 오후 5시가 다가오자 본관 2층의 중앙홀(지금의 시청자광장)에 조합원들이 모여들기 시작했다. 집행부는 내심 '적게 모이면 어쩌나' 걱정했다는데 기우였다. 5시 정각, 중앙홀이 600여 명의 조합원들로 꽉 찼다. 그만큼 조합원들의 울분이 속으로 억눌려 있었던 것이다. 위원장이 메가폰을 들고 연설을 시작했다.

현재 KBS는 5공 시절에 저지른 과오를 반성하고 새로운 미래로 나아가야 하는 중차대한 시기에 처해 있습니다. 하지만 정구호 사장을 비롯한 경영진은 그럴 생각이 전혀 없고 오히려 과거로 회귀하려 하고 있습니다. 3개월 전에 정구호 사장은 과거청산을 위한 최소한의 상징적 조치로 정치권 특채자 3인의 파면을 약속했습니다. 그러나 어제 날짜로 이들에 대해 현업복귀 인사발령을 냈습니다. 이제 그와 함께 미래를 열어갈 수 없습니다.

이어서 집행부와 조합원들은 6층 사장실로 향했다. 집행부의 오전 시위에 이어 이번에는 600명의 조합원이 다 올라간 것이다. 그동안 부끄러움과 울분을 안으로만 삼켜야 했던 사원들이 노동조합을 결성하고 한데 모여 집회를 열면서 강력한 힘을 느낀다. 인원이 너무 많아 뒤쪽 행렬은 6층에 올라가지 못한 채 계단에 머물러야 했다. 시위대의 쩌렁쩌렁한 구호가 울려 퍼졌다.

다음 날, 노조는 "정 사장은 떠나거라!"라는 제목의 성명서를 낸다. 정구호 사장은 대구 태생으로 경향신문 기자 출신이다. 그는 대구공고 직속 선배인 전두환이 권력을 장악하면서 단번에 경향신문사 사장이 되고 이어 청와대 대변인 겸 공보수석으로 발탁된다. 그리고 1986년에 KBS 사장으로 임명받는다. 공공연한 낙하산 사장이었다. 노조가 사장 퇴진을 내걸자 이윽고 사측이 반응을 보였다. 농성 사흘째 되는 날, 사측이 은밀히 집행부에 '정치권 특채자를 파면하면 사장 퇴진 시위를 멈추겠냐?'는 제안을 해 왔다.[4] 경영진이 한발 물러선 것이다. 이로써 KBS의 노사관계는 새로운 국면에 접어든다. 노조는 집행부 회의를 통해 사장 퇴진 시위를 잠정 중단하고, 노사협의회에서 관철할 안건들을 정리하기로 한다.

7월 28일, 마침내 KBS 본관 6층 대회의실에서 사장과 노조위원장이 처음으로 얼굴을 맞댄 노사협의회가 열린다. KBS 역사상 첫 공식 노사협의회였다. 정구호 사장 등 경영진과 고희일 위원장 등 노조 대표가 각각 6명

---

4   고희일, 위의 글, 92쪽.

씩 참석했다. 이날 양측이 합의하여 서명한 사항은 다음과 같다.[5]

1. 정치권 특채자 3인은 1988년 7월 28일 자로 의원면직한다.
2. 이번 주 토요일 〈생방송 심야토론〉 프로그램에 '방송 민주화와 KBS의 나아갈 길'이란 주제로 방송하며 사장과 노조위원장이 출연한다.
3. 1988년 7월 28일 〈KBS 9시 뉴스〉에 방송 민주화운동을 보도한다.
4. 노사 양측은 서울올림픽의 성공적 수행을 위해 최선을 다할 것을 다짐한다.

첫 번째 합의사항은 즉시 이행되었고, 특채자 3인에 대한 면직은 눈에 띄는 성과였다. 비록 대표적인 3명에 대한 인사 처리였지만 KBS 내부에 주는 상징적 효과는 컸다. 두 번째 합의사항도 곧 시행되었다. 그 주 토요일 〈생방송 심야토론〉(이하 심야토론)에 사장과 노조위원장이 함께 출연한 것이다. 세 번째 합의안에 대해서는 진통이 있었다. 노조 측의 요구는 '편집권의 침해'라며 보도부장이 반발한 것이다. 하지만 결국 사측은 "이 건과 관련한 보도 내용, 화면 처리·방영 시기 등은 앞으로 적절히 처리하겠다"고 밝힌다. 네 번째 합의안은 당위적 사안이었다. 이 시기는 88서울올림픽을 두 달도 남겨 놓지 않은 시점이었다.

결국 사측은 사장 퇴진을 제외한 노조의 요구 조건 대부분을 수용했다. KBS에 노동조합이 왜 필요한지를 명확하게 보여준 큰 성과였다. 노조가 출범 두 달 만에 이런 성과를 거두자, 사원들의 지지와 신뢰는 더욱 높아졌다. 당시 노보를 보면 조합원 수가 계속해서 늘어났음을 알 수 있다. 출범 한 달이 지난 6월 말에 2,500명이던 조합원 숫자는 7월 초에 3,500명, 8월 초에는 4,000여 명을 넘어섰다.

---

5   고희일, 앞의 글, 93쪽; 새언론포럼, 2008, 《현장기록, 방송노조 민주화운동 20년》, 커뮤니케이션북스, 63쪽.

변화의 상징, 〈심야토론〉

1988년 7월 30일, 노사합의에 따라 KBS 정구호 사장과 고희일 노조위원장이 출연한 〈심야토론〉에 '방송의 민주화와 KBS의 나아갈 길' 편이 방송된다. 사장과 노조위원장을 포함한 8명의 토론자가 출연해 KBS의 공정보도 논란, 사내 인사 문제, 시청료 거부 이슈, KBS의 방만 경영, 방송법 개정 등에 대해 토론을 벌였다. 먼저 사장과 노조위원장은 1980년대 범국민적 민주화 욕구에 적절히 부응치 못한 점에 대해 사과했다.[6]

정구호 자율보도강령을 전 사원이 참여하여 제정하고, 공정보도 논란을 불식시키기 위해 권위 있는 여론조사 기구에 의뢰하여 공정방송 여부 조사 결과를 연말께 밝힐 것이며, 앞으로 특집 프로에 대해 사내 견해차가 있을 경우 임시특별위원회를 구성해 처리하겠습니다.

고희일 KBS가 권력의 시녀로 떨어질 수밖에 없었던 것은 인사권의 독립이 이루어지지 않았기 때문입니다. 방송은 국민의 대표성을 띤 방송 전문인에게 맡겨야 합니다.

이날 출연자들은 그동안 공개적으로 거론되지 않았던 KBS의 그늘진 부분들에 대해 열린 대화를 나누었다. 이전의 방송 환경에서는 생각하기 어려운 일이었다. 청취자들도 참여한 이날의 〈심야토론〉은 3시간 15분 동안 생방송으로 진행되었다.
사장과 노조위원장이 〈심야토론〉에 함께 출연한 것은 KBS의 변화를 보여주는 매우 상징적인 일이었다. 6월 민주항쟁 넉 달 후인 10월부터

---

6 새언론포럼, 위의 책, 64쪽.

深夜討論
785-2400

정구호
(KBS사장)

고희일
(KBS노동조합위원장)

'방송 민주화와 KBS의 나아갈 길'을 주제로 방송된 〈심야토론〉(1888). 사장과 노조위원장이 함께 출연해 대등하게 토론하는 장면은 KBS에 대한 부정적 생각을 바꿀 수 있게 해 주었다.

방송하기 시작한 〈심야토론〉은 토론 프로그램 사상 처음으로 논쟁 방식을 도입했다. 이전까지는 대담 형식의 프로그램만 있었을 뿐 본격적인 토론 프로그램이 없었다. 그런데 〈심야토론〉은 찬반 양측을 아우르는 패널을 구성함으로써 정부·여당에 반대하는 목소리도 나올 수 있게 되었다. 〈심야토론〉은 당시의 민주화 분위기를 반영한 프로그램으로 높은 시청률을 기록했다.

나는 당시 언론사 입사시험을 준비하고 있었기 때문에 이 토론을 흥미 있게 지켜봤다. 그때까지만 해도 나는 KBS 내부 상황을 자세히 몰랐다. KBS에 대해 '땡전 뉴스' 또는 '관제 방송'이라는 이미지를 막연하게 가지고 있었을 뿐, 공영방송으로 거듭나기 위해 안에서 치열하게 싸우고 몸부림치고 있는 것은 잘 모르고 있었다. 그런데 〈심야토론〉에 사장과 노조위원장이 나와서 대등하게 토론하는 것을 보며 KBS에 대한 부정적 생각이 바뀌기 시작했다.

88서울올림픽과 공정방송

하지만 당시 KBS에는 이러한 변화가 어떻게 지속 가능하게 할지, 나아가 충분한 공정성 확보를 어떻게 담보할지가 여전히 중요한 과제로 남아 있었다. 그리고 이를 위해 노동조합이 합법적으로 활동하려면 사측과 교섭을 벌여 단체협약을 체결해야 했다. 단체협약서는 노사 대표인 사장과 노조위원장이 합의해 동시에 서명한 법적 문서로서 노동관계법상 사규보다 우선한다.

이제 출범 석 달째에 접어든 노조는 단체교섭 체결이라는 또 하나의 큰 산을 넘어야 했다. 노조의 존재와 활동의 근거가 되는 협약인 만큼 그 내용과 수위를 정하고 이를 관철하기 위한 전략을 짜는 데 가진 역량을 최대한 발휘해야만 했다.

88서울올림픽은 KBS에 두 가지 큰 기회였다. 하나는 1983년 〈이산가족을 찾습니다〉 이후 KBS의 역량을 국내외에 다시 보여줄 수 있는 기회였다. 또 하나는 노동조합이 사측과 첫 단체협약을 체결하기에 시기적으로 좋은 기회였다.

이번에도 노조는 노보를 통해 단체협상 경위를 지상 중계하며 신속하게 전했다.[7] 8월 11일, 노사 간 단체교섭 1차 회의가 시작된다. 88서울올림픽을 한 달여 앞둔 시점이다. 하지만 첫 회의부터 사장이 불참하고, 사측 교섭위원들도 회의장에 늦게 들어왔다가 도중에 일방적으로 퇴장한다. 처음부터 기 싸움에서 밀리지 않겠다는 의도였을 것이다.

이에 전국 지부장과 분회장 등 조합 간부 50명이 즉각 철야농성에 돌입한다. 노조는 출근하는 직원들에게 '방송 민주화'라고 쓴 리본을 나눠주고 행동지침과 성명서가 인쇄된 유인물을 배포하는 등 준법투쟁을 벌인다. 철야농성 5일째, 제2차 회의가 열렸으나 역시 성과 없이 무산됐다. 8시간 동안 6차례 정회를 거듭한 끝에 사측은 또 일방적으로 퇴장했다. 이에 노조는 사장실 앞 복도에서 농성에 돌입하여, 정구호 사장이 즉각 단체교섭에 나올 것을 촉구한다.

당시 발행된 여러 개의 〈노조 속보〉를 보면 노동조합이 단체협상 과정에서 가장 중요하게 여긴 사안이 공정방송의 토대를 구축하는 일이었음을 알 수 있다. 하지만 사측은 '공정방송 부문은 단체교섭에 포함될 수 없다'는 입장을 고수한다. 당시 사측의 인식을 보여주는 발언이 〈단체교섭 속보〉에 실려 있다.

---

7   이 시기 KBS노동조합은 〈단체교섭 속보〉 제1호(1988.8.12.)~제8호(1988.8.30.), 〈쟁의특보〉 제1호(1988.9.1.)~제2호(1988.9.2.)를 발행하였다.

(사측의) 김우철 교섭위원은 "공정방송은 제도가 아니라 기자 개인의 문제다. 며칠 전 설악산에서 서울로 오는 도로가 막힌 것을 보도 못한 것은 기자가 현장에 가서 취재를 안 한 이유이다. 결국 공정방송은 기자의 문제이다"라는 책임전가 발상의 상식 이하 발언을 마구 늘어놓으며 책상을 마구 쳐서…[8]

철야농성 8일 차가 되어서야 진전이 이루어진다. 사장은 여전히 참석하지 않았지만, 사측 대표로 참석한 보도본부장과의 11시간에 걸친 마라톤 회의 결과 '공정방송에 관한 사항' 등 서너 가지 사안에 합의한 것이다. 특히 사측으로부터 공정방송에 관한 사항을 단체교섭의 대상으로 인정받은 것은 중요한 성과였다.

하지만 아직 갈 길이 멀었다. 노조는 "미타결 조항들이 8월 30일에 열릴 예정인 교섭회의에서 타결되지 않을 경우, 전국 임시 대의원대회를 열어 쟁의신고 여부에 대해 표결 처리하겠다"고 압박한다. 하지만 8월 30일, 끝내 교섭이 결렬되고 만다. 이제 노조 집행부로서는 퇴로가 없어졌다. 노조는 쟁의절차에 돌입하기 위해, 비상대의원총회를 열어 쟁의 여부에 대한 투표를 진행했고, 찬성표가 92.1%였다.[9] 노조는 "우리는 왜 쟁의신고를 내야 했는가"라는 제하의 성명을 발표한다.

인내와 자제로써 어떻게 해서든지 노사 간에 원만한 합의로 온 국민의 바람인 공정방송을 이룩해 보고자 노력했다. 그러나 성실과 인내, 자제와 호소는 더 이상 방송 민주화를 쟁취해내는 방법일 수 없으며 오직 단결된 힘과 의지의 과시만이 방송 민주화를 이룩하는 유일하고도 절대적 수단임을 확인하게 되

---

8   〈단체교섭 속보〉, 제3호, 1988.8.17.
9   재적 대의원 207명 중 165명이 참석했고, 결과는 찬성 152표, 반대 12표, 무효 1표였다.
     〈단체교섭 속보〉, 제8호, 1988.8.30.

었다. … 노조는 올림픽 방송을 성공적으로 치르는 데 하등의 문제가 발생하지 않도록 최선을 다할 것이다. 쟁의신고는 국민의 사랑을 받는 공영방송으로 거듭나기 위한 정당한 몸부림이다.

이 성명서에서 올림픽 방송에 대해 언급한 문구가 눈길을 끈다. 당시 88서울올림픽을 성공시켜야만 한다는 안팎의 상황은 노조 측에서 볼 때 협상의 지렛대였다. 하지만 무모하게 밀어붙이는 것으로 비치면 국민적 우려를 불러일으킬 수 있었다. 양날의 칼인 셈이다. 따라서 노조는 당시 노동조합 활동이 나라의 중대사인 올림픽 방송에 방해가 되도록 하지 않을 것임을 분명히 한 것이다.

쟁의발생 사유가 된 미해결 조항은 7개였는데, 특히 노조 측에서 물

KBS 사상 첫 쟁의발생 사유에 관한 입장(1988)

노조 입장

① 보도 · TV · 라디오 · 기술 본부장은 해당 본부 조합원이 3배수로 제청하고 노조가 추천하여 그중에서 사장이 임명한다.

② 보도국장은 보도국 내 조합원이 직선으로 사장이 임명한다.

③ 노사 동수로 구성되는 공방위를 설치하고 조사권, 심의권, 징계 요구권 등을 부여한다.

④ 유니언숍제를 채택한다.

사측 입장

① 특별법인 한국공사법이 사장의 본부장 임명절차를 규정하고 있기 때문에 본부장 3배수 추천제는 이 법 정신에 위배된다.

② 보도국장 직선제는 인사권을 침해하는 것일 뿐만 아니라 사원 간의 의견을 분열시킬 우려가 있다.

③ 공방위 설치 문제는 원칙적으로 수용하되 간섭적인 요소는 빼고 자율방송 강령을 제정하는 선에서 타협해야 한다.

④ 유니온숍제는 일반적인 제도가 아니다.

러설 수 없다고 천명한 사안은 공정방송을 위한 실질적인 제도적 장치로서 공정방송위원회(이하 공방위) 설치와 '4개 본부장 추천제' 등 네 가지였다. 쟁의신고 이틀째인 9월 1일, 아나운서와 기자들은 '방송 민주화 쟁취'라는 리본을 달고 방송에 출연했다. 아침 첫 방송인 1TV〈6시 뉴스〉에 강성곤 아나운서가 리본을 달고 진행한 것이 첫 사례였다. 조합원들은 출근하는 사원들에게 리본을 달아주는가 하면, KBS 차량 100여 대에 "국민의 눈과 귀가 되고 싶습니다. KBS여 잠을 깨라"는 문구가 적힌 스티커를 부착했다. 방송 카메라에도 같은 스티커를 부착한 채 촬영에 임했다. 본관과 별관 건물에 "민주노조와 함께 하는 공정방송", "민주방송 우리의 양심"이라고 적힌 대형 현수막도 걸었다.[10]

　쟁의절차에 들어가자 사측이 예민해진다. 쟁의신고 3일 차, 회사 측의 요청으로 단체교섭이 재개됐다. 이튿날 새벽 4시까지 진행된 철야 회담을 통해 몇 개 조항이 추가로 타결됐다. 하지만 쟁점사항인 공정방송 부분은 합의점을 찾지 못한다. 당시 사측으로서도 쉽게 양보할 수 없는 사안이었을 것이다.

　9월 4일, 일요일이었지만 회의가 재개된다. 오후 5시부터 시작된 교섭 회의는 철야까지 이어졌다. 노사 양측은 새벽에 정회를 갖고 자체 논의를 거친 후, 사장과 위원장이 단독으로 오전 10시부터 대담을 진행하기로 한다. 만일 이 대담도 결렬되면 노조는 준법투쟁에 들어가지 않을 수 없었다. 노조가 미리 조합원들로부터 준법투쟁 지지 서명을 받은 결과 지지율이 90%를 넘었고, 이를 바탕으로 "오후 6시부터 '시간 외 근무 거부'를 포함한 강력한 준법투쟁을 본사 및 전체 지역국에서 벌이겠다"고 천명한 상태였다. 이런 일이 실제 벌어지면 방송이 큰 차질을 빚을 수 있었다.

---

10 〈쟁의 특보〉, 제1호(1988. 9. 1.), 제2호(1988. 9. 2.).

9월 5일 월요일 오후 3시, 사장과 위원장이 단독 협상에 돌입한 지 5시간 만에 마침내 타결이 이루어졌다. 당일 오후 6시부터 준법투쟁 돌입이라는 긴박한 상황 속에서 노와 사가 22시간에 걸친 마라톤 회의를 통해 극적인 타결을 이룬 것이다. 노와 사는 가장 핵심적인 두 가지에 최종 합의했다.[11]

첫째, 공방위를 설치하기로 했다. 노사는 "공사와 조합은 공정방송의 실현을 위해 공정방송위원회를 두며 그 구성과 운영은 별도 협약에 의한다"고 합의했다.[12]

둘째, 본부장 추천제에도 합의했다. 노사는 "공사와 조합은 공정방송을 위한 최소한의 제도적 장치가 필요함을 인정하고 다음의 제도적 장치를 둔다. 사장은 편성·제작·보도 관련 책임자(텔레비전·라디오·보도·기술본부장)의 임명에 있어 이사회의 동의를 얻기 전에 공정방송위원회의 의견을 수렴한다"는 문구에 합의하고 서명했다.[13]

이제 노조는 사장이 일방적으로 행사해 온 인사권과 방송편성권을 일정 부분 견제할 수 있는 수단을 갖게 되었다. 사내 민주화 및 공정방송을 구현하기 위한 중요한 기반을 마련한 것이다. 노보는 1면에 "사규 지배에서 단체협약 시대로"를 헤드라인으로 뽑으며 이렇게 의미를 부여했다.

이제 KBS 최초의 단체협약을 마치고 과거 사측의 일방적 횡포의 시대를 넘어서 노사동등의, 나아가 노사협동의 시대로 새 시대의 지평을 열어야 합니다.

---

11 대신 노조는 '보도국장 직선제'와 '유니언숍제'는 철회했다. 협상의 전략으로 이 두 가지를 포함했다가 막판에 철회한 것으로 보인다. 사실 보도국장 직선제는 장단점이 함께 있어서 지금도 실시하는 언론사가 많지 않다.

12 당시 합의한 내용은 단체협약서 '제3장 공정방송'에 담겼다. 〈KBS 노보〉(1988. 10. 8.) 제2호 6~7면에 단체협약서 전문이 실렸다.

13 물론 이러한 '본부장 추천제'는 몇 년 후 '본부장 중간평가제'로 바뀌게 되지만, 당시로서는 노조 집행부가 쟁취해 낸 큰 성과이다.

노동조합이 '공정방송' 관련으로 난항을 겪고 있음을 알 수 있는 "단체교섭속보"(1988).

첫 단체교섭 타결 직후 발행한 노보 2호(1988). 1면 머리기사 제목은 '사규지배서 단체협약 시대로'이다.

첫 단체교섭이 성공적으로 끝났다. 노조는 이에 대해 이렇게 자체 평가하고 있다.

모두 놀랐습니다. 설마 우리가 2개월이 못 돼서 조직결성을 마치고, 또 1개월 만에 어려운 단체협약을 마치리라고는 아무도 몰랐습니다. 타 노조에서도 우리를 경이로운 눈으로 바라보고 더욱 큰 기대를 전해오고 있습니다. 이러한 결과를 두고 해석이 분분하지만 무엇보다 중요한 원인은 그동안 KBS인들이 불합리한 환경 속에서 묵묵히 참고 지내 온 세월의 아픔이 그만큼 컸음을 반증하는 것입니다.[14]

단체교섭이 극적으로 타결됨으로써 회사나 노조, 그리고 사원들 모두 '윈-윈'하게 된 셈이었다. 교섭이 타결된 시점은 올림픽을 불과 12일 앞둔 날이었다. 사실 아슬아슬한 상황이었다. 노사가 파국을 면하고 갈등을 해결함으로써 88서울올림픽 주관방송사인 KBS는 국제신호 제작 및 중계방송에서 좋은 성과를 거둘 수 있었다. 결국 KBS로서는 이 시기에 공정방송을 위한 기반 마련과 함께 성공적인 올림픽 방송 실현이라는 두 마리 토끼를 다 잡은 셈이었다.

최초의 '민주적 사장'

올림픽 방송이 끝나고 정구호 사장이 임기 만료 1년을 앞두고 퇴임함에 따라 KBS 새 사장 선임 절차가 시작됐다. 6월 민주항쟁 이후 그리고 KBS

---

14 〈KBS 노보〉, 제2호, 1988. 10. 8. 조합원 숫자도 계속 늘어났다. 8월 30일 자 노보 8호에서는 4,600여 조합원, 10월 28일 자 노보에는 5,000 조합원으로 적고 있다. 창립 5개월 만에 조합원 자격이 있는 사원들은 대부분 노조에 가입한 것이다.

에 노동조합이 탄생한 후 첫 사장 선임이었다.

첫 단체교섭이 마무리됨으로써 노동조합의 주요 과제는 차기 사장 선임 문제가 됐다. 그동안 KBS 사장은 정권 유지와 홍보에 가장 적당한 인사를 낙하산으로 임명해 왔다. 노조는 KBS의 새 사장은 시대에 맞게 다음과 같은 세 가지 자격을 갖춘 인물이어야 한다고 천명한다.

첫째, 제5공화국 시절 권력의 그늘 아래 철저히 비민주적 행태를 일삼던 인물이어서는 안 된다.

둘째, 특정 정당과 정파를 대변하는 현역 정치인 또한 사장이 될 수 없다.

셋째, 국민들의 민주화 열망에 부응할 수 있는 확고한 신념을 가진 존경받는 인물이어야 한다.[15]

1988년 11월 1일, KBS 이사회(이사장 노정팔)가 비공개로 열렸다. 12명 이사 전원이 참석하여 사장 후보자에 대한 투표를 진행한 결과 서영훈 흥사단 이사장이 최창봉 방송위원회 상임위원을 근소한 차이로 앞서 사장으로 임명제청되었다.[16]

이번 사장 선임은 이전과 다르게 이루어졌다. 선임 절차가 일부 개선되었고,[17] 이번에는 과거와 달리 청와대가 직접 개입하지 않았기 때문이다.

---

15 새언론포럼, 앞의 책, 70쪽.

16 서영훈 사장은 일제강점기 치안유지법 위반으로 10개월 구금된 적이 있고, 장준하 선생이 발행한 잡지 〈사상(思想)〉(〈사상계〉의 전신)의 편집을 맡았던 경력이 있다. 대한적십자사 사무총장을 거쳐 1972년에 남북적십자회담 대표, 나중에는 흥사단 이사장을 역임했다.

17 6월 민주항쟁 이후 방송법이 제정되고 한국방송공사(KBS)법이 개정됨으로써 KBS 사장 선임에 문화공보부 장관이 아닌 방송위원회가 영향력을 미치게 되었다. KBS 이사회가 사장을 제청하고 이를 대통령이 임명하도록 했는데, KBS 이사회는 방송위원회가 추천하여 대통령이 임명하는 12인의 이사로 구성되도록 했다. 방송위원회는 대통령이 임명한 9인으로 구성되는데, 이 중 국회의장과 대법원장이 각각 3인씩 추천하도록 되어 있었다. 한 단계 개선된 제도였지만 여전히 청와대가 영향력을 미칠 수 있는 등 법적 한계는 분명히 있었다. 그럼에

6월 민주항쟁 이후의 민주화 분위기와 여소야대의 정치상황 속에서 정치권, 특히 청와대가 노골적으로 개입하기 힘들었던 것이다.

공영방송을 연구하는 학자들은 이 시기의 KBS 사장 선임 절차에 대해 "이전 사장들과 전혀 다른 이력을 가졌던 서영훈은 절차 또한 다르게 사장이 되었다. 서영훈은 KBS가 맞은 최초의 비非관료·비非청와대 출신 사장으로, 대통령의 추천이나 정부의 내정 없이 KBS 이사회에서 자유로운 경선으로 선출되었다. 최초의 민선·적법 사장인 셈이다"라며 긍정적 평가를 하고 있다.[18]

서영훈 사장이 선임되자 노조는 다음 날 '방송 민주화에 걸맞은 경영을 하라'는 성명을 발표한다.

> 서영훈 씨의 경력은 민주 의지라는 측면에서 흠잡을 데가 없다. 그러나 역대 KBS 사장과 같이 그가 방송에 대한 아무런 연관이 없음을 크게 우려한다. 우리 노조는 일단 서영훈 씨의 임명을 거부하거나 반대하지 않기로 하였다. 우리는 새로운 사장이 그의 경력과 천거 배경에도 불구하고 KBS를 국민의 방송으로 이끌고 아울러 사원을 존중하는 그런 소신 있는 경영을 해나가기를 바란다. 특히 본 노조는 부사장과 본부장의 임명에 대하여 사원의 총의가 어떻게 반영되는지에 대해 예의 주시할 것이다.

노조는 서영훈 사장에 대해 완전히 동의하지는 않지만, 이번 사장 선임 절차가 민주적으로 이루어졌음을 인정하고 있는 모습이다.

1988년 11월 4일, 서영훈 제8대 KBS 사장이 취임한다. 서 사장은 취임사에서 스스로 방송 업무에 경험과 전문성이 없어서 두렵다고 말했지

도 6월 항쟁 직후였기에 사장 선임 과정이 한 단계 민주화된 모습을 보여준 것은 분명하다.
18 조항제, 2014, 《한국 공영방송의 정체성》, 컬처룩, 167쪽.

만, 당시의 시대정신을 꿰뚫어 보고 있었다.[19]

작년, 온 국민의 민주화 열망 표출과 그에 부응한 6·29 선언 이후 우리 사회는 제반 사회적 문제들을 민주적 절차와 국민적 합의의 방법으로 해결해 나가는, 어렵고도 줄기찬 발걸음을 걸어 나가고 있습니다. … 지금은 그동안의 상황으로 인해 덮여져 왔던 분단 극복의 문제, 민족자존의 문제 등 많은 난제들이 우리 앞에 산적해 있는, 매우 중요한 시기라 하겠습니다.

그러면서 KBS가 이를 어떻게 반영해야 할 것인지, KBS 사장으로서 그 역할과 책무를 다할 것이라고 말한다. 한마디로 민주화된 공영방송 KBS의 철학과 비전을 명확히 제시하고 있다.

이제 본인은 KBS 사장으로 취임함에 있어 국민의 시선이 주목하고 있는 공정성 시비의 한 요인인 정치권력, 경제 집단 등의 부당한 간섭이나 영향을 배제해 나가도록 노력하겠으며, 더 나아가 어떤 압력단체나 특정 세력의 편견이나 일방적 주장에 편중되거나 영합함이 없이, 방송 본연의 임무에 전념할 수 있도록 최선의 노력을 다하겠습니다. … 기본적으로 KBS 방송인들이 자율적이고도 창의적으로 방송 제작에만 전념할 수 있도록 제반 저해 요인을 제거하며 바람직한 제도적 여건과 환경 조성에 노력하겠습니다. 아울러 우리 사회 각계의 양심적이고 소신 있는 분들에게 과감히 문호를 개방하고, 서민과 소외계층의 목소리를 담아내는 국민 속의 방송이 되도록 애써 보고자 합니다.[20]

---

19 서영훈, 1991, "KBS 사장의 중책을 맡으며", 《숲이 깊으면 둥지가 많다》, 제삼기획, 257~259쪽.
20 서영훈, 앞의 책, 258~259쪽.

88서울올림픽이 끝나자 곧바로 KBS가 신입사원 채용 계획을 발표했다. 나의 KBS에 대한 직접적 기억은 이즈음부터 시작된다. 당시 서영훈 사장 선임과정을 관심 있게 지켜보면서 KBS 입사시험을 치렀다. 이력이나 인품으로 볼 때 존경할 만한 분이라고 생각했다. 그래서 더 열심히 공부하며 입사 준비를 했던 것 같다. 그해 말 다행히 최종 합격해 KBS 프로듀서PD가 되었다.

PD 14명을 포함해 기자, 아나운서, 엔지니어, 기획행정직 등 134명이 신입사원으로 뽑혀 공채 16기가 되었다. 그때는 공채 합격자를 라디오 방송을 통해 발표했다. 정오 무렵, 아나운서가 내 수험번호와 이름을 불렀다. 라디오를 통해 자신의 이름을 들으니 묘한 기분이었다. '방송이란 이런 것이구나'라고 생각했던 기억이 난다.

다음 해 2월 8일, 입사식이 열렸다. 서영훈 사장은 공채 16기로 입사한 나와 동료들을 '민주 공채 1기'라고 불러 주었다.

"여러분은 민주화 시대, 거듭나는 KBS의 입사 1기입니다."

다른 얘기들은 잘 기억나지 않지만 이 말은 또렷이 기억난다. KBS가 내부 민주화를 향해 격동하던 시기, 이제 KBS인으로서 자긍심을 가져 달라는 의미를 담은 당부였다. 선배들은 험난했던 시기에 부끄러움과 울분을 가슴에 품은 채 보도하고 프로그램을 제작해야 했다. 그에 비하면 나는 운이 좋은 셈이었다. 내부가 민주화되고 또 최초로 민주적으로 선임된 분이 사장으로 있는 KBS에 최초로 입사한 기수가 된 것이다.

입사식 후 10일 동안 용인에 있는 모 회사의 연수원에서 신입사원 연수를 받았다. 하루하루 KBS 사원이 되어가는 느낌이었다. 연수가 끝나고 본사 여러 부서와 제작 현장에서 직무교육OJT을 받았는데 꽤 길게 느껴졌다. 빨리 제작 현장에 가서 직접 프로그램을 제작해 보고 싶었다.

나는 처음에 라디오 프로그램을 제작하게 되었다. 아침, 정오, 저녁 세 차례 방송하던 교통정보 프로그램 〈가로수를 누비며〉에서 점심시간 프로그램의 조연출을 맡았다.[21] 처음 한 일은 생방송 스튜디오에서 선배 PD가 만들어 놓은 큐시트cue sheet를 확인하며 턴테이블 위의 음반을 교체하는 일이었다. 단순한 일이었지만 방송사고를 내지 않으려면 긴장해야 했다. 그러다가 며칠 안 돼서 선배에게 일이 생겨 대신 생방송 연출을 맡게 됐다. 점심시간 대의 〈가로수를 누비며〉는 포맷이 단순했지만, 입사 후 처음 연출하는 생방송인 만큼 기억에 뚜렷이 남아 있다.

선배가 만들어준 큐시트를 보며 머릿속으로 하나하나 리허설을 해보고 스튜디오에 들어가 진행자에게 큐cue 사인을 주었다. 콘솔에 있는 토크백 talk-back 버튼을 누르고, 중간중간 교통정보를 진행자에게 전달했다. 교통 통신원들이 보내오는 실시간 정보였다. 틈틈이 그들을 무선전화로 연결해 현장 상황을 생생하게 전하기도 했다. 간단한 방송이지만 무사히 끝내고 나니 뿌듯했다.

얼마 후에는 아침 〈가로수를 누비며〉에 직접 출연한 적도 있다. 담당이었던 선배(이기진)로부터 서울 시내의 교통 문제를 취재해서 출연해 달라는 요청을 받았다. 교통 통신원의 제보를 바탕으로 취재하는 일이었다. 한강 다리 한 곳의 진입로에 문제가 있어, 차량 통행에 지장을 주고 사고 위험이 있다는 내용이었다.

녹음기와 마이크를 들고 나가 현장을 둘러보고 운행 중인 운전자들을 만나고 서울시경 담당자도 인터뷰했다. 취재를 마치고 회사에 돌아와 사무실에 있는 편집기에서 처음으로 편집을 했다. 선배가 편집기 다루는 법을 알려주었다. 지금은 디지털 편집을 하지만 그때는 아날로그 편집이

---

21 당시 대표적인 교통정보 프로그램으로는 KBS 〈가로수를 누비며〉와 MBC 〈푸른 신호등〉이 있었다.

었다. 녹음돼 있는 릴-테이프를 들으며 편집 지점들을 가위로 자르고 접착용 테이프로 일일이 이어 붙이며 밤샘했다. 평소보다 일찍 출근한 선배가 편집이 어색한 부분을 도와주고 원고를 검토해 주었다.

방송 시간이 돼서 담담한 마음으로 스튜디오 문을 열고 들어가 진행자 송해 선생에게 인사하고 방송을 시작했다. 진행자와 질의 응답하면서 중간중간 사전에 취재해서 편집한 오디오를 내보냈다. 10여 분 정도의 방송이 무사히 끝났다. 방송 PD로서 잘 적응하고 있는 느낌이 들었다.

이상향, 서영훈 사장 시절

서영훈 사장은 당시 KBS의 시대적 소명에 대해, 내부 구성원들과 인식을 함께했다는 평가를 받았다. 그리고 노동조합을 KBS 경영의 동반자로 인정했다. 서 사장은 취임 직후 방송 관련 4명의 본부장을 모두 조합원들이 추천한 12명 중에서 임명했다. 자신이 사장에 선임되기 전에, 노조 조합원들에 의해 뽑힌 후보들이지만 노사가 맺은 단체협약을 존중한다는 의미였다.[22]

또한 당시 가장 큰 병폐인 정치권 특채자 문제를 노사 협의를 통해 해결하는 성과를 남겼다. 초대 노조에서 노사 협의를 통해 특채자 3인을 면직시켰으나, 3인 외의 나머지 특채자들에 대한 문제는 해결되지 않은 채 남아 있었다.

초대에 이어 2대 노조(위원장 안동수)에서도 이 문제는 주요 과제였다. 당시 노조에서 사원들을 대상으로 한 설문조사를 실시한 결과, 응답자의

---

22 노동조합은 서 사장 취임 전인 10월 13일, 9월 초에 타결된 단체협약에 따라, 편성·보도·제작·기술 본부장 4인에 대한 소속 조합원들의 3배수 추천 투표를 진행해 각 본부당 3인씩 총 12명의 후보를 선출했다. "단합된 방송 민주화 첫걸음: 방송 사상 최초로 4개 본부장 후보 12인이 조합원들에 의해 선출", 〈KBS 노보〉, 제3호, 1988. 10. 28.

96%가 정치권 특채자에 대한 인사 조치를 원하는 것으로 나타났다. 당시 노보는 정치권 특채자 문제는 KBS에 치명적 상처를 주었다며 그 폐해를 이렇게 적고 있다.

> 첫째, 사내적으로는 책임보직·고속승진·과다호봉 등 특혜의 특혜를 받은 정치권 특채자들 때문에 동료 간의 우애, 열심히 일하는 풍토 등이 없어졌을 뿐만 아니라 그들을 받아들이기 위해 사규를 고치기까지 하여 KBS 인사원칙에 먹칠을 했고 … 둘째 사내외적으로 이들은 알게 모르게 프로그램에도 깊게 관여하여 그동안 KBS가 권력자의 정권 유지를 위해 도구화되는 데 커다란 힘을 발휘했다.[23]

이에 노사는 1989년 3월 28일, 정치권 특채자 처리 기준에 합의하고 4월 30일까지 회사가 책임지고 처리하기로 한다. 하지만 쉬운 문제가 아니었다. 법적인 문제, 외부의 압력 등으로 인해 난항을 겪었다.

그러다가 8월 18일, 회사가 특채자에 대해 전면적인 인사 조치를 단행했다. 50여 명의 특채자들을 대상으로 보직 박탈, 전보, 호봉 정지 등의 조치를 취한 것이다.[24]

이 시기에 KBS는 공영방송으로서의 정체성을 잘 보여주는 프로그램들을 많이 방송했다. 6월 민주항쟁 이후 한국사회의 변화는 역동적이었다. 같은 해 헌법 개정이 이루어지고 대통령 직선제 선거가 있었다. 다음 해에는 5공에 대한 과거사 조명 작업이 이루어졌다.

---

23 〈KBS 노보〉, 1989. 7. 21.
24 〈KBS 노보〉, 1989. 8. 24.

노보 3호에 게재한 사진(1988).
사진설명을 통해 '정치권 특채자'
처리가 KBS의 중대 이슈였음을 보여준다.

KBS는 1988년 11월 7일부터 사흘간 국회에서 진행된 '일해재단 청문회'를 시작으로 '광주특위', '언론특위'를 연이어 생중계했다. 총 35시간 57분간의 생방송이었다. 이를 계기로 전국 안방에 청문회 신드롬이 일기도 했다. 시청률이 올림픽 방송을 능가할 정도로 폭발적이었다. 일해재단 청문회는 56.8%를 기록했고, 낮 방송 최고시청률이 무려 62%까지 올라가기도 했다.[25]

물론 모든 게 순조로웠던 것은 아니다. 다음 해 12월 31일로 예정된 전두환 전 대통령의 국회 증언 중계방송은 난항을 겪어야 했다. 여야가 청와대 영수회담을 통해 생방송이 아닌 녹화중계를 하기로 합의했기 때문이다.

노조가 즉각 행동에 나섰고, 회사 측에 요구하여 1989년 12월 21일 공방위가 열린다. 노조 측은 정치권이 일방적으로 녹화방송으로 합의한 것은 방송편성의 자율성을 침해한 행위이며 국민의 여망에 따라 마땅히 생

방송돼야 한다고 주장했다. 하지만 회사 측은 정치권과 국회에서 합의한 이상, 생방송은 현실적으로 어렵다고 했다. 다만 회사 측은 노사 양측이 최대한 이견을 좁히려 노력하자는 데는 동의하였다.[26]

이런 가운데 노조가 적극적으로 움직인다. 같은 날, 노조는 전국의 시청자들을 대상으로 긴급 여론조사를 실시했다. 조사 결과 응답자의 81.49%가 전두환 씨의 국회 증언에 대해 생방송을 원하는 것으로 나타났다. 특히 전남 지역의 경우 100%의 시청자가 생방송을 원했다.[27]

이에 먼저 보도국이 여론조사 결과를 〈9시 뉴스〉에 보도했다. 노조가 실시한 여론조사가 당시의 전반적 사회여론과 일치한다고 판단한 것이다. 그리고 12월 27일, 노사는 제10차 정기노사협의회를 통해 '전두환 씨 국회 증언 TV 생중계'에 대해 합의하였다. 이에 따라 KBS가 국회특위 위원장에게 TV 생중계를 요청하고, 마침내 12월 31일 '전두환 국회 청문회'가 안방에 생중계되기에 이른다.

KBS노동조합이 만들어낸 또 하나의 의미 있는 성과였다. 단체협상을 통해 쟁취해 낸 '공정방송을 위한 제도적 장치'를 잘 활용한 것이다. 서영훈 사장으로서도 이러한 제도적 장치를 통해 정치권을 대상으로 KBS의 방송 편성권을 적극 행사할 수 있게 된 셈이다.

서 사장 시기에는 또한 공산권 국가들의 개방 분위기와 노태우 정부가 추진한 북방정책을 적극 반영한 프로그램도 많이 방송했다.[28] 1990년 전

---

26 당시 〈KBS 노보〉에 따르면, 양측이 라이브 중계방송에 대해 이견을 보였음에도 불구하고 기본적으로 생방송 원칙에 대해서는 시각을 같이해 회사 측은 노조 측의 생방송과 관련한 모든 활동을 뉴스 등에 적극 방영키로 합의했다. 〈KBS 노보〉, 1989.12.30.

27 〈KBS 노보〉, 1989.12.30.

28 대하기획 〈중국 대륙〉 8부작(1988.11.), 〈중국 문화기행, 실크로드〉(1989), 북한 명승지 (금강산, 칠보산, 묘향산, 백두산)를 소개한 〈가야 할 산하〉 4부작(1989.2.), 2회 연속기획 〈북한, 북한 사람들〉(1989.12.) 등을 방송했다. 김성호 엮음, 2017,《한국방송 90년 연표:

후는 소련의 '페레스트로이카'(재건)와 '글라스노스트'(개방), 중국의 '개혁·개방'이 시작되던 시기였다. 노태우 정부는 나중에 KBS를 장악하려해서 부정적 평가를 받았지만, 북방정책을 적극적으로 추진하고 남북 관계를 개선하기 위해 노력한 점은 긍정적으로 평가받을 만했다.[29] 이 시기 KBS 프로그램들은 시청자들이 세상의 변화를 체감하고 북한에 대한 유연한 인식을 갖는 데 도움을 주었다.

특히 이 시기 방송한 특집 다큐멘터리 〈제5공화국〉 3부작은 KBS의 변화를 극적으로 보여줬다. '정경유착', '광주는 말한다', '인권 보고'라는 타이틀로 1989년 3월 7일부터 3일 연속 방송했다. '광주는 말한다'(연출 남성우)는 1980년 5월 광주민주항쟁의 진실을 처음 KBS를 통해 방송함으로써 큰 관심을 불러일으켰다.[30] 시청률이 51.9%를 기록할 정도로 국민의 반응이 뜨거웠다. 물론 방송 후 '특전사 동지회'에서 "여기가 대한민국이냐, 북한이냐? 너희는 빨갱이 방송국"이라고 주장하며 KBS 앞에서 항의시위를 하는 등 진통도 있었다. 당시 사전 시사회가 있었는데, 입사 후 두달이 지난 시점이어서 나도 직접 가서 볼 수 있었다. 인상 깊게 시청하면서 빨리 저런 다큐를 만들고 싶어 했던 기억이 생생하다.

내가 소속된 라디오에도 활력이 넘쳤다. 1989년 봄철 라디오 개편으로 제1라디오에서 〈세계를 달린다〉를 신설했다. 세계 5개국 6개 지역에 라디오 전용 스튜디오를 설치하고 해외 통신원을 선발해 전 세계를 제작 현장화하고 국제정보를 신속 정확하게 전달하기 시작했다. 시스템 구축을 위해 선배 PD(홍성우)가 동분서주하던 모습이 인상적이었다.

1927~2017》, KBS방송문화연구소.

29 물론 이 부분에서도 노태우 정부는 양면적 평가를 받는다. 황석영 작가와 문익환 목사, 임수경 등의 남북 화해 및 통일을 위한 민간 차원의 활동과 운동은 심하게 탄압했다.

30 이보다 한 달 전 MBC에서도 방송 사상 최초로 광주항쟁을 다룬 다큐멘터리 〈어머니의 노래〉(연출 김윤영, 1989.2.3.)가 방송돼 좋은 평가를 받았다.

나는 〈가로수를 누비며〉를 계속 제작했다. 1990년 전후로 자동차가 갑자기 많이 늘어났기 때문에 교통정보 프로그램을 제작하는 일은 보람이 있었다. 정규 방송 외에도 설이나 추석 연휴에는 대형 특집 〈오가는 길 안전하게〉를 방송하곤 했다. 선배 PD는 내가 다양한 경험을 할 수 있게 해 주었다. 덕분에 입사 1년 차였지만 큰 프로그램을 직접 기획하고 연출할 수 있는 기회를 얻기도 했다. 또한 여의도 광장에서 자동차 제조회사들과 함께 안전 운전이나 교통법규 관련 캠페인을 벌이고, 이를 라디오 프로그램으로 만들어 방송하기도 했다.

당시 나는 입사 1년 차 직원으로서 입사식을 빼면 서영훈 사장을 직접 만나 대화해 본 적은 없었다. 더구나 잠시 후 얘기하겠지만 서 사장은 노태우 정권에 의해 임기를 반밖에 채우지 못하고 물러나게 돼서 더욱 기회가 없었다. 조회 시간에 종종 사장의 얼굴을 TV 화면으로 보고 목소리를 들었던 기억만 남아있다.

하지만 지금 돌아보면 서영훈 사장 재임 시기는 사내 민주화가 진전되고 그 영향으로 KBS가 진정으로 평화로웠던 최초의 시기였다고 생각된다. 서 사장은 방송에 대한 전문성을 갖고 있던 분이 아니어서 거대 방송사를 경영하는 데 어려움도 있었겠지만, 나는 그분이 분명한 공영방송의 철학과 비전을 갖고 그 당시 시대정신을 구현하는 데 KBS 사장으로서 역할을 다했다고 생각한다. 무엇보다도 서영훈 사장 시절의 KBS는 취재와 제작의 자율성을 보장하는 분위기 속에서 구성원들의 창의성이 샘솟던 시기였다. 따라서 사내에 좋은 에너지가 흐르고 KBS의 미래에 대한 전망이 밝았던 시기로 기억된다.

그로부터 30년 뒤 내가 제 23대 KBS 사장으로 취임했다. 그때 가장 아쉬웠던 게 서영훈 사장을 뵐 수 없는 것이었다. 전부터 나는 언젠가 기회가 되면 서 사장을 꼭 찾아뵙고 이상향 같은 그 시절의 이야기를 직접 들고 싶었지만, 불가능한 일이 돼 버렸다. 바로 한 해 전, 박근혜-최순실 국정농단에 대한 촛불시위가 계속되고 있던 시기에 별세하셨기 때문이다.

짧았던 봄날, 1990년 'KBS 4월 투쟁'

6월 민주항쟁 이후 KBS 사원들은 각 협회와 노동조합을 만들어 "민주주의는 직장에서부터"라는 기치를 내걸고 사내 민주화를 추진한다. 인사 난맥상의 상징이었던 정치권 특채자 문제를 정리했고, 단체협상을 통해 공정방송위원회는 물론 '보도 및 제작과 관련된 4명의 본부장에 대한 3배수 추천제'도 쟁취했다. 이제 KBS는 자율적 제작 환경 속에서 공정방송이라는 시대적 사명을 이루어 나가기 시작한다. KBS에 봄날이 온 것이다. 하지만 그 봄날은 오래가지 못했다.

표적 감사와 여론몰이

1990년 1월 22일, 국민을 깜짝 놀라게 한 일이 일어났다. '3당 합당合黨' 소식이었다. 당시 집권 여당인 민주정의당과 야당인 통일민주당(김영삼), 신민주공화당(김종필)이 합당하여 거대 여당인 민주자유당을 만든 것이다. 이로써 13대 총선(1988. 4.)을 통해 국민이 만들어준 여소야대 구도는 약 2년 만에 도로 여대야소가 되었다. 그리고 KBS의 독립적 행보를 못마땅해하던 노태우 정권은 다시 KBS를 장악하려 하였다.

3당 합당 한 달 후 2월 8일, 동아일보가 KBS의 "법정수당[1] 변칙 지급"

---

1   법정수당이란 법정 근로시간을 넘겨 초과 근무한 근로의 대가로 주어지는 수당으로, 통상

이라는 제하의 기사를 실었다. 이 기사는 KBS가 회계를 부당하게 처리한 것이 드러나 감사원이 특별감사에 착수해 "KBS가 1989년도 법정수당 예산 116억 원 중 42억 원이 남자, 이 중 34억 원을 모두 6,800여 명의 사원에게 귀성비와 시간 외 근무수당으로 지급했다"고 썼다. KBS가 예산을 변칙 운용해 남는 예산을 사원들의 임금과 복지지원금으로 부당하게 지급했다는 것이다. 국민의 수신료로 운영되는 KBS가 졸지에 부도덕한 방송사로 낙인찍힐 상황이 됐다.

이에 대해 KBS 측은 즉각 해명했다. 1989년도 예산운용 과정에서 '예산 절감을 위해 노력한 결과' 법정수당 예산이 남았고, 그 남은 예산 중 일부를 전용했다면서, 예산운용상의 문제점에 대해서는 추후 개선하기로 노사가 합의했다고 밝혔다. 다음 날, KBS노조도 엄정한 사실 규명을 촉구한다면서 "KBS를 음해하려는 지속적 공작을 규탄한다"는 제하의 성명을 발표하였다.[2]

기사에 따르면 KBS는 예산을 횡령해 나눠먹기나 하는 모리배謀利輩 정도로 전락되고 있다. 소위 감사원에서 특별감사를 실시했다고 '허위보도'된 KBS의 법정수당 미지급분은, 예상되는 KBS의 예산 부족과 이에 따른 감량경영의 고충을 이해한 노조가 백보 양보해서 발생한 것이다. 실제로 근로기준법에 의해 지급받아야 할 시간 외 근로수당(연간 약 250억 원)에서 절반 이하 수준인 116억 원만을 총액으로 설정하고 다시 지급률 제한과 시간제한을 한 결과 11월까지 71억 원만 지급된 것이다. 이것은 근로기준법에 따른 정상 지급액에 비해 약 28%에 불과한 것으로 공기업인 KBS의 재정을 걱정한 노조원들의 이해와

'시간 외 근무수당'으로 불린다.

2   KBS노동조합, 1991, "KBS를 음해하려는 지속적 공작을 규탄한다",《KBS 1990년 4월: 방송 민주화 투쟁백서》, 224쪽.

협조 없이는 불가능한 일이었다. 따라서 12월 한 달만이라도 근로기준법에 의한 정상 지급기준으로 시간 외 수당을 지급하기로 12월 16일 노사 간 보충협약을 맺고 시행하였다. 이렇게 해서 1989년 1년간 지급된 법정 수당은 법정 총액의 35%에 불과한 88억 원 정도에 그쳤다.

KBS 사원이면 노조의 석명釋明을 충분히 이해할 수 있었다. 당시 현업에서 프로그램을 제작하던 내 입장에서 봐도 억울한 일이었다. 방송장비가 아날로그이던 시설에는 나와 같은 PD들의 경우 밤샘 편집을 한 날이 부수히 많았다. 하지만 시간 외 근무를 한 만큼 '시간 외 근무수당'을 받을 수 없었다. 예산 절감 차원에서 소속 부서장이 시간 외 근무시간을 모두 인정해 주지 않았고, PD들도 적당히 줄여서 신청했기 때문이다.

KBS노조는 정권이 KBS를 다시 장악하려는 음모를 꾸미고 있다고 판단했다. '법정수당 변칙지급' 보도가 그 사전 포석을 위한 감사원의 여론몰이(언론플레이)임을 간파한 것이다. 노조의 성명서를 보면 감사원이 어떤 배경 속에서 이 사건을 확대하고 있는지 짐작할 수 있다.

지난 12월 말부터 항간에는 누군가에 의해 악의적으로 왜곡된 악성루머가 떠돌기 시작했다. KBS 사장이 노조와 밀착되어 '광주는 말한다'와 같은 프로그램이 방영되게 했고, 5공 특채자들을 전국 최대 규모로 처리했으며 법정수당 미지급분을 이용, 노조의 선심을 사고 이 중 막대한 돈이 노조의 투쟁기금 및 전노협 지원금으로 흘러 들어가게 됐다는 것이다. … 평소 KBS에 유감을 갖고 있던 안기부, 보안사, 노동부 등이 가세해서 사안을 확대시키고 있다.

물론 회사의 예산 집행 과정에서의 편법 등 다소 문제가 있을지 모르나 아무리 봐도 그 정도로 중범죄 사안은 아니었다. 하지만 감사원은 아랑곳하지 않았다. 노태우 정권에 의한 이른바 '정치적 표적 감사'였던 것이다. 언론에 첫 보도가 나가고 20일 후, 감사원은 공보처 장관을 통해서 서영훈 시장에게는 '주의 통보'를, 부사장(윤혁기)과 인사관리실장, 노무국장 등 3명에 대해서는 해임을 통보했다. 이와 함께 2월 27일 자 신문들은 이 사안을 'KBS 40억 변태 지출'이라는 통일된 제목으로 일제히 보도했다. 감사원이 만들어 배포한 보도자료 그대로였다.

KBS 경영진은 정권의 압력에 취약했다. 감사(유태완)와 부사장 이하 고위 간부 10명 전원이 사장에게 사표를 제출하자, 서영훈 사장 역시 이들의 사표와 함께 자신의 사표를 KBS 이사회에 제출하기에 이르렀다.

하지만 KBS노동조합은 물러서지 않았다. 2월 28일, 노조는 조합원 비상총회를 열어 'KBS자주수호 비상대책위원회'(이하 비대위)를 조직하고 '우리의 결의'를 발표한다.[3]

감사원의 이번 결정은 진실을 외면한 채 사소한 행정상 오류만을 침소봉대針小棒大, 정치권력이 KBS를 약화시킬 수 있도록 빌미를 제공한 야비한 정치공작으로 KBS의 전 방송인과 국민의 이름으로 규탄한다.

이어 3월 1일 "나무도 중요하지만 숲을 보아야 합니다: KBS노동조합이 국민 여러분께 드리는 글"이라는 제목의 해명 광고를 한겨레에 게재했다.[4] 문제가 된 수당 지급 관련 사안은 KBS의 노사관계에서 연유된 것이기에 사과드린다고 하면서도, 이번 사안의 본질이 무엇인지 밝히려 애썼다.

세상이 많이 바뀌었습니다. 어제까지 민중의 적으로 지탄받던 KBS가 이제는

3 KBS노동조합, "우리의 결의", 위의 책, 226쪽.
4 KBS노동조합, 앞의 책, 226~229쪽.

정권으로부터 비난과 질타를 받는 존재가 되었습니다. 국회가 열리면 민정당 (민자당)분들이 KBS와 KBS노조를 비난하고 야당 의원들은 오히려 KBS를 비호하는 진풍경이 벌어지는 것을 볼 수 있습니다. '광주는 말한다'가 방송된 뒤에는 빨갱이 소리까지 들은 일도 있습니다. 지난 5공 시절에는 각종 선거가 끝난 뒤 여당과 정부 측에서 KBS 직원들에게 사례금이나 하사금을 지급한 일도 있습니다. 물론 KBS 예산을 정부에서 입만 갖고 선심을 쓰는 웃지 못할 일이지만 말입니다. 그런데 이제는 정당하게 시간 외 근무를 하고 수당을 받은 것이 불법이라고 난리를 치고 나서고 있습니다. …

(이번 사태는) 3당 야합의 정치 쿠데타를 이룩한 시점에 방송이라는 훌륭한 선전수단이 효과적으로 활용되지 못하고 있는 데 대한 여권의 불만과 욕구에서 비롯된 방송 탄압과 방송노조 탄압입니다.

노조는 정권이 어떤 맥락에서 방송을 다시 장악하려 하는지 꿰뚫어 본 것이다. 그리고 정부의 고위 관계자들과 언론사 간부들에게 다음과 같이 공개 질의를 했다. 상당히 절제된 표현이지만 당시 방송 장악의 전말과 권언유착權言癒着의 모습이 잘 들여다보인다.

첫째, 감사도 실시하지 않은 상태인 지난 2월 7일 일부 언론사 간부들을 저녁 식사에 불러 왜곡된 조사 자료를 배부하고 악의적 보도를 부탁한 감사원의 모 국장님들 2인의 행위는 누구의 사주를 받은 것인지, 또 그 행위가 감사원법에 적합한 것인지 묻습니다.

둘째, 노조에 호의적이라고 지칭되는 KBS 사장을 몰아내고 KBS노조를 파괴하기 위해 모든 사건을 조정했다고 알려진 최병렬 공보처 장관은 즉각 책임을 인정하고 사퇴할 용의는 없는지 묻습니다.

셋째, 정부 관리들을 비밀리에 만나서 이들이 주도적으로 흘려주는 내용을 무비판적으로 기사화하는 언론사 고위 간부들이 과연 언론인으로서의 양식을 갖고 있는지 묻습니다.

넷째, KBS노조에 의해 방송사 출입이 적발되고 축출된 정보기관원이 아직도 방송탄압 공작에 참여하는 것은 누구의 지시에 의한 것인지 묻습니다.

다섯째, KBS가 쟁의기금을 조성하여 전노협과 전교조에 불법지원했다는 허위사실을 전제로 감사를 지시했다는 청와대의 노조탄압 행위는 진정 산업평화를 원하는 마음에서 우러난 것인지 묻습니다.

여섯째, 지속적이고 추악한 방송노조에 대한 탄압 공작은 관리들이 대통령을 속이고 몰래 저지르는 행위인지 대통령 당신께서 직접 지시하는 것인지 묻습니다.

바람이 그대들 곁을 떠나게 하는구나!

사장과 임원들의 사표 제출 이틀 후(3. 2.) KBS 이사회가 열렸다. 노조의 강력한 반발에도 불구하고 이사회는 이날 사장, 부사장, 그리고 감사의 사표를 수리했다. 다음 날 노조는 그 경위를 이렇게 적고 있다.

이사회는 본회의를 열기 전 장시간의 예비 논의 끝에 서영훈 사장에게만 "제출된 사표를 철회할 것"을 요청했으나 서 사장은 "금번 감사원 감사 결과가 불합리한 것이었다는 점을 이사회가 공식 표명해주지 않는 한 집행간부들과 운명을 같이하겠다"고 밝힌 뒤 이사회와의 모든 타협을 거부하였다. 결국 무기명 투표를 통해 7 대 5의 투표결과로 면직제청이 결의되었다.[5]

비대위는 즉각 철야농성에 들어갔다. 노조는 "이사회의 결정은 외부압력에 굴복한 소신 없는 결정이다. 이번 공작의 책임자로 알려진 최병렬

5   KBS노동조합, 앞의 책, 230쪽.

공보처 장관은 즉각 물러나야 한다"고 주장했다. 다음 날 본관 2층 중앙홀6에서 열린 본사 사원총회에는 700여 명의 사원들이 참석했다. 철야농성이 계속되는 가운데 천주교정의구현사제단 간사, 야당(평민당)의 'KBS 진상조사단' 등이 경영진과 노조 대표를 면담하고 농성장을 방문했다.

철야농성 5일 차(3. 6.), KBS 정현관(본관 정문 쪽 현관) 앞에서 열린 사원총회에는 1,000명이 넘는 인원이 참석했고, 이어 같은 날 서울 태평로 언론회관 앞에서 열린 전국언론노동조합연맹(이하 언론노련) 집회에는 KBS 사원 800여 명이 참석해 "권력의 KBS 방송 재장악 음모가 고도의 정치공작 차원에서 자행되고 있음을 국민 앞에 고발한다"고 외쳤다.

그런데, 다음 날 서영훈 사장이 사퇴하게 된 내막이 드러난다. 3월 7일자 한겨레 1면에 "공보처, KBS 사장 사퇴 종용"이라는 기사가 실렸다.

최병렬 공보처 장관과 강용식 공보처 차관이 서영훈 사장에게 직접 전화를 걸어 사퇴를 종용했음이 뒤늦게 밝혀졌다. 서 사장은 지난 5일 한 측근을 통해, "최 장관이 지난 2월 말에 세 차례에 걸쳐 직접 전화를 걸어와 '사퇴하지 않으면 감사원에서 즉각 고발하게 될 것'이라고 했다"고 한다. "아직 사장에 대한 개인 비리를 덮어두고 있는데, 이것이 터지면 곤란하지 않느냐"는 협박도 했다는 것이다.

이어서 한겨레는 "여기서 '개인 비리'란 일부 재야인사에 대한 간헐적 생활비 지원, 국회 문공위 위원들의 해외여행 때 '거마비' 협찬, 야당 인사에 대한 자금 지원 등을 문제 삼은 것으로 알려졌다"고 보도했다. 사장실 운용 예산 중 일부 편법적인 집행이 있었던 것으로 보인다. 언론계에 촌지 문화가 있던 당시의 관행이었던 것 같다. 하지만 개인적 횡령이나 착복 같

---

6   이때부터 이곳이 '민주광장'으로 불리기 시작했다.

은 부도덕한 비리는 아니었다. 서 사장은 항변해 봤자 정권이 가진 다양한 수단들에 저항하기 어렵다고 판단해 비로 사표를 던졌을 것이다.

사실 '예산 변칙 운용'은 구실이고 KBS를 다시 장악하는 것이 본질이 었다. 일부 약점을 잡아 캐내어 감사원 감사와 언론플레이를 통해 침소 봉대함으로써 KBS 사장의 퇴진을 유도한 것이다. 3월 8일, 예상대로 노 태우 대통령은 서영훈 사장에 대한 면직제청안을 수리했다.

3월 12일, 본관 공개홀에서 서영훈 사장 이임식이 열렸다. 서 사장은 이 임사를 통해, KBS에서 근무하는 동안 "인생, 공직 중 가장 열심히 일했다" 고 회고하고 "KBS 가족과 함께 세웠던 꿈과 이상을 잊지 않으며 살겠다" 고 말했다. 한편 현 사태에 대해서는 "그동안 KBS 사장으로서 힘을 발휘 할 수 있었던 것은 국민 여론에 힘입은 덕분이었으나, 현안으로 국민의 신 망을 잃어 사퇴를 결심하게 됐다. 그간 복잡한 사정은 이 자리에서 이야기 할 수 없다"고 말했다.[7] 서 사장은 칼릴 지브란의 《예언자The Prophet》 중 〈고 별의 시〉 부분을 낭송하며 이임사를 마쳤다.

올펠레즈 사람들이여!
바람은 나로 하여금 그대들 곁을 떠나게 하는구나! …
짧기도 하였구나!
내 그대들과 함께 보낸 날들이여.

---

7   후일 서영훈 사장은 〈한국일보〉와의 인터뷰를 통해 "1989년 말에 특근비 17억 원을 지급한 것은 정당한 행위였으며, 안기부와 문공부 등 정부 여러 기관에서 KBS 사장을 단단히 혼내줘 야 한다고 청와대에 보고했다는 소식을 들었다"고 회고했다. 서 사장은 "MBC와 KBS가 과거 처럼 정부에 협조적이 아니었고 시시비비를 가리며 독자 행보를 취했기 때문에 문공부가 주 도해 방송을 장악하려고 벌인 일이었다. 청와대도 선거를 앞두고 방송을 그냥 두면 안 되겠 다는 입장"이었다고 증언했다. 〈한국일보〉, 2004. 5. 13. ; 조항제, 2014, 《한국 공영방송의 정체성》, 컬처룩, 202쪽에서 재인용.

또한 내가 한 말들은 더욱 짧았구나.

하지만 내 목소리 그대들의 귓가에 사라지고

내 사랑 그대들의 추억 속에 지워지기 전에

그때 나는 다시 오리라.

이로써 KBS의 봄도 끝났다. 서영훈 사장 취임 이후 1년 4개월 동안은 공영방송 KBS의 역사에서 보면 봄날이었다. 하지만 아주 짧은 봄이었다. 그리고 얼마 후 정권은 KBS 사원들이 지탄해 마지않을 수 없는 이력을 가진 인사를 사장으로 버젓이 선임한다. 4월 3일, KBS 이사회가 전 청와대 공보수석비서관 겸 대변인 출신인 서기원 씨를 새 사장 후보로 임명 제청하고 노태우 대통령이 즉시 재가한 것이다. 이사회에서 수적으로 과반 이상을 차지했던 여권 추천 이사들은 정권의 오더를 충실히 따르는 거수기였을 뿐이다. 서기원 신임 사장은 후보로 거론되었던 사람 중에서 '반민주주의적 출세주의자'로 KBS 안팎으로부터 가장 큰 경계의 대상이었던 인물이다. 역사의 완전한 퇴행이었다.

모두가 떨쳐 일어서다[8]

KBS노조는 정권이 방송 재장악 시도를 노골화한 것으로 규정하고 출근 저지에 돌입했다. 서기원 사장은 4월 11일에 취임식을 하려 했으나 출근 저지에 막혀 되돌아갔다. 다음 날 10시경, 서 사장은 청원경찰과 본부장, 실·국장 등 200여 간부들의 호위를 받으며 출근을 저지하는 조합원들을 뚫고 사장실로 진입했다. 이에 분노한 200여 명의 조합원들이 사장실 앞

---

8   이 부분은 KBS노동조합, 1991, 《KBS 1990년 4월: 방송민주화 투쟁백서》의 투쟁일지 (205~218쪽)를 토대로 내 기억을 정리한 글이다.

으로 몰려가 복도에 연좌해서 "관제 사장 물러가라"는 구호를 외치며 농성을 벌인다.

하지만 곧바로 조합원들이 무참하게 끌려가고 마는 사태가 일어난다. 노태우 정권은 이미 전투경찰을 KBS 본관 앞에 배치해 놓고 있었다. 사원들이 6층에서 농성에 들어가자마자 즉시 사복경찰(일명 백골단) 800명을 본관 건물 안으로 진입시킨다. 이들은 조합원들을 무차별 구타하고, 6층에서부터 2층 현관 입구까지 '인간 터널'을 만들어 한 명씩 끌고 가 이른바 '닭장차'에 실었다. 이때 안동수 노조위원장을 포함해 조합원 117명이 연행된다.

KBS 건물 안으로 백골단이 난입한 일은 사상 초유의 일이었다. 사장 출근 저지 불과 이틀 만이다. 고작 200여 명이 벌이는 농성에 곧바로 백골단을 투입해 힘으로 진압하고 연행한 데 대해 나를 포함한 전 사원들은 경악했다. 서기원 사장은 사원들이 강제 연행된 직후에 제2회의실에서 백골단의 비호 아래 실·국장과 부장들을 동원해 취임식을 했다.

무차별적이고 폭력적인 공권력 집행을 계기로, 서기원 사장 출근 저지 투쟁은 KBS 사원들과 정부 간 대결 양상으로 바뀐다. 다음 날(4. 13.) 오후 1시, 사원 4,000여 명이 참석한 가운데 전국비상사원총회를 개최했다. 18개 지역(총)국에서 올라온 조합원 700여 명도 총회에 참석했다. 민주광장(본관 2층 중앙홀)과 주변은 발 디딜 틈이 없을 정도로 사원들로 꽉 들어찼다. 사원총회는 서기원 사장 퇴진 때까지 무기한의 '제작 거부 농성'을 의결했다. 사실상 전면 파업이었다. 1990년 'KBS 4월 투쟁'의 막이 오른 것이다.

비상사원총회를 마친 일부 조합원들은 본관 앞 계단으로 이동했다. 당시 백골단 220명이 사장실이 있는 6층과 바로 아래 5층에 상주하는 가운데 KBS 건물 외곽에는 전투경찰 1,500여 명이 배치돼 있었다. 조합원들은 헬멧과 방패로 무장한 전경들과 격렬한 몸싸움을 벌였다. 마침 소설

《인간시장》으로 유명한 김홍신 작가가 라디오 프로그램 〈황인용·강부자입니다〉에 출연하러 왔다가 이 광경을 보고 방송이 시작되자마자 "대한민국의 민주경찰이 어떻게 KBS PD의 이마를 방패로 찍어서 피를 철철 흘리게 할 수 있습니까? … 정말 기가 막힌 일입니다"라고 말했다.

김홍신 작가가 말한 피를 흘린 PD는 바로 나였다. 나는 이때 앞줄에 서서 대치하다가 경찰의 방패에 찍혀 오른쪽 얼굴에 부상을 당했다. 사내 의무실로 가서 치료받아야 했다. 깊은 상처가 아니어서 다행이었다. 조치를 받고 밖으로 나오자, 걱정이 됐는시 당시 〈가로수를 누비며〉에서 함께 일하던 정연수 리포터가 기다리고 있었다. 그는 조금 전에 '방송사고'가 났다며 김홍신 작가가 분개해서 쏟아낸 멘트를 전해주었다. 〈황인용·강부자입니다〉에 고정 출연하던 김홍신 작가는 다음 날부터 하차해야 했다.

제작 거부 첫날부터 많은 프로그램들이 파행되기 시작한다. 당일 아침 〈생방송 전국은 지금〉, 〈무엇이든 물어보세요〉, 〈가정 저널〉, 〈7시 뉴스〉 등 프로그램이 단축 방송되거나 재방송으로 대체되었다. 그 절정은 〈9시 뉴스〉의 파행이었다. 민주광장에서 농성 중이던 수백 명의 조합원들이 뉴스 시간에 맞춰 신관 3층 보도국으로 이동했다. 나도 이 대열 속에 있었다. 〈9시 뉴스〉에서 공권력의 KBS 난입 사태를 어떻게 다루는지 지켜보기 위해서였다. 같은 시각 MBC 뉴스는 이 사태를 자세히 보도했다. 하지만 KBS가 제대로 보도하지 않자 '민주방송 쟁취'라고 쓴 머리띠를 두른 기자 20여 명이 생방송 스튜디오로 들어갔다. 영상 리포트물이 나가는 동안 기자들은 박성범 앵커에게 "왜 정확히 보도하지 않느냐"며 항의했다. 이들은 곧바로 스튜디오에서 나왔지만 결국 45분 뉴스가 13분 만에 중단되는 파행을 겪게 된다.

사원들은 비대위가 주관하는 전체 사원총회에 참석하는 한편, 실국별 총회를 가졌다. 라디오본부 소속이던 나는 선후배 동료 PD들과 본관 5층 라디오 스튜디오에 모여서 회의했다. 발언에 나선 PD들은 비장했다. 그리고 전체 결의를 통해 사장 퇴진과 구속자 전원 석방이 이루어질 때까지 제작 거부를 고수하겠다고 천명했다. 사원들은 수시로 실·국별 총회를 가졌다. 여기에서 다짐하고 의결한 사안들은 비상사원총회를 통해 공유하고 발전시켜 나갔다. 비대위는 날마다 민주광장에서 사원총회를 개최하는 한편 다양한 이벤트와 프로그램을 통해 제작을 거부한 사원들의 열정과 의지를 '공권력 난입 규탄 및 서기원 사장 퇴진' 투쟁으로 모아갔다.

한편, 사원들의 제작 거부가 시작되자 보직 간부들도 목소리를 냈다. 제작 거부 첫날, KBS 부장단 일동 명의로 이번 사태에 대한 항의 성명을 냈다. 이 역시 KBS 역사상 초유의 일이었다.

서 사장이 12일 부장단 등 간부들과 상의 없이 공권력 투입을 요청한 것은 잘못이다. 더 이상 부하 직원들과 몸싸움을 할 수 없다. 우리는 사퇴를 불사하고 서기원 자진 사퇴 시까지 싸울 것이다.

4월 16일(4일 차)에도 전체 실·국장 72명 중 47명이 "현 사태 수습을 위한 우리의 의견"이라는 제목의 성명을 발표해 "KBS 사원들이 지금까지 추구해 온 민주 자율방송을 위한 노력을 전적으로 지지한다"고 밝혔다. 양심선언도 이어졌다.

4월 17일, 한운사 KBS 이사가 사원들이 철야 중인 농성장으로 찾아와 "이사회에서 서기원 씨의 사장 면직제청을 강력히 주장했다. 방송사에 공권력 투입을 요청한 서 사장의 결정은 사장으로서 자격이 없는 일이다. 외압에 의해 이루어진 것이다"라고 주장하며 사원들의 투쟁을 지지했다. 다음 날에도 또 다른 이사 한 명이 KBS 사원들의 투쟁을 지지한다고 밝혔다. 이와 함께 수많은 시민들과 단체에서 비대위(노동조합 사무실)로 격려 전화를 해주고, KBS 사원들을 지지하는 글을 보내 주었다.[9]

오승욱(익산)   우리는 지난 30년 너무나 많은 것을 빼앗겼습니다. 군사통치자들이 이구동성으로 외쳤던 언론의, 특히 방송의 중립성은 이제 그들 손에 맡길 일이 아닙니다. 지금 여러분의 행동은 민주사회의 지름길입니다. KBS의 현 상황은 실질적 과거 청산의 시험대입니다.

시청자1(부산)   저는 부산에 살고 있는 중학교 2학년 기자의 꿈을 가지고 있는 평범한 소녀입니다. 저는 여러분께서 하고 있는 일을 신문을 통해서 알게 되었습니다. 저는 언론의 소중함과 귀중함을 압니다. 전적으로 여러분께 지지를 보냅니다. KBS는 국민의 방송입니다.

시청자2(청주)   시청자총회라도 열어서 서기원을 끌어내 단단히 망신을 주고 싶습니다. 진정으로 서기원의 퇴진을 기원합니다.

또한 각계각층에서 직접 KBS로 격려 방문을 와주고 한겨레와 동아일보 등에 지지 광고도 실어 주었으며 성금도 보냈다.[10] MBC와 CBS도 KBS 사원들의 제작 거부를 지지하며 연대하겠다고 발표했다.[11]

4월 26일(14일 차)에는 각계 인사 70여 명으로 구성된 'KBS 지키기 시민모임'이 발족했다. 같은 날, 방송 역사상 전무후무한 일도 일어났다. 방

---

9   KBS노동조합, 앞의 책, 334~341쪽.
10 《KBS 1990년 4월: 방송민주화 투쟁백서》에 격려전화 170통, 지지 전문 77개, 격려방문 112건, 성금기탁 233건에 관하여 상세히 싣고 있다.
11 제작 거부 8일 차(4. 17.), MBC 노조는 '방송 재장악 저지 MBC 비상대책위원회'를 구성하고, "서 사장이 퇴진하지 않으면 MBC도 동맹 제작 거부에 들어가겠다"고 발표했다. CBS 노조도 'KBS사태 관련 비상대책회의'를 열고 "KBS노조의 주장과 행동을 적극 지지하며 MBC 노조와 함께 동맹 제작 거부에 들어가겠다."는 결의를 표명했다. 새언론포럼, 2008,《현장기록, 방송노조 민주화운동 20년》, 커뮤니케이션북스, 115쪽. 물론 실제 제작 거부에 들어가지는 않았지만 이들의 연대 표명은 KBS 사원들에게 큰 힘이 되었다.

송위원회 강원룡 위원장이 기자회견을 열고 서기원 사장 퇴진과 KBS 방송 정상화를 강력히 촉구한 것이다.

KBS는 무조건적 방송 정상화가 이루어져야 하며, 서기원 사장은 대국적 견지에서 퇴진해야 한다. 또한 국회는 추후 KBS 사장 임명 시 정부나 노조가 개입할 수 없도록 인사권 독립을 위한 법적 근거를 마련해야 한다. 특히 서 사장은 형식이나 절차에 구애됨이 없이 개인의 영욕을 넘어 냉철하고도 용감한 선택을 하길 바란다.[12]

하지만 공보처는 곧바로 논평을 내어 방송위원장의 발언을 개인 자격의 발언이라며 의미를 축소시켰다. 그러면서 서기원 사장의 사퇴는 없다고 선을 그었다. 이와 함께 공보처는 KBS 사원들의 저항을 '집단이기주의'로 몰아갔다. 당시 주요 신문들도 "KBS노동조합이 노사 간에 해결해야 할 내부 문제를 정치 쟁점화하고 과격투쟁으로 방송에 차질을 빚어 국민 불편을 초래하고 있다"는 등의 사설을 썼다.

이에 비대위는 시민들을 대상으로 홍보활동에 나서야 했다. 4월 25일(13일 차) '방송 민주화 평화대행진'을 벌였다. KBS 본관을 출발한 조합원과 사원 3,000여 명은 남산 야외음악당까지 긴 행렬을 이루면서 시민들에게 홍보전단 50만 부를 배포했다. 이 홍보물에는 "KBS는 국민의 방송이 되어야 합니다"라는 제목의 노조 성명서를 실었다.

작금의 KBS 사태는 일반적 노동관행과 같은 노사 분규가 아닙니다. 이 나라 언론 자유를 지키기 위한 몸부림인 것입니다. 그럼에도 공보처에서는 단순한 노사 간의 문제로 진실을 왜곡하고 있습니다. 저희들의 사장 퇴진 운동은 노

---

12 새언론포럼, 위의 책, 116쪽.

동조합을 지키기 위한 것이라든가 노동운동을 하기 위한 차원이 절대 아님을
알려드립니다.[13]

국민에게 진실을 알리기 위해 거리로 나섰지만, 방송을 할 수 없는 사원들은 계란으로 바위를 치는 느낌이었다. 이후에도 나는 몇 차례 동료들과 함께 거리에서, 지하철에서 시민들에게 유인물을 드리며 KBS 사태에 대해 관심을 가져 달라고 당부했다. 방송인들이 방송을 하지 않고 인쇄물을 들고 거리로 나와 시민들에게 도움을 청해야 하다니…. 방송을 멈추고 이렇게 거리로 나와 투쟁을 해야 하는 상황을 시민들에게 쉽게 설명하기가 어려웠다. 방송프로그램을 제작하기 위해서는 많은 노동을 해야 하지만, 이렇게 거리에서 전단을 나눠주는 일보다는 훨씬 쉽고 보람 있다는 생각이 거리 홍보에 나설 때마다 절실할 수밖에 없었다.

80년대 언론학살 재현

한편, 제작 거부 사태가 2주를 넘기며 장기화되자 KBS 비대위 지도부는 사태 수습을 위해 동분서주한다. 입사 2년 차인 나로서는 그 전모를 알 수는 없었다. 훗날 법정투쟁 과정에서 전영일 노조 조직국장(엔지니어)이 제출한 항소이유서에 당시 상황을 이렇게 적고 있다.

KBS의 제작 거부 사태가 장기화되고, 정부는 서기원 씨의 퇴진에 대해 한 치도 양보하지 않는 대치상태가 계속되자, 비대위는 사태수습을 위해 국회 문공위에 출석하여 의견을 개진하고, 방송위원회, 야당, 사회저명인사, 김수환 추기경을 만나 중재를 호소하였고, 비밀리에 공보처 장관을 만나서 3~4회 면담,

13 KBS노동조합, 앞의 책, 254~255쪽.

협상도 해보았으나 타결을 짓지 못하고 있던 중 사태 해결의 돌파구를 열기 위해 '선先방송 정상화' 문제를 논의하게 되었고⋯.[14]

하지만 비대위원들 상당수는 '선先방송 정상화'에 반대했다. '서기원 씨가 물러난다는 보장도 없이 방송을 정상화해서는 안 된다'는 입장이었다. 4월 27일, 비대위는 'KBS사태에 책임을 지고 서기원 씨와 비대위 동시 퇴진'이라는 절충안을 주장하며 정부 당국자와의 면담을 요구했다. 하지만 다음 날, 최병렬 장관은 비대위 제안을 거부하며 경찰 재투입을 시사한다. 이 소식이 민주광장에서 농성 중이던 사원들에게도 알려지자 모두가 격앙된 반응을 보였다. 대전총국에서 올라와 농성 중이던 오수성 PD는 이날부터 민주광장 기둥 아래에서 단식에 들어갔다.

그런데 같은 날, 잠시 해프닝이 일어난다. 김용갑 전 총무처 장관이 KBS를 찾아온 것이다. 전영일 조직국장의 항소이유서에는 이렇게 적혀 있다.

같은 날 대통령 특사를 '자칭'하고 나선 김용갑 전 총무처 장관은 비대위 간부 5인과 장시간 면담 끝에 사원들이 먼저 방송을 정상화하면 정부도 이에 상응하여 서기원 씨를 퇴진시킨다는 약속을 하기에 이르렀습니다.

이 약속은 서기원 사장의 퇴진을 포함하는 방안이었지만, 외형적으로는 일단 선先방송 정상화였다. 먼저 방송을 정상화하면 자신이 청와대를 설득해 서기원 사장을 퇴진시켜 보겠다는 얘기였다. 하지만 김용갑 전 장관은 공식 특사가 아니고 자칭 특사였다. 노태우 정부 내에서 여전히 영향력이 있는지 불확실했다. 이에 대해 비대위는 사원들의 총의를 묻기로 한다. 4월 30일(18일 차) 전 사원이 참여하는 투표가 실시되었지만 결

---

14 KBS노동조합, 앞의 책, 157쪽.

과는 부결이었다.[15] 이는 사원들의 집단 의사이며 의지였다.

사태가 이렇게 전개되자 정권은 2차로 공권력을 투입한다. 사원 투표가 있던 날 밤 11시, 서울시경 국장의 지휘로 KBS 본관과 신관(IBC 국제방송센터)을 경찰 19개 중대병력(3,000명)이 둘러쌌다. 건물 출입구에 전경들을 배치해 사람과 차량의 출입을 통제하더니, 이어 사복을 입은 경찰 3개조를 본관의 정현관과 서현관(서쪽 출입문), 지하주차장 등을 통해 건물 안으로 들여보냈다. 곧이어 9개 중대(1,000여 명)를 건물 안으로 진입시켜 민주광장에서 농성 중인 사원들을 겹겹이 포위하고 연행했다. 농성장에는 투쟁가를 부르며 사원 333명이 버티고 있었다. 당시 연행되는 사원들은 당당했다. 비록 공권력을 독점한 정권에 의해 강제로 잡혀가지만 방송 독립과 공정방송을 향한 투쟁이 옳다고 믿었기 때문이다.

2차 공권력 투입 다음 날, 그동안 정상 근무를 하던 국제방송국 직원 30명과 시설관리부 직원들, 그리고 송출 부문 직원 중 14명이 제작 거부에 동참했다. 송출 부서 직원들은 정파(停波) 위험 때문에 파업에 참여할 수 없게 되어 있었다. 하지만 2차 공권력 투입에 분노를 참을 수 없어 인사상 불이익을 무릅쓰고 파업에 동참한 것이다.

같은 날 KBS 비대위는 여의도 MBC로 장소를 옮겨 집회를 이어갔다. 본래 명동성당에서 공권력 재투입 규탄 집회를 하기로 했지만 경찰이 원천 봉쇄하자 장소를 옮긴 것이다. KBS, MBC 사원 1,000여 명이 참석한 집회가 열렸다. 경찰이 해산을 종용했지만 이에 저항하자 곧바로 또 135명을 연행해 갔다. 이에 비대위는 'KBS 전(全) 민주사원 일동' 명의로 "1980년대 언론학살이 재현되고 있다"는 제목의 성명을 발표했다.

---

15 3,839명이 참여한 투표 결과는 찬성 1,404표, 반대 2,408표였다. 참여자의 63%가 '선 정상화'에 반대표를 던진 것이다.

1990년 4월 투쟁에서 2차 공권력 투입 직후의 KBS 본관 민주광장.

KBS 7,000 사원들이 방송 제작 거부 19일을 넘겨가며 서기원 퇴진 투쟁을 벌였던 것은 1980년에 자행되었던 언론학살이 10년 만에 재현되는 불행을 막아보고자 하는 일념에서였다. 전두환의 12·12 군사 쿠데타에 이어, 노태우는 '3당야합'이라는 정치 쿠데타를 성사시킨 뒤 방송 및 언론을 재장악해서 장기 독재 집권을 획책하는 음모를 착착 진행해 왔다. …

공보처와 어용학자들 모임인 방제연, 안기부 등에서 약 1년간에 걸쳐 방송 장악 시나리오가 완성되었고, 이에 때맞춰 서영훈 사장의 퇴진 공작과 서기원의 날치기 임명이 이루어졌다. 이는 법적, 제도적 시나리오를 내부에서 실천해줄 도살자가 필요했던 때문이다. 1980년에 300여 KBS 사원들을 길거리에 내놓았던 이원홍의 역할을 서기원이 맡고, 허문도의 역할을 최병렬이 수행하고 있는 것이다. 도살자 서기원의 마수가 노리는 것은 KBS인들의 목에 그치지 않는다. 민주시민의 눈을 멀게 하고 귀를 멀게 하려는 것이다.[16]

---

16 KBS노동조합, 앞의 책, 265쪽.

격문이었다. 사태의 실상과 본질을 정확히 짚고 있다. 10년 만에 역사의 비극이 반복된 것이다. 하지만 그냥 반복된 것은 아니었다. 10년 전에는 KBS 사원들이 아무 소리도 못 하고 부끄러움을 속으로만 삼켜야 했지만, 이제는 그렇지 않은 것이다. 그들은 제작을 거부하며 온몸으로 정권의 부당한 방송 장악에 맞서 저항했다.

5월 4일(22일 차), 사원 2,000여 명이 KBS 별관 TV공개홀에서 사원총회를 열고 수배 중인 안동수 노조위원장 대신 김철수 비대위원을 신임위원장으로 선출했다. 이날 경찰은 공권력 재투입 이후 KBS 비대위가 임시사무실로 쓰고 있던 MBC 노조사무실에 들이닥쳐 전영일 조직국장 등 KBS 비대위 간부 7명을 강제 연행했다.

불은 꺼졌지만 불씨는 남는다.

제작 거부가 20일을 넘어 장기화되면서 여론은 날이 갈수록 KBS 사원들에게 불리하게 전개됐다. 공보처의 여론몰이 때문이었다. 노태우 정권은 처음에는 감사원을 통해 정치적 표적 감사를 하게 하고 그 결과를 언론에 흘렸다. KBS 경영진과 사원들, 그리고 노조를 부도덕한 집단으로 매도함으로써 KBS에 대한 부정적 여론을 만드는 수법이다. 이어서 서기원 사장 임명으로 KBS 사태가 걷잡을 수 없이 커지자, 이번에는 "먼저 방송을 정상화하고 그 후에 KBS의 내부 문제를 해결해야 한다"며 또다시 언론플레이를 펼쳤다. '선先 정상화 후後 해결' 프레임이었다.

신문들을 대상으로 한 공보처의 여론몰이는 효과가 있었다. 당시 여론을 주도하는 것은 신문이었는데, 신문 사설 53.4%가 '선 정상화 후 해결'을 지지한 것이다. 노조의 과격성에 대한 비판도 24%였다. 정부 시책이나 공권력 비판은 40%에 머물렀다. 선 정상화론과 노조에 대한 비판을 합쳐 보면 대체로 70% 이상이 노조의 제작 거부에 반대한다는 논조였다.[17] 아무리 이유가 타당하더라도 방송을 중단하는 것은 시청자인 국민을 위해 바람직하지 않다는 논리였다.

KBS 사원들은 2차 공권력 투입에 분노하고 또 분노하며 열흘을 더 버텼다. 하지만 방송인이 방송을 계속 멈춘다는 것은 참으로 힘든 일이었다. KBS는 국가 기간방송基幹放送이다. 전면 제작 거부 선언 이후 한 달 가까이 KBS 사원들은 정권의 부당함에 정면으로 맞서면서도, 방송을 하지 못하는 것에 대해 날이 갈수록 압박감을 갖지 않을 수 없었다. 나 역시 그랬다.

5월 11일(29일 차), 마침내 제작 거부 투쟁이 전환점을 맞았다. 비대위가 방송 제작에 참여하기로 전격 선언한 것이다. 그리고 5월 18일, KBS 사태는 막을 내린다. 4월 13일에 제작 거부를 시작한 지 36일 만이었다. 꽃 피는 봄에 타오른 불꽃은 여름의 문턱에서야 사그라들었다. 사원들은 울분을 삭이며 제작 현장으로 돌아가야 했다.

1990년 4월 투쟁은 그 당시는 물론 이후에도 KBS인들에게 가장 큰 영향을 미친 사건이다. 물론 1차 목표인 서기원 사장 퇴진을 관철시키지 못했다. 3당 합당 이후 인위적으로 만들어진 여대야소의 벽을 넘지 못한 것이다. 하지만 이 투쟁은 방송을 장악하려는 정권의 폭압에 결연히 맞선 방송 민주화 투쟁이다. 이제 막 '관제 방송'의 탈을 벗은 KBS 사원들이 온몸으로 싸운다는 것은 놀랄 만한 일이었다. 조합원들의 임금 인상이나 노동환경 개선이 아니라, 방송의 민주화와 공정한 보도라는 공영방송의 본질적 가치를 지키기 위한 투쟁이었다.

4월 투쟁 1년 후 KBS노동조합은《KBS 1990년 4월: 방송 민주화 투쟁 백서》에서 스스로 이렇게 평가했다.

17　이광재, 1990, "선 정상화 후 해결 논지 53% 차지, 설득력 있는 대안 담긴 사설 없어: 중앙 10개 일간지 사설 분석", 〈신문과 방송〉, 234호, 49~53쪽; 조항제, 앞의 책, 202쪽에서 재인용.

이 백서는 또한 지배 권력에 저항한 KBS인들의 외형적 패배의 기록이기도 하다. 그러나 그 패배는 자랑스러운 패배였다. 역사는 때로는 정의로운 소리와 정당한 몸짓이 지배 권력의 힘 앞에 무너져 내리는 모습을 보여준다. 그러나 정의는 한때 패배할 수 있지만 영원히 패배하지 않는다는 믿음을 잉태했기 때문에 부끄럽지 않은 패배였던 것이다. 우리는 믿는다. 1990년 4월에 잉태된 '정의의 소리', '민주방송에의 믿음'은 머지않아 거대한 함성, 당당한 몸짓으로 다시 태어날 것이다.[18]

'부끄럽지 않은 패배'라는 평가와 '다시 태어날 것'이라는 전망은 시간이 흘러 결국은 실현된다. 권영길 당시 전국언론노동조합연맹 위원장은 이렇게 적고 있다.

우리 방송노동자들이 36일간이나 강고하게 뭉쳐 그토록 폭발적인 투쟁력을 분출해 내리라 누가 상상이나 했겠습니까. KBS의 투쟁은 저들에게 방송노동자의 힘을 실증해준, 그리고 우리 스스로에겐 앞으로의 가능성을 확인케 해준 것입니다. … 따라서 KBS 투쟁은 결코 패배가 아닌 명백한 승리입니다. 우리의 투쟁이 역사 속에 이미 뚜렷이 각인된 채 살아 움직이기 때문입니다.[19]

이 백서에는 노무현 당시 민주당 국회의원의 글도 실려 있다. 그는 KBS 4월 투쟁을 정치적 의의라는 측면에서 진단하고 이렇게 끝을 맺었다.

비록 어느 한 부분도 뚜렷한 성과를 내지 못하고 가슴 아픈 희생도 적지 않았다. 투쟁은 소강과 침체로 빠져버리고 권력의 방송 장악 의도는 하루하루 노

---

18 KBS노동조합, 앞의 책, 5쪽.
19 KBS노동조합, 앞의 책, 6~7쪽.

골화되고 있다. 그러나 부당한 억압에 맞서 정당한 저항이 있는 곳에는 항상 새로운 투쟁과 진보의 씨앗이 자라기 마련이다. 싸우지 않고 허무하게 무너져 내리지 않았다는 점만으로도 그 싸움은 우리 가슴속에 뜨겁게 살아 있는 것이다. 의로운 저항만이 역사의 문을 밀어제치고 힘차게 나아갈 수 있는 원동력이다. 이미 그 문이 조금씩 열리고 있다는 것을, 그리고 다만 숨죽이고 있을 뿐 결코 뒤로 밀려나지 않을 것임을 우리는 알고 있다.[20]

현실을 냉철하게 보되 미래를 희망적으로 내다본 글이다. 4월 투쟁은 이후에 KBS 구성원들에게 그리고 나에게도 지속적인 영향을 끼친다. 비록 낙하산 사장 반대라는 뜻을 이루지는 못했지만, 부당한 권력의 개입에 대해서는 저항한다는 DNA가 이때 만들어진 것이다. 4월 투쟁 이후 결정적인 계기가 올 때마다 그 DNA는 되살아났다. KBS에서 다시 부당한 일이 일어나면 언제든 다시 일어섰던 이후 30년의 역사가 이를 증명한다.

---

20 KBS노동조합, 앞의 책, 51쪽.

2부

민주화, 결실을 맺다

축적의 시간

36일 동안이나 제작 거부 투쟁을 했지만, 목표로 내걸었던 낙하산 사장 퇴진을 관철하지 못하고 구성원들은 제작 현장으로 복귀했다. 그래도 이제 KBS 구성원들은 과거처럼 부끄럽지 않았다. 또한 그동안 성취해 놓은 것이 완전히 사라진 것도 아니었다. 노조가 단체협상을 통해 어렵게 확보한 공정방송위원회나 본부장 추천제 같은 제도도 그대로 남아 있었다. 따라서 누군가 부당하게 뉴스와 시사 프로그램 등에 외압을 가할 때는 다시 맞서 싸우거나 대응할 수 있는 수단이 있는 셈이었다.

돌이켜 보면 1990년대 초중반은 KBS에나 나에게나 일종의 '축적의 시간'이었다. 이 시기를 거쳐 KBS는 1990년대 중반 이후부터 전성기를 맞이하였으며, 2000년을 넘어서면서 방송과 신문 등 모든 매체를 통틀어 영향력 1위가 되었고 2000년대 중반 마침내 신뢰도 1위에 오르게 된다.

PD는 프로그램으로 말한다

오랜만에 제작 현장으로 복귀하니 고향에 돌아온 것 같은 기분이었다. 하지만 사내 분위기는 묘한 긴장 속에 가라앉아 있었다. 선배들은 후배들을 위로하려 애썼다. 그러면서 하는 말이 "PD는 프로그램으로 말한다"였다. 물론 전부터 프로그램을 잘 만드는 선배에게서 종종 듣던 말이다.

"우리가 왜 싸웠나? 결국 좋은 프로그램 만들어 보겠다는 게 아니었나.

시청자들은 방송으로 KBS를 평가한다. 우리는 프로그램을 통해서 선한 영향력을 미치고 또 세상을 바꿀 수 있도록 하자."

맞는 말이었다. 나도 좋은 프로그램 만들기 위해 KBS에 들어온 게 아닌가.

"그래! 궁극적 목표는 프로그램이다. 제작에 몰입하자!"

1991년 봄, 입사 3년 차에 막 접어든 나는 라디오본부에서 TV본부로 발령받았다. 이제 원하던 TV 프로그램을 만들 수 있게 되어 기뻤다. 처음 배속된 곳은 〈기동취재 현장〉팀이었다.[1] 두 아나운서가 진행하면서 사전 제작한 영상물 2~3개를 내보냈다. 이 영상물은 시사 현안이나 환경 이슈 등을 ENG 카메라를 통해 기동성 있게 7~8분 길이로 담아낸 미니 다큐멘터리였다. 갓 입사한 내가 다큐멘터리 제작 역량을 쌓기에 적절한 분량이었다. 서너 명의 선임 선배들이 조장(데스크)을 맡아 그날의 전체 방송을 연출하고, 그 밑에 3~4명의 PD가 영상물 제작을 위해 현장 촬영 및 편집을 담당하는 제작 시스템이었다.

나는 촬영이나 편집을 전혀 할 줄 몰랐다. 당시는 지금과 달리 입사 전에 비디오카메라로 촬영을 해보거나 편집기로 편집을 해보는 등 방송 제작 과정을 경험할 기회가 없었다. 나는 방송 관련 학과를 전공하지도 않았다. 따라서 입사 후에 실무적인 제작 기법을 선배들로부터 하나하나 도제徒弟식으로 배워야 했다.

처음 직접 제작한 아이템은 '보건소를 아십니까?'였다. 보건소에서 생각보다 많은 의료서비스를 받을 수 있다는 정보를 주는 프로그램이었다. 이때 나를 도와준 선배는 앞서 소개한 초대 노조위원장 고희일 PD다. 위

---

1   〈기동취재 현장〉은 KBS 2TV에서 월요일부터 목요일까지 매일 저녁 9시 20분부터 35분간 편성된 생방송이었다. 진행자는 원종배, 정미홍 아나운서였다.

원장 임기 1년을 마치고 제작으로 복귀해 있었다. 여덟 기수 선배였다. 월요일 첫 촬영을 나가기 전날 여러 가지로 걱정돼서 선배에게 전화했더니 촬영 콘티를 봐주겠다고 집으로 오라고 했다. 일요일임에도 불구하고 찾아가서 도움을 받았다. 그리고 촬영 당일에도 동행해 주었다. 보건소에 도착해서 촬영이 시작됐는데, 내가 어떻게 해야 할지 몰라 잠시 서 있자 옆에서 지켜보던 그가 한마디 했다.

"카메라맨이 현장을 스케치하는 동안 PD는 등장인물을 섭외해야지. 몇몇 대기하는 주민들에게 화면에 나와도 괜찮겠는지 물어보고, 오케이 하면 그중 한두 명을 카메라맨에게 알려줘서 팔로우할 수 있게 해줘야 하는 거야. 그래야 더 역동적인 그림이 될 수 있겠지."

그러면서 어느 시점에 카메라맨의 촬영에 개입하고 또 어떤 상황에서 PD가 화면에 직접 출연하는 게 좋은지에 대해서도 조언했다. 촬영 현장은 상황과 장면들이 계속 변화하기 때문에, PD의 연출력이 프로그램의 힘과 품질을 좌우한다. '이런 게 바로 연출이구나' 하는 생각이 들었다.

촬영을 마치고 회사로 돌아오자, 편집하는 데 꼭 필요하다며 '프리뷰 노트'[2] 만드는 법을 설명해 주었다. 나는 배운 대로 촬영 테이프들을 처음부터 다시 보면서 어느 지점에 어떤 영상이, 또 어떤 오디오(현장음과 인터뷰)가 있는지 상세하게 메모하며 프리뷰 노트를 만들었다. 인터뷰의 경우 전체를 그대로 옮겨 적었다. 이어서 편집기에 나란히 앉아 기본적인 편집 방법을 배웠다. 선배가 퇴근한 후 저녁을 먹고 와서 혼자 편집기 앞에 앉았다. 당시에는 아날로그 편집기를 사용했기 때문에, 테이프들을 넣었다 뺐다 하면서 편집하다 보면 시간이 길어지고 밤을 꼬박 새우기 일쑤였다. 나는 7분짜리 가지고 밤샘한다는 것은 말이 안 된다고 생각해 뚝딱뚝딱 거침없이 붙여나갔다. 자정이 좀 못 돼서 '이만하면 됐겠지?'

---

2   촬영 테이프에 담긴 영상과 오디오를 시간과 함께 그대로 옮겨 적은 노트.

하고 퇴근했다.

다음 날 아침 고 선배가 출근했기에 인사드리고 밤 12시경 편집을 다 끝냈다고 하자 "어? 빨리 끝냈네?" 하는 반응을 보였다. 편집본을 보기 위해 함께 편집실로 향했다. 처음부터 끝까지 쭉 보더니 내 편집에 어떤 문제가 있는지 설명했다.

"무슨 얘기를 하려는지는 알겠는데, 전체적인 흐름에 힘이 없고 스토리텔링이 너무 평면적이야. 같은 내용이라도 이렇게 편집하면 시청자들의 시선을 끌 수 없지."

어제 촬영한 영상과 인터뷰를 제대로 살리지 못했다면서 직접 처음부터 다시 편집하기 시작했다. 편집하면서 잘 안 풀려 대충 해 놓은 부분들을 정확히 지적했다. 인터뷰의 편집 지점들을 바꾸고, 단편적 영상들을 몽타주 기법으로 다시 정리해서 배열하고, '롱 테이크long take'로 길게 촬영한 부분도 최대한 살려 편집했다. 편집본에 없는 컷은 원본 테이프에서 찾아 편집했다. 그렇게 다시 하고 시사해보니 훨씬 좋아졌다. 이야기 전달이 더 잘 되고 힘이 있는 영상물이 된 것이다. 말로만 듣던 '편집은 제2의 창작'이라는 말을 실감했다.

그날 저녁 무사히 방송이 나갔고, 프로그램 말미에 '연출 양승동' 자막이 들어갔다. 최초로 내 이름 자막이 들어간 TV 프로그램이 전파를 탄 것이다. 며칠 고생했지만 보람 있었다. 방송이 끝나고 사무실에 올라갔더니 팀장(장윤택)과 선배들이 기다리고 있다가 축하해 주었다.

"잘 봤다. 첫 작품치고 깔끔하게 잘 만들었던데!"

사실 선배가 거의 다 만들어 주다시피 했다.

"아닙니다. 고 선배가 많이 도와주신 덕분입니다."

선배들의 도움 덕분에 나는 비교적 빠르게 적응할 수 있었다. 이 작품을 시작으로 1년 동안 다양한 현장에서 여러 아이템을 기동성 있게 제작해 방송했다. 팀 내 여러 선배로부터 제작 기법을 많이 배울 수 있었다. 물론 어떤 선배는 성격이 날카로워서 힘들었지만 대부분 제작 역량이 우수했다. 특히 프로그램을 총괄하는 장윤택 팀장은 1980년대에 〈추적 60분〉 PD로 명성을 날린 분인데, 아이템을 보는 눈이나 기획의 순발력이 뛰어났다. 그때 하나하나 배운 것들이 이후 다양한 프로그램을 제작하는 데 밑바탕이 되었다.

내 입사 동기들도 각각의 직종과 장르에서 열심히 일했다. PD·기자·아나운서·엔지니어·행정 등 각자 부서에서 선배들의 도움을 받으며 자신들의 전문성을 쌓아갔다. 4월 투쟁 이후의 침체한 분위기 속에서도 KBS 사원들은 '기자는 기사로 말한다', 'PD는 프로그램으로 말한다'며 각자 최선을 다한 결과, 이 시기에도 영향력 있는 보도와 고품질의 다양한 프로그램들이 많이 방송된다.[3]

하지만 서영훈 사장 시절의 활력은 기대할 수 없었다. 나는 '패배했지만 부끄럽지는 않다'며 스스로 위로하기 위해 애썼지만, 신명 나게 일하기에는 마음 한구석에 더부룩한 무언가가 남아 있는 느낌이었다. 사원들은 각자 알아서 자기 할 일을 했지만, 그것만으로는 KBS가 시대정신을 담거나 개혁적인 프로그램을 제작할 수 있는 역량을 전사적으로 결집시키기는 어려웠다.

서기원 사장에 대한 전체 사원들의 평가는 예상대로였다. 1991년 2월, 노동조합이 전 사원을 대상으로 설문조사를 실시했다.[4] 사장 취임 10개

---

3   나중에 KBS의 대표 프로그램이자 장수 프로그램이 된 〈아침마당〉과 〈6시 내고향〉이 1991년 5월 20일에 처음 방송되었다. 1990년 6월에 방송된 '6·25 40주년 특집 10부작 다큐멘터리 〈한국전쟁〉(연출 강대영)은 세계 100대 다큐멘터리에 선정하기도 했다. 이 시기 방송된 주요 프로그램은 김성호 엮음, 2017,《한국방송 90년 연표: 1927~2017》, KBS방송문화연구소 참조.

4   설문지를 조사 대상자에게 나눠주고 응답자 스스로 작성케 하는 방식이었고, 설문지 회수율은 35.08%였다. KBS노동조합, 1991,《KBS 1990년 4월: 방송민주화 투쟁백서》, 358~360쪽.

월 되던 시점이다. 조사 결과 서 사장은 방송사 총책임자로서의 자격 면에서 '부적합하다'는 응답이 86.3%에 달했다. 또한 93.2%가 서 사장이 '하루속히 물러나야 한다'고 답했다.

이 조사는 또한 서 사장 취임 이후 보도·교양·오락 등 KBS 방송 전반에 대한 의견도 물었다. 방송 전반에 대한 평가에서 방송의 질이 저하되었다는 의견이 26.1%, 공정성 부분이 퇴보하였다는 의견이 53.6%였다. 그 이유로는 정권과 서기원 사장 31.3%, 정권의 눈치를 보는 주요 간부들(즉 간접 통제) 59.5%, 의욕 감퇴 6.7%를 보임으로써, 기자와 PD들이 직·간접 통제로부터 벗어나기 위해서는 노동조합을 통한 조직적 단결이 요구되는 시기임을 알 수 있다.

구체적 사항들에 관한 조사도 유사한 결과가 나왔다. KBS 보도가 정치 도구화되고 있고, PD와 기자들이 느끼는 제작 자율성 정도에 대해서도 부정적이었다. 내가 당시에 갖고 있던 느낌이 전체 사원들을 대상으로 한 설문조사에서도 그대로 드러났다. 이 조사 결과는 서기원 사장 체제를 단적으로 보여줬다. 서기원 사장은 일반 사원들과 거의 소통하지 않았다. 이 시기 사원들은 자기 일을 하면서도 사장에 대해 의식하지 않으려고 했던 것 같다.

나도 그랬다. 한번은 공사창립 기념식에 참석하라는 전달을 받았다. 1991년 설 연휴에 방송한 〈가로수를 누비며〉 '설 특집방송, 오가는 길 안전하게' 편이 우수 프로그램상으로 선정됐으니 수상자로서 참석하라고 했다. 입사 3년 차에 처음 받게 된 상이어서 기뻤다. 하지만 4월 투쟁 후 1년이 채 안 된 상황에, 마음속으로 아직 인정할 수 없었던 사장에게서 직접 상패를 받고 싶지 않았다. 나중에 행정반을 통해서 상패와 상금을 전달받으면 되겠지 생각하고는 구실을 만들어 시상식에 참석하지 않았다.

법정투쟁도 당당하게

1990년 4월 투쟁으로 총 15명이 구속 기소돼, 재판을 받게 됐다. 노조는 〈KBS 노보〉를 '구속자 가족 특집호'로 발간하면서 그들 가족과 조합 집행부(정초영 노조 부위원장, 하인성 노조 법률구조위원회 간사)의 방담회放談會를 싣기도 했다. 구속된 남편들을 면회한 부인들은 구치소 생활의 온갖 고초를 증언하며 눈물을 적셨다. 또한 4월 투쟁 중 활약한 'KBS방송사랑 노래패'는 방송 민주화 투쟁을 기념하고 구속된 사우와 가족을 돕기 위해 카세트 노래 테이프를 제작하기도 한다. 노보에 이런 기사가 실렸다.

> 이 테이프는 지난 4월 12일 이후 민주광장에서 KBS 전 사원들이 뜨거운 가슴으로 함께 불렀던 노래를 담은 것으로 구속 사우에게 성금을 보내주시는 사원들에게 증정하게 됩니다.[5]

같은 노보에 "구속 동지에 시민, 격려 성금 전달"이라는 제목의 기사도 실렸다.

> 지난 10일 신길동의 KBS사원아파트 주부 70여 명은 자체적으로 성금을 모금, 전영일 전 노조 조직국장 집에 직접 전달했다. 1주일 동안 모금한 100여 만 원을 전달한 주부 대표들은 이날 전영일 씨의 방송 민주화 의지를 높이 사며 구치소에서도 여전히 의연한 태도에 감복했다고 말했다.

투쟁을 주도하다 구속된 비대위원들은 당당하게 법정투쟁을 이어갔다.[6] 오래 수감된 채 재판을 받는 중에도 그들은 의연했다. 이경희 전 여

---

5 〈KBS 노보〉, 1990.6.25.

성국장(전산정보실 직원)은 1심 재판 최후진술에서 이렇게 말했다.

> 저희는 5공 시절 관영·국영 방송, 정권의 사영 방송이라는 지탄을 받았고, 불
> 공정성에 대한 항의 표시로 KBS의 주 수입원인 시청료 거부 사태를 맞았습니
> 다. 1988년 5월의 노조 설립 후 저희 전 조합원은 부끄러운 과거를 되풀이하
> 지 않기 위해 많은 노력을 기울였고, 일정 부분 성과가 있었습니다. 그러나 저
> 희를 과거의 KBS로 되돌려 놓으려는 움직임이 계속 있어 왔고, 이번 서기원
> 씨의 사장 임명은 그 맥락에서 이해되며 … 서기원 씨는 KBS 사원들의 저항이
> 만만치 않음을 알면서도 사원 대표와 대화 한 번 시도해 본 적이 없고, 단 하루
> 의 출근 시도 후 즉각 공권력 투입을 요청함으로써, 사태를 의도적으로 확대
> 시켰고 저희의 우려가 기우가 아님을 증명했습니다.[7]

하지만 당시 1심 재판부(서울지방법원 남부지원)는 구속자들에게 중형
을 선고했다.[8] 재판부는 판결문에서 "피고인들이 적법절차에 따른 공정
방송 추구 노력을 저버렸고 극단적 제작 거부로 인한 파행 방송이 국민
생활 전반에 불안을 초래한 점은 실정법 차원에서 정당화될 수 없다"고
적었다.[9] 당시 노태우 정권하의 정치적 판결이었다.

KBS 사원들은 이 판결을 인정할 수 없었다. 이들은 정권의 부당한

---

6   변론은 한기찬·안동수·최병모·주진학·조용환·김중곤·문재인 변호사 등 민변 출신의 변호
    사들이 맡아주었다.
7   KBS노동조합, 앞의 책, 153쪽.
8   안동수 2대 노조위원장과 김철수 3대 노조위원장이 각각 징역 1년 6개월 실형을 선고받았
    다. 이와 함께 고범중 전 사무처장, 이임호 전 공추위 간사, 차형훈 전 비대위원, 전영일 전 조
    직국장, 이경희 전 여성국장, 김영달 전 무임소국장, 김만석 전 비대위원, 안덕상 전 비대위
    원, 김태준 전 비대위원, 구능회 전 청주지부장, 최창훈 전 노사국장, 강철구 부산총국기자,
    이형모 전 비대위원 등도 모두 중형을 선고받았다. KBS노동조합, "법정투쟁기록 공판일지",
    앞의 책, 165쪽.
9   시간이 흘러 2014년, 유사한 사안에 대해 같은 남부지방법원은 정반대의 판결을 내린다.

110

KBS 장악에 맞서 온몸을 던져 저항한, 그리고 36일간의 제작 거부 투쟁을 일사불란하면서도 비폭력적으로 이끈 존경할 만한 동지들이었기 때문이다. 당시 전영일 조직국장은 항소이유서를 통해 검찰의 기소 내용과 1심 판결의 문제점을 조목조목 지적했다.

> 'KBS 사태'는 비대위가 사전에 계획했거나, 선동 또는 주동하여 일어난 것이 아니라 … 자발적 결의로 발단이 된 것입니다. 이 점은 4월 12일 제작 거부 사태 이전까지는 비대위가 조합원 비상총회를 열어도 서울 본사의 4,000여 명 사원 중 10분의 1도 모이지 않고 출근 저지에도 고작 200여 명이 가세하였을 뿐이나, 경찰 투입과 사원들 연행 이후 제작 거부가 결의되자 매일 본관 2층 홀에 2~3,000명이 집결하였고, 지방국의 사원들도 속속 상경하여 농성에 참여하는 등 폭발적으로 그 수효가 증가하였던 사실로도 명백히 입증되는 것입니다.

이들은 지루한 재판을 거쳐 나중에 복직이 되지만 그 과정에서 받은 고통은 이루 다 말할 수 없을 것이다. 그들의 값진 희생 위에 오늘의 KBS가 있을 수 있었다고 생각된다.

'민주적 방송법' 투쟁 1

KBS와 MBC, CBS 등 각 방송사의 노동조합과 직능단체들이 사내 민주화 및 방송 민주화를 위한 행보를 계속 이어가자 정부가 위기감을 느낀다. 다시 방송을 통제하기 위한 작업을 진행한다. 마침내 노태우 정부는 1990년 6월 방송구조 개편안을 발표한다. 1987년 말 여야 합의로 제정한 방송법이 발효된 지 1년 반밖에 안 된 시점이었다.

방송사 노조와 시민사회는 과거로의 퇴행이라며 반발한다. 6월 민주항쟁 이후 정권이 통제하기 어려워진 KBS와 MBC 중심의 공영방송 체제를

노태우 정부의 방송구조 개편안(1990. 6.) 주요 내용

1. 민영방송의 도입을 통해 지난 10년 동안 유지되어 온 KBS와 MBC 중심의 '공영방송 체제'를 공·민영 혼합체제로 바꾼다.
2. 방송위원회의 권한을 대폭 축소하고, 대신 방송심의 기능을 강화한다.
3. 방송사에 대한 표현의 자유를 규제한다.
4. KBS에서 교육방송(후에 EBS)을 분리한다.
5. MBC의 민영화를 검토한다.
6. CBS에 '종교 방송 50%' 규정을 적용한다.

주: 조항제, 2014, 《한국 공영방송의 정체성》, 173~174쪽 참고.

흔드는 것이 이번 구조 개편안의 숨은 의도라고 보았다. 또한 개편안은 다시 공보처의 권한을 강화함으로써 방송의 독립성을 침해하는 방향으로 역주행했다. 6월 민주항쟁 직후 만든 방송법은 정부가 독점하고 있던 KBS와 MBC 사장에 대한 인사권도 방송위원회로 분산시켜 놓았었다.[10] 방송위원회에 강력한 심의권을 부여한다는 것도 결국 정치적으로 첨예한 보도와 시사 프로그램에 대한 검열을 강화하려는 의도로 읽혔다. 한편, '종교 방송 50%' 규정은 민주화 과정에서 비판적 언론의 역할을 해온 CBS(기독교방송)에 재갈을 물리려는 의도가 다분했다.

특히 이 개편안 속에 심각한 독소조항이 들어 있었다. "방송사의 사장은 편성과 인사에 관해 누구로부터도 규제나 간섭을 받지 않는다"는 조항이다. 이 조항은 일견 그럴듯해 보이지만 다른 의도가 숨어 있었다. 청와대나 정치권 등 외부의 은밀한 압력은 모른 체하고, 노동조합의 공정

---

10 1980년 언론기본법에 의해 설치된 방송위원회는 유럽식 공영방송제도를 모델로 했다. 하지만 형식만 위원회였지 실제는 정부가 좌지우지할 수 있게 돼 있었다. 따라서 1987년 11월, 여야 합의로 제정한 방송법은 방송위원회의 위상을 강화한 것이 특징이었다. 과거 언론기본법에서는 단순히 심의기구였으며 공영방송제도의 장식에 불과했던 방송위원회의 위상과 권한을 확대시킨 것이다.

방송 활동에는 제약을 가하는 것이다. 따라서 이 조항은 반쪽짜리 조항에 머물 수밖에 없었다. KBS노조는 이런 조항이 법제화될 경우 본부장 추천제 및 중간평가제, 그리고 공정방송위원회 관련한 단체협약이 무력화되지 않을까 우려할 수밖에 없었다.

따라서 이번 방송구조 개편안은 노태우 정권의 행태로 비춰볼 때, 역사를 거스르고 방송 민주화의 시계를 거꾸로 돌리는 악법으로 볼 수밖에 없었다. 지배 권력을 계속 유지하기 위해 방송법을 자신들의 입맛대로 고치려는 것으로 인식되었다.

방송인들이 다시 일어선다. 6월 28일 오후 5시 30분, KBS노조는 신관 2층 로비에서 집회를 열고 '방송자주권수호 및 방송 민주화 결의대회'를 가졌다. 조합원 200여 명이 참여했다. 같은 날 오후 7시, '방송법 개악 저지를 위한 방송 및 언론인 결의대회'가 여의도 MBC 본관 1층 로비에서 열렸다. 언론노련 주최로 KBS·MBC·CBS·PBC 등 지상파 방송 4개사와 한겨레·동아일보·중앙일보 등 전국 신문사 노조원 300여 명이 참여했다.

현 정권의 방송법 개정은 외형상으로나마 공영방송으로 존재해 온 KBS를 관영 방송화하고, CBS와 PBC 등에 특수 방송이라는 굴레를 씌워 보도 기능을 박탈하려는 음모이다. 정부는 방송관계법 개정안을 당장 폐기하고 국민 의사를 수렴해 방송 민주화를 보장하는 방송법을 제정하라.[11]

7월 5일, KBS와 MBC·CBS·PBC·BBS 등 방송사 노조 대표들로 구성된 '방송법개악저지공동대책위원회'(이하 공대위)는 KBS노조 사무실에서 긴급 모임을 열고 "정부가 국회에 제출한 방송법·한국방송공사(KBS)법·

---

11 새언론포럼, 2008, 《현장기록, 방송노조 민주화운동 20년》, 커뮤니케이션북스, 285쪽.

한국방송광고공사법 등 3개 법안이 국회 문공위에서 통과될 경우, 전국의 모든 방송사가 일제히 제작 거부에 들어갈 수밖에 없다"고 밝혔다.[12]

7월 9일, YMCA 대강당에서 '방송관계법 개악 저지대회'가 열렸다. 언론노련, 기자협회, PD연합회, 해직언론인단체, 방송사 노조 대표, 평민당, 민주당, 국민연합 등에서 700여 명이 참석했다. 권영길 언론노련 위원장은 대회사를 통해 정부·여당의 언론장악 의도를 강력히 비판했다.

> 민자당 정권이 장기 집권을 위해 방송구조 개편을 기도하고 있다. 이번 개정안은 여론 수렴을 통해 국민적 합의를 이루려는 과정도 없었고, 그 내용도 언론자유와 공정방송을 심각하게 위협하는 독소조항으로 가득 차 있는 악법이다. 이를 저지하기 위해 이 땅의 모든 민주 세력이 하나가 되어 싸울 것이다.[13]

하지만 3당 합당을 통해 국회에서 다수를 점한 정부·여당은 수적 우위로 밀어붙였다. 7월 11일, 민자당은 방송법·한국방송공사법·한국광고공사법 등 3개 방송관계 법안을 국회 문공위에서 기습 날치기로 통과시켰다. 방송구조 개편안 발표 한 달 만이다.

공대위는 즉각 긴급회의를 갖고 전체 방송사가 전면 제작 거부에 관한 찬반투표 실시를 결의한다. 7월 12일, MBC 본사 노조가 제작 거부에 대한 찬반투표를 실시해 63.4%의 찬성률로 제작 거부를 결정했다. 이어 CBS와 PBC 노조도 찬반투표를 통해 제작 거부를 결정한다. 같은 날 KBS노조도 전국 비상대의원총회를 열어 공대위의 제작 거부 방침을 추인한다. 서울 본사와 26개 지역지부에서 제작 거부 찬반투표를 실시한 결과, 찬성률

---

12 정치권도 나섰다. 7월 2일, 평민당과 민주당, 국민연합으로 구성된 '비상시국회의'는 문동환 평민당 부총재와 이철 민주당 의원의 주재로 기자회견을 열고, "민자당이 획책하는 방송구조 개편음모는 방송 재장악을 통한 장기집권구도의 사전 포석이다"라며 규탄했다.

13 새언론포럼, 앞의 책, 288쪽.

74.3%를 기록했다.[14] KBS노조의 제작 거부 결정에 많은 관심이 쏠렸다. 지난 4월 투쟁이 끝난 지 56일 만에 또다시 제작 거부를 선택했기 때문이다. 사상 초유의 동시다발적 제작 거부 열풍이 방송가에 몰아닥쳤다.

7월 14일 아침, MBC·KBS·CBS·PBC 등 4개 방송사가 연이어 제작 거부에 돌입한다. KBS의 경우 비조합원이 방송 진행을 맡거나 방송 시간이 단축되는 등 파행이 빚어졌다. 하지만 제작 거부 첫째 날, 정부 여당은 국회 본회의를 열어 방송관계법들을 '날치기' 통과시켰다. 문공위 통과 3일 만이었다. 이번에도 정부 여당의 일방적 폭주를 저시하기는 어려웠다.

4개 방송사 동시 제작 거부 3일째(7. 16.), 공대위가 대책 회의를 열고 다음 날부터 제작 거부를 중단하기로 한다. 방송관계법이 이미 국회 본회의를 통과한 국면에서 더 이상의 제작 거부 투쟁은 효과가 없다는 판단에서였다.

새 방송법에 의해 KBS에서 제 3TV가 분리돼 EBS가 되었고, 방송위원회 역할과 기능이 변화했다. 1991년 12월 9일, 민영방송 SBS가 개국했다. 당시 정부는 '선진적 방송구조 모색'이라는 명분을 내세웠으나 실질적으로는 '특혜에 의한 민영방송의 탄생'이었다. 이후 방송은 상업화와 시청률 경쟁 구도 속으로 빠져 들어갔다. 물론 모든 일이 그렇듯이 한 면만 있는 건 아니다. 이후에 SBS는 방송문화 발전에 많이 기여했고, EBS도 교육방송으로서의 역할에 진력했다. 다만 이러한 긍정적 측면은 SBS, EBS 모두 자사 노동조합의 견제가 있었기 때문에 가능했다고 보는 게 타당할 것이다.

하지만 당시 정권의 의도는 방송 재장악과 '공영방송 힘 빼기'였음이 분명했다. 또 실제로 그렇게 진행되었다. 당시 방송법 개정안에 대해 공영방송 전문가인 조항제 교수는 이렇게 평가했다.[15]

---

14 선거인 4,441명 중 투표자 3,969명(89.5%), 찬성 2,949명(74.3%). 〈KBS 노보〉, 1990. 7. 14.

1990년의 방송법 개정은 1987년의 민주화 국면 이후의 여소야대 국면을 뒤집는 3당 합당 국면의 방송적 표현이라 할 수 있다. 이로써 방송위원회가 가진 작으나마 자율성은 사라졌고, 대통령으로부터 시작되어 공영방송 사장으로 이어지는 후견주의[16]는 다시 유지되었다.

따라서 당시 방송인들과 범민주 시민단체들이 연대해 방송법의 방송 구조 개편안을 저지하기 위해 일어선 것은 정당했다. 그리고 3일 동안의 제작 거부 등 방송 4사가 사상 최초로 연대한 투쟁은 그 의미가 컸다. 이를 통해 정부 여당의 방송관계법이 어떤 문제가 있는지를 분명히 보여주었기 때문이다.

'우려 반 기대 반', 홍두표 사장

1993년 2월, 김영삼 대통령이 취임한다. 김영삼 정부는 '문민정부'를 표방했다. 김 대통령에 대해서는 우려 반, 기대 반이었다. 지난 노태우 정권과 완전히 단절하지 못할 것이라는 우려와 함께 그동안 퇴행했던 민주화가 다시 진전되지 않을까 하는 기대가 있었다. 그는 1990년 3당 합당으로 재야와 진보 진영으로부터 배척을 받았으나, 지난 1970년대에 민주화 투사로서 목숨을 건 단식을 하고 박정희 독재정권의 종식을 앞당기는

---

15 조항제, 2014, 《한국 공영방송의 정체성》, 컬처룩, 260쪽.

16 여기에서 후견주의(後見主義)란 권력과 지위, 부(富) 또는 인적 자원을 가진 후견인 (patron)과 그들의 후원과 영향으로부터 이익을 얻는 의뢰인(client) 간의 상호 의존적 시스템을 말한다. 한국의 1970년대 유신체제와 1980년대 5공 체제에서 대통령 및 집권 여당과 KBS 사이의 관계를 후견주의라고 할 수 있다. 조항제 교수는 이 시기의 KBS가 "권위주의 국가의 준(準)국가 기구로 흡수·포획되어 국가로부터 강력한 규제와 억압을 받는 한편, 매우 체계적이고 안정적이며 대규모의 특혜와 지원을 함께 받았다"며 후견주의에 대해 언급한다. 조항제, 위의 책, 257쪽.

데 기여한 것도 사실이었다.

새 정부가 출범하면서 홍두표 씨가 KBS 사장으로 선임된다. 서기원 사장은 3년 임기를 채우고 물러났다. 하지만 새 사장 선임 과정은 역시 실망스러웠다. 이사회가 열리지도 않은 상태에서 내정 사실이 언론에 미리 공표되고 이사회가 이를 추인하는 모양새였다. 다만 홍 사장이 방송에 대해 잘 알고 있는 경영의 전문가라는 점은 기대감을 주었다.[17] 그러다 보니 그에 대한 KBS 사원들의 반응은 역시 우려 반, 기대 반이었다.

임기 초반, 김영삼 대통령은 과감한 개혁 조치들로 그에 대한 우려를 불식시켰다. 유신시대의 상징물인 궁정동의 안가를 철거하고 일제 총독부 건물인 중앙청을 폭파했다. 공직자 재산 공개와 금융실명제 전격 실시도 큰 지지를 받았다. 또한 12·12 쿠데타의 주역이자 신군부세력의 핵심인 '하나회'를 척결하기도 했다.

이러한 바깥 분위기는 KBS에도 영향을 미쳤다. 6월 민주항쟁 직후처럼 내부에 다시 활기가 돌기 시작했다. 군사문화의 잔재 청산, 민주화, 개방, 자율 등의 시대정신을 반영하는 기획안들이 속속 나오기 시작하고 새 프로그램이 만들어졌다. 대표적으로 1993년 5월부터 〈열린음악회〉와 〈다큐멘터리극장〉을 방송하기 시작했다. 〈열린음악회〉는 당시 10대 위주의 음악이 지배하고 있던 상황에서 클래식과 대중음악을 넘나들며 폭넓은 층에 호소하는 이름 그대로 '열린 음악'의 무대를 제공했다. 〈다큐멘터리극장〉은 과거에 다룰 수 없었던 근현대사, 특히 박정희·전두환 정권 시기의 비화를 주요 소재로 한 다큐멘터리였다.[18]

---

17 홍두표 사장은 1961년 12월 KBS TV 개국 당시 PD로 입사했다. 얼마 후 동양방송(TBC)으로 이직했고 후에 사장이 되었으나, 1980년 언론통폐합으로 TBC가 KBS로 흡수되면서 자리에서 물러났다. 이후 한국방송광고진흥공사(코바코)·중앙일보 사장 등을 역임하고, 이어 KBS 사장에 선임된다.

TV 프로그램 제작 3년 차이던 나는 〈다큐멘터리극장〉에 관심이 많았으나 제작에 참여하진 못했다. 대신 다양한 프로그램을 통해 새로운 상황에 도전하기도 하고 때론 시행착오를 겪으며 계속해서 제작 역량을 쌓아갔다.

1992년 여름, 처음 해외 출장을 다녀왔다. '연변 조선족자치주 40주년' 기념행사 취재였다. 나는 선배 PD(김현)의 조연출이었다. 공식 사절단과 동행하게 되었는데 인원이 많아 대한항공 전세기로 왕복했다. 중국 내 조선족자치주 행사인 만큼 북한 사절단도 방문 예정이어서 출국절차가 까다로웠다. '북한주민 접촉신청서'를 쓰고 서울 수유리 통일교육원에서 '북한주민 접촉 시 유의사항'에 관한 교육도 받아야 했다.

중국에서 처음 만난 조선족 동포들이 우리말을 하는 모습이 신기하게 느껴졌다. 북한 사람들과의 접촉은 긴장되는 일이었다. 한번은 실내 행사장에 앉아 있는 북한 사절단원에게 인터뷰를 요청했다가 거칠게 거부당하기도 했다. 인터뷰 요청 전에 미리 카메라를 켜고 기습적으로 인터뷰한 것이다. 사실은 선배 PD가 내게 해보라고 해서 용기를 내 시도해 본 것이었다. 결국 보복당하는 일이 곧 벌어졌다.

다음 날 연길의 한 공원에서 촬영하다가 북한 사람들이 빙 둘러앉아 식사하며 노래를 부르는 모습을 보았다. 잘됐다 싶어 그 장면을 촬영하기 시작했다. 그러자 갑자기 한 사람이 뛰쳐나와 내 팔을 휙 잡더니 "동무, 통일 노래 함께합세다!" 하면서 자기네 대열 안으로 끌고 들어갔다. 그리고 어깨동무를 하더니 〈우리의 소원〉을 합창하기 시작했다. 그사이 앞쪽에서 북한 카메라맨이 그 장면을 촬영하고 있었다. 전날 행사장에서 잠시 얘기를 나눴던 카메라맨이다. 순간 나는 출국 전 교육 받았던 '북한

<hr />

18 '김지하(5적) 필화 사건', '정인숙의 비밀수첩', '김형욱 실종 미스터리', '유신시대'(7부작), '이수근, 과연 간첩이었나?', '12·12'(2부작), '큰손 장영자 입을 열다', '서울의 봄'(2부작), '동학농민혁명 100주년 특집'(4부작) 등 1년 넘게 64회 방송했다.

'연변 조선족자치주 40주년'
취재 현장(1992). 왼쪽부터
필자. 김현 PD. 박중환 촬영감독.

주민 접촉 시 유의사항'이 떠올랐다. 귀국 후 정보기관에 가야 하는 건 아닐지 걱정됐다. 그들의 어깨동무를 떨치고 나올 수 있는 상황이 아니어서 고개를 숙이고 그들의 움직임에 휩쓸려 왔다 갔다 하는 수밖에 없었다.

30여 년이 지난 지금 생각해 보면 격세지감이다. 1992년 한중 수교 직후였고 대부분 중국을 처음 방문하는 사람들이었다. 무사히 중국 취재를 마치고 귀국했다. 사절단 일행과 함께 탄 비행기가 김포공항에 착륙하자 모두 안도하며 박수로 환호하던 모습이 인상적이었다.

1995년부터는 〈세계는 지금〉팀으로 옮겨가게 되었다. 스위스의 직접 민주주의 현장과 전기자동차 마을, 자전거 천국 암스테르담, 태국 푸미폰 왕가의 장례식, 아프가니스탄 분쟁 등의 아이템을 취재했다. 특히 그해 11월에 방송한 '비극의 땅, 아프가니스탄을 가다' 편(편당 15분, 총 4편)의 기획 의도는 전쟁의 비극적 참상과 아프간 국민의 아픔을 전하는 것이었다. 국제적십자위원회[ICRC]가 신변 안전을 보장하고 대한적십자사 직원이 동행했지만, 현장에 도착해보니 만만치가 않았다. 수도 카불을 포위한 반군이 쏘는 로켓 폭격 소리가 수시로 들렸다. 카불 시내에서 부서진 탱크와 처참하게 무너진 도시를 촬영하는 중에 꽝꽝 하는 포성에 카메라맨(박중환)이 흠칫흠칫 놀라기 일쑤였다.

〈세계는 지금〉 '비극의 땅, 아프가니스탄을 가다' 편 촬영 현장(1995).
왼쪽부터 윤명호 대한적십자사 직원, 박중환 촬영감독, 필자, 현지 코디.

하루는 카불 외곽의 박물관을 촬영하러 갔다가 우리 취재팀이 도착하기 10여 분 전에 로켓 포탄이 쏟아졌다는 현지 안내원의 말을 듣고 급히 차를 돌려 빠져나와야 했다. 나오면서 살펴보니 땅 위에 반쯤 박힌 로켓 포탄들이 여기저기 보였다. 불발탄이었던 모양이다. 탈레반 반군 지도자를 인터뷰하기 위해 국제적십자위원회가 운용하는 경비행기를 타고 아프간 서부 헤라트 지역으로 가다가 중간 지대에서 불시착한 일도 있다.

이어서 1996년 10월부터는 〈추적 60분〉을 제작하게 되었다. 전부터 제작해 보고 싶었던 프로그램이다. 제보를 받고 당시 '미아리 집창촌'의 인권 유린 실태를 고발하는 아이템을 며칠 밤을 새워가며 제작하기도 하고, 일부 판사들과 변호사들 사이의 향응과 접대, 그리고 유착을 고발한 '의정부 판사 비리 사건의 내막' 편(1998. 3. 8.)을 방송하기도 했다.

1996년 8월, 나는 입사 후 처음으로 사장을 직접 대면하게 되었다. 〈추적 60분〉팀으로 가기 전에 〈이것이 궁금하다〉(1996. 5. 방송 시작)를 제작하던 중이었다. 당시 나는 '수해 의연금이 새고 있다'는 제목의 고발 아이템을 취재하고 있었다. 그해 여름에 홍수 피해가 커서 KBS가 수해 의연금 모금방송을 했다. 하지만 모금한 돈이 홍수 피해자들에게 제대로 가지 않는다는 제보를 받았다. 같은 날 한 선배 PD는 전남 영광의 핵폐기물 유치를 둘러싼 갈등을 취재 중이었다. 그런데 방송 직전 CP와 함께 사장실에 가게 된 것이다.

홍두표 사장은 반갑게 악수를 청하며 담배를 권하더니 우리가 제작 중인 아이템에 대해 이것저것 물어봤다. 잠시 후 사장은 "KBS가 국가 기간 방송으로서 국가적으로 예민한 문제에 대해서는 신중하게 접근해 달라"고 당부했다. 사실 당연한 말이다. 다만 외부 어디에선가 전화를 받은 것 같다는 느낌이 들었다. 이날 사장은 수해 의연금 사안보다는 핵폐기장 관련 아이템에 더 신경을 쓰는 모습이었다.

편집실로 돌아와 다시 살펴보며 편집과 대본에 신중을 기했다. 하지만 핵심 메시지가 흐려지거나 고발 강도가 낮아져서는 안 된다고 생각했다. 선배도 마찬가지였을 것이다. 두 아이템은 예정된 날짜에 전파를 탔다. 내 수해 의연금 아이템은 당국에 경종을 울리는 효과가 있었다. 핵폐기장 아이템은 방송을 보니 크게 논란을 일으킬 만한 부분은 없어 보였다. 애초에 그렇게 취재한 건지, 다소 각을 누그러트린 건지 당시에 물어보지는 않았다. 그러면서 한편으로 이 정도 아이템들에 대해 사장이 직접 PD들을 불러서 얘기할 정도인데 '진짜 예민한 아이템이라면 어떨까?' 하는 생각이 들기도 했다.

다행히 이 사건 말고는 이 시기에 프로그램 제작과 관련해 내가 외압이라고 생각될 만한 사안은 없었던 걸로 기억한다. 김영삼 정부가 초반에 문민 개혁을 기치로 내건 만큼 큰 틀에서 KBS 보도나 시사 프로그램과 부딪힐 일은 크게 없었기 때문인 것 같다.

'공영성 강화'로 이어진 수신료 제도개선

이처럼 문민정부 출범을 전후로 KBS에 근현대사를 조명하는 프로그램이 등장하고, 민주화와 시대적 분위기를 반영하는 프로그램들이 속속 편성된다. 하지만 다른 한편 민방의 출현으로 인한 부작용이 발생한다.

1991년 SBS(서울방송)가 개국하면서 KBS·MBC·SBS 지상파 3사 간 광고 유치를 위한 치열한 시청률 경쟁이 시작됐다. 부족한 TV수신료[19]를 보충하기 위해 TV 광고를 하던 KBS도 광고 유치를 위한 시청률 경쟁에 뛰어들어야 했다. 그러다 보니 공익성은 높으나 시청률이 낮은 프로그램들은 없어지게 되었다. 대신 오락성과 자극성이 강한 프로그램들이 늘어났다. 1992년 봄철 프로그램 개편에서 실제 그런 일이 일어났다. 홍 사장이 취임한 1993년 무렵, TV 채널들 사이의 '저질 경쟁'에 대한 비판이 쏟아지고 방송위원회가 드라마 연출자(SBS)에게 '3개월 연출 정지' 조치를 하는 일까지 있었다. 시민운동 단체들은 'TV 끄기 운동'을 벌이기도 했다.[20]

이뿐만이 아니었다. KBS는 이중고를 겪고 있었다. KBS의 재정구조가 아주 취약했기 때문이었다. 당시 수신료 징수 방법은 징수원에 의한 직접 징수와 은행 및 우체국 납부, 그리고 통합공과금제도(행정기관 위탁징수)를 병행했는데, 수신료 수입액의 33%가 징수비용으로 들어가 효율성이 크게 떨어졌다. 또한 일부 시청자가 수신료 납부를 회피하여 공평한 징수가 이루어지지 않고 있었다. 무엇보다도 결정적으로 1980년대 중반의 시청료납부 거부운동으로 수신료 수입이 크게 줄어든 상태였다. 그나마 6월 민주항쟁 이후 변화하는 모습을 보여주면서 조금씩 회복되고 있

---

19 1989년 1월 1일부터 '시청료'는 '텔레비전방송수신료'(TV 수신료)로 명칭이 변경되었다.
20 이은미, 1993, "'TV 끄기 운동'까지 초래할 정도: 방송프로그램 저질화 논란", 〈신문과 방송〉, 276호, 21~24쪽.

었지만, 1991년에서야 7년 전인 1984년의 수신료 총수입액을 간신히 넘어설 정도로 회복 속도는 더뎠다.

이러한 상황을 반전시킨 것은 수신료 제도 변경이었다. 1994년 10월 1일, 수신료 징수 방법이 획기적으로 개선된다. TV수신료를 한국전력공사에 위탁하여 전기료와 함께 병과해서 징수할 수 있게 된 것이다. 이로써 수신료 수입이 대폭 늘어난다. 바로 전해에 2,171억 원이던 수신료 수입이 1995년에 3,685억 원으로 1,514억 원 늘었다.[21] 이와 같은 제도개선으로 징수율이 1994년 53%에서 1995년 90%로 급등하고 수신료 수입액의 33%에 달하던 징수비용도 9.8%로 크게 줄었다.

수신료 징수제도의 변경은 KBS의 광고 축소를 전제로 한 정책이었다. KBS는 1TV 광고를 폐지했다. 이에 따라 수신료 수입과 광고 수입의 비율이 35 대 65에서 43 대 57로 개선된다. KBS의 재정구조가 이상적 공영방송에 한 발 더 다가갈 수 있게 된 것이다. 이로써 다음 해인 1995년 4월 7일, 홍두표 사장은 "이제부터 KBS는 시청률 경쟁에서 탈피하고 공영성 강화에 전념하겠다"고 선언할 수 있게 되었다. 이렇게 수신료 수입 증대를 통해 공영방송의 재원구조가 안정되면서 고품질 프로그램 제작에 많은 투자가 가능해졌다. 이는 KBS의 공영성이 강화된다는 의미이다.

먼저 드라마에 대한 제작비 투자를 늘리고 1TV에서 광고가 사라지자 동시에 품질이 올라가고 시청률도 껑충 뛰었다. 1995년 4월에 첫 방송한 1TV 일일드라마 〈바람은 불어도〉(연출 이영희, 극본 문영남)의 경우 최고 시청률이 55.8%로 역대 일일극 시청률 1위를 기록했다. 평균 시청률은 40~50%에 이르렀다.[22] 1TV 일일드라마 시청률이 오르자 바로 뒤에 편

---

21 KBS, 2023, 《KBS 50: 국민을 위한 공적책무를 수행하다 1973~2023》, 335쪽.

22 1TV 대하드라마도 마찬가지였다. 1996년 1월부터 방송한 〈용의 눈물〉은 숱한 화제를 뿌리며 2년 넘게 주말 시청자를 KBS 1TV 앞으로 끌어들였다.

성된 〈9시 뉴스〉 시청률도 올라갔다. 연쇄 효과가 일어난 것이다. 이때부터 KBS 〈9시 뉴스〉 시청률이 MBC 〈뉴스데스크〉를 추월하게 되었다.

이 시기에 처음 방송을 시작한 〈KBS 일요스페셜〉(1TV, 일요일 저녁 8시)도 KBS의 공영성을 크게 높여 준 프로그램이었다.[23] 〈일요스페셜〉의 가장 큰 성공 요인 역시 탄탄한 제작비 지원이다. 또한 예능 프로그램도 대중성과 공익성을 동시에 추구하는 대형 기획을 추진했다. 1994년 10월 15일부터 방송한 〈KBS 빅쇼〉가 대표적이다. 〈빅쇼〉는 수신료와 전기료의 통합 징수가 시행된 직후에 실시한 가을 개편에서 신설된 프로그램이다.[24]

이처럼 수신료 제도개선을 통해 KBS의 공영성을 획기적으로 높일 수 있는 토대를 만든 것은 홍두표 사장이 거둔 큰 성과였다. 물론 노사관계가 안정돼 있었고, 정부와의 관계도 원활했기 때문에 가능한 일이었을 것이다.

2021년 초, 사장으로 재임 중이던 나는 수신료 현실화 문제에 골몰하다가 홍두표 전 사장을 만난 적이 있다. 홍 사장은 당시 대통령의 결단이 필요한 막판 시점에 김영삼 대통령을 만났던 일화를 들려주었다. 홍 사장이 준비해 간 자료로 브리핑을 끝내고 김 대통령에게 이렇게 덧붙였다고 한다.

"이 일을 해 주시면 KBS에서 대통령 각하 동상을 세워드릴 겁니다."

수신료 징수 제도가 바뀌고 몇 년 후, 홍 사장은 서울시청 앞의 한 호텔에서 에스컬레이터를 타고 올라가다가 반대로 내려오는 김영삼 전 대통

---

23 당시 〈KBS 일요스페셜〉은 주춧돌만 남은 경주 황룡사를 3D 그래픽영상으로 복원한 '영상복원 황룡사'(1996), '성덕 바우만, 누가 이 아이를 살릴 것인가'(1996), '입체분석! 지금 북한에선 무슨 일이 일어나고 있나'(1997) 등을 방송해 큰 화제를 불러일으켰다.

24 패티김, 이미자, 이선희, 서태지와 아이들, 조용필 등 매주 톱스타 가수들이 출연하는 대규모 공연을 방송했다. 〈빅쇼〉는 1996년 11월부터 한 달에 한 번씩 클래식 공연을 포함했다.

령과 조우한다. 김 대통령은 퇴임한 직후였다. 홍 사장이 다시 내려가 인사를 드리자 이렇게 말한다.

"내 동상 세워주기로 한 거 어떻게 됐노?"

호텔 로비에서 두 사람이 한바탕 크게 웃었다고 한다. 아마도 문민정부 시절이기에 가능했던 일이었을 것이다.

노동법 문제로 파업?

문민정부는 임기 후반으로 가면서 초반의 분위기를 이어가지 못했다. 1994년 10월 성수대교 붕괴, 1995년 4월 대구 지하철 공사장 가스 폭발, 그리고 6월 삼풍백화점 붕괴 등 대형 사고가 연이어 발생하면서 위기가 찾아왔다. 물론 과거부터 문제가 누적된 것이지만 당시 김영삼 정부의 위기관리 능력이 부실한 책임을 면할 수 없었다. 출범 4년 차, 이제 무리하지 않고 남은 임기를 잘 관리해야 할 시점이었다. 하지만 김영삼 대통령은 노동 개혁을 추진한다. 1996년 4·11 총선(15대)에서 원내 제 1당을 유지하게 되자 무리수를 둔 것이다.[25] 참모들의 반대와 우려가 있었지만, 고집을 꺾지 않았다고 전해졌다.[26]

1996년 12월 26일 새벽 6시, 영등포에 집결한 여당의원 154명은 버스를 타고 국회 본회의장으로 진입한다. 야당에는 알리지 않았다. 그리고 국회 본회의 시작 단 7분 만에 노동법과 안기부법 개정안 등을 일사천

---

25 대형 재난들이 연이은 가운데 치러진 선거여서 어려움이 예상됐으나 결과는 반대였다. 여당인 신한국당이 예상을 깨고 139석을 얻어 원내 1당이 되었다. 여권은 정계 개편을 통해 야당과 무소속 의원들을 대거 영입해 과반 의석을 확보한다.

26 김영삼 대통령은 노동에 대한 이해가 깊지 않았다. 1997년 1월 7일, 연두(年頭) 기자회견을 하던 도중 노동법 개정안 얘기가 나오자, "도대체 선진국 어느 나라에 노동쟁의가 있느냐?"라는 발언을 해서 모두를 놀라게 했다.

리로 통과시켰다. 날치기 통과였다. 개정된 노동법에는 노동자들의 노동 여건을 악화시키는 내용이 많이 포함돼 있었다.[27]

즉각 대대적인 반발이 일어났다. 날치기 통과 다음 날 민주노총과 한 국노총 등 양대 노총이 총파업을 선언한다. '노동악법 분쇄'를 내건 전국 적인 총파업에 방송사 노조들도 동참했다. 노동법과 함께 안기부법도 동 시에 날치기 처리되었기 때문에 종교계와 학계, 시민단체들도 일제히 들 고 일어섰다. KBS·MBC·EBS·CBS 등 방송 4사가 파업 찬반투표를 실시 한 결과 높은 투표율과 찬성률로 가결되었다. 평균 80%를 넘는 총파업 지지율이었다.

1997년 1월 7일, KBS노동조합(위원장 전영일)을 비롯한 방송 4사 노 동조합이 무기한 동시 파업에 돌입했다. 나는 당시 제작에 열중하느라 이러한 사항들이 얼마나 문제가 되는지 상세하게 파악하지는 못했다. 하 지만 언론노련과 KBS노동조합에 대해 신뢰가 컸던 만큼 노동법 날치기 사안을 심각하게 받아들이고 파업에 적극 동참했다.

파업 첫날의 기억이 생생하다. 이날 나는 〈추적 60분〉을 제작하기 위 해 경기도 포천에 출장 중이었다. 마구잡이 온천 개발 실태를 고발하는 아이템이었다. 야외 촬영 중에 내가 소속돼 있는 기제·교양구역의 노조 중앙위원으로부터 전화를 받았다. 총파업에 돌입해서 제작을 중단해야 하니 파업에 참여해 달라는 것이었다. 촬영을 중단하고 바로 회사로 복 귀했다. 사무실에 들어오니 〈추적 60분〉팀 PD들 대부분이 자리에 앉아 있었다. 내가 들어오자 CP가 일어나서 말했다.

"이번 파업은 KBS와 직접 관련된 것은 아니니 적당히 하면 좋겠네."

---

27 개정된 노동법은 기업주들이 노동자들을 더 쉽게 해고할 수 있는 정리해고제와 함께 변형시 간근로제나 파견근로제 등을 포함하고 있었다. 반면 노동자들의 연대를 가로막는 '제 3자 개 입 금지' 조항을 그대로 유지하고 교사, 공무원 노동자들의 노동조합도 인정하지 않는 내용 을 담고 있었다.

노동조합은 어쩔 수 없이 파업을 하지만 노동법 개정 문제는 낙하산 사장 문제나 방송법 개정 이슈가 아니니 PD들이 너무 휩쓸리지 않으면 좋겠다는 얘기였다. 당시 팀 분위기도 나쁘지 않았고 CP는 아마도 후배들을 염려해서 한 말이었던 것 같다. 그러나 실수였다. 부적절한 발언이었다. 논리적으로 노동법이 개악될 경우 KBS노동조합도 영향을 받게 되고, 혹시라도 KBS노조가 무력화되면 제작 자율성이나 공정방송을 지켜낼 수도 없게 되기 때문이다. 한 PD(이도경)가 벌떡 일어나더니 응수했다.

"총파업이 시작된 만큼 이제부터는 부상님 지시를 따르지 않겠습니다. 저는 노동조합의 파업 지침을 따를 것입니다."

일순간 사무실이 조용해졌다. CP가 더 이상 말을 잇지 못했다. 그는 4월 투쟁 때 함께 제작 거부하며 투쟁한 선배였다. 그 후 7년이 지나면서 회사가 나름 안정된 상황이었고 또 보직을 맡고 있는 간부로서 무심코 그런 말을 했을 것이다. CP의 부적절한 발언에 발끈한 이도경 PD는 나보다 1년 후배로서 입사하자마자 1년 차에 1990년 4월 투쟁을 겪었다. 이 PD도 평소에 CP와 사이가 괜찮은 편이었다. 하지만 파업 기간 중 회사 간부의 부적절한 발언에 대해 분명하게 선을 그은 것이다. 그 모습은 내게 깊은 인상을 남겼다.

노조 집행부는 파업 참여도가 높지 않으면 어쩌나 염려했다지만 기우였다. KBS 구성원들에게서 1990년 4월 투쟁의 DNA는 사라지지 않았음이 바로 증명됐다. 4월 투쟁 이후에 입사한 '신세대 조합원'들도 눈앞의 불의를 목격하고 선배들을 따라 주저 없이 자리를 박차고 일어선 것이다. 송출 관련 엔지니어 등 필수 요원을 제외하고 4,800여 조합원 대부분이 파업 대열에 합류했다.

파업 8일 차인 1월 14일도 생생하게 기억나는 날이다. 민주광장에서 오전 집회를 마친 조합원 600여 명은 풍물패를 앞세우고 신관 3층 보도국으로 올라갔다. 조합원들은 KBS 뉴스가 노동법 및 안기부법 날치기 통과를 정당화허고 노동자들의 파업을 경제 악화의 주범인 양 몰아가고 있다고 비판했다. 조합원들은 보도국 사무실에서 "편파 왜곡 보도를 중단하라!", "권력의 나팔수, 기자직을 버려라, 공정 보도" 등의 구호를 외쳤다. 그러다가 방송사고가 발생했다. 11시 40분경, 뉴스를 진행 중이던 앵커 뒤로 피켓을 들고 구호를 외치는 조합원들의 모습이 그대로 방송된 것이다. 당시 보도국 스튜디오 중 하나는 기자들이 일하는 사무 공간 안에 있었다. 일명 '어항 스튜디오'라고 불렸는데, 앵커 뒤로 사무공간이 보이기 때문에 일어난 사고였다. 이로 인해 뉴스가 단축되었다.

같은 날 오후에는 방송 4사 조합원 2,000여 명이 참여하는 '노동악법 분쇄와 김영삼 정권 퇴진을 위한 방송노동자 전국 총파업 결의대회'가 서울 명동성당에서 예정돼 있었다. 현장에 도착해보니 대규모 전투경찰이 이미 대기하고 있었다. 이들은 명동성당으로 들어오는 길목을 차단하며 집회를 지연시켰다. 파업 지도부와 경찰 간부 사이에 설전이 오가다 명동성당에 미리 들어가 있던 조합원 500여 명이 스크럼을 짜고 앞으로 밀고 나왔다. 경찰 저지선을 뚫어보려 한 것이다. 나도 속속 도착하는 조합원들과 함께 반대 방향에서 경찰 저지선 쪽으로 밀고 나아갔다. 조합원들과 전경들이 뒤엉키고 거친 몸싸움이 벌어지자 잠시 후 경찰이 최루액을 분사했다. 몸싸움 와중에 최루가스를 마셨다. 눈물과 콧물이 흘러내렸다. 1990년대 중반인데도 최루가스를 마시고 눈물을 흘려야 하다니….

1월 16일에는 연대 총파업을 벌였다. 12시부터 4시간 동안 언론노련 산하 38개 언론사 가운데 25개사 1만 3,000여 명이 일제히 파업을 벌였다. 물론 시한부 파업이었지만 노동조합의 역사에서 중요한 의미를 지녔다. 같은 날 오후 2시, 탑골공원에서 열린 서울 지역 신문·방송·통신노동자 총결의대회에 방송 4사와 국민일보·문화일보·서울신문·연합뉴스·한겨레·한국일보 등 6개 신문과 통신사에서 2,000여 명의 조합원이 참여

했다. 장관이었다. 이날 언론인들의 존경을 받는 김중배 참여연대 대표
(전 동아일보 편집국장)가 신문·방송·통신사의 연대파업이 갖는 의미에
대해 언급하며 이렇게 외쳤다.[28]

오늘의 모임은 반민주 곡필로 점철된 우리 언론의 부끄러운 과거를 참회하고
민주주의를 압살하려는 현 정권의 범죄를 심판하기 위한 궐기의 자리입니다.
오늘을 '참회와 궐기의 날'로 언론사에 길이 남깁니다.

언론노련 이형모 위원장은 '김영삼 정권을 역사의 심판대에 세우라'는
제목의 결의문을 낭독했다.

국민의 알권리를 위해 봉사해야 할 언론인으로서 소명을 망각해서가 아니라
국민과 역사의 부름에 진지하게 답하기 위해 고뇌에 찬 결단을 내린다. 신문
과 방송, 그리고 통신사에서 역사를 쓰고 기록해 왔던 우리는 이제 일터를 박
차고 역사를 만드는 투쟁의 대열에 동참한다.

노동법 파업이 2주를 넘어가자, 정부가 파업 지도부에 대한 구속영장
을 신청하고 체포에 들어가는 한편 출구전략을 모색한다. 야당에 손을 내
민 것이다. 연대 총파업 15일째인 1월 21일, 김영삼 대통령은 김대중 새
정치국민회의 총재, 김종필 자민련 총재, 이홍구 신한국당 대표를 청와대
로 초청해 여야 영수회담을 갖고 시국 타개를 위한 방안을 논의하기에 이
른다. 이 자리에서 김 대통령은 '노동법 재개정'을 약속했다.[29] 그리고 파

---

28   새언론포럼, 앞의 책, 186쪽.
29   그해 3월 10일, 노동법은 재개정 절차에 들어갔지만 IMF의 전조라 할 수 있는 '한보 사태'가
     터지면서 노동계의 요구가 적극 수용되기 어려운 분위기가 되었다. 물론 재벌기업들의 거센
     반대도 넘기 어려웠을 것이다. 노동계에서 볼 때 미미한 수정 보완에 그쳤다는 평가를 받았다.

업 지도부에 대한 영장 집행도 보류한다고 밝혔다. 다행이었다. 이에 방송 4사는 총파업 잠정 중단을 선언하고 업무에 복귀했다.

1997년의 노동법 파업은 역사상 최초의 언론사 총파업이라는 큰 의미가 있다. 이와 더불어 그 해결 과정도 긍정적 평가를 받을 만하다. 나중에 김영삼 대통령이 무리수를 인정하고 한발 물러서는 모습을 보임에 따라 대화의 장이 열리게 되고, 여야가 협상 테이블에 마주 앉을 수 있게 되었기 때문이다. 결국 정부와 시민사회 및 노동계 사이에 극단적 상황을 초래하지 않았고 파업도 오래가지 않을 수 있었다. 그나마 문민정부여서 가능했던 것 같다.

나는 또다시 노동법 파업으로 보름 동안 떠나야 했던 제작 현장으로 동료들과 함께 복귀했다. 지난 1990년 4월 투쟁이 끝나고 업무에 복귀할 때는 참담함을 금할 길이 없었지만, 이번에는 달랐다. 옳은 일을 위해 행동하고 돌아간다는 생각에 당당할 수 있었다.

KBS 1차 전성기

1997년 노동법 파업 사태로 방송이 잠시 차질을 빚기도 했지만 1990년 대 KBS는 상당히 안정된 모습이었다. 특히 수신료 제도 개선 이후 재원 구조가 탄탄해지면서 제작비에 대한 투자가 늘고, 그 결과 공익성과 시청률 모두 높은 프로그램이 줄지어 나왔다. 이는 KBS의 영향력 확대로 이어진다. 그래서 나는 1990년대 중반부터 2000년대 초반까지를 KBS의 1차 전성기로 생각한다.

'개혁성에 일단 기대', 박권상 사장

1997년 1월 노동법 파업이 진행되던 시기 한보그룹이 부도를 맞는다. 이어 삼미그룹, 진로그룹, 한신공영, 기아그룹 등도 줄줄이 부도가 나면서 1997년 외환위기가 시작된다. 11월 21일, 결국 정부가 국제통화기금IMF 구제금융을 신청한다. 이런 상황에서 KBS가 국가 기간방송이자 공영방송으로서 그동안 쌓아온 역량을 발휘한다. KBS는 1998년 1월 5일부터 금 모으기 캠페인을 벌이기 시작했다. 1월 10일에는 오전·오후 4시간씩 특별 생방송 〈나라를 살립시다, 금을 모읍시다〉를 방송했다. 두 달간 이어진 금 모으기 캠페인에 349만 명이 참여해 금 226톤을 모았다. IMF 사태로 인한 사회 혼란과 정리해고, 명예퇴직으로 1998년 겨울은 어느 해보다 추웠지만 '금 모으기' 열풍으로 추위를 많이 녹일 수 있었다는 평가를 받았다.

국가적으로 어려운 상황에서 공영방송 KBS가 방송을 통해 국민의 마음을 하나로 결집하고 위기 극복에 기여한 것이다. 금 모으기 방송을 시작한 1998년 1월은 김대중 대통령이 아직 임기를 시작하기 전 당선인 시절이다. 김영삼 대통령의 청와대는 레임덕 상태였다.[1] 이런 가운데 KBS가 국가적 위기를 맞아 자율성을 갖고 적극적으로 움직인 것이다. 훗날 홍두표 당시 사장은 이렇게 회고했다.

한 달간 금 모으기라는 주제로 KBS 뉴스에서 리포팅을 끌어 나가겠다는 기획 자체도 모험이었고, 과연 계산대로 국민들이 금을 내놓을지도 미지수였다. 하지만 국민들에게 희망을 주는 '금 모으기'와 같은 캠페인이 필요하다는 보도본부장(제작진)의 의지가 워낙 강력했고, 또 내 판단으로도 공익 방송으로서 해야 할 일이란 판단이 들어 금 모아 수출하자는 캠페인을 그 자리에서 결정했다.[2]

IMF 구제금융 발표 한 달 후인 12월 18일, 김대중 후보가 15대 대통령으로 당선된다. 헌정사상 최초의 평화롭고 수평적인 정권 교체가 이루어진 것이다. 대한민국의 민주주의가 한 단계 더 진전된 것이다. 다시 한번 정치·사회적 분위기가 크게 바뀐다.

김 대통령의 당선은 또한 KBS 내부의 민주화가 더 진전될 것이라는 전망을 갖게 했다. 임기 1년을 남겨둔 홍두표 사장의 거취에 관심이 쏠렸다. 하지만 1998년 3월 19일, 홍두표 사장이 사의를 표명한다. 정권이 바뀌면서 곧바로 물러난 것이다. 이어 언론인 출신인 박권상 정부조직개편 심의위원회 위원장이 사장에 내정됐다는 언론보도가 나왔다.

---

1   김영삼 대통령은 차남 김현철 씨가 한보사태의 '몸통'으로 수사대상이 되고 비리 혐의로 구속되면서 급격하게 레임덕을 겪게 된다.
2   김병호 외, 2004, 《그해 겨울은 뜨거웠다》, 서해문집, 5쪽.

KBS인들은 또다시 실망하지 않을 수 없었다. 정부의 성격이 크게 달라졌지만, 사장을 선임하는 과정은 과거와 차이가 없었기 때문이다. 이사회는 여전히 거수기 역할을 하는 것으로 보였다. 이번에도 민주적 절차가 무시된 것이다.

다만 그는 강직한 언론인으로 평가받고 있었기 때문에 기대감도 있었다. 그는 동아일보 편집국장 출신으로 1980년 신군부에 의해 강제로 해직된 언론인이다. 고심 끝에 KBS노조(위원장 오수성)는 '절차상 문제가 있지만 그의 개혁성에 일단 기대를 걸어 본다'는 방향으로 입장을 정리한다.[3] 이력이나 무게로 볼 때 KBS 개혁과 방송 독립에 앞장서 줄 수 있을 것이라고 기대한 것이었다. 1998년 4월 20일, 박권상 사장이 취임한다.

영향력 1위

'준비된 대통령'을 슬로건으로 내걸고 당선된 김대중 대통령은 IMF 외환위기를 극복하고 DJP연합을 토대로 국내 정치 상황을 안정적으로 이끈다. 그리고 남북 관계개선에 적극적으로 나섬으로써, '소떼 방북'[4]과 '금강산 관광선 출항'[5]에 이어 2000년에 6·15 남북정상회담을 성사시켰다. 6·15 남북정상회담에 대한 국민의 지지도는 매우 높았다. 7대 메이저 언론기관의 여론조사는 '정상회담에 만족한다' 또는 '남북공동선언을 지지한다'가 93~98%로 집계되었다.[6] 이와 함께 박권상 사장의 KBS도 김대중 정부의 대북 포용정책과 맥을 같이하는 방송을 적극적으로 기획한다.

3   새언론포럼, 2008,《현장기록, 방송노조 민주화운동 20년》, 커뮤니케이션북스, 222쪽.
4   1998년 6월 16일, 정주영 현대 회장이 소 5백 마리를 트럭에 싣고 직접 판문점을 통해 북한에 전달했다.
5   1998년 11월 18일, 금강산 관광선이 강원도 동해항에서 처음 출항했다.
6   임동원, 2015,《피스 메이커: 남북 관계와 북핵 문제 25년》, 중앙북스, 109쪽.

"여기는 백두산 정상 장군봉입니다."

2000년 9월 10일, 오후 6시 뉴스특보에서 김종진 기자가 역사상 처음으로 백두산에서 남북 간 생방송 연결 멘트를 전했다.[7] 6·15 남북정상회담 석 달 후였다. 그리고 이틀 뒤 정오부터 〈2000년 한민족 특별기획: 백두에서 한라까지〉를 4시간 동안 방송한다.

특파원(천지)　자, 여기는 천지天池입니다. 천지입니다.

앵커(서울)　네, 천지 모습 잘 봤습니다. 사실 제 앞에 모니터가 조그맣게 준비되어 있는데요….[8]

백두산과 한라산 그리고 서울(KBS 본사)을 동시에 연결한 남북합동 3원 생방송이었다. 온 국민의 눈이 다시 한번 KBS TV 화면으로 쏠렸다. 감동적인 장면이었다. 거기에다 기획 단계부터 남과 북이 함께한 공동제작이었다. KBS가 남북을 전파로 잇는 새로운 역사를 쓴 것이다.

다음 해, 6·15 남북공동선언 1주년을 계기로 국내 방송 사상 처음으로 KBS는 〈뉴스9〉 일부를 북한에서 생방송으로 진행했다. 6월 14일, 평양의 조선중앙TV 스튜디오에서 KBS 기자가 "여기는 평양입니다"로 뉴스를 시작했다. 서울 KBS 스튜디오와 평양 조선중앙TV 스튜디오를 인도양 위성을 통해 연결했는데, 한국 방송 사상 최초로 서울과 평양을 연결한 생방송이었다. 이 외에도 〈6·15 공동선언 1주년 특별기획: 백두고원을 가다〉, 〈북한의 문화유산 시리즈〉 등 북한을 현지 취재한 다큐멘터리를 방송했다. 또한 KBS 교향악단은 북한 조선국립교향악단과 2000년과 2002년 두 차례에 걸쳐, 각각 서울과 평양에서 합동연주회를 개최해 남북 간 문화교

7　KBS, 2023, 《KBS 50: 국민을 위한 공적책무를 수행하다 1973~2023》, 133쪽.
8　KBS, 2012, 《KBS 텔레비전 방송 50년 1961~2011》, 135쪽.

류에 기여했다. 2002년 연주회는 남북이 합동으로 생중계하는 진일보한 모습을 보여주었다. 이러한 방송들은 모두 한반도 평화와 남북 관계개선, 그리고 국민통합에 크게 기여했다.

KBS는 1990년대 중반 이후 보도와 드라마, 예능, 다큐멘터리 등 대부분의 장르에서 영향력이 크게 확대된다. 사실 이전에도 KBS의 영향력은 컸으나, 보도에서 제 목소리를 내지 못했기 때문에 그 파급력은 제한적이었다. 1960~80년대 격동의 현대사 현장에도 KBS의 카메라와 보도가 늘 있었으나 진실의 목격자가 되기에는 신뢰의 문제가 있었다. 그러다가 6월 민주항쟁 이후 KBS 안팎의 민주화는 KBS 보도가 제 목소리를 찾는 계기가 되었다. 이와 함께 1990년대 들어 대형 사고가 줄을 잇는 가운데, 방송 기술의 발전으로 사건·사고 현장을 언제 어디서든 신속하게 생방송으로 연결할 수 있게 되면서 KBS 보도의 영향력이 급상승하게 된다.

1991년 1월, KBS는 걸프전 11시간 생방송을 통해 전쟁 상황을 빠르고 생생하게 전달했고, 위도 페리호 침몰 사고가 발생했을 때는 5단 중계를 통해 다단계 최장 시간 생방송을 기록한다. 1994년에는 성수대교 붕괴, 그해 7월 9일에는 북한 김일성 사망 소식을 정오 뉴스에 특종으로 보도했다. 1995년 6월 29일 삼풍백화점 붕괴 화면도 최초로 방송한 데 이어, 즉시 재난방송 체제에 돌입해 51시간 생방송 속보라는 기록을 세우기도 했다. 전두환, 노태우 전 대통령의 구속 당시에는 연인원 1,800명이 넘는 인력을 투입해 3개월 동안 중계차를 타며 생방송을 하는 기록도 세웠다.[9] 1997년에도 한보 사태, KAL기 괌 추락사고, IMF 구제금융 등 대형 사건 사고들이 뉴스를 탔다.

이런 가운데 KBS 뉴스의 시청률이 치솟기 시작했다. 1997년 4월 하

---

9   KBS, 2023, 앞의 책, 131쪽.

순, 방송 3사 종합시청률 조사에서 KBS 〈뉴스9〉이 방송 사상 처음으로 주간 시청률 10위권에 진입했다. KBS 뉴스는 약 9개월 동안 한두 주를 제외하고는 매주 주간 시청률 10위권 안에 머물렀다. 2001년 〈뉴스9〉은 AC닐슨 시청률 조사에서 연평균 시청률 20% 이상을 넘어선다.[10]

한편, 이 시기 일요·역사·환경 등 '3대 스페셜' 프로그램도 KBS의 영향력 확대에 기여했다. 1994년부터 KBS의 역량을 집중해 온 〈일요스페셜〉은 박권상 사장 시기에도 계속 이어졌다. 이와 함께 역사와 환경 관련 주제를 〈일요스페셜〉에서 독립시켰다. 이렇게 해서 〈역사스페셜〉과 〈환경스페셜〉이 탄생한다.

〈역사스페셜〉은 가상현실VR 스튜디오에서 진행자가 시공간을 넘나들며 진행해서 눈길을 끌었다. 그리고 다양한 그래픽을 통해 사라진 유적이나 건축물 등을 3D 영상으로 생생하게 재현해 보여주었다. '대★고구려 4부작', '풍납토성 지하 4미터의 비밀' 등이 호평을 받았다.

다음 해 5월에는 자연과 환경을 주제로 한 다큐멘터리 〈환경스페셜〉을 최초로 정규 편성한다. 첫 방송은 '1999 봄, 백담계곡'이었다. KBS는 자연환경 다큐멘터리를 1990년대 중반부터 간간이 특집으로 방송했다. 1999년 3월, 창사특집 자연 다큐멘터리 〈동강〉도 그중 하나이다. 우리나라 최고의 생태 보고인 동강의 모습을 1년 동안 기록한 이 다큐멘터리는 동강 댐 건설 백지화를 가져왔다.[11] 이 프로그램이 큰 반향을 일으키며 〈환경스페셜〉의 탄생으로 이어졌다.

한편 이 시기 지상파 3사의 TV 드라마들이 해외에서도 바람을 일으키

---

10 KBS, 2023, 앞의 책, 130~134쪽.
11 1998년 당시 한국에 몇 남지 않은 오지(奧地) 중의 하나인 동강에 건설교통부가 댐을 건설한다고 확정 발표하면서 동강 생태계가 영원히 사라질 뻔했다.

기 시작했다. 한류의 시작이었다. 2000년 9월에 방송된 KBS 드라마 〈가을동화〉(연출 윤석호)가 시청률 40%로 히트한 데 이어 대만 등 아시아 지역에서도 폭발적 인기를 얻었다.[12] KBS는 88서울올림픽을 거치며 축적한 스포츠 중계방송 제작 역량을 이후에도 지속적으로 발휘했다. 올림픽, 월드컵, 전국체전 등 스포츠 종합대회 주요 경기와 국민적 관심이 높은 종목에 대한 중계방송을 통해 국민통합에 기여한 것이다.[13]

이처럼 KBS의 보도와 장르별 프로그램들이 역량을 발휘하면서 영향력이 크게 솟아오른다. 2001년, 시사주간지 시사저널과 여론조사기관 미디어리서치의 공동 여론조사 결과에서 KBS가 '가장 영향력 있는 언론매체' 분야 1위(65.3%)를 기록한다.[14] KBS는 10여 년간 1위를 차지했던 조선일보를 앞질렀다. 다음 해인 2002년에는 KBS 64.7%, 조선일보 55.7%로 조사되어 전년도(4.5%)보다 격차가 더 벌어졌다.

당시 〈시사저널〉의 '누가 한국을 움직이는가' 설문조사는 1989년부터 각계 전문가 1,000명을 대상으로 매년 실시하는 공신력 높은 조사로 인정받고 있었다. 〈시사저널〉이 1996년 언론매체 영향력 조사를 처음으로 실시한 이후 KBS는 조선일보와 번갈아 가며 '가장 영향력 있는 언론매체'로 꼽혔으나, 2000년대 들어 영향력의 무게가 KBS로 확연히 기울기 시작한다.[15]

---

12 연이어 방송된 〈겨울연가〉, 〈여름향기〉, 〈봄의 왈츠〉가 계속 한류 열풍을 이어갔다. 특히 2002년 1월부터 3월까지 방영된 배용준, 최지우 주연의 〈겨울연가〉는 2003년 일본에 수출되어 일본 열도를 뜨겁게 달구었다.

13 이 시기에 개최된 2002년 한일월드컵에서 한국은 월드컵 진출 역사상 최초로 4강에 오른다. KBS는 헬기와 중계차, 미속 촬영 등 다양한 제작 기법을 동원해 환호와 감동의 순간들을 안방에 전했다. 또한 〈히말라야 등정 생방송〉도 주목을 받았다. 히말라야 8000미터급 14개봉 완등을 꿈꾸는 산악인 엄홍길 씨와 동행한 KBS 생방송 제작진은 2000년 5월 19일 오전 9시 30분, 세계 3위봉인 칸첸중가 등정에 성공하는 모습을 생생하게 전달했다.

14 "특집: 누가 한국을 움직이는가", 〈시사저널〉, 2001. 10. 23.

15 KBS, 2023, 앞의 책, 346쪽.

중견 PD가 되어가는 느낌

나는 1998년 5월 〈추적 60분〉팀을 떠난 후 약 2년 동안 〈TV 역사저널〉, 〈아침마당〉, 〈이것이 인생이다〉 등 다양한 프로그램을 제작했다. 그리고 입사 10년 차가 지난 2000년 8월부터 〈일요스페셜〉을 제작할 기회를 얻었다. 2000년 6·15 남북정상회담 직후, 서울에서의 남북 이산가족 상봉 다큐멘터리 〈서울·평양 2000년 8월 어머니의 눈물〉(2000. 8. 20.) 제작에 참여했다. 오진산 CP가 기획하고 여러 명의 PD가 투입돼 2박 3일 동안의 상봉 모습을 기록했다. 나는 한국전쟁 때 월북한 큰아들을 상봉한 인천의 한 노모의 사례를 취재하고 촬영했다. 이산가족들의 한 맺힌 삶에 눈시울을 붉히지 않을 수 없었던 경험이다.

이어 단독으로 제작하는 첫 아이템으로 사막에서 열리는 마라톤을 선택했다. 모로코 사하라 사막에서 1주일간 열리는 마라톤에 한국인으로서는 처음으로 참가하는 한 은행원의 이야기였다.[16] 그는 가까운 선배 PD(조인석)의 지인이었다. 선배에게 이 얘기를 듣고 큰 흥미를 느꼈다. 그 선배도 이 아이템을 제작해 보고 싶었지만, 출연자가 친구이다 보니 내게 제안한 것이다.

그런데 이 아이템을 기획하고 출장을 준비하면서 깊은 고민을 해야 했다. 주최 측에 요청해서 유럽의 한 프로덕션에서 제작한 영상물을 받아 보았는데, 경기가 매우 느슨해서 힘과 매력을 느낄 수 없었다. 대회 날짜

---

16 사하라 마라톤은 프랑스의 한 사업가가 기획해서 10년 넘게 매년 개최되고 있었다. 사하라 사막에서 총 250km의 거리를 1주일 동안 계속 달리는 경기다. 주최 측은 매일 이동식 텐트를 설치해 주고 선수단은 그곳에서 휴식하고 잠을 잔다. 재미있는 규정들이 많다. 선수들은 1주일간 먹을 음식을 스스로 준비해 와 배낭에 넣고 달려야 한다. 음식이 너무 많으면 무거워서 제대로 뛸 수 없고 너무 적으면 배를 곯게 돼서 낭패다. 적정량을 헤아리는 게 쉽지 않은데 이게 묘미다. 주최 측은 선수들에게 물만 제공한다. 열사의 사막에서 뛰다 보니 중도 탈락자들이 꽤 많이 나온다. 탈락하면 주최 측에서 설치한 이동식 식당에서 식사할 수 있다.

〈일요스페셜〉 '사하라에서의 7일' 제작 현장(2001).
왼쪽부터 필자. 주인공 박중헌. 촬영감독 이경직과 문창수.

는 점점 다가왔다. 고민이 풀리지 않은 상태에서 기획안을 작성하고 해
외출장 서류를 만들어 CP, 국장, 본부장 등의 순으로 결재를 받는데, 본
부장이 아픈 곳을 찔렀다.

"〈일요스페셜〉에서 이런 걸 방송하려고? 아이템이 좀 그런 거 같은데…."

물론 CP와 국장이 승인한 것이어서 그랬는지 결재는 해 주었다. 주최
측에서 요구하는 소요 비용을 입금했다. 이제부터는 오롯이 내 책임이
다. '이게 〈일요스페셜〉 아이템이 될까' 하는 고민에 계속 쌓인 채 아프리
카를 향해 떠났다.

모로코까지는 직항이 없어서 런던에서 1박을 하게 됐는데, 이 프로그
램의 주인공(박중헌)이 근무하는 은행의 런던지점장이 푸짐한 저녁 자리
를 마련했다. 하지만 마음속 고민 때문에 긴장을 풀 수 없었다.

다음 날 무사히 모로코 수도 라바트에 착륙했다. 주인공인 마라토너,
카메라 감독 둘 그리고 나 이렇게 4명은 주최 측에서 제공한 지프차를 타

고 사막 마라톤이 열리는 장소로 향했다. 아프리카에 온 것은 처음이었다. 간간이 사각의 흙집들이 모여 있는 마을들이 보였지만 대체로 황량한 벌판을 가로질러 갔다.

몇 시간을 달려 마침내 텐트 수십 동이 쳐져 있는 야영장에 도착했다. 그런데 석양 속에서 야영장을 가로질러 우리가 배정받은 텐트로 걸어가던 순간, 여러 날 떨치기 어려웠던 고민이 사라지는 느낌이 왔다. 역시 현장에 답이 있었다. 세상은 넓고 삶은 오묘하며 자연은 경이롭다는 생각이 들었다.

'되겠다. 이거 잘 제작하면 멋진 프로그램이 될 수 있겠다.'

사막에서 1주일 동안 계속 이동하며 촬영하고 텐트에서 야영하는 일은 처음 하는 진귀한 경험들이어서 대회 내내 지루할 틈이 없었다. 참가자들은 다양했다. 유럽인들이 많았지만 아프리카, 아시아 심지어 중남미에서 온 사람도 있었다. 중간중간 인터뷰를 했는데 사람마다 다양한 참가 동기를 갖고 있었다. 물론 나와 제작진은 육체적으로 꽤 힘이 들었다. 특히 카메라 감독이 힘들었을 것이다. 사막의 모래바람 때문에 촬영장비보호에 각별히 유의해야 했다. 이경직, 문창수 두 감독은 하루 동안 고된 촬영을 마치고 나서도 텐트로 돌아오면 우선 카메라 구석구석에 스민 먼지를 털고 닦곤 했다.

2001년 6월 3일, '사하라 사막에서의 7일: 한 은행원의 일상 탈출' 편이 전파를 탔다. 방송 후 시청률이 10%를 넘고 시청자들의 반응이 좋았다. 주인공 박중헌 씨가 사막에서 1주일간 계속 달리며 처하게 되는 극한상황과 이를 넘어서는 모습은 반복되는 일상에 지친 사람들에게 묘한 카타르시스와 생각할 거리를 주었다는 소감이었다. 이 방송을 통해 나도 이제 중견 PD가 되어 가고 있다는 생각이 들었다.

개혁 프로그램의 좌초

박권상 사장 시기에 KBS가 모든 언론매체를 통틀어 영향력 1위를 달성한 배경에는 몇 가지 요인이 있다. 특히 1980년대 중반 이후 공채 시스템이 자리를 잡으면서 우수한 인력을 계속 충원할 수 있었다는 점, 노동조합이 제작 자율성을 지켜주는 보루의 역할을 지속적으로 했다는 점, 수신료와 전기료 통합 고지·징수 이후 재원구조가 안정됐다는 점, 그리고 1990년대 중반부터 연이은 대형 사고로 국가 기간방송의 역할이 중요해진 점 등을 들 수 있다. 여기에 하나 더 추가한다면 박권상 사장이 외압을 막아주었다는 점이다.

1998년 초 KBS 사장 지명을 앞두고 김대중 대통령과 언론인 박권상 간에 오고 간 비화라며, 강대영 전 KBS 부사장이 〈KBS 사우회보〉에 이렇게 전했다.

> 1998년 4월 초 박권상은 고민했다. 며칠 생각 끝에 메모랜덤을 만들었다. KBS 사장으로 가는 조건을 담은 일종의 제안서 겸 각서였다. 권력으로부터 독립, 인사·보도·편성·제작 불간섭 등을 보장하는 'KBS 사장 수락을 위한 약속'이었다. 메모를 다 읽고 난 DJ는 웃으며 "역시 박권상답구만." 그러면서 '김대중'이라고 서명했다. 박권상 사장은 재임 5년 내내 그의 업무용 다이어리 안쪽에 이 비망록을 간직했고 지금은 고인의 서재 깊숙이 역사의 기록으로 안치돼 있다.[17]

---

17 강대영 전 부사장은 이 일화를 박권상 추모 문집에 실린 유균 전 KBS 보도국장의 글 "대통령의 방송독립 약속받고 사장 취임"에서 인용해 소개했다. 〈KBS 사우회보〉, 제 268호, 2024. 8. 1.

박권상 사장은 청와대 참모들도 어려워했다고 전해진다. 박 사장은 KBS를 향한 청와대 등 정치권의 이런저런 외압을 마아준 게 분명한 것 같다.

하지만 반대의 평가도 있었다. 박 사장은 지연과 학연으로 얽힌 몇몇 사람에게 지나치게 권한을 위임하고 의존하여 그 부작용이 컸다는 평가를 받기도 했다. 또한 노조 집행부 측의 얘기를 들어보면 공정방송위원회에 대한 부정적 태도 등 예상외로 보수적인 면을 드러낼 때가 많았다고 한다. 그리고 PD들이 시사 프로그램을 제작하는 것에 부정적 인식이 강했던 것으로 알려졌다. 이른바 '개혁 프로그램'의 좌초도 그 연장선상의 사건이었다.

박권상 사장 취임 직전, KBS는 노사 합의로 '개혁실천특별팀'(이하 개혁팀)을 출범시킨다. KBS의 과거를 반성하고 한국사회의 개혁 과제를 다룬다는 기획 의도를 표방했다. 노사는 '팀의 자율성을 사측이 보장한다'는 내용의 합의서를 작성했다. 이어 프로그램 제작진이 구성된다. 내 주변의 선후배 동료 여러 명이 의욕적으로 참여했다. 이들은 곧 취임할 박 사장에 대한 기대를 하며 제작을 준비한다. 앞서 얘기한 것처럼 KBS노조가 '절차상 문제가 있었지만 그의 개혁성에 일단 기대'를 걸어 보는 방향으로 입장을 정리한 배경에도 이런 사유가 있었을 것이다. 이 팀에서 기획한 프로그램 타이틀이 〈이제는 말한다〉였다.[18] 1편이 밤의 대통령으로 불리던 조선일보를 다룬 '조선일보를 해부한다', 이어 2편이 '굴종과 오욕의 역사 KBS'였다.

---

18 MBC에서 유사한 제목의 〈이제는 말할 수 있다〉가 다음 해인 1999년 9월에 첫 방송을 시작했으니, 사실 KBS가 1년 먼저 사용한 타이틀이었다.

하지만 〈이제는 말한다〉는 박 사장 취임 이후 심한 파행을 겪는다. 사측은 팀의 출범에는 합의했으나 이후 제작 과정에서 큰 부담을 가졌다. 당시 재직 중이던 일부 간부들이 이 프로그램에 소환되지 않을 수 없었고, 조선일보의 압박 또한 상상하기 어렵지 않았다.

사측과 개혁팀 간의 갈등이 계속되는 가운데 가假편집본 시사회가 열렸다. 관심이 많아서 나도 참석했다. 보고 난 후의 소감은 프로그램이 너무 거칠다는 느낌이었다. 그럼에도 보충 취재하고 잘 다듬으면 의미 있는 프로그램이 될 수 있을 것 같다고 생각했다. 하지만 6월 19일, 확대간부회의에서 박 사장은 사실상 두 편에 대해 '방송불가' 판정을 내린다.

> 언론, 특히 방송이 이른바 여론재판, 언론재판the press trial을 벌여 검찰과 재판장 노릇을 할 수 없다. 그것은 '방송권력의 오만'이라는 비난을 면키 어렵기 때문에 '조선일보' 편과 'KBS' 편 두 가지의 언론개혁 편이 방송될 수 없다.[19]

이러한 인식은 사실 지나친 자기 비하라고 하지 않을 수 없었다. 이에 개혁팀이 곧바로 팀 해체를 선언해 버렸다. 매우 아쉬운 일이었다. '가편집본의 완성도를 더 높여서 노조와 PD협회의 지원을 받아 한 번 더 시도해 볼 수 없을까?' 물론 당시 갈등의 중심에서 한발 떨어져 있던 나의 생각이었다. 파행에 대한 더 큰 책임은 당연히 사측에 있다. 여러 수단을 동원해 개혁팀을 압박하고 프로그램을 끝내 무산시켰기 때문이다.

박권상 사장은 대통령에게 임명받으면서 청와대의 '불간섭'을 요청한 강직함을 보여주었지만, 또 한편 '개혁 프로그램'의 좌초 사건에서 볼 수 있듯이 권위주의적이고 보수적인 모습도 동시에 보여주었다.[20] 존경받

---

19 〈KBS 노보〉, 제201호, 2001.9.21.
20 2003년 1월 20일, KBS노조(위원장 김영삼)가 실시한 조사 결과도 양면성을 보였다. 노조는

는 원로 언론인이었으나 시대적 한계를 넘어서지는 못했다고 할 수 있겠다. 한 방송학자는 이렇게 평가한다.

박권상 사장은 이전 사장들과는 반대로 비교적 방송에 대해 자율적인 정부를 만난 이점이 있었다. 그러나 결코 정부가 원하는 것 이상으로 자율성을 발휘하거나 방송의 수준을 높이지는 못했다.[21]

'민주적 방송법' 투쟁 2

박권상 사장을 겪으며 KBS인들은 시대적 한계를 돌파해야 했다. 그러려면 방송법이 바뀌어야 했다. 방송법 개정은 김대중 정부 및 당시 방송계의 주요 과제였다. 이 얘기를 하기 전에 잠시 배경 설명이 필요하다.

앞에서 얘기한 것처럼 1990년 노태우 정부는 방송사 노조들과 언론단체 및 시민사회의 반대 속에서도 독소조항이 많은 방송법 개정을 밀어붙였다. 이후 김영삼 대통령의 문민정부가 출범하자 방송법 개정 이슈가 다시 수면 위로 올라왔다. 1995년 7월 14일, 공보처는 '선진방송정책 5개년 계획안'과 통합방송법 시안을 발표하는데, 크게 두 가지 논란이 있었다.

첫째는 방송사 사장 임명 방식이었다. 군사정권의 잔재를 종식시킨 문민정부에 대한 기대가 있었지만, 정부의 계획안에 공영방송 사장 임명 방식에 대한 근본적 변화 의지를 찾을 수 없었다. 사장 임명 방식은 사실

간부급 사원을 포함한 직원 500명을 대상으로 박권상 사장 재임 5년의 공과에 대한 여론조사를 실시했다. 재임 중 잘한 부분으로 공정방송 확립(41%)을 꼽는 응답이 많았으나 실제로 공정성이 신장됐느냐는 질문에는 70%가 "별로 변한 것이 없거나 오히려 나빠졌다"고 응답했다. 또한 박권상 사장에 대해 부정적으로 평가한 사람(68.9%)이 긍정적으로 평가한 사람(30.5%)보다 2배 이상 높게 나왔다. 〈한국일보〉, 2003. 1. 21.

21 조항제, 2014,《한국 공영방송의 정체성》, 컬처룩, 292쪽.

상 청와대가 임명하는 것이나 마찬가지였다.[22] 둘째는 무궁화위성 발사를 앞두고 곧 출범할 위성방송 사업에 재벌기업과 기존 언론사가 위성방송 사업에 참여하는 문제였다.[23] 대기업과 기존의 언론사가 방송 사업에 진출하게 되면 여론의 다양성을 해칠 수 있다는 우려 때문이었다.

정부안 발표 직후, KBS와 MBC 등 방송사 노조들은 크게 반발한다.[24] 하지만 김영삼 정부는 각계의 반대 목소리에도 불구하고 9월 말에 통합방송법을 입법예고하며 10월 정기국회에 상정한다. 이에 방송단일노조 건설준비위원회(이하 방노위)는 정부의 강행 처리에 맞서 12월 5일부터 각 사별로 일제히 파업 찬반투표에 들어가기로 한다. 하지만 다행히 투표는 이루어지지 않는다. 투표 하루 전, 청와대가 통합방송법 강행처리 방침을 철회하도록 긴급 지시했기 때문이다. 이로써 법 개정이 1996년으로 미뤄졌다가,[25] 1997년 초 김영삼 정부가 레임덕에 빠지면서 통합방

---

22 조항제 교수는 "한국처럼 대통령이 가진 힘이 매우 커서 여당의 견제가 전혀 의미가 없고 대통령이 여론 동향에 매우 민감한 단임이면서 사실상 모든 정략의 핵심이라는 점을 감안해 보면, 대통령의 지분은 사실상 방송을 정치의 도구로 만드는 이상한 것이다"라고 분석한다. 조항제, 위의 책, 259~260쪽.

23 1995년 무궁화위성 발사를 앞두고 위성방송의 도입에 따른 법 개정 문제가 대두되었다.

24 방송사 노조들로 구성된 방노위는 방송사 사장 임명 방식 등에 관한 세부 개정안을 만들어 공보처에 제출하며 적극적으로 대안을 제시한다. 방노위, 언론노련, 방송개혁국민회의(방개혁), 한국방송프로듀서연합회 등 방송 관련 단체들은 공청회를 통해 정부안의 문제점을 지적하고 독자적으로 새로운 법안을 마련해 야당 국회의원 명의로 상정한다. 새 방송법안의 주요 골자는 공보처의 역할 축소, 방송위원회 권한 강화와 독립성 확보, 언론사 및 재벌의 방송사업 참여 규제 등이었다.

25 1996년 4·11 총선에서 국민회의와 민주당 등 야당이 예상외로 부진하게 되면서 정부의 통합방송법안은 막기 어려운 상황에 처한다. 결국 11월 19일, 통합방송법안이 국무회의를 통과한다. 이어 국회에 제출되면 정기국회에서 통과될 가능성이 커졌다. 이에 방송사 노조들이 다시 일어선다. 11월 25일, KBS·MBC·EBS·CBS 등 방송 4사 노조는 '방송법 개악 저지를 위한 총파업 대책위원회'를 구성하고, 노조별로 연대총파업 찬반투표 실시한다. 투표 결과 KBS, MBC, CBS, EBS에서 각각 68.3%, 80%, 96%, 86%의 찬성률로 총파업이 모두 가결된다. 이렇게 되자 다시 여야 협의가 시작되고 총파업에 압박을 느끼고 있던 김영삼 정부와 여당은 무리하게 강행하지 않기로 한다.

송법 처리가 무산된다.

이어 1997년 12월 대선에서 김대중 후보가 대통령으로 당선되면서 '민주적 방송법'에 대한 기대감이 다시 일었다.[26] 대통령 취임 직후인 1998년 2월 28일, 방개혁[27], 서울YMCA, 민주언론시민연합 등 9개 단체는 한자리에 모여 '시민사회노동단체 방송법 단일안'을 공동으로 발표하고, 다음 달 3월 20일에는 방송 현업인 단체와 시민단체 등 45곳이 '우리 방송지키기 시민공동대책위원회'(상임대표 김중배 참여연대 공동대표)를 결성한다.[28] 이들은 여당인 국민회의가 방송법 개정안을 발표하자 이에 반대한다. 하지만 8월 12일, 여당은 애초의 안과 크게 다르지 않은 통합 방송법안을 잠정 확정한다고 발표한다. 이에 더 조직적이고 정교한 대응이 필요하다고 판단한 언론 및 시민사회 측에서는 35개 언론 및 시민단체가 참여하는 언론개혁시민연대(이하 언개연)를 발족시키기에 이르렀다. 8월 27일, 언개연은 창립대회를 열고 범국민적 언론 민주화 투쟁을 벌이기로 결의한다.

21세기를 앞둔 겨레의 올곧은 발전에 최대 걸림돌이 되고 있는 반민주적·반민족적 언론을 더 이상 방관할 수 없기에, 언론개혁시민연대의 이름으로 손잡고 일어서고자 한다. 이에 우리는 오늘 '방송개혁을 위한 국민운동 선포문'을 채택하고 방송청문회를 통한 정권과 방송사 간에 비리의혹 규명 및 관계자 처벌, 공정한 국민의 방송 실현을 위한 방송법의 민주적 개정을 촉구하는 바이다.[29]

---

26 1998년 2월, 정부 조직개편에 따라 공보처가 폐지되었다. 공보처의 방송 행정 업무는 문화관광부가 맡되 통합방송법이 제정되면 방송위원회로 이관키로 했다. 일단 방송인들에게 질타의 대상이었던 공보처의 폐지는 반길 만한 일이었다. 하지만 방송의 인·허가권은 정보통신부에 그대로 두기로 하는 등 정리해야 할 사안들은 산적해 있었다.

27 방개혁에는 KBS와 MBC 등 방송사 노조들과 민주노총 등 36개 단체가 참여했다.

28 결성 취지는 민주적 방송법 쟁취 및 세계적 언론 재벌 루퍼트 머독의 국내 진출을 막기 위해 대대적인 연대와 단결의 필요성이었다.

이후 언개연과 전국방송노조연합(이하 방노련)[30]은 '방송개혁을 위한 범국민 서명운동'을 전개하고 토론회를 개최하는 등 목소리를 높여나갔다. 9월 7일, 먼저 방노련이 '방송개혁 11대 과제'를 선정하고 여야 방송법안에 대한 의견서를 국회에 제출한다. 이어 국회 개원을 앞둔 11월 9일, 언개연은 독자적 방송관계법 개정안을 입법 청원 형식으로 국회에 제출했다. 언개연이 제출한 법안은 통합방송법, 한국방송공사(KBS)법, 교육방송공사(EBS)법, 방송문화진흥회법(MBC 관련 법) 등으로 그동안 방송사 노조와 시민사회가 벌여온 언론방송개혁운동의 요구를 집약한 것이다.[31]

언개연의 법안 제출 1주일 후인 11월 16일, 정부 여당은 통합방송법안의 정기국회 상정을 유보한다. 그 대신 이른 시일 안에 여야 정치권과 학계·업체·노조 대표 등이 참여하는 범국민적 협의기구를 구성해 법안을 재검토하기로 했다. 이 기구가 바로 대통령 주재 국무회의에서 대통령 자문기구로 설치하기로 의결한 방송개혁위원회(이하 방개위)다. 정치권과 학계, 시민사회, 방송사업자 그리고 방송노조 사이에 최대한의 접점을 찾기로 한 것이다.[32]

하지만 방개위는 7개월 동안 표류하게 된다. 내부적으로 합의를 만들어내기 어려웠기 때문이다. 정부·여당의 구상은 방송 사안에 대한 전권을 방송위원회가 갖도록 하는 것이었다. 당시는 권한이 문화관광부와 방송위원회로 나뉘어져 있었다. 방송위원회는 방송정책권과 허가권은 물론 공영방송인 KBS·MBC·EBS의 사장 선임권을 갖는 것으로 했다. 거기까지는 괜찮았다. 하지만 방송위원회 위원 구성에서 대통령과 여당 몫이

---

29 새언론포럼, 앞의 책, 310쪽.

30 방송단일노조건설준비위원회(이하 방노위)가 명칭을 변경함.

31 새언론포럼, 앞의 책, 311~312쪽 참고.

32 방개위는 1998년 12월부터 3개월 동안 한시적으로 운영됐다. 사회 각 분야에서 대통령이 위촉하는 15인 이내의 위원으로 구성되었고 30인 이내로 실행위원회를 두었다.

절대다수가 되는 데는 변화가 없는 안이었다.[33] 예전처럼 방송위원회가 KBS의 이사들을 추천하고, 그 KBS 이사들이 KBS 사장을 대통령에게 임명제청하면, 결국 정부·여당과 공영방송사 간에 후견주의가 여전히 작동할 수밖에 없게 된다. 정권으로부터 방송의 독립이 어려울 수밖에 없다.

마침내 파열음이 난다. 1999년 7월 12일, 방노련(상임의장 현상윤 KBS 노조위원장)은 KBS 본관에서 KBS와 MBC 조합원 등 3,000여 명이 모인 가운데 '개혁적 방송법 쟁취를 위한 연대총파업 출정식'을 열었다.[34] 그리고 다음 날 아침 6시부터 요구 조건이 받아들여질 때까지 무기한 파업에 돌입할 것을 결의한다. 그리고 다음 날 KBS와 MBC 본사 및 계열사, 방송위원회 노조가 파업에 참여했다.[35]

방노련은 파업에 돌입하며 방송위원회의 독립성 보장, 공영방송 사장선임 시 검증 절차 마련, 노사 공동 편성위원회 구성, 상업방송의 소유지분 20% 이하 제한, 재벌·신문·외국자본의 위성방송 진입 금지 등 5개 항이 명시된 방송법을 1999년도 국회 회기 안에 통과시킬 것을 요구했다.

이날 현상윤 상임의장은 한국언론회관에서 기자회견을 열고 "방송개혁의 본질인 5가지 요구가 이뤄지지 않을 경우, 조합원 1만 명이 총파업에 들어갈 것"이라고 선언한다.

김대중 정권은 야당 시절 방노련의 주장에 대부분 동의했던 만큼 초심으로 돌아가 '방송독립'을 위한 개혁에 임하기를 바란다. 현 여당 안은 방송위원회에

---

33 방송위원회 위원의 경우 9명 가운데 대통령이 3명, 국회가 3명을 임명하고, 나머지 3명은 국회 문광위가 추천한 시청자 대표 6명 가운데서 대통령이 임명하도록 했다. 그런데 이렇게 할 경우 대통령 몫 3명, 여당 몫 2명, 문광위 추천 몫 2~3명을 포함해 절대다수가 여당 쪽 위원으로 채워지게 된다.

34 새언론포럼, 앞의 책, 315쪽.

35 10년 숙원인 독립공사화가 수용된 EBS와 SBS 노조는 "파업의 대의는 지지하나 내부적 이유로 사실상 파업 참여가 어렵다"고 하며 참여하지 않았다.

막강한 권한을 주고 집권당이 방송위원회를 좌우하는 합법적 '방송 장악'에 불과하다.[36]

하지만 결론부터 얘기하면 후견주의적 요소를 근절시킬 수 있을 정도로 방송위원회의 독립성은 이뤄내지 못한다.[37] 방노련이 요구한 5개항 가운데 방송위원회의 독립성 문제 외에 노·정 간의 큰 쟁점 사안은 공영방송사 사장 검증과 노사 공동 편성위원회 구성이었다. 처음 방노련은 "KBS가 권력의 시녀라는 오명에서 벗어날 수 있도록, 사장을 이사회에서 선임하되 인사청문회를 거치게 해야 한다"고 주장했다. 하지만 받아들여지지 않았다. 그러자 방노련은 "인사청문회가 어렵다면 방송위원장과 공영방송 사장 선임 시에 공시 기간을 두어 언론과 시민단체의 검증을 받게 할 것"을 요구했다. 하지만 역시 수용되지 않는다. 그리고 노사 공동 편성위원회 구성도 여전히 정부 여당에서 반대하는 상황이었다.

또다시 일손을 놓고 제작 현장을 떠나 파업에 참여해야 했다. 나는 이 시기 〈아침마당〉 토요일 방송을 매주 제작하고 있었다. 〈아침마당〉의 경우 파업에 참여하지 않는 CP가 결방을 막기 위해 직접 스튜디오에서 생

---

36 새언론포럼, 앞의 책, 315쪽.
37 조항제 교수는 이렇게 평가한다. "야당의 집권은 방송위원회를 독립시키는 등 방송 정책에도 큰 기대를 모았으나 이 또한 단기적 정치 이득의 유혹을 놓지 못함으로써 후견주의를 근절시키지 못했다. 특히 당시 여당이 된 야당 정치인들은 언론(방송)의 자유가 권위주의 정부로부터의 자유였을 뿐, 민주 정부로부터도 자유라는 인식이 매우 약했다. 국민으로부터 선출된 민주 정부가 오히려 오만할 수 있는 개연성이 여기에도 있었던 것이다. 방송위원회를 독립시키면서도 위원 구성 등의 실질적 권한에서 대통령의 지분을 분산시키지 못했던 이유는 역시 KBS, MBC 등의 공영방송사 사장 인사권 때문이었다. 후견주의에서 공영방송의 사장은 대통령·집권당이 공영방송과 맺는 비대칭적 권력관계를 통해 방송을 도구화시키는 매개다. 공영방송은 사장을 비롯한 경영진을 중심으로 정치권력과 연결되고, 정치권력은 인사 및 예산권을 가진 경영진을 통해 방송 내부의 통제여건을 확립시킨다." 조항제, 앞의 책, 260~261쪽.

방송 연출을 했다. 다른 프로그램들도 외주제작사들을 최대한 활용하는
한편 CP들이 직접 제작에 나섰다. 파업이 시작됐지만 김대중 정부에서
의 파업인 만큼 길게 가지 않을 것으로 예상했고, CP와 소속 PD들 사이
에 긴장감도 예전처럼 심하지 않았다. CP들 대부분이 파업의 정당성에
공감하고 있었기 때문이었다.

하지만 금방 끝날 것으로 예상했던 파업이 길어지게 된다. 7월 20일, 시
민사회·종교단체도 '민주적 방송법 제정을 위한 대통령 결단 촉구 제^諸시
민단체대표 공동 기자회견'을 열고, 김대중 대통령과 정부·여당에게 야당
시절의 약속을 이행하라고 촉구했다.

그래도 김대중 정부였기에 정부·여당과 시민사회·노동조합 간의 소통
은 이루어진다. 7월 26일(파업 14일째), KBS·MBC·방송위원회 등의 노
조 대표들은 방송법 쟁점들에 대해 정부·여당 측과 합의에 이르렀다. 애
초에 노조가 요구한 5개 항 가운데 방송위원회 독립 이슈를 제외하고 가
장 큰 쟁점 사안인 공영방송사 사장에 대한 검증과 노사 동수의 공동 편
성위원회 구성에서 일정 부분 절충이 이루어진 것이다.

먼저 KBS 사장에 대한 검증의 경우, 노동조합과 언론·시민 단체들이
입법 청원을 통해 요구했던 인사청문회 대신 사장 선임 시 제청 기준과
사유를 밝히는 것으로 절충했다.[38] 또 다른 핵심 쟁점인 노사 동수로 이
뤄진 편성위원회 구성의 경우, "방송사업자는 방송프로그램 자율성 보장
을 위해 취재 및 제작 종사자의 의견을 들어 '방송편성규약'을 제정하고
공표한다"[39]는 선으로 합의했다.

아쉬운 가운데서도 이러한 내용들은 나름대로 투쟁의 성과물이었다.

---

38 KBS 사장에 대한 인사청문회는 이후 방송법 개정(2014. 5. 28.)으로 시행되는데, 이 법 시행
    후 최초로 임명되는 사장부터 적용했다.

39 노사 동수의 편성위원회는 KBS의 경우 2003년 정연주 사장 시절 KBS 방송편성규약을 1차
    개정할 때 명문화하게 된다.

이 합의안에 대해 일부 노조원들의 반발 등 진통이 있었으나 결국 노조 집행부에 사후 수습을 맡기는 것으로 정리되었다. 그간 방송 파업투쟁을 지지했던 전국 272개 시민사회·종교 단체들이 결성한 '민주적 방송법 제정을 위한 전국공동대책위원회'는 노정 합의 내용에 대해 "만족스럽지는 않지만 대화와 협상을 통해 해결책을 찾은 양측의 협상안과 파업 중단을 환영한다"고 밝혔다.[40]

12월 1일, 여야 간, 노정 간, 노사 간 이견과 대립 및 충돌로 10년 가까이 끌어온 방송법안이 마침내 국회 문광위를 통과한다. 그리고 12월 28일 본회의를 통과하고 다음 해인 2000년 1월 10일, 통합방송법이 공포되었다.

편성규약을 처음 만들다

통합방송법 발효로 방송 환경이 많이 바뀌었다.[41] 특히 방송사가 '방송편성규약'을 제정해야 한다고 방송법 제4조 4항에 명문화한 것은 그 의미가 매우 컸다. 이로써 방송 민주화는 한 단계 진화했다.

과거에 편성[42]은 회사가 일방적으로 해왔다. 방송사의 경쟁력을 위해서 때로는 보안 유지가 필요하고 선택과 집중 등 고도의 편성 전략이 필요하다. 하지만 이를 빌미로 정치권의 개입이나 압력이 작용할 때가 많았고

---

40 새언론포럼, 앞의 책, 318쪽.
41 변화된 주요 내용은 다음과 같다. 첫째, 독립기구인 방송위원회에 기본적인 방송정책권이 부여되고, 방송위 상임위원 4명은 방송위원들이 호선하도록 바뀌었으며, 종합유선방송과 중계유선방송의 규제기관도 방송위로 일원화했다. 둘째, 대기업과 언론사들이 종합유선방송과 위성방송사업에 참여할 수 있는 길이 열렸다. 셋째, 방송사업자는 방송프로그램 자율성 보장을 위해 취재 및 제작 종사자의 의견을 들어 방송편성규약을 제정·공표하도록 했다.
42 '편성'이란 방송되는 사항의 종류·내용·분량·시각·배열을 정하는 것을 지칭한다.(방송법 제2조 15항)

이는 공정성 문제를 초래했다. 앞에서 본 것처럼 이 조항을 법제화하기 위해 10년에 걸친 힘겨운 방송법 투쟁을 전개했다. 그 이유는 방송인들이 과거 부끄러운 방송의 역사를 다시는 되풀이하지 않기 위해서였다.

새 방송법이 발효되자 KBS는 TF를 설치해 편성규약 시안을 만들고 사내 의견 수렴 절차도 거친다. 5개월 만인 2000년 12월 11일, KBS는 지상파 3사 가운데 가장 먼저 'KBS 방송편성규약(이하 편성규약)'을 제정 공표한다.[43]

하지만 편성규약의 조항들은 대체로 추상적이고 선언적이어서 '지켜지면 좋지만 강제하지는 않는' 모호한 조항들이 다수 포함돼 있었다. 노조와 기자·PD협회는 "제작 자율성을 보장할 실질적인 제도적 장치가 빠진, 회사 경영진의 일방적 의견만 담은 편성규약을 받아들일 수 없다"며 반발한다.[44] 편성규약은 본부장급 편성 책임자와 제작 책임자에게 '편성 권한'과 '제작 권한' 등 포괄적 권한이 명시돼 있는 반면, 제작 실무자들은 '제작 책임자의 지휘'와 '승인'을 받아야 한다고 규정하고 있었다.[45]

특히 문제가 된 조항은 제12조로 '공사의 사장은 편성과 방송제작의

---

43 2001년의 KBS 방송편성규약은 제1조(목적)에서 "방송의 공익성 및 공정성 실현과 진실 추구를 통해 국민의 권익과 민주주의를 보호하기 위하여 KBS 내외의 부당한 간섭과 압력으로부터 방송의 자유와 독립을 지키고 취재 및 제작의 자율성을 보장함을 목적으로 한다"고 규정하며 취재·제작 규범, 자율성, 편성 책임자와 제작 책임자의 권한과 의무, 제작 실무자(기자와 PD)의 권한과 의무 등 총 13개 조항으로 구성하고 있다.

44 노조와 기자협회 및 PD협회는 "편성 권한에 대한 유권해석으로 얼마든지 제작 자율성이 침해받을 수 있게 됐다"며 "회사가 지금의 편성규약을 고집한다면 장기적으로 KBS 뉴스와 프로그램의 공정성, 창의성은 죽어갈 것"이라고 비판했다. "KBS 일방적 편성규약 물의", 〈기자협회보〉, 2000. 12. 19.

45 이뿐만 아니라 "편성 책임자는 제작 책임자의 요청이 있을 경우 편성을 변경할 수 있다"고 규정해 사측의 자의적 편성 권한을 보장하고 있는 반면, "제작 실무자는 프로그램이 자신의 양심에 반하여 수정되거나 취소될 경우 설명을 요청할 수 있다"고만 규정하고 있다.(제10조 3항 참조)

최종 권한을 보유한다'고 명시한 것이다. 편성권은 경영권의 일부이며 편성권은 사측에 귀속된다고 명문화한 것이다. 이와 함께 제8조에서 제작 책임자는 취재 및 방향을 제시하고 지휘함으로써 취재 및 제작 내용의 방송 적합성에 대한 판단 권한을 가진다고 규정했다. 당시 한 방송 연구자는 이를 '사단장의 지휘서신'이라고 비판했다.[46]

이러한 조항들은 방송 제작의 자율성을 보장하기 위해 각 방송사가 편성규약을 제정하도록 한 방송법의 취지에 어긋나는 것이었다. 이렇게 된 데에는 이유가 있었다.

첫째, 회사가 편성규약 제정 과정에 노조나 제작 실무자의 의견을 제대로 수렴하지 않은 것이다. 사측이 편성위원회 구성을 위해서는 단체협약에서 공정방송위원회 조항을 폐기해야 한다고 주장하면서 원활한 논의가 막혀버렸고, 그런 상황에서 사측이 편성규약을 일방적으로 선포한 것이다.[47] 이에 대해 사측 관계자는 "지난달 말 방송위원회가 편성규약을 조속히 처리하라는 공문을 보내 와 서두르게 됐다"고 해명했다.[48]

둘째, 당시 노동조합의 투쟁 동력 부족이다. 1999년 방송법 투쟁에서 파업을 주도했던 노조 집행부가 해고 등 중징계를 받은 데다, 이어서 새로 선출된 노조위원장과 부위원장도 불미스러운 일에 연루돼 탄핵되는 사태가 일어났다.[49] 그러다 보니 1990년대의 방송법 투쟁 국면에서 노동조합이 요구했던 노사 동수의 편성위원회를 KBS 편성규약에 담아낼 정도의 힘이 없었다.

---

46 최은희, 2015, "KBS 보도 및 편성 책임 주체에 관한 연구", 〈한국콘텐츠학회논문지〉, Vol. 15, No.2 ; 박종원, 2024, 《정치와 공영방송》, 광문각출판미디어, 161쪽에서 재인용.

47 2003년 편성규약 개정 당시 노측 위원들이 한 주장이다. "13년 전 KBS 편성규약, 어떻게 '개정'됐나", 〈미디어스〉, 2016. 5. 25.

48 "KBS 일방적 편성규약 물의", 〈기자협회보〉, 2000. 12. 19.

49 위원장은 '노조창립일 기념품' 관련 사건으로, 그리고 부위원장은 여직원 성비위 사건으로 불미스럽게 하차한다.

그럼에도 명문화된 편성규약의 존재는 중요했다. 그리고 편성규약 제정 과정에 기자협회와 PD협회가 의견을 내고 참여해서 이 정도나마 결과물을 만들어낼 수 있었고, 이는 기자와 PD들에게 편성규약의 중요성을 각인시키는 계기가 되었다고 볼 수 있다. KBS 편성규약은 이후 2003년과 2019년 두 차례 더 개정 과정을 거치면서 실효성이 강화된다.

'민주적 사장' 선임을 위한 진통

1987년 6월 민주항쟁 직후 제정된 방송법은 1990년과 1999년 두 차례에 걸쳐 개정된다. 하지만 KBS 사장 선임 방식과 절차와 관련해서는 여전히 후견주의적 요소가 남아 있었다. 그런 가운데 독립적이고 민주적으로 KBS 사장이 선임된 사례는 1988년 11월 서영훈 사장의 경우가 유일했다. 나머지 사장들의 경우는 모두 그렇지 못했다. 한마디로 '낙하산 사장'이었다. 2003년 참여정부에서는 어떻게 될까?

8일 만의 자진사퇴

2003년 출범한 노무현 정부는 '참여정부'를 표방했다. 시민의 정치참여가 확대되고 민주주의가 신장될 것이라는 기대를 갖게 했다. KBS로서도 방송의 민주화와 독립성이 한 단계 진전될 수 있는 기회였다. 안팎에서 다시금 '개혁'에 대한 기대감이 솟아올랐다. 이제 그 기대에 부응할 수 있는 사장이 어떤 절차로 선임될 것인지에 관심이 모아졌다.

하지만 이런 염원에 찬물을 끼얹는 일이 또다시 일어난다. 과거의 관행이 또 반복된 것이다. 새 정부 출범 얼마 후, "서 모 씨가 KBS 사장에 내정됐다"는 소문이 떠돌기 시작했다. 역대 어느 정권보다 개혁적이라는, 특히 방송의 독립성을 기회 있을 때마다 천명했던 노 대통령이 이전 정권과 다를 바 없이 '선 내정 후 제청'의 공식을 밟고 있다는 것은 당혹스러운 일이었다. 소문대로 서 모 씨가 임명되면 KBS는 또다시 정권으로부터의 독립성이 훼손된다. 참여정부나 KBS가 둘 다 시험대에 오르게 됐다.

3월 6일, KBS노동조합(위원장 김영삼)은 "KBS는 정권의 전리품이 아니다: 노 대통령의 언론고문 서 모 씨 사장 내정설을 보며"라는 성명서를 통해 강력히 비판한다.

과거 KBS를 정권의 전리품 정도로 여기며 논공행상 차원에서 입맛에 맞는 인사를 정권 멋대로 임명해왔던 구태를 그대로 반복하려는 노 대통령과 그 측근에 대해 우리는 실망을 넘어 분노마저 느낄 수밖에 없다. KBS 새 사장이 대통령 마음에서 나와서는 안 된다. 며칠 전 노 대통령이 "KBS 사장은 내 마음속에 있다"라고 말했다는 일부 보도를 접하고 우리는 그 말이 사실이 아니기를 진심으로 바랐다. KBS 이사회에서 제청하고 대통령은 임명만 하도록 돼 있는 KBS 사장이 어떻게 벌써 노 대통령의 마음속에 있을 수 있단 말인가? 대통령의 의중에 따라 KBS 사장을 결정하는 것에 반대해 나섰던 1990년 4월 방송민주화 운동의 교훈을 벌써 잊었단 말인가?[1]

노조는 이어 언론개혁의 첫걸음은 KBS 사장 선임 과정에서부터 시작돼야 한다면서 사장추천위원회(이하 사추위)에 맡기라고 요구했다. 3월 10일, 박권상 사장이 잔여임기를 70여 일 앞두고 자진 하차하자, 노조는 다음 날 이사회에 사추위를 구성하라고 재차 목소리를 높인다.

3월 14일, KBS 이사회는 임시 이사회를 열어 '개방형 국민추천제'를 도입하겠다고 밝혔다. 각계각층으로부터 사장 후보를 추천받겠다는 것이다. 노조가 요구한 사추위 안을 부분적으로 수용하는 안이었다. 이에 KBS노조와 350여 시민사회단체는 '개혁적 사장 선임을 위한 시민사회

---

1   "KBS는 정권의 전리품이 아니다", 〈전국언론노동조합 KBS본부 성명〉, 2003. 3. 6.

단체·노동조합 공동추천위원회'(이하 공추위)를 발족해 이형모 전 KBS 부사장, 성유보 민주언론운동시민연합(이하 민언련) 이사장, 그리고 정연주 한겨레 논설주간 등 3인을 새 사장 후보로 이사회에 추천했다.

하지만 3월 22일, KBS 이사회는 내정설이 나돌던 서 모 씨를 그대로 사장 후보로 임명제청한다. 그는 노무현 대선후보의 언론고문이었던 서동구 씨였다. 노동조합이 강력히 반발하는 가운데, 'KBS 방송민주화투쟁 구속동지회'가 "노무현 대통령은 KBS 서동구 사장 임명제청을 거부하라! 절차적 명분 없는 개혁은 실패할 수밖에 없다"는 제목의 성명을 발표했다. 10여 년 전 KBS 4월 투쟁 때 KBS 사장 선임 문제로 부당한 공권력에 대항해 온몸을 던져 싸웠던 '구속자들' 명의의 성명서는 날카로웠다.

> 13년이다. 노태우 대통령에 의해 서기원 씨가 그랬듯이, 노무현 대통령에 의해 서동구 씨가 KBS 사장에 선임되려고 하고 있다. 허울 좋은 추천도 '내정', 아니 쉬운 말로 낙하산을 위한 들러리였다. … 역사는 진보한다는 소박한 믿음이 송두리째 부정을 당하는 느낌이다. KBS 직원들은 물론 전국의 언론민주화를 기원하는 모든 사람들이 역사상 처음으로 기대했던 '민주적 절차에 의한 사장 선출'에 대한 기대가 또다시 짓밟히고 말았다. 국민 참여정부, 노무현 대통령이었기에 배신감과 실망은 더 크다.[2]

이들은 서동구라는 사람을 놓고 벌어지는 도덕성과 자질 논쟁은 중요하지 않다고 했다. 사실 경향신문 편집국장을 지낸 서동구 씨는 1980년 신군부의 언론 검열에 저항하다 해직된 기자로 두루 신망 받는 언론인이었다. 하지만 대통령 후보자의 언론고문이 바로 KBS 사장으로 온다면 여전히 후견주의가 작동하는 것으로 인식되고 KBS 보도와 시사 프로그램

2　새언론포럼, 2008,《현장기록, 방송노조 민주화운동 20년》, 커뮤니케이션북스, 226쪽.

의 신뢰도에 부정적으로 작용할 게 뻔했다. 이번에도 '사전 내정' 후에 '거수기 이사회'를 거치는 등 절차의 민주성이 결여되는 것을 받아들일 수 없었다. 그러면서도 구속동지회는 희망의 끈을 놓지 않고 기다려 보겠다며 이렇게 외친다.

끝으로 노무현 대통령이 1990년 4월 투쟁의 의의를 기리며 썼던 글의 결론 부분을 인용하며 그 정신이 아직 살아 있기를 기대한다. "싸우지 않고 허무하게 무너져 내리지 않았다는 점만으로 그 싸움은 우리의 가슴에 뜨겁게 남아 있는 것이다. 의로운 저항만이 역사의 문을 젖히고 힘차게 나아갈 수 있는 원동력이다. 이미 그 문이 조금씩 열리고 있다는 것을, 그리고 다만 숨죽이고 있을 뿐 결코 뒤로 물러가지 않을 것임을 우리는 알고 있다." 마지막 희망이 무산된다면, 우리는 다시 한번 노조 집행부의 결정을 존중하며 13년 전 택했던 투쟁의 길에 다시 나설 것이다.[3]

3월 24일, KBS노조는 즉각 비상대책위원회를 출범시키고 당일 저녁부터 '서동구 임명제청 반대를 위한 철야농성'에 돌입했다. 하지만 다음 날 노무현 대통령은 KBS 이사회가 임명제청한 서동구 씨를 KBS 사장으로 임명한다.

3월 27일, 노조는 집행부와 중앙위원들을 중심으로 사장 출근 저지에 돌입한다. 이튿날 서동구 사장이 출근을 시도하지만, 조합원들이 차를 가로막고 돌아갈 것을 요구하자 5분 만에 자리를 떴다. 20여 분 후인 9시 40분, 서 사장의 차량이 다시 나타났으나 여전히 본관 앞을 막아서고 있는 조합원들의 모습을 보고 다시 차를 돌린다.

출근 저지 사흘째, 회사 정문을 막고 선 노조원들을 백여 명의 청원경

---

3   새언론포럼, 앞의 책, 227쪽.

찰과 본부장급 간부들이 밀쳐내는 사이 사장의 차가 회사로 진입했다. 격렬한 충돌이 일어났다. 몸싸움 과정에서 다치거나 옷이 찢기는 등 조합원들이 온몸으로 저항했지만 역부족이었다. 일단 출근에 성공해 공식 업무에 들어간 서 사장은 첫 임원회의를 소집하는 한편, 사내 전산망을 통해 '존경하는 KBS 가족 여러분'이라는 글을 띄웠다.

> 전쟁 뉴스가 국민들의 가슴을 조이는 순간에 저 역시 전쟁하듯 회사에 들어왔습니다. 참으로 참담하고 한없이 부끄럽습니다. '시간을 낭비할 수 없다. 어떻게든 회사로 들어가서 사원들과 함께 지혜를 모으자'는 생각으로 결단을 내렸습니다. 차창 밖에서 벌어지는 몸싸움을 뚫고 들어오면서 저는 눈을 감았습니다. 그 참혹한 육박전을 차마 지켜볼 수가 없었습니다.

하지만 이런 글이 사원들의 실망과 분노를 가라앉힐 수는 없었다. 출근 저지에 실패한 노조는 당일 정오 민주광장에서 조합원 총회를 연다. 김영삼 위원장과 김용덕 부위원장이 삭발식을 한 뒤 이제 더 이상의 대화는 불가능해졌다고 선언했다.

앞의 1부에서 얘기한 것처럼 1990년 4월 청와대 대변인 출신인 서기원 씨가 사장으로 임명되면서, KBS 사원들은 노동조합을 중심으로 대대적으로 저항했다. 4월 투쟁은 비록 성공하지 못했지만, KBS 구성원들은 당시의 기억을 생생히 간직하고 있었다. '공영방송 독립'이라는 대의명분이 옳다는 집단적 기억을 가지고 있었고, 그래서 계기가 있을 때마다 KBS 구성원들을 각성케 하고 행동하게 하는 힘이 되었다. 물론 김영삼 정부나 김대중 정부에서도 KBS 사장 선임 절차가 '선 내정, 후 제청' 식으로 이루어져 실망스러웠다. 하지만 이번 노무현 정부에서는 그렇지 않을 것이라고 내심 기대가 컸다. 공추위는 물론 전국언론노동조합(이하 언론노조), 민주노총 등 각계의 비난 성명이 잇따랐다.

노동조합은 조합원들이 대거 참여하는 방식으로 출근저지 투쟁을 확대하기로 하는 한편, 총파업에 대한 조합원 찬반투표를 실시하기로 한다. 상황은 악화일로였다. 1990년 4월 투쟁의 비극이 재연될 것인가? 서 사장은 각종 개혁 방안을 제시하며 직원들을 설득하려 했지만, 파업 찬반투표가 예정대로 진행된다. 3월 31일, 3일간의 파업 찬반투표가 시작되었다. 처음 이틀 동안 열기가 뜨거워 꽤 높은 투표율이 예상되었다.

하지만 투표 마지막 날인 4월 2일, 서 사장이 돌연 사표를 제출했다. 노조의 파업 찬반투표가 큰 부담이었겠지만 그 전격성으로 볼 때 다른 요인이 작용한 것으로 보였다. 이날 아침 조선일보가 지명관 KBS 이사장을 취재해 단독 보도를 한 것이다. 조선일보는 서동구 사장이 지 이사장에게 자신이 사장으로 선임된 내막을 이렇게 말한 것으로 기사화했다.

> 대통령이 방송을 맡아 달라고 했다. … 조중동이 여론을 잘못 이끈다면 바로잡자 했더니 노 대통령이 방송을 맡아 달라 했다.

KBS 이사장이 조선일보에 이런 내용을 제보하다니 상상하기 어려운 일이 일어난 것이다.[4] KBS노조의 파업 찬반투표 실시와 조선일보의 단독보도 와중에 서동구 사장이 임명 8일 만에 자진 사퇴라는 결단을 내렸다. KBS 구성원들로서는 그나마 다행이었다. 실마리가 풀리게 되었다. 당일 11시, 공추위는 서동구 사장 사퇴와 관련한 기자회견을 열고 서 사장 사퇴에 대한 입장과 향후 일정을 밝혔다.

서동구 사장이 KBS의 정치적 독립성 확보와 바람직한 KBS 개혁을 위해 어려운 결단을 내려준 것에 대해 진심으로 환영의 뜻을 밝힌다. 서 사장의 용퇴는

4　지명관 이사장은 전임 정부 때부터 KBS 이사장을 맡고 있었다.

사전 내정에 따른 잘못된 KBS 사장 선임 관행을 바로잡고 KBS의 정치적 독립성을 지키는 중요한 계기가 될 것이며 향후 국민적 요구와 시대적 요청인 KBS 개혁을 위한 새로운 출발점이 될 것으로 믿는다.[5]

두 번째 '민주적 사장'

서동구 사장의 사퇴 발표가 있던 4월 2일, 노무현 대통령은 국회 국정연설 마무리 부분에서 KBS 사태에 대한 입장을 밝혔다.[6]

지금 사장이 된 서동구 씨에게도 개인적 인연이 있어서 좋은 사람이 있으면 추천 좀 해달라고 부탁을 드렸습니다. 여러 사람을 추천해 주셨습니다. 그런데 각기 자기 할 일이 있는 사람들이어서 고심했습니다. 그래서 "서동구 씨 당신이 해 보시죠. 어느 여론조사를 보았더니 한국의 언론인들이 존경하는 인물 5위 안에 들어가 계신 분이니 당신이 하면 어떻겠습니까?" 이런 제안도 드렸습니다. 그리고 이것을 간접적으로 이사회에 추천도 해 보라고 했습니다. 그래서 그 뜻은 이사회에 전달됐을 것으로 생각합니다. 그 이후 노조에서 이의가 있다는 말을 들었습니다. 시민단체도 가세한다는 말을 들었습니다. 그래서 다시 참모들에게 노조에서 이의를 제기하고 문제가 제기되면, 마치 대통령이 추천한 사람을 강행하는 것은 문제가 있으니 노조의 뜻을 존중해주길 바란다고 다시 한번 여러분들에게 뜻을 전해주었으면 좋겠다고 부탁했습니다.

이후 노 대통령은 "이사회가 KBS노조의 의사를 존중할 의향이 없다는 것으로 보고를 받았고, 그래서 그대로 두었다"고 밝혔다. 그러면서 난감

---

5   새언론포럼, 앞의 책, 232쪽.
6   손병관, "'서동구 사퇴'… 노 대통령 지도력에도 적잖은 타격", 〈오마이뉴스〉, 2003. 4. 2.

민주화, 결실을 맺다   161

한 입장이라고 말했다.

개입한 일 없다 이렇게 말해놓고 오늘 이와 같은 과정이 밝혀져 있어서 거짓말을 한 것 같아서 낯이 뜨겁습니다. 참 난감합니다. 그러나 저는 이렇게 생각합니다. 개입이라는 것은 압력을 행사하는 것을 의미합니다. 지금 정부 인사에 있어서 많은 사람들로부터, 그 누구로부터도 인사 추천을 접수하고 있습니다. 저 또한 제 주변 사람에게 지시하거나 부탁해서 이러이러한 사람들을 KBS 사장으로 추천해 보라고 말하는 것은 허용되어 있는 일이라고 생각합니다. 궁극적으로 올라온 사람을 제청 거부하는 것보다는 그렇게 하는 것이 오히려 낫다고 저는 생각합니다.

서 사장에 대한 임명 경위와 그로 인해 발생한 사태에 대해 솔직한 입장을 밝힌 것이다. 대통령에게 주어진 권한도 존중해 주길 바란다면서 이 문제를 대화로 풀어가겠다고 했다.

이 문제에 관해서는 다시 대화하겠습니다. 지금까지의 임명 과정을 전면 재검토할 수 있다는 것을 전제로 해서 해당 당사자들과 다시 대화해서 문제를 풀어가겠습니다. 필요하다면 공개적 대화를 통해서라도 이 문제를 풀어가겠습니다. … 분명한 것은 법적으로 KBS 사장에 대한 임명권은 대통령에게 있습니다. 제가 그 임명권을 행사하는데 부적절한 정치적 행위를 한 일이 없습니다. 제게 주어진 권한도 또한 존중해 주시기 바랍니다. 그러나 저는 권한을 권한으로서만이 아니라 대화와 토론을 통해서 풀어갈 의향이 있다는 것을 여러분께 밝혀드리면서 이 문제의 오해를 풀어주시고 많은 분들이 도와주시기 바랍니다.

노무현 대통령이 국회 국정연설에서 KBS 사태에 대한 입장을 밝힌 당일 저녁, 노 대통령은 노조 및 시민단체 대표들과 청와대에서 면담을 가졌다. KBS노조 김영삼 위원장, 언론노조 신학림 위원장, 최민희 민언련 사무총장 등 5명이 참석했다. 노 대통령은 이날 '이사회가 논의를 거쳐 새로운 사장을 임명제청할 경우 서동구 사장이 제출한 사표를 수리하겠다'는 입장을 밝힌다.

그리고 이틀 뒤 서 사장의 사표가 수리되고, 4월 9일 KBS 이사회가 임시 이사회를 열고 다시 예전과 동일하게 공개 추천을 받기로 의결한다. 그리고 4월 23일, 이사회는 KBS 사장 후보로 정연주 전 한겨레 논설주간을 임명제청한다. 정 후보는 애초에 KBS노조와 시민단체로 구성된 공추위가 추천했던 3명 중 1명이다. 그는 1975년 동아자유언론수호투쟁 당시 해직됐다가 1988년 한겨레 창간에 참여하였고, 이후 워싱턴특파원과 논설주간을 역임했다. 곧바로 대통령이 이사회의 제청을 받아들여 그를 KBS 사장으로 임명한다.

서동구 사장 임명부터 정연주 사장 임명까지 한 달, 극적인 반전이 이루어졌다. 이렇게 해서 1988년 11월 서영훈 사장에 이어 15년 만에 두 번째로 KBS 사장이 민주적으로 선임된 기록이 만들어졌다.

KBS 2차 전성기

사실 서동구 사장의 '8일 만의 사퇴'는 예상하기 쉽지 않았다. 권력의 속성상 그렇게 쉽게 물러나는 일은 별로 없었기 때문이다.

하지만 노무현 대통령은 자제하고 성찰하는 모습을 보여주었다. KBS 내부의 반발을 이유 있는 것으로 보고 시민사회 및 노조와 대화를 선택한 것이다.

노동조합과 시민단체들의 원칙 고수와 최고 권력의 자제는 KBS의 독립에 긍정적으로 작용하면서 KBS의 역동성을 발현시킨다. 2003년 참여정부의 탄생과 함께 KBS는 공영방송으로서 결정적 계기를 맞게 된다. 이전의 홍두표·박권상 사장 시기를 KBS의 1차 전성기라고 한다면 이후의 정연주 사장 시기를 2차 전성기라고 할 수 있다.

정연주 사장과 시대정신

2003년 4월 28일, 정연주 사장이 취임한다.

정 사장은 취임식부터 파격을 택했다. 과거 관현악단과 합창단이 참석해 연주하던 화려한 취임식과는 달리 국민의례와 취임사만으로 20분 만에 끝냈다. 사장과 본부장급 이상 간부들이 차지하던 단상의 의자는 모두 치워졌다. 그리고 정 사장은 객석에 앉아 있다가 단상으로 올라와 취임사를 낭독했다. 화두는 변화와 개혁이었다.

우리 사회는 지금 말 그대로 대전환기에 서 있습니다. 우리 사회의 진보와 성숙을 붙잡는 과거의 틀 속에서 그냥 머물 것인지, 아니면 우리 사회를 한 단계 더 성숙시키고 선진화된 사회로 가도록 변화와 개혁으로 나갈 것인지 하는, 매우 엄중한 분기점에 서 있습니다. 이런 대전환기에 우리에게 진정으로 필요한 시대정신은 다음 세 가지 방향으로 구현되어야 한다고 저는 봅니다.

그것은 '독점에서 자유롭고 공정한 경쟁으로', '집중에서 분산으로', '폐쇄에서 개방으로'라는 것입니다. 그것은 바로 우리 사회의 정치, 사회, 경제, 문화, 언론 등 모든 분야에서 이뤄져야 하는 변화와 개혁의 개념이자 방향이라고 저는 생각합니다.

정 사장은 "앞으로 기자들이 기사를 쓰거나, PD들이 프로그램을 제작할 때 이 시대정신을 가슴에 품고 문제를 보면 해답은 의외로 쉽게 찾을 수 있을 것"이라고 덧붙였다. 그리고 "이러한 시대정신은 이제 KBS의 조직문화를 바꾸고 인사 정책과 각종 시스템을 재정비할 때에도 구현돼야 한다"고 힘주어 말했다.

흔히들 지적해온 KBS 사장의 제왕적 권력, 회사 지도부에 집중되어 있는 독점적 의사결정 구조, 경직화된 관료주의 조직의 폐쇄성 등은 바로 일선 기자들과 프로듀서들의 독창력과 창의력을 억압하는 과거의 틀에 갇혀 있는 것들입니다. 이런 전 근대적 구조를 깨지 않는 한 개개인의 독창력과 창의력이 활짝 꽃 필 수가 없습니다. 저는 이런 KBS의 권력 구조를 과감하게 혁파하여, 여러분들 개개인의 독창력과 창의력이 거대한 분수처럼 치솟아 오를 수 있는 그런 조직의 문화, 그런 일하는 분위기를 만들도록 최선의 노력을 다할 것입니다.

취임식은 물론 취임사도 파격적이었다. 사무실에서 CCTV를 통해 취임사를 들으며 나를 포함한 대부분의 젊은 PD들과 기자들은 가슴이 뛰는 느낌이었다. 새 사장의 KBS에 대한 진단과 과감한 개혁 약속에 큰 지지를 보냈다.

정 사장은 취임사에서 한 약속을 거침없이 이행했다. 취임 100일, 당시 KBS의 모습을 한 매체가 "KBS 변화코드 '탈권위' 호평"이라는 제목으로 전했다.[1]

> KBS 구성원들은 정 사장 체제 이후 불고 있는 변화의 핵심은 '탈권위'라고 입을 모은다. … 이장종 개혁추진단장은 "지난 5월 말과 6월 초 두 차례에 걸쳐 부장급 이상이 참가한 간부 대토론회에서 간부들이 허심탄회하게 열린 공간에서 토론하고 경영진이 사원들의 얘기를 듣는 자리를 본 것은 입사 이래 처음"이라며 "토론문화가 생긴 것이 정 사장 취임 뒤 KBS에서 가장 많이 바뀐 것"이라고 말했다. … 주차장 이용도 '탈권위'의 한 사례다. 과거 직원들이 정문에 있는 주차장을, 연기자들이 뒷문을 이용하던 것을 이달 초부터는 정반대로 운영하고 있다.

시청자와 출연자가 KBS의 주인이다. 출연하기 위해 차를 가져오는 출연자들이 직원보다 먼저인 것이 당연하나 그동안 그렇지 않았다. 불필요한 권위와 관행화된 기득권을 내려놓을 때 진정한 변화와 개혁은 시작될 수 있다. 이러한 개혁 조치의 시작과 함께 정 사장은 제작 자율성 보장의 시대를 열었다. 기사는 이렇게 이어졌다.

> 사장은 각 본부장에게, 본부장들은 실·국장에게 권한을 위임해 편집권 독립과 제작 자율성을 보장하는 방향으로 가고 있다고 평가하고 있다. 보도본부의 경우 박권상 전 사장 체제에서는 〈뉴스9〉의 큐시트를 사장실에 매일 올리고 사장

---

1 조현호, "KBS 변화코드 '탈권위' 호평", 〈미디어오늘〉, 2003. 7. 31.

이 이를 결재했으나 지금은 아예 보내지 않고 있다. 또 오전 오후의 부장단 이상 간부회의에 보도국 평기자 대표 2명이 참석해 의견을 개진하고 있기도 하다.

〈뉴스9〉 큐시트를 정 사장이 아예 보지 않는 것은 편집권 독립과 제작 자율성 보장의 상징적 모습이었다. 정 사장은 임기 중 이 원칙을 지켰다. 또한 보도국 편집회의에 평기자가 참석할 수 있게 함으로써 뉴스 보도에서 다양한 의견들이 수평적으로 토의될 수 있는 기반을 조성해 줬다.

편성규약 1차 개정

줄탁동시啐啄同時라고 할까? 노동조합도 KBS 개혁의 적기라고 생각하고 부지런히 움직였다. 당시 김영삼 노조위원장은 전임 위원장과 12기수 차이가 날 정도로 젊었다. 참여정부가 등장하는 시기와 궤를 같이하며 KBS도 젊고 개혁적인 노조위원장을 원했던 것이다. 노와 사는 기존의 편성규약이 제작의 자율성을 보장하는 데 한계가 있다고 보고 노사 협의를 거쳐 개정하기로 합의한다. 정 사장 취임 한 달이 채 지나지 않았을 때였다.

노와 사는 공정방송위원회 산하에 '편성규약개정 소위원회'를 노사 동수(각 4인)로 구성해 개정안 작업에 본격 착수한다. 이후 네 차례의 소위원회, 노사 4인 대표(편성본부장과 보도본부장, 그리고 노조의 보도 및 제작 부문 공추위 간사 각 1명씩) 회의 등을 거쳐 개정안을 만든다.

개정된 편성규약의 큰 특징은 '편성위원회의 구성 및 개최'와 관련된 내용이 포함된 것이다. 기자와 PD 등 제작 실무자들이 제작 자율성을 침해받는 일이 벌어졌을 경우, 이를 조정하고 해결할 수 있도록 노사 동수의 편성위원회를 설치하고 운영하도록 한 것이다. 이로써 1999년 방송법 투쟁 때 노동조합이 요구한 노사 동수의 편성위원회를 마침내 편성규약을 통해 구현하게 된다. 제작 자율성을 실질적으로 보장하는 방향으로

한 단계 더 진전된 것이다.[2]

편성규약은 그 속성상 노동조합이 공세적이고 회사는 수세적 입장이기 쉽다. 편성규약을 둘러싼 논란을 보면 실제 그랬다. 하지만 정 사장은 제작 자율성 보장을 약속했고 그만큼 자신이 있었던 것으로 보인다. 2003년 11월 1일, 최종 합의안에 정연주 사장과 김영삼 위원장이 서명했다.

이어서 편성규약에서 규정한 편성위원회를 운영하기 위해 보도·TV·라디오 파트에서 노사 동수로 각각 위원회를 구성하고 운영세칙을 다듬었다. 특히 보도위원회 운영세칙에는 보도국 편집회의에 평기자 대표가 참여할 수 있게 명문화했다. 정연주 사장 취임 후 보도국에서 임의로 실시해 오다가 편성규약을 개정하면서 법규화한 것이다. 편집회의에는 평기자 대표인 기자협회장과 협회장이 지정하는 수석 평기자 등 2명까지 참석할 수 있게 하고, 뉴스 최종 편집과정에서 실무자들이 의견을 공식적으로 제기할 수 있다고 명시했다.

제작 자율성, 꽃을 피우다

이렇게 편성규약을 개정하는 과정에서, 제작 자율성이 더 확대될 것이라는 기대가 제작 실무자들의 사기를 높여 줌으로써 방송의 다양성과 품질에 긍정적 영향을 미쳤다. 변화의 바람이 일었다.

먼저, 보도 부문에서 미디어비평 프로그램을 처음 만들었다. 2003년 6월, 〈미디어 포커스〉[3]를 정규 편성했다. 언론사의 보도 태도와 경영 실

---

2   〈KBS 방송편성규약〉 전문은 KBS 홈페이지 참조.
    https://about.kbs.co.kr/index.html?sname=kbs&stype=rule#none
3   〈미디어포커스〉는 2003년 6월부터 2008년 11월까지 방송했다.

태 등에 대한 비판적 시각을 견지하며 언론개혁에 기여한다는 기획 의도를 설정하고, KBS에 대한 자기반성으로 첫 방송을 시작했다.

2005년 4월, 국내 방송사 최초로 탐사보도팀을 설치해 권력과 사회에 대한 감시 기능을 강화했다. '고위공직자 그들의 재산을 검증한다', '누가 일제의 훈장을 받았나', '심층보고 외환은행 매각의 비밀' 등을 〈KBS 스페셜〉로 방송하고, 2006년 11월부터 〈시사기획 쌈〉을 신설해 '파워엘리트, 그들의 병역을 말하다', '김앤장을 말한다' 1~2편, '대선후보를 말한다, 무신불립', '2008 스포츠와 성폭력에 대한 인권보고서' 등을 방송했다.

또한 특별기획 〈한국사회를 말한다〉를 신설했다. 한국사회에 대한 본격적인 개혁 프로그램이었다. 첫 방송은 '심판받지 않는 권력, 대법원' (2003. 8. 2. 오후 8시)이었다. 이후 '정치자금: 판도라의 상자를 열다', '사립학교법, 대학을 망친다', '나는 유죄인가: 국가보안법 위반자들', '검찰의 기소독점, 누구를 위한 권력인가?' 등 52편을 방송했다.

〈인물현대사〉도 이 시기에 방송된다. 반공이데올로기나 독재 권력으로 인해 은폐되고 왜곡된 당시의 시대상을 그 시대를 산 인물들을 통해 바라본다는 기획 의도를 표방했다. 2003년 6월 27일, 제1편 '이한열의 어머니라는 이름으로, 배은심' 편을 첫 방송으로 해서, 제2편 '꺼지지 않는 불꽃, 전태일', 그리고 '산 자여 따르라, 윤상원', '꺾일지언정 굽히지 않는다, 안종필', '각하가 곧 국가다, 차지철', '고문 기술자, 이근안' 등 2년여에 걸쳐 총 79편을 방송했다.

마침내 기회가 오다, 〈인물현대사〉

나는 입사 후 다양한 프로그램을 제작하면서도 언젠가 기회가 되면 본격적인 한국 현대사 프로그램을 제작하겠다고 생각했다. 나는 박권상 사장 시절인 2000년경 〈인물현대사〉와 유사한 기획안을 제출한 적이 있다. 김대중 대통령 재임 시기였기 때문에 이런 기획안은 받아들여질 걸로 생각했다. 당시 MBC는 1999년 9월부터 〈이제는 말할 수 있다〉를 통해 한국 현대사의 성역을 파헤치고 있었다. 하지만 KBS에서는 통하지 않았다. 내 기획안은 전혀 관심을 받지 못하고 캐비닛 속에 묻혀 버렸다.

그런데 그로부터 3년이 지나서 마침내 기회가 왔다. 한 선배 PD(장해랑 CP)가 비슷한 프로그램을 기획하고 있다는 것을 알게 되었다. 함께 제작에 참여하고 싶다는 메일을 보내면서 이전에 회사에 제출했던 기획안을 첨부했다. 곧 함께해 보자는 답신을 받았다. 2003년 2월, 정연주 사장이 취임하기 약 두 달 전이다.

2003년 2월 말, 기획을 위해 학계 인사들을 중심으로 12명의 자문단을 구성했다.[4] 첫 자문회의에서 세 분이 기본 발제를 하고 자유롭게 토론하며 방향을 잡아 나갔다. 그리고 1박 2일 일정으로 서울 근교에서 워크숍을 열었다. 장해랑 CP와 PD들[5], 김옥영 작가가 참석했다. 기획안을 정교하게 다듬고, 인물 배열을 어떤 기준으로 할 것인지, 1차로 10명의 인물을 누구로 할 것인지 등에 대해 토론했다. 이어서 국내외의 유사한 프로그램들을 시사한 후 프로그램 형식을 진행자(MC)가 있는 포맷으로 정했다. 이어 MC 후보에 대해서도 토론했다.

예전에도 새 프로그램을 시작할 때는 종종 워크숍을 갔으나 이렇게 자유롭고 열띤 토론은 별로 기억나지 않았다. 나와 동료들은 '이것이 바로 제작 자율성이구나!' 하고 느낄 수 있었다. 물론 CP가 국장과 소통하겠지만, 실무 제작진의 의사가 과거보다 훨씬 존중되고 있다는 것을 체감

---

4   12명의 교수(김명인·김민수·김호기·노동은·박태균·임대식·이완범·정해구·조석곤·조희연·한인섭·한홍구 교수)를 자문위원으로 선정했다.
5   김장환·황대준·김형운·김정중·전우성 PD가 참석했다.

〈인물현대사〉 녹화 후, KBS 근처 카페에서 뒤풀이(2003년 말). 왼쪽부터 필자, 황대준 PD, 문성근 진행자.

할 수 있었다. 이 시기는 여전히 박권상 사장 임기 중이었으나 노무현 대통령의 당선으로 제작 자율성의 공간이 넓어질 것이라는 기대가 있었다.

며칠 후 나는 CP와 함께 MC 후보를 섭외하러 다녔다. 자문단 추천과 팀 내 토론을 통해 프로그램 기획 의도에 맞는 후보 리스트를 만들었는데, 1, 2순위 후보가 모두 대학교수였다. 하지만 두 분 다 섭외에 실패하여 낙심하게 되었다.[6]

어쩔 수 없이, 오해의 소지가 있어 유보해 두었던 인물을 다시 검토했다. 배우 문성근 씨였다. SBS 〈그것이 알고 싶다〉에서 MC를 맡아 매우 인상적인 진행을 했었다. 거기에다 문익환 목사의 아들로 누구보다도 한국 현대사의 주요 현장을 가까이서 목격하고 그 질곡의 아픔을 겪은 분이어서 〈인물현대사〉에 잘 어울린다고 생각했다. 하지만 '노사모'에 참

---

6   1순위가 조국 서울대 법학과 교수였다. 연구실로 찾아가 취지를 잘 설명했지만, 정중하게 고사했다. 젊은 교수가 이런 프로그램 MC를 맡기에는 너무 부담이 크다고 했다. 대학을 옮긴 지도 얼마 안 돼서 더 그렇다고 했다. 대신 인터뷰가 필요하다면 얼마든지 하겠다고 했다. 아쉽지만 포기해야 했다. 또 한 분의 교수를 섭외했는데 그분도 정중하게 고사했다. 나중에 보니 이분은 모 사립대학 총장으로 내정된 상태였다.

여한 경력 때문에 정치적 시빗거리에 휘말릴 수 있어 1차 섭외 대상에서 제외했던 후보였다.

그런데 며칠 후 문성근 씨가 S사의 새 프로그램 MC를 맡게 될 거라는 얘기가 들렸다. 팀에서 토론한 결과 놓쳐서는 안 된다는 의견이 다수였다. 급하게 찾아가서 기획 의도를 설명하고 진지하게 부탁했다. 그는 "KBS에서 이런 프로그램을 제작한다니 반갑다"면서 자신의 의견을 한두 가지 얘기하고는 흔쾌히 수락했다. 사실 그에게 줄 수 있는 출연료는 많지 않았다. 그가 만일 당시 S사의 새 프로그램 MC를 맡는다면 훨씬 큰 액수의 출연료를 받을 수 있었다. 하지만 그는 〈인물현대사〉를 선택했다. 고마웠다. 그렇게 해서 MC가 정해졌다.

〈인물현대사〉를 제작하는 동안은 본인의 제작 역량이 문제이지 위로부터의 압력이나 제작 여건을 탓하지 않아도 되는 시기였다. 한 편 한 편 시간 압박을 받을 때가 많았고 완성도에 아쉬움이 있을 때도 종종 있었지만, PD로서 보람을 가장 많이 느꼈다.[7] 돌이켜 보면 PD로서 나의 황금기는 바로 이 시기이다.

제작 자율성이 보장된 〈인물현대사〉의 팀 분위기는 매우 좋았다. 첫 방송이 나가기 얼마 전, 처음부터 기획을 주도했던 장해랑 CP가 다른 부서로 가게 돼서, 후임으로 이상요 CP가 왔다. 선임으로는 김무관 PD가 왔다. 두 분 다 제작 역량이 뛰어나고 후배들과의 소통도 원활한 선배들이었다. 그리고 얼마 후 담당 국장(기획제작국장)으로 이규환 PD가 왔다.

---

7   대학 시절 이후 내 뇌리를 떠나지 않은 주제는 '분단체제' 극복이었다. 과거에 친일 과거사 청산이 제대로 안 되고, 독재정권이 장기 집권하며 민주주의를 억압할 수 있었던 배경에 남북의 분단이 있다고 생각했다. 그러다 보니 내가 제작한 10편 중엔 관련 아이템이 많았다. '침묵으로 살다. 학살 유족 7인의 할머니', '새는 좌우의 날개로 난다, 리영희', '더 큰 하나를 위하여, 문익환', '한국판 마타하리, 신화인가 진실인가, 김수임' 등이다.

그는 평소 제작 자율성을 강조하는 간부였다. 그는 부임하면서 자신의 의견을 담은 메일을 구성원들에게 보냈다.

제작의 자율성을 CP(부장급)에게 완전히 위임하는 것이 목표 달성에 도움이 된다고 믿기 때문에 그렇게 하려 합니다. CP 또한 PD에게 그렇게 하기를 저는 원합니다. 그리하여 PD 개개인이 곧 KBS가 되게 해야 한다고 믿습니다. 물론 평가와 책임도 그에 준할 것입니다. 제작 자율성이란 그런 의미가 아니겠습니까.

PD 출신으로서 또 기획제작국을 총괄하는 국장으로서 제작 자율성에 대한 원칙과 소신, 균형감이 잘 드러나는 메시지였다. 더불어 그는 자신이 매우 엄격하게 대응할 사안 몇 가지를 언급했다. 첫째, 프로그램에 동원된 팩트 자체가 틀린 것으로 밝혀진 경우, 둘째, 주제 의식으로 추구하는 진실 자체가 객관적 진정성의 결여로 인해 보편적 가치를 잃은 경우, 셋째, 공부 부족으로 본질에 접근하지 못한 경우, 넷째, 대의를 위한다는 명분에 가려 억울한 피해자가 발생한 경우라고 했다. 그러면서 이렇게 덧붙였다.

아시다시피 프로그램 제작은 결코 말이나 구호로 이루어지는 것이 아니라 행동과 실천에 의해서만 구현됩니다. 따라서 우리 구성원들의 상호 평가 기준은 제작 과정에서 보여지는 프로 근성과 그 결과물이 되어야 하리라 믿습니다. 차상次上에 타협하지 않고 끝까지 최상을 추구하는 개인적 자존심, 객관적 진정성을 바탕으로 한 시대정신, 선후배 및 동료에 대한 횡적 연대의식 등이 서로 만나야만 비로소 '시청자 올바로 섬기기'가 가능해질 것입니다.

전 장르에 걸친 프로그램 만개

1987년 민주화 이후에도 한국의 정치·경제·사회·법조·교육 등 각 분야와 현대사에는 구조적으로 강고한 성역이 여전히 존재했다. 그런 성역에 도전한 프로그램이 바로 〈미디어 포커스〉, 〈시사기획 쌈〉, 〈한국사회를 말한다〉, 〈인물현대사〉 등이다. 물론 이 프로그램들이 당시 KBS에서 방송되는 것을 파격적이라고 여기는 분위기도 있었다. 특히 일부 보수 매체들로부터 많은 공격을 받기도 했다. 당시 KBS의 감사가 외부 토론회에 참석해서 KBS가 '당파적 저널리즘'에 빠져 있다고 비난하기도 했다. 하지만 왜곡되고 은폐된 한국 현대사를 재조명하고 한국사회의 성역들을 조명하는 일이 어떻게 당파적인가? KBS가 이제야 제 역할을 한다는 평가가 훨씬 더 많았다. 제작진이 더 높은 완성도를 위해 애썼지만, 미진한 부분도 있었을 것이다. 하지만 당시 우리가 전반적으로 옳은 방향으로 갔다고 자부한다.

이런 프로그램을 기획하고 방송할 수 있었던 배경에는 정연주 사장 시기의 제작 자율성 보장 조치가 있었다. 당시 뉴스와 프로그램을 취재하고 제작했던 기자와 PD들은 바로 이 시기에 제작 자율성이 활짝 꽃피었다고 입을 모은다. 바로 이 시기에 뉴스[8], 시사·교양·다큐, 드라마와 예능, 그리고 라디오까지 모든 장르에 걸쳐 활력이 넘쳤다.

먼저 시사·교양·다큐 파트에서 〈낭독의 발견〉, 〈다큐멘터리 3일〉, 〈이영돈 PD의 소비자고발〉, 〈단박 인터뷰〉 등을 신설했다. 〈일요스페셜〉은 〈KBS 스페셜〉로 이름을 바꿔 토요일과 일요일 이틀 동안 확대 방송했다.

---

8 보도국은 〈KBS뉴스 종합발전방향 보고서〉를 내고 KBS 뉴스의 지향점으로 '심층성, 다양성, 의제설정 기능'을 제시했다. 이는 정형화된 1분 20초 리포트를 지양하는 내용이었다. KBS, 2023, 《KBS 50: 국민을 위한 공적책무를 수행하다 1973~2023》, 135쪽.

20명이 넘는 PD들이 참여해 토요일은 문화와 역사 등 다양한 주제를 다루고, 일요일은 시사 아이템을 중심으로 방송했다.[9]

2005년, KBS는 '아시아의 창 KBS'라는 방송지표를 설정했다. KBS가 아시아를 소재로 한 다큐멘터리에 집중 투자하는 전략이었다.[10] 2007년 5월부터 '유교'(4부작), '차마고도'(6부작), '누들로드'(6부작), '인간의 땅'(5부작) 등 〈인사이트 아시아〉 시리즈를 방송했다.

이 시기 드라마 제작비 상승으로 어려움이 점점 커지는 가운데에서도 KBS 드라마는 저력을 발휘했다. 미니시리즈 〈풀하우스〉, 〈장밋빛 인생〉, 주말극 〈소문난 칠공주〉, 〈엄마가 뿔났다〉가 방송되었다. 대하드라마로는 〈불멸의 이순신〉, 〈해신〉, 〈대조영〉, 그리고 2006년 1월부터 방송한 〈서울 1945〉도 이 시기에 방송된다.[11] 남북합작으로 제작한 사극도 방송되었다. KBS와 조선중앙방송위원회가 공동 제작한 24부작 드라마 〈사육신〉이다. KBS가 프로듀싱(나상엽 PD) 및 자본과 장비 등을 맡고, 조선중앙방송이 연출(장영복)과 배우, 극본을 담당해서 협업하는 방식으로 제작했다. 2년의 제작 기간을 거쳐 2007년 8월부터 2TV를 통해 방영되었다. 북한에선 조선중앙텔레비전에서 방영했다. KBS에서 첫 회 시청률은 7.3%였다.[12]

---

9   2003년 5·18 특집으로 방송한 〈일요스페셜〉 '80년 5월, 푸른 눈의 목격자'(연출 장영주) 편은 5·18 광주의 비극과 진실을 알리는 데 크게 기여했다. 2004년 11월부터 방송한 6부작 다큐멘터리 '도자기'는 〈KBS 스페셜〉의 중량감을 잘 보여주었다.

10 당시 이규환 스페셜팀장(기획제작국이 팀제 실시로 스페셜팀으로 바뀜)은 한 언론 인터뷰에서 "아시아는 BBC보다 아시아 국가인 KBS가 더 깊이 들여다볼 수 있다"고 생각해서 기획하게 됐다고 밝혔다. 또한 다큐멘터리 장르는 문화적으로 장벽이 높지 않아 세계시장으로 진출하기에도 이점이 있다고 본 것이다. 이른바 '20억 프로젝트'였다.

11 다양한 인물이 신분과 신념, 사상·이념에 따라 어떤 엇갈린 인생을 살아가는지를 다룬 대하드라마다. 8·15 해방부터 6·25 전쟁까지 격동의 시대를 배경으로 민감한 현대사를 다루다 보니 논란도 있었다. 하지만 좌우 대립과 이념 갈등에 치우치지 않고 다양한 시선으로 전했다.

예능 프로그램들도 제 2의 전성기를 맞았다. KBS는 2003년 2TV를 혁신하기 위한 'K2 프로젝트'를 추진했다. 〈스펀지〉, 〈비타민〉, 〈상상 플러스〉, 〈위기탈출 넘버원〉, 〈경제 비타민〉 같은, 정보와 결합된 새로운 형식의 예능 프로그램을 개발했다. '인포테인먼트'라 구분지어진 이들 프로그램은 교양과 오락의 경계를 무너뜨린 신선한 포맷으로 공익성과 경쟁력을 동시에 달성했다는 평가를 받았다. 우리말 소재의 퀴즈와 토크로 구성된 〈상상 플러스〉는 최고 시청률 30% 이상을 기록하며 큰 성공을 거두었다. 인포테인먼트 프로그램은 2000년대 KBS 예능의 대세 장르가 되었다. 이와 함께 〈개그 콘서트〉와 〈해피 투게더〉, 그리고 2007년 '강호동의 1박 2일'(당시는 〈해피 선데이〉의 한 코너)이 평균 시청률 30%를 넘나들 만큼 큰 인기를 얻었다.

라디오 방송 또한 전성기를 맞았다. 먼저 1라디오 채널에 혁신적 변화가 있었다. 2003년 7월 14일, KBS는 1라디오를 '뉴스·시사 전문채널'로 자리매김하여 공론장 역할에 충실한 방송이 되게 하겠다고 선언한다. 그러면서 〈KBS 뉴스와이드〉, 〈열린토론〉, 〈시사 플러스〉, 〈집중인터뷰〉, 〈경제 투데이〉 등의 프로그램을 대거 편성했다. 특히 〈KBS 뉴스와이드〉의 경우 새벽부터 오후까지 총 4부로 편성해서 1라디오의 영향력을 보여주었다.

그리고 PD·기자·아나운서 등 내부 인력을 진행자로 대폭 기용했다.[13] KBS의 현역 기자와 아나운서들이 6월 민주항쟁 이후부터 2000년대 초반까지 지속적으로 쌓아온 역량이 있어서 가능한 일이었다.[14]

---

12 연출자가 북한 영화감독이어서 우리 시청자들에게 익숙하지 않은 부분도 있었지만 남북합작 드라마를 최초로 시도했다는 것은 높이 평가받을 만하다. 드라마 〈사육신〉은 2007년 제 13회 〈통일언론상〉 대상을 수상했다.

13 2004년, 내부 진행자 프로그램 숫자가 1라디오 26개 프로그램 중 20개에 달했다. 〈KBS 2003년 연차보고서〉 참조.

신뢰도 1위까지

정연주 사장은 2008년 8월 8일까지 5년 4개월 동안 재임했다. 앞에서 본 것처럼 제작 자율성이 활짝 꽃을 피웠던 이 시기에, 지금까지도 회자되는 고품질 프로그램들이 뉴스·탐사보도·시사·다큐멘터리·드라마·예능·라디오 등 대부분의 장르에서 쏟아져 나왔다. 높은 시청률로 화제의 대상이 된 프로그램도 셀 수 없었다. KBS가 대한민국 대표 공영방송으로서의 면모를 여실히 발휘한 시기이다.[15]

바로 이때 KBS의 신뢰도가 최고도로 상승한다. 2001년 이후 KBS는 방송과 신문을 아울러 영향력 1위를 기록해 왔다. 그런데 신뢰도까지 1위를 기록한 것은 바로 이때다. 2007년 시사저널의 '누가 한국을 움직이는가' 언론 분야 순위에서 KBS가 처음으로 영향력과 신뢰도 모두 1위를 차지한 것이다. 시사저널은 "KBS, '영향력·신뢰' 두 토끼 잡다"는 제목으로 이렇게 쓰고 있다.

뚜껑을 열어 보니 올해의 주인공은 KBS였다. KBS가 영향력과 신뢰도 모두에서 1위를 차지하며 한판승을 거두었다. 2005·2006년에는 '영향력은 KBS, 신뢰도는 한겨레' 구도였다. … KBS는 지난해보다 2.7% 높아진 59.2%로 영향력 1위를 고수했다. 2006년에 영향력 2위였던 조선일보는 지난해보다 0.8% 떨어지기는 했지만, 54.8%를 기록해 2위 자리를 지켰다. 지난해 0.9%포인트 차이로 좁혀졌던 두 매체 간 격차는 다시 약간 벌어지는 흐름이다. KBS가 독

---

14 그동안 MBC 〈손석희의 시선집중〉이 독보적 위치를 점하고 있었다. 하지만 KBS의 새 프로그램들이 곧바로 자리를 잡으면서 택시 기사들이 1라디오(FM 97.3MHz)에 채널을 고정하고 다닌다는 얘기들이 들려오기 시작했다. KBS 1라디오로 청취자가 많이 옮겨 온 것이다.
15 뒤에서 얘기하겠지만, 이 시기에는 정부 정책에 비판적인 아이템들도 피해 가지 않았다. 하지만 제작 자율성을 억압받은 경우는 내 기억에 없었다.

주 채비를 갖추는 조짐이라고 보면 지나친 해석일까.[16]

또한 그해 방송위원회가 조사하는 공정성 판단 척도인 KI 지수(시청자 방송평가지수)도 KBS가 1위를 기록했고, KBS 방송문화연구소가 동서리서치에 의뢰해 실시한 '2007년 대선 방송 공정성 조사'에서도 KBS 보도가 가장 공정하다는 평가를 받았다.

---

16 소종섭, "KBS, '영향력·신뢰' 두 토끼 잡다", 〈시사저널〉, 2007. 10. 22.

3부

다시 부끄럽지 않으리라

개혁의 역풍과 노조의 변질

2003년 노동조합이 주도한 사추위의 추천을 받고 취임한 정연주 사장은 KBS의 변화와 개혁에 대해 당시 노조와 같은 시각을 갖고 있었다. 하지만 변화와 개혁에는 역풍이 따랐다. 그 강도가 셀수록 그에 비례해서 역풍도 거셌다. 그런데 그 중심에 아이러니하게도 KBS노동조합이 있었다.

보직자 84% 감축

취임 두 달 후인 2003년 6월, 정연주 사장은 직속 기구로 개혁추진단(이하 개추단)을 설치한다. 설치 목적은 조직과 인력의 효율성을 제고하기 위해, 조직을 개편하고 일부 지역국의 기능을 조정하는 것이었다.[1]

먼저 조직개편의 방향은 연공서열을 타파해 현업 중심의 효율적 제작 시스템을 구축하는 것이었다. 국장-부장-차장-평직원으로 세분화돼 있던 기존의 직제를 팀장-팀원 체제로 단순화하는 것이다.[2] 그런데 새로운

---

1 이장종 개추단 단장은 "개혁의 원칙은 생산자 중심에서 수용자 중심으로, 관리 중심에서 제작 중심으로, 권한의 집중에서 분산으로와 같은 방향으로 추진되고, 이를 위해 프로그램과 제도, 조직문화, 시스템 등이 논의 대상이 될 것"이라고 개혁의 방향을 밝혔다.
2 당시 KBS 조직 및 인사시스템에서 가장 문제가 된 것은 이른바 '차장 고시' 제도였다. 평직원에서 차장으로 승격할 때 시험을 치러야 하는데, 갈수록 병목현상이 심해져서 '차장 고시'라는 말까지 생겨났다. 창의성이 생명인 방송사에서 암기 위주 시험을 준비하기 위해 직원들이 너무 많은 에너지를 소비하는 것은 방치할 수 없는 문제였다. 이러한 '차장 고시'의 폐단과 비

팀장-팀원 체제를 대★팀제로 할 것인지 소↑팀제로 할 것인지 두 가지 중에서 선택해야 했다. 대팀제는 팀장-팀원의 2단계 조직이고 소팀제는 국장-팀장-팀원의 3단계 구조다. 소팀제는 국장 산하에 여러 개의 팀을 두는 구조이기 때문에 대팀제에 비해 보직 숫자가 많아진다. 대팀제는 국장 역할을 하는 팀장만 공식적 보직자이기 때문에 보직 숫자가 대폭 줄어드는 구조다.

개추단은 여러 차례의 토론회를 통해 의견을 수렴했다. 나는 프로그램 제작에 바쁜 시기였지만 틈을 내서 두세 차례 토론회에 간 적이 있다. 초기엔 소팀제 방안을 선호하는 여론이 많았다. 하지만 시간이 지나면서 분위기가 바뀌어 대팀제 선호도가 높아졌다. 노조도 소팀제가 간부들의 자리 보전을 위한 것으로, 기존의 비효율적 관료형 조직과 다를 바 없다고 지적했다.

특히 일선 현장의 PD들과 기자들이 대팀제를 선호했다. 그동안의 평직원-차장-부장-국장으로 이어지던 층층구조는 창의적이고 신속한 의사결정이 힘들어 방송사에는 맞지 않다고 본 것이다. 기존의 관료주의적 조직을 일 중심으로 바꿔야 한다는 생각이었다. 따라서 대팀제로의 조직개편은 상명하복의 수직적 조직문화를, 자율성과 참여가 크게 확대되는 수평적 조직문화로 바꾸는 계기가 될 것으로 기대되었다.

2004년 7월 21일, 이사회 의결을 거쳐 대팀제가 채택되었다. 이제 국장·부장·차장 등 중간 간부 자리가 모두 폐지되고 부서장은 팀장으로 일원화되었다. 곧이어 팀장 인사가 시행되자 여기저기서 "악~" 소리가 났다. 1,121명이던 보직 간부 숫자가 184명으로 급감하여 간부 자리의 84%가 사라진 것이다. 팀장 보직을 받지 못한 기존의 국장·부장·차장들

효율성도 팀제 도입의 배경 중 하나였다.

은 평직원으로 돌아갔다.

다음은 '지역국 기능 조정'이었다. 당시 KBS는 총 24개의 지역방송국을 운영했다. 부산, 대구, 광주, 춘천 등 광역시 또는 도청 소재지에 위치한 총국이 9개였는데, 갑^甲 지국으로 불렸다. 반면 진주, 목포, 충주 등에 위치하면서 총국보다 규모가 작아 을^乙 지국으로 불리던 지역국이 16개에 달했다. 개혁추진단은 을 지국 7개를 폐국하고 인근의 총국으로 인력과 장비를 집중하기로 한다.

사실 지역국 조정 문제는 이전부터 구조조정 및 경영합리화 차원에서 논의가 있었다.[3] 하지만 지역사회의 반발에 부딪혀 중단 상태에 있었다. 정 사장 취임 후 개혁추진단에서 이 문제를 다루기 시작하자, 예상대로 해당 지역국들이 소재한 지역의 시민사회단체와 국회의원들이 격렬하게 반대했다. 이들은 지역국 통폐합은 지방분권에 역행하는 동시에 민의를 수렴하지 않은 일방적인 '위로부터의 통폐합'이라고 주장했다. 한편 해당 지역국이 폐쇄되면 인근 총국으로 이동해야 하는 기술직 직원들도 지역국 기능조정에 반대했다. 반면 기자와 PD들은 찬성이 많았다. 이들은 자신들이 취재하고 제작한 뉴스와 프로그램이 더 넓은 권역에서 방송되는 걸 선호했다. 이렇게 조합원들의 의견이 엇갈리는 상황에서 노조는 지역국 기능조정안에 찬성하는 입장을 선택한다.

과거 교통편이 열악할 때는 어쩔 수 없었겠지만, 전국이 일일생활권이 된 상황에서 지역국을 16개나 운영할 필요성이 줄어든 것은 사실이었다. 수신료가 동결된 상태에서 이들 모두를 운영하는 건 KBS 경영에 큰 부담

---

3 이와 더불어, 2001년부터 지상파TV 방송사들이 기존의 아날로그 방송을 중단하고 디지털 방송을 하게 되면서 방송시설과 장비를 HD(high-definition)로 전환해야 했으나, KBS의 16개 을 지국을 모두 전환하기에는 재정적 부담이 너무 큰 상태이기도 했다.

이었다. 따라서 KBS로서는 어쩔 수 없는 선택을 해야만 했다. 결국 지역국 기능조정안은 이사회 의결을 거쳐 방송위원회의 허가를 받아 시행된다. 7개 지역국(여수, 군산, 남원, 공주, 속초, 영월, 태백)을 폐국하고 인근의 지역총국으로 인력과 장비를 이동시켰다.

개혁의 역설

혁신革新은 살가죽[革]을 벗기는 고통을 통해 새롭게[新] 태어난다는 의미이다. 그래서 어렵고 힘들다. 팀제 실시와 7개 지역국 폐지는 문자 그대로 일대 혁신이었다. 나중에 이장종 개추단 단장으로부터 "나날이 엄청난 스트레스였다. 치아 몇 개가 흔들려 뽑아야 했다"는 얘기를 들었다. 개혁 과정이 그만큼 고통스러웠다는 얘기다.

급진적 개혁은 강한 역풍을 불렀고, 사내에 반反 정연주 직원들이 많이 늘어나게 되었다. 그 중심에는 조직을 팀제로 바꾸면서 보직에서 내려온 직원들이 많았을 것이다. 또한 7개 지역국이 폐쇄되면서 인근 총국으로 이동해야 했던 기술직 직원들도 또 하나의 반 정연주 세력이 되었다.

개혁의 역풍은 노조위원장 선거에 영향을 미쳤다. 2004년 12월에 실시된 제10대 노조위원장 선거에서 반 정연주를 앞세운 후보가 당선됐다. 위원장은 기술직 진종철, 부위원장은 방송경영직 허종환이었다. 정사장 취임 후 1년 반, 팀제 도입 후 넉 달이 지난 시점이었다.

개혁의 역풍은 차기 사장 선임 과정에도 영향을 미쳤다. 정연주 사장은 2006년 6월 30일 임기가 만료된 뒤, 법 규정에 따라 직무를 계속하다가 9월 26일 자진 사퇴한다. 차기 사장이 선임되지 않은 상태에서 사퇴한 것은 사장 선임 과정이 공정하게 진행되도록 하기 위한 것이라고 밝혔다.

이후 사장 공모가 시작되고 이번에도 2003년처럼 사추위가 꾸려졌다.

이번에도 잘 운영된다면 사추위가 제도화될 수 있는 좋은 기회였다. 하지만 결과적으로 그렇지 못했다. '친 정연주'와 '반 정연주'로 대립 구도가 짜여 갈등이 너무 컸기 때문이다.

이런 상황 속에 사추위는 유명무실해져 여러 차례 파행을 겪다가 결국 무산됐다. 사추위가 무산된 가운데 KBS 이사회는 정연주 후보를 차기 사장으로 제청한다.

2006년 11월 27일, 제17대 사장으로 정연주 사장이 연임하게 된다. 정 사장은 별도의 취임식 없이 발표한 취임사를 통해, 지난 3년 반을 돌아보며 '자율성의 확대와 사내 민주화의 실현으로 KBS의 조직문화가 바뀌었다는 점에는 동의하시리라 믿는다'고 평가한다. 반면 세상의 그 어떤 제도나 시스템도 결코 절대적인 것은 없다며, 부작용도 함께 가져온 개혁 조치들에 대해서도 열린 마음으로 고칠 것은 고치고, 보완할 것은 보완하겠다고 약속한다. 정 사장은 특히 팀제를 예로 들었다.

팀제 도입 이후 2년여 기간을 보내면서 저는 팀제가 갖는 장점에도 불구하고 조직의 이완, 냉소적 분위기, 간부급 사원들의 사기 저하, 무사 안일주의와 도덕적 해이, 팀 간 비협조, 팀장의 업무 과중 등 여러 부작용들이 나타나고 있다는 것을 잘 알고 있습니다. 원래 팀제가 추구했던 기본정신과 장점은 지켜 나가되 부작용과 문제를 해소하기 위해 적극적인 노력을 기울이겠습니다.

하지만 정 사장의 앞날은 순탄치 않았다. 문제는 노동조합과의 관계에 있었다. 2003년에 출범한 제9대 노조(위원장 김영삼) 집행부가 낙하산 사장 퇴진을 성공시키며 참신한 바람을 일으키고 이후 개혁의 한 축을 담당했지만, 그걸로 끝이었다. 개혁의 역풍 속에서 이전과 전혀 다른 성격의 노조 집행부가 연이어 등장하자 정 사장과 노조의 관계는 동반자적 관계에서 적대적 관계로 변해버린다.

물론 당시 기자협회(협회장 윤석구)와 PD협회(협회장 이강현)는 노조와 건해가 달랐다. 일선 기자와 PD들을 대변하는 양 협회는 팀제 실시가 '관료적이고 경직된 조직'을 '일하는 현장 중심의 조직'으로 변화시켰고, 정 사장의 제작 자율성 보장 조치가 보도와 제작을 활짝 꽃피우게 했다는 인식을 갖고 있었다.

하지만 당시 팀제 도입과 일부 지역국 폐지 등 개혁에 지지를 보냈던 현장의 기자와 PD들은 노조 활동에는 소극적이었다. 조직문화가 변화하여 일하는 분위기가 조성되다 보니, 젊은 기자와 PD들의 노동조합에 대한 관심이 줄어든 것이다. 우선 나부터 프로그램 제작에 몰두하느라 늘 시간 압박을 받았다. 그러다 보니 노동조합은 정 사장의 개혁에 반대하는 조합원들 중심으로 움직이고 있었던 것이다. 일종의 '개혁의 역설'이랄 수 있는 현상이다.

'코드 박살, 복지 대박'

개혁의 역풍 속에 반 정연주 후보가 노조위원장에 당선되었지만, 노동조합의 앞날도 순탄치 않을 것으로 보였다. 일선 기자와 PD들이 노동조합의 노선에 찬성하지 않았기 때문이다.[4]

제10대 진종철 노조위원장이 2년 임기를 마치고, 2006년 12월 차기 노조위원장 선거가 있었다. 이번에도 반 정연주 후보가 당선된다. 위원장에 박승규 기자, 부위원장에 강동구 엔지니어가 2년 임기를 맡게 되었다. 이들이 내건 선거운동 슬로건이 '코드 박살 막강 노조, 강한 노조 복

---

4   거기에다가 위원장이 인사와 이권 사업에 개입하는 등 일탈 행위가 거듭된다. 진종철 위원장이 기술본부장(임원) 인사에 개입하고 커피숍 운영권을 회사에 요청하는 사건 등으로 정연주 사장과의 갈등이 더 심해진다. 자세한 내용은 다음 기사 참조. 정연주, "자천한 2명 중에 '본부장' 고르라고? 사장에게 '인사청탁'… 간 큰 노조위원장", 〈오마이뉴스〉, 2010.11.23.

지 대박'이었다.

나는 '코드 박살, 복지 대박'이라는 구호 속에 이번 노조의 정체성이
함축돼 있다는 생각이 들었다. 물론 조합원들의 임금 인상과 복지 향상
을 위해 노력하는 것은 노동조합의 당연한 임무다. 하지만 수신료를 핵
심 재원으로 하는 KBS에서 구호를 '복지 대박'이라고 하는 것은 아무래
도 어색했다. 노조의 창립선언문은 어디에도 임금과 복지가 언급되지 않
았다. 1990년 4월 투쟁이 당시 국민으로부터 많은 지지를 받을 수 있었
던 것은 KBS노동조합이 임금 인상이나 복지 향상이 아닌 낙하산 사장 반
대와 공정방송이라는 대의명분을 위해 투쟁했기 때문이다. '코드 박살'
은 또 무엇인가? 그동안 PD와 기자들이 만든 뉴스와 프로그램이 정권과
코드 맞추기였다는 얘기인가? 이런 자기 비하가 어디 있는가? 여기에서
이른바 '코드' 얘기를 좀 하는 게 좋겠다.

2006년 정부가 추진하던 한미 FTA(자유무역협정)가 많은 논란이 되었
다. 참여정부에서 미국과 FTA를 적극 추진하자, 진보적 시민사회와 노조
등에서 '좌측 깜빡이 켜고 우회전 한다'며 강하게 반대했다. 이때 KBS가
한미 FTA의 문제를 다루는 다큐멘터리를 제작한다. 2006년 6월 4일,
〈KBS 스페셜〉을 통해 'FTA 12년, 멕시코의 명과 암' 편(연출 이강택)을
방송했다. 정부가 역점을 두고 추진하는 한미 FTA에 대한 비판적 방송이
KBS에서 나가자 정부에서 발끈했다.

KBS가 공영방송으로서 제 역할을 하고 있는지 의구심이 든다. 이런 정도면 횡
포에 가까운 것이다.[5]

<hr />

5   당시 김창호 국정홍보처장이 브리핑을 통해 강도 높은 불만을 쏟아냈다. "한미 FTA 공영방
     송 보도는 횡포 수준", 〈서울신문〉, 2006. 7. 5.

〈KBS 스페셜〉팀은 팀장 주재로 매주 월요일에 프로그램 평가회의를 열었는데, 당시 나도 이 팀 소속이어서 참석하곤 했다. 팀장과 PD들이 지난 주말에 방송된 프로그램에 대해 자유롭게 이야기하며 토론했다. 이날 대체적인 시청 소감은 한미 FTA가 불러올 폐해를 멕시코의 사례를 통해 잘 보여줬다는 것이다. 하지만 동시에 정부 입장이나 FTA의 긍정적 측면도 궁금하다는 의견들이 나왔다. 그래서 한미 FTA에 대한 다큐를 한 편 더 방송하는 게 좋겠다고 의견이 모아졌다. 이에 따라 한 달 후(7. 9.), '한미 FTA 위기인가 기회인가' 편(연출 김창범·김동렬)을 방송한다.

〈KBS 스페셜〉은 자체적으로 균형을 잡아가며 방송한 것이다. 그해 10월에도 〈KBS 스페셜〉은 정부 비판 프로그램을 방송했다. '얼굴 없는 공포, 광우병' 편(연출 이강택)으로 정부의 미국산 쇠고기 수입 정책을 우려하는 내용이었다. 이에 농림부가 "단편적 보도"라며 "이번에는 위험물질이 없는 소만, 국제수역사무국[OIE6] 기준(30개월 이하)에 따라 엄선해서 들여오는데 〈KBS 스페셜〉은 마치 광우병 우려가 있는 소를 들여오는 것 같은 인상을 줬다"며 반박했다. 나는 당시 광우병 프로그램도 담당 부처에서는 반발할 수 있지만, 미국산 쇠고기 수입 문제에 대해 경종을 울리는 효과가 분명히 있는 방송이라고 생각했다.

정연주 사장 시기에 방송한 〈미디어 포커스〉, 〈시사기획 창〉, 〈한국사회를 말한다〉, 〈인물현대사〉 같은 프로그램에도 일각에서 '편파적'이니, '참여정부와 코드가 같다'는 비판이 있었다. 외견상 코드가 비슷하다는 지적은 받을 수도 있다. 하지만 그 코드는 권력의 코드가 아니었다. 이런 프로그램을 제작한 기자와 PD들은 '사회적 코드', '시청자의 코드', 그리

---

6   2003년 세계동물보건기구(WOAH)로 명칭이 변경되었으나, OIE라는 약자는 그대로 사용 중이다.

고 '시대의 코드'를 찾으려 노력한 것이다. 그게 바로 공영방송 기자와 PD들의 책무가 아닌가? 이러니 기자와 PD들이 당시 노조의 '코드 박살'이라는 구호를 인정할 수 없었던 것이다.

당시 노조는 제작 자율성과 공정방송 등 그동안 KBS노동조합이 우선시해온 가치를 지키는 데 별 관심이 없어 보였다. 노조가 추구하는 핵심 가치가 거꾸로 바뀐 것이었다. 노동조합이 1988년 설립 당시의 초심, 다시 말해 공영방송 노조로서 제작 자율성과 공정방송을 최우선 가치로 두고, 이를 지키기 위한 보루가 되겠다는 초창기의 다짐을 잊어버린 것이다.

격랑 속으로, PD협회장이 되다

참여정부 출범과 정연주 사장 취임을 전후로, 제작 자율성이 충분히 보장되고 팀제 실시로 조직이 더욱 유연해지는 등 확 바뀐 KBS 내부 분위기 속에서, 나는 〈인물현대사〉에 이어서 〈KBS 스페셜〉, 그리고 2006년 5월부터는 〈HD 역사스페셜〉을 제작하게 됐다. 그런데 전문 연출가를 꿈꾸며 제작에만 몰두하던 나로서는 의외의 선택을 하게 된다.

당시 나는 〈HD 역사스페셜〉 '근대 유학생 1호, 유길준' 편을 제작 중이었다. 2006년 8월 25일 오후, 정동에 있는 러시아공사관을 촬영하고 다른 장소로 이동 중에 차 안에서 한 통의 전화를 받았다. L 선배였다. PD협회장 선거 문제로 전화한다고 했다. 자신이 PD협회장으로 출마하는 데 도와 달라는 줄 알았다. 그가 지난번 PD협회장 선거에 출마했다가 근소한 차이로 낙선했기 때문이다. 그런데 얘기를 더 들어보니 그렇지 않았다.

"근래 PD협회장 선거가 선후배 간에 경쟁하는 구도가 됐는데, 너무 부작용이 많다. 그래서 후배들로부터 오해를 받고 있는 내가 나서지 않고, 대신 '중립적'인 양 후배를 단일 후보로 추천하고 나는 뒤에서 적극 돕겠다. 그리고 내가 입후보하기를 바라는 선배 PD들은 설득해 내겠다."

뜻밖이었다. 하지만 나는 얘기를 듣고 나서 정중하게 고사했다.

"저를 추천해 주셔서 감사합니다만, 한 번도 생각해 본 적이 없고 적임자가 아니라고 생각합니다."

정말 그때까지 한 번도 PD협회장이 된다는 것에 대해서는 생각해 본 적이 없었다. 일전에 PD협회에서 일해 달라는 제안을 받은 적도 있긴 했으나, 잠깐씩 시간 내서 참여하는 경우 외에는 늘 프로그램 제작 현장에 있었다. 노조 집행부에 참여해 본 적도 없었다. 비‡ 제작부서에 가서 일한 적도 없었다.

다만 PD총회나 기타 PD들 모임에서 각종 현안에 대해 내 의견을 적극적으로 말하는 편이긴 했다. 하지만 나는 어디까지나 프로그램을 제작하는 현장 PD의 시각으로 발언했다. 이런 시각은 노조나 PD협회의 성명서와는 약간 결이 달랐다. 그러다 보니 일부에서 나를 소신 있되 정파적이지 않은 PD로 본 것 같았다.

이즈음 창립 20여 년이 돼가던 PD협회[7]에 문제가 생기기 시작했다. 창립 초기의 참신한 기운이 사라지고 집단 내부에 분열 현상이 나타났다. 선후배 그룹 사이에 갈등의 골이 계속 깊어지고 있었다. 특히 팀제 실시

---

7   PD협회는 자율적 직능단체다. 하지만 PD협회는 역사성이 강한 조직이다. 앞서 기술한 것처럼 KBS 내부 민주화의 여정은 바로 PD협회 설립부터 시작되었다. 1980년대, PD들은 회사에서 시키는 대로 일해야 하다 보니 부끄러운 방송을 했다. 이에 이들은 조직을 만들어 대응하려 했으나 번번이 저지당했다. 협회 설립은 6월 민주항쟁 이후에야 가능했다. PD협회는 노동조합보다 1년 먼저 설립되었고, 설립 취지에서 밝힌 것처럼 단순 친목 단체가 아니었다. 사내 민주화 운동을 주도하며 PD들의 제작 자율성을 지키는 일을 가장 중요한 역할로 삼았다. PD협회는 본사와 전국 18개 지역(총)국에 소속된 950여 명(2007년 기준)의 PD들이 선거를 통해 협회장을 선출한다. 2년 임기 중 후반 1년은 대한민국 전체 3,500여 PD들이 소속된 한국PD연합회 회장을 맡는다. 그러다 보니 프로그램 제작 업무를 병행하기가 현실적으로 어려워 PD협회장 1인에 한하여 임기 동안 제작 업무를 면제 받아왔다. 전체 PD들이 동의하는 사안이기 때문에 회사에서 양해했다.

를 둘러싸고 발생한 갈등 탓이 컸다. 젊은 PD들은 대부분 팀제를 찬성했다. 하지만 정연주 사장의 개혁 드라이브를 반대하는 고참 선배들도 꽤 있었다.

나는 L 선배한테 전화를 받고 며칠 후 일본으로 출장을 떠났다. 도쿄에서 남동쪽으로 700여 리 떨어진 하치조섬, 근대 유학생 1호이자《서유견문》의 저자 유길준이 파란만장한 행로 중 7년 동안 유배돼 있던 곳이다. 그의 발자취를 찾아 촬영하던 중 1년 후배인 H에게서 다시 전화를 받았다.

"이번에 L 선배(내게 처음 전화했던 선배)가 큰 결심한 거예요. 선후배 그룹이 함께 단일 후보를 추천해서 선후배 간 갈등의 골을 조금이나마 메워보자는 취지잖아요. L 선배의 결단이 빛을 발할 수 있게 다시 한번 진지하게 고민해 주시죠!"

하지만 나는 PD협회장 직을 잘 해낼 수 있을 거라는 확신이 없었다. 다만 후배가 그렇게 얘기하는데 그냥 거절할 수 없어 "얘기 잘 들었고, 조금 더 고민해 볼게"라며 통화를 마쳤다. 그런데 며칠 후 귀국해 보니 H 후배가 이미 입후보에 필요한 50명의 추천서도 받아 놓았다. PD 집단 내부의 갈등 기류가 심상치 않은 상황에 너무 뒤로 빼는 것도 무책임하고 용기가 없는 것 같았다. 일단 관련된 서너 명의 PD와 만나서 얘기해보기로 했다.

다음 날 점심을 겸해 만났다. 맨 처음 내게 전화했던 L 선배, 일본 출장 중에 전화한 H 후배, 그리고 또 한 명의 K 선배까지 3명이었다. 먼저 K 선배가 두 가지 제안을 했다. 하나는 '사장 선임 과정에서 PD협회가 중립적 입장을 견지하도록 해 달라'는 것이었다. 이 제안은 당연해서 문제가될 게 없었다. 하지만 나머지 하나는 납득하기가 어려웠다. 그는 '요즘 일부 후배들이 PD협회 주변에서 너무 설치는데, 앞으로 협회 근처에 얼씬거리지 못하게 약속해 달라'는 것이었다. 상식적으로 수용할 수 없는 제안이었다.

"선배가 보시기에 그 후배 PD들이 못마땅한 점도 있겠지만 그렇다고 그들의 인행이 전체적으로 매도할 정도는 아니라고 봅니다."

그리고 나는 "이번에 단일 후보를 추천하기로 한 취지가 선후배 간의 골을 줄이려는 것인데, 선배의 요구대로 한다면 또 다른 골을 만드는 것이 아닌가요?" 하고 반문했다. 대신 "만일에 제가 협회장이 된다면 후배들에게 종종 쓴소리도 하겠다"고 말했다. 하지만 K 선배는 내 답변이 미진하다면서 "선배들을 설득하기 힘들 것 같다"고 했다. 결국 이날 만남은 어색하게 끝났다. '단일 후보 추대'안은 없었던 일이 되는 듯했다.

그런데 그날 저녁, 다시 만나자는 연락이 왔다. H 후배와 K 선배가 대화를 계속했던 모양이다. 회사 근처 호프집에서 다시 만났다. 도착해 보니 1년 후배인 C 모 PD가 와 있었다. 그는 당시 노조 집행부에 참여하고 있었다. 그는 함께 프로그램을 제작할 때는 동료로서 별문제 없이 지내는 사이였다. 그런데 노조 집행부의 간부가 되더니 나와는 결이 다른 사람이 되었다. 당시 노조 집행부는 정연주 사장의 개혁 드라이브에 강하게 반발하고 있었고, 나는 노조 집행부의 행보에 찬성하는 쪽이 아니었다. 4명이 대화를 계속했으나 여전히 평행선을 달렸다. 그러다가 갑자기 C 후배가 들고 있던 맥주잔을 탁자에 꽝 하고 내리치며 내뱉듯이 소리쳤다.

"양 선배는 이 판에 끼지 마세요!"

어이없고 황당했다. 이렇게 짧게 응수했다.

"이 판이라니? 이 판은 상식적으로 돌아가는 판이 아니라고?"

나보고 제작 현장에나 있지 왜 협회나 노조 일에 끼려 하느냐는 힐난이었다. 나는 잠시 흥분을 가라앉히고 일어나 회사 사무실로 들어왔다. 자리에 앉아 생각을 정리하고 다시 회사 밖으로 나오면서 결심을 굳혔다.

'그래, 한번 부딪쳐 보자!'

저런 친구들에게 협회나 노조를 맡겨둬서는 안 되겠다고 생각했다. 제작 현장을 떠나기에는 미련도 좀 남아 있고 복잡한 방송 정책에 관한 이해도 부족하다고 생각해서 여러 날을 망설였지만, 이런 일을 겪으면서 용기를 내야겠다고 생각하게 된 것이다. 마침내 고민을 끝내고 사내 게시판에 '출마의 변'을 올렸다. 그동안의 경위를 간략히 밝히고 이어서 두 가지 이유로 고민의 시간이 길었다고 털어놨다.

후보 등록 마감을 하루 남겨 놓은 목요일, 결정을 내려야 할 시간이 다가왔습니다. 잠시 혼자서 마음을 정리했습니다. 우선 가장 먼저 걸리는 것은 앞으로 2년 동안은 프로그램 제작에서 손을 떼야 한다는 것입니다. 입사 18년 차, 그동안 많은 프로그램을 제작했습니다. 자주 아이디어가 달리고 시간에 쫓겨서 힘들 때도 많았지만 보람 있고 작으나마 행복감을 느낀 시간이었습니다. 그런데, 생각하지 않았던, 가보지 않았던 길을 간다는 것이 낯설었습니다. '앞으로 2~3년 바짝 프로그램에 몰두하면 꽤 괜찮은 프로그램들을 만들 수 있지 않을까' 하는 아쉬움도 컸습니다. 다음으로 쉽게 결정할 수 없게 하는 것은 두려움이었습니다. 프로그램 제작에 몰두하면서 1명의 PD로서 사고해 오던 제가 전체 PD의 입장에서 생각하는 방식으로 전환한다는 것이 쉽지 않을 것 같았습니다. 961명이라는 전체 PD의 숫자를 떠올리니 두려움이 마음속을 스쳐 갔습니다.

하지만 며칠 동안 직접 겪은 일들이 내게 일종의 소명 의식을 갖게 했다고 하면서 큰 틀에서 두 가지를 공약했다. 하나는 현재 팽배한 PD 사회 내부의 심각한 갈등을 극복하겠다는 것이고,[8] 둘째는 급변하는 방송 환경 속에서 PD들이 막연한 불안감을 떨쳐낼 수 있도록 PD협회가 주도적

---

8 이 점에 대해 이렇게 적었다. "전격적인 팀제 시행으로 인해 적지 않은 PD들(특히 일부 선배층)이 갖고 있는 불만과 박탈감, 선후배 간 갈등의 골, 사장 연임 문제를 둘러싼 노조의 극한 투쟁, 박 모 PD 사건, 문 모 PD 사건 등으로 인해 PD 사회 전반에 위기감이 팽배해 있습니다. 이러한 혼돈 상태에 대한 정리가 필요하다는 점에 PD들 모두가 공감하고 있습니다."

으로 대처하며 시의적절한 대안들을 마련하겠다는 것이다.

결국 선배 그룹에서 후보자가 1명 더 나와서 경선을 치르게 됐다. 여러 동료 및 후배들과 회사 및 PD 사회의 현안들을 검토해서 공약을 만들어 발표하고 후보자 토론회를 하는 등 선거운동을 했다. 물론 여전히 제작 중인 프로그램이 있어서 시간을 배분해서 써야만 했다. 3일 동안 전자투표가 진행됐다. 9월 15일 금요일 오후 6시가 조금 지나서 바로 투표 결과가 나왔다. 100표가 넘는 차이로 당선되었다. 이렇게 해서 2년 임기의 PD협회장을 맡게 됐다. PD협회장 선거에 출마한다는 것은 불과 3주 전까지만 해도 생각해 본 적이 없었기 때문에, 나는 준비된 협회장이 아니었다. 일단 큰 방향만 잡고 일을 해 나가기 시작했다.

"의원님 우리는 한배입니다"

당시 사내에는 긴장감이 계속 높아지고 있었지만, 협회장 임기 초반은 그런대로 지나갔다. 그러다가 2007년 4월, KBS 안팎에 큰 회오리를 몰고 온 사건이 일어났다. 이른바 '강동순 녹취록' 사건이다.

이 사건은 KBS 감사 출신 강동순 당시 방송위원회 상임위원(이하 방송위원)이 KBS의 Y 심의위원[9] 등과 함께 서울 시내 한 음식점에서 당시 한나라당 유력 대선 주자(국회의원)와 만나서 나눈 대화가 녹취록으로 유출된 사건이다. Y 심의위원은 KBS PD협회 소속의 중견 PD였다. 그 만남 다섯 달 후인 2007년 4월 6일, 문제의 녹취록 전문이 〈미디어오늘〉에 실렸다. 이들은 한나라당 집권을 위해 언론을 어떻게 이용해야 하는지, 그리고 집권 뒤에는 언론을 어떻게 해야 하는지 등에 대해 얘기를 나눴다.

---

9   KBS의 심의위원은 KBS에서 방송되는 프로그램을 사전 또는 사후에 모니터해서 심의평을 쓰는 일을 한다. 이 심의평을 심의실장이 취합해서 매일 아침 사장에게 보고한다.

강동순   그래서 좀 의원님 그~ 계속 우리 문광위원 간사가 이제 저기 최 모 의원이 있는데, 그래서 그 양반한테 그랬어요. 우리 가끔씩 바쁘시더라도 조찬을 하더라도 서로 만나서 … 또 (한나라)당에서 이렇게 좀 해달라고 하면 우리가 또 그걸 받아서 해야 되고 또 우리 애로점이 있으면 당에서 이해도 해 주시고 지원도 해 주시고….

모 의원   ……. [10]

강동순   정말로 이제 우리가 정권을 찾아오면 방송계는 하얀 백지에다 새로 그려야 됩니다. … 새로, 건물을 새로 지어야지. 방송이 그렇다는 거예요.

아무리 사석이지만 방송위원의 말이라고는 믿어지지 않는다. 한마디로 권언유착權言癒着이다. 방송위원은 정치적 중립을 유지하고 공정성을 지켜야 할 의무가 있다. 한나라당 의원이 참석한 자리에서 '정권 교체를 위해 서로 돕고, 그래서 정권을 찾아오면 방송판을 완전히 바꿔 보자'고 한 말이 고스란히 녹취록에 담겨 있었다. 강동순 방송위원과 Y 심의위원은 KBS 노조위원장 선거를 대선과 연결 짓기도 했다. 내년 대선을 앞두고 KBS노동조합이 중요하다며 이렇게 말한다.

Y 심의위원   노조를 잡아놔야 된다고. 우리 편으로 만들어야 되거든.

강동순   노조가 막강합니다. 내년 대선 때 노조가 제대로 들어서면 반은 정연주를 견제할 수가 있어. KBS노조 매우 중요합니다. 국회의원 몇 분 당선되는 것보다 KBS노조가.

Y 심의위원은 정연주 사장이 팀제 실시로 부장급 이상 간부들을 대부분 팀원(평직원)으로 만들어 버렸는데, 이들의 불만을 동력으로 삼아 새

---

10 아무런 말을 하지 않고 듣고만 있었던 것으로 추측된다.

로 관리자급 노동조합을 만들고 있다고 얘기한다. 그러면서 노조 이름은 'KBS 공정방송 노동조합'이라고 했다. 놀라운 것은 노동조합의 이름에 왜 공정이라는 단어를 붙였는지 설명하는 부분이다.

Y 심의위원　관리자 노동조합을 만든 이유는 방송이 하도 개판이니까. 관리자라고 몇 명 안 됩니다. 사실은. 300명 미만인데 1직급 이상자들이라는 게. 우리는 안에서 머리띠 두르고 조끼 입고 머리 빡빡 깎고 '물러가라!' 이거는 못 하고, 언론플레이를 하려고 그러는 거예요. 그래서 제가 노동조합 이름을 'KBS 공정방송 노동조합'이라 지었습니다. 그러니까 저희가 하는 소리는 공정방송 하자고 하는 얘기처럼 들릴 거 아닙니까? 밖으로 나가면. 그게 지금 저기 고법에서 이기면 (관리자 출신[11] 노조를 설립할 수 있고 그러면) 이제 내년 선거(2007. 12. 대선) 때 아마 큰일을 할 겁니다.[12]

그리고 그는 그날 술자리의 마지막을 이렇게 장식했다.

Y 심의위원　오늘 저 영광입니다. 근데 의원님 한배입니다. 한배입니다. 좌초되면 저희는 죽습니다. 좌초되면 저희는 죽으니까요.

이 녹취록은 KBS의 현직 중견 PD이자 심의위원이 정치권(한나라당)

---

11 관리자 출신이란 KBS에서 최고 상위직급인 관리직급이나 1직급 직원으로 보직을 맡았던 적이 있는 직원들을 말한다. 이들이 당시 평직원으로 보직을 맡지 않고 있는 이상 노조에 가입할 수 있다고 보고, 관리자 출신이 가입할 수 있는 노조를 설립 중이라는 얘기다. 나중에 노조 설립이 가능하다는 판결을 받는다.
12 이 녹취록에는 KBS노조를 정치적으로 활용해야 한다는 제안도 들어 있어 또 다른 차원의 주목을 끌었다. 당시 노조위원장과 차기 노조위원장 후보 관련한 이야기가 들어 있는데, 녹취록에서 거론된 당사자는 그해 12월에 실제 위원장에 당선되었다. 그는 선거운동 슬로건을 '코드 박살 복지 대박'으로 내걸었다.

과 얼마나 유착돼 있는지를 적나라하게 드러냈다. 당시 〈KBS PD협회보〉에서 이 사건을 상세히 다뤘다. 그리고 이렇게 부끄러운 모습이 드러난 이상 그대로 넘어갈 수 없었다. 먼저 당사자에게 공개적 소명과 사과를 요청하고 기다렸다. 하지만 그는 응하지 않았다. 결국 협회 회칙에 따라 징계 절차에 들어갔다. 두 차례의 운영위원회와 전체 운영위원(37명)이 참여하는 투표를 통해 Y PD를 제명했다. 고통스러운 일이었지만 어쩔 수 없었다.

방송 장악, 맨몸으로 맞서다

6월 민주항쟁 이후 굴곡은 좀 있었지만, KBS는 정상적 공영방송으로 조금씩 나아갔다. 영향력 1위를 넘어 신뢰도 1위를 달성했다. 하지만 2008년 2월 이명박 정부가 출범하면서 모든 게 달라졌다. 정권이 다시 공영방송을 장악하려 한 것이다.

그동안 정권이 바뀌면 관행처럼 KBS 사장이 물러났다. 사라져야 할 관행이었다. 정연주 사장은 이 관행을 깨려 했다. 이와 더불어 정 사장 시기에 제작 자율성을 경험한 KBS 사원들은 정권의 방송 장악에 강력하게 저항한다. 하지만 노동조합이 변질되었기 때문에 사원들은 맨몸으로 맞서야 했다.

권력기관 총동원

2008년 새 정부가 출범하면서 KBS, MBC, YTN 등 방송계는 전운戰雲에 휩싸였다. 이명박 정권은 임기가 남은 정연주 사장을 강제로 해임하기 위해 KBS 이사회는 물론 방송통신위원회·교육부·감사원·국세청·검찰·경찰·국정원 등 중앙부처 및 사정 기관들을 총동원했다.

새 정부가 출범하고 한 달 후(2008. 3. 26.), 최시중 방통위원장이 취임했다. 그리고 열흘쯤 지나 〈PD저널〉(한국PD연합회 발행)에 이런 기사가 실렸다.

최시중 방송통신위원장이 취임 직후 김금수 KBS 이사장과 비공개 회동을 가진 것으로 뒤늦게 밝혀져 그 배경에 관심이 모아지고 있다. 〈PD저널〉의 취재 결과, 지난달 26일 취임식을 가진 최시중 위원장은 다음 날인 3월 27일 김금수 이사장과 서울 종로구 모처에서 회동한 것으로 확인됐다.[1]

최시중 씨가 방통위원장으로 취임한 후 첫 번째로 한 일이 KBS 사장 제거 작업이었다. 두 사람이 만난 이유도 정연주 사장 거취 문제 때문이었다. 이후에도 최 위원장은 김금수 이사장을 두 번 더 만난 것으로 나중에 밝혀졌는데, 세 번째 만남에 관한 이야기는 내가 직접 들었다.

2008년 5월 12일, PD협회장이던 나는 김현석 기자협회장 및 이도영 경영협회장과 함께 서울 덕수궁 근처의 한 음식점에서 김금수 이사장을 만났다. 세 협회장은 '정연주 퇴진'을 부르짖는 노조와 결이 다른 입장이었고, 이사장도 그 점에 대해 알고 있었다. 이사장은 이날 오전에 최시중 위원장을 만났다고 했다. 이사장과 최 위원장은 대학 동창 사이였다. 우리는 이사장에게서 비교적 솔직한 얘기를 들을 수 있었다.

나는 이사장에게 들은 이야기를 내가 발행인으로 있던 〈PD저널〉의 편집주간(권오훈 KBS PD)에게 했다. 편집주간이 기사화하겠다고 해서 처음에 나는 고민이 좀 필요하지 않겠냐고 말했다. 하지만 김 이사장이 노동운동을 해온 분이어서 현 정권의 부당한 처사에 대해 공감하고 있을 것이고, 그렇다면 나중에 이해해 줄 것으로 생각하고 결국 동의했다. 김 이사장과의 만남 3일 뒤(5. 15.), 〈PD저널〉 인터넷판에 기사가 실렸다.

〈PD저널〉이 취재한 바에 따르면 최시중 방통위원장과 김금수 KBS 이사장은 지난 12일 오후 서울 종로 모 식당에서 만나 방송계 현안을 논의한 것으로 확

---

1   〈PD저널〉, 2008. 4. 7.

인됐다. "최근 미국산 쇠고기 파문 확산과 이명박 정부의 지지율 하락이 방송 때문이며 그 원인 중 하나가 조기 사퇴 요구에도 불구하고 자리를 지키고 있는 KBS 정연주 사장 때문"이라는 내용의 발언을 한 것으로 전해졌다. 이에 대해 김금수 이사장은 "정연주 사장을 사퇴시키고자 한다면 무언가 명분이 있어야 한다. 지금처럼 KBS 이사회로 하여금 방송법에도 없는 사퇴권고 결의안을 내게 하는 방법으로 안 된다"는 부정적 입장을 밝혀, 이날 회동은 1시간여 만에 성과 없이 끝난 것으로 알려졌다.

그런데 이후 사태가 엉뚱하게 전개됐다. 〈PD저널〉 보도 후 러시아 출장을 다녀온 김 이사장이 5월 21일 돌연 사표를 낸 것이다. 주위에서 여러 사람이 만류했지만, 그는 사유를 밝히지 않은 채 사퇴를 고수했다. 결국 방통위에서 사표가 처리되고, 5월 30일 여권 추천으로 유재천 한림대 한림과학원 특임교수가 보궐 이사로 선임된다. 이어 유 이사는 이사장으로 선출된다. 유 이사장(당시 70세)은 보수적 언론단체인 '공영방송 발전을 위한 시민연대'의 공동대표를 맡고 있었다.

김금수 이사장은 왜 갑자기 사퇴했을까? 〈PD저널〉에서 기사화한 것이 어떤 계기로 작용했을까? 방통위의 배후에서 모종의 권력기관이 개입했을 가능성은? 당시 이런저런 소문이 떠돌기도 했지만 나는 아직도 이 사장이 돌연 사퇴한 이유를 알지 못하고 있다. 이사장이 사퇴하지 않고 버텼더라면 그 이후 KBS 사태가 어떻게 전개됐을까?[2]

---

2 노무현 전 대통령이 2008년 퇴임 몇 달 후 한 매체와의 인터뷰에서 이렇게 말한 적이 있다. "감사원장이 사표 내버리지 않았습니까? 지켜줘야 할 사람이 안 지켜주고 사표를 내버리니까 감사원에서 정연주 씨를 두고 엉뚱한 감사 결과가 나오는 것이죠. KBS 이사회 이사장이란 자리가 무슨 보통자립니까? 무책임하게 사표 내고 나와버리니까 이사회가 저렇게 굴러가는 거지요. 민주주의라는 것이 한 사람 한 사람 자기 직분에서 그 민주주의의 가치를 수호하겠다는 결의를 가지고 일해야 하는 것인데, 이번에 보니 뭐 일괄사표 내라니까 줄줄이 내버리고. 그러니까 자유를 지킬 수가 없는 것이죠. … 무릎 꿇지 않는 사람은 지배하기 어렵습니다.

이명박 정권은 정연주 사장의 사퇴를 압박하면서 동시에 일부 이사들을 교체하고자 했다. 야권 추천 이사들이 수적으로 많은 현재의 이사회 구도를 바꿔 정권의 입맛에 맞는 사장을 앉히기 위해서였다. 특히 신태섭 이사(부산 동의대 교수)를 약한 고리로 보고 집요한 공작을 펼친다. 먼저 교육과학기술부에서 소속 대학에 압박을 가했다. 2008년 3월 21일, 부산 동의대 강 모 총장이 신태섭 교수를 총장실로 부른다.[3]

"신 교수가 KBS 이사를 계속하면 학교가 어렵다. 언론, (KBS)노조, 정치권, 교과부에서 신 교수를 징계하라는 압박이 심하다. 학교에 불이익이 오지 않도록, 그리고 신 교수에게 불행한 사태가 오지 않도록 하려면 당신이 KBS 이사에서 사퇴하는 수밖에 없다."

신 교수가 응하지 않자 총장과 부총장이 번갈아 가며 3번이나 이사 사퇴 압력을 가한다. 마침내 5월 15일, 총장은 다시 신 교수를 불러 최후통첩을 전한다.

"이번 사태가 교과부 차원을 넘었다. 내일 교과부가 아닌 다른 곳에 당신 문제를 어떻게 매듭지을지 답해야 한다. 그곳이 어딘지는 묻지 말아 달라."

그래도 버티자 한 달 뒤(6. 20.), 동의대는 신태섭 교수에게 7월 1일 자로 해임을 통보한다.[4] 동의대에서 교수직 해임 결정을 내리자, 방통위는

너무 쉽게 무릎을 꿇으니까 그러는 것이지요" 천관율, "검찰 장악 시도했다면 나도 미래도 타살당했을 것", 〈시사인〉, 2009. 8. 10.

3 이하 내용은 자신에 대한 사퇴압력을 일지로 기록한 신태섭 이사가 2008년 7월 2일에 공개한 것이다. KBS본부노조, 2018, 《장악과 부역, 저항의 10년: 1부 이명박과 KBS》, 61쪽 참조.

4 해임 사유는 '총장 허락을 구하지 않고 KBS 이사로 활동한 점', '총장 승인 없이 KBS 이사회에 참석해 직장을 무단이탈한 점', '이사회에 참석하면서 학교 수업을 소홀히 한 점' 등이다. 하지만 신 교수에 따르면 이는 구차한 구실일 뿐이었다. 이명박 정부 출범 전에는 대학 측으로부터 KBS 이사직 수행에 대한 어떠한 문제 제기도 없었다. 오히려 KBS 이사로 선임되자 총장을 비롯한 교수진이 "학교 명예를 높여주었다"며 축하인사를 건넸다고 한다. 그리고 매년 제출하는 교육업적보고서에서 'KBS 이사직 수행'은 업적으로 인정해 사회봉사 점수를 부

신 이사를 해임제청하고 대신 친여권 인사를 보궐 이사(강성철 부산대 교수)로 추천했다.

노무현 정부 시기 11명의 KBS 이사는 여야 7 대 4 구도였다. 이명박 정부 출범 후 여야 구도가 반대로 4 대 7로 바뀐다. 이 구도를 최소한 여야 6 대 5 로 바꿔야, 즉 여권 이사가 과반을 넘어야 기존의 사장을 해임하고 새 사장 선임이 가능했다. 결국 김금수 이사장 사퇴, 신태섭 이사 강제 해임 등의 과정을 거쳐 6 대 5 구도를 만들었다. 이제 KBS 이사회는 정연주 사장에 대한 해임제청이 가능한 의결정족수를 갖게 된 것이다.

이명박 정권은 이사회 구도를 바꾸기 위한 공작을 진행하면서 동시에 감사원을 동원해 정연주 사장을 압박한다. 2008년 5월 13일, 이전 정부에서 임명됐던 전윤철 감사원장이 자진 사퇴하자 이틀 뒤 뉴라이트전국연합 등 보수단체들이 감사원에 KBS에 대한 감사를 청구한다. 이에 감사원은 기다렸다는 듯이 곧바로(엿새 뒤에) '적자 누적 등 부실경영', '인사권 남용' 등을 이유로 KBS에 대한 특별감사를 결정한다. 감사원은 신속하게 감사를 진행하더니 한 달 반 만인 8월 5일, 30쪽짜리 보도자료를 냈다. 매우 이례적이었다.

정연주 사장이 흑자이던 KBS 재정구조를 취임 이후 2004~2007년 1,172억 원의 누적 사업 손실을 초래하는 등 만성적 적자구조로 고착화시켰고, 이러한 적자 상황에서도 … 방만 경영을 지속했으며 … 인사 전횡으로 조직 내 갈등을 유발하였고 … 위법하고 타당성 없는 방송시설 투자 사업을 추진하여 사업비를 낭비한 사실이 적발되는 등 그 비위 정도가 현저하다고 인정하여 … 감사원법 규정에 따라 KBS 이사회에 해임을 요구하였다.

여한 것이다. 이사직을 수행하며 빚어지는 수업 차질도 보충 강의를 성실히 한 것으로 돼 있었다. 하지만 정권이 바뀌자 KBS 이사직 수행이 교수직 '해임' 사유로 둔갑해 버린 것이다.

KBS는 즉각 감사원의 감사 내용과 보도자료를 조목조목 반박한 'KBS 입장'을 발표했다. 하지만 다음 날 아침 신문에 KBS 입장은 제대로 보도되지 않았다. 반면 감사원의 발표는 조·중·동을 비롯한 대다수 신문에서 도배하듯 대서특필했다.

같은 날, 정연주 사장이 기자회견을 열고 '국민 여러분께 드리는 글'을 통해 감사원의 거짓·왜곡·부실 감사의 사례들을 낱낱이 반박했다.[5] 또한 재임기간 중 영향력 1위는 물론 신뢰도 1위를 이루게 된 경위, 자율과 자유를 보장한 결과 이루어진 성과, 언론자유와 민주주의에 대한 철학, 그리고 공영방송 KBS 사장에 대한 임기 보장의 의미와 역사적 배경을 이야기했다.

우리가 민주주의를 신봉한다면, 민주적 제도와 절차는 존중돼야 합니다. 그것은 우리 사회가 지난 세월 온갖 희생과 고난 끝에 얻어낸 참으로 값진 성취입니다. 그 어렵게 얻어낸 진보와 자산을 이렇게 쉽게 허물 수는 없는 일입니다. 그것은 단순히 공영방송 KBS만의 문제가 아닌, 언론의 자유가 바탕이 된 민주주의 자체에 대한 심대한 훼손이자 역사의 퇴보라 하지 않을 수 없습니다. 공영방송이 정치적 독립을 위해 사장의 임기를 보장하는 것도 숱한 시행착오 끝에 마련된 현행 방송법의 바탕에 도도하게 흐르는 정신이자 구체적 규정인 것입니다.[6]

---

5   정 사장은 이 글에서 '1,172억 원의 누적 사업 손실'이라는 감사원의 지적은 허위와 자의적 해석일 뿐이라고 했다. 경영성과를 평가하는 데 있어서, 각종 투자 및 재무적 의사결정에 따른 성과를 포괄하는 당기순이익을 외면하고 굳이 사업손익만으로 평가하는 이유를 납득하기 어렵다고 반박했다. 또한 사업손익만으로 계산하더라도 취임 첫해에 거둔 대규모 흑자는 왜 제외했느냐고 물었다. 인사전횡의 대표적 사례로 언급한 '특별 승격' 문제에 대해서도 지적한다. 전형적인 관료주의와 연공서열제를 타파하기 위해 정해진 제도 안에서 정당한 절차를 밟아 인재를 발탁하는 것도 인사전횡이고 해임사유인지 물었다. 정연주, 2011, 《정연주의 증언: 나는 왜 KBS에서 해임되었나》, 오마이북, 160~172쪽.

하지만 이명박 정권은 아랑곳하지 않았다. 감사원 감사로 끝이 아니었다. 검찰 수사도 기다리고 있었다. 2008년 5월 14일, 정 사장이 '업무상 배임' 혐의로 고발당한다. 보수단체들이 감사원에 특별감사를 청구하기 하루 전이다.

고발인은 KBS에서 세무소송을 담당하다가 정년퇴직한 조 모 씨였다.[7] 고발 내용은 'KBS와 국세청 사이의 세금 분쟁이 진행 중이었는데, 정 사장이 법원 조정을 받아들임으로써 KBS에 막대한 손해를 입혔다'는 것이다. 따라서 업무상 배임이라는 것이다. 만일 KBS가 소송을 계속 진행했다면 약 3천억 원을 국세청으로부터 환급받을 수 있었다고 주장했다. 그런데 뭔가 이상하다. 법원의 조정신청을 받아들인 게 배임이라니?

수년 전부터 KBS는 법인세와 부가가치세 문제로 국세청과 소송을 해왔다. 소송은 2000년대 초반까지 이어졌다. 정 사장 취임 당시 17건의 세무 관련 소송이 진행 중이었는데, 그때까지 1심 소송 진행 상황은 KBS가 7승 9패(1건은 선고하지 않음)였다. 2심 소송이 진행 중인 상황에서 법원이 양측에 조정을 권고한다. 정 사장과 임원들은 '면밀한 검토' 끝에 경영회의를 거쳐, 법원의 조정신청을 수용하는 걸로 결정한다. 국세청으로부터 일정 금액을 환급받는 선에서 소송을 마무리하기로 한 것이다.

하지만 KBS 출신 조 모 씨의 고발장이 접수되자 검찰이 바로 배임 혐의로 수사에 착수한다. 과연 무엇이 옳은 결정이었을까? 국세청과의 불확실한 소송을 계속 끌고 가서 매년 수백억 원의 추징금을 납부하는 것

---

6   정연주, 위의 책, 169쪽.

7   정 사장은 2003년 4월 취임 직후 조 모 씨에게 국세청과의 세금 관련 소송을 보고 받았는데 그는 '소송을 계속하자'고 주장했다고 한다. 하지만 그가 전담해 온 세금 소송에 대해 KBS 내에 찬반양론이 심각하게 대립해 있고, 또 그가 세금 소송을 혼자서 전담하고 세금 소송 관련 정보도 거의 독점하고 있다는 사실도 알게 되어, 결국 TF를 구성하여 공동 논의를 통해 대응키로 했다고 적고 있다. 정연주, 앞의 책, 177, 186쪽.

이 옳을까, 아니면 고등법원의 조정 절차를 받아들여 일정한 선에서 마무리한 게 옳았을까? 판단하기 쉽지 않은 질문이다. 다만 여기서 중요한 것은 경영진이 '얼마나 합리적 절차를 밟아 결정했느냐'일 것이다.

하지만 검찰은 6월과 7월에 정 사장을 잇달아 소환 통보했고, 수사 내용을 언론에 흘렸다. 죄명은 '특정경제범죄가중처벌 등에 관한 법률위반(배임)'이었다. 감사원의 특별감사와 검찰의 수사가 계속 진행된다. 8월 4일, 검찰이 정 사장에 대해 출국 금지 조치를 취하고, 바로 다음 날 감사원은 앞에서 얘기한 것처럼 특별감사 결과를 발표하며 정 사장에 대한 해임 처분을 요구한다. 그리고 8월 8일, KBS 이사회는 정연주 사장에 대한 해임제청안을 여권 이사 단독 의결로 통과시킨다. 나흘 후, 이명박 대통령이 해임을 재가하자 검찰은 정 사장을 체포하여 구속한다.

이후 긴 법정 싸움이 이어졌다. 하지만 배임혐의에 대한 검찰의 주장은 법원에서 받아들여지지 않았다. 정연주 사장은 1심(2009. 8. 18.)과 2심(2010. 10. 28.)에서 모두 무죄 판결을 받았다.[8] 2012년 1월 12일, 대법원은 정 사장의 배임혐의에 대해 무죄를 확정 선고했다. 또한 정연주 전 사장은 해임무효 소송에서도 최종 승소했다. 1심과 2심에서 모두 '위법하니 해임을 취소하라'는 승소 판결을 받았고, 2012년 2월 23일에 대법원은 해임처분무효소송 상고심에서 원고 승소(해임 무효)를 선고했다.

신태섭 전 이사도 동의대를 상대로 해임무효확인소송을 제기하고, 1년

---

8 당시 정연주 전 사장은 법정 최후 진술에서 이렇게 말했다. "존경하는 재판장님, 지난 1년 가까운 세월 동안 이 법정을 오가면서 제 머리와 가슴에 떠나지 않는 생각이 있습니다. 세상에 이런 낭비가, 이런 비상식이 법의 이름으로 자행되다니 … 얼마나 많은 사람들의 시간과 노력이 이 말도 안 되는 이른바 '배임 사건'에 쏟아져야 했습니까? … 이러한 경영적 판단과 경영 행위를 두고 … 심지어 국가와 국민에게 이득을 줬다는 이유로 저에게 무시무시한 배임죄를 적용했습니다. 21세기 대명천지에 어떻게 이런 일이 법의 이름으로 가능합니까" 정연주, 앞의 책, 189~201쪽.

6개월 동안의 법정 싸움을 벌여야 했다. 신 이사는 1·2심에서 모두 승소한 뒤 2009년 12월 17일 대법원 판결에서도 최종 승소했다.

당시 PD·기자들의 생각은?

당시 일반 사원들은 KBS에 대한 감사원의 감사 내용이나 검찰의 수사 상황을 세세히 알 수는 없었다. 하지만 권력기관들을 총동원해서 정 사장을 해임으로 몰아가고 있는 것은 분명해 보였다. 짜맞춘 각본이지만 군데군데 말이 안 되고 의도가 노골적으로 드러나는 것들이 너무 많았기 때문이다. 이런 상황에서 사원들은 자신에게 주어진 업무만 하며 그냥 지켜보고만 있을 수 없었다. 사실 노동조합이 적극 나서서 싸워야 했다. 하지만 노조는 반대로 움직였다. 오히려 이명박 정부의 '정연주 사장 해임작전'에 묵인 내지 방조하는 모습으로 비쳤다.

2007년 12월, 노동조합(위원장 박승규)은 조합원들을 대상으로 여론조사를 한 결과, 응답자의 86.2%가 "정연주 사장이 경영 적자에 대한 책임을 져야 한다"고 답했다고 밝혔다. 또한 노조는 2008년 4월 22일부터 5월 16일까지 '정연주 사장 퇴진과 낙하산 사장 반대'를 내걸고 서명운동을 벌인 결과 조합원의 70%가량인 3,162명이 서명했다고 주장했다.

하지만 젊은 기자와 PD들은 이러한 노조 집행부의 행보와 조사 결과에 선뜻 동조하지 않았다. 앞에서 얘기한 것처럼 정연주 사장은 취임 후 젊은 기자·PD들로부터 많은 지지를 받았다. 취재 및 제작의 자율성을 충분히 보장했기 때문이다. 그것은 이전에 겪지 못한 경험이었다. 사내 게시판에 여러 기자와 PD들이 자신의 의견을 올렸다. 해외에 특파원으로 나가 있는 한 기자(이재강)가 이런 글을 올렸다.

입사 뒤 18년 저의 기자 생활을 취재의 자율성이라는 관점에서 돌이켜볼 때 무엇을 어떤 방식으로 취재하고 편집해 방송할지, 그 자율성은 꾸준히 신장돼 왔습니다. 그래서 이제는 양심에 반하는 취재와 방송을 강요받지도, 설사 강요받더라도 저항할 수 있는 시스템과 문화가 우리 안에 어느 정도 자리를 잡았습니다. KBS가 영향력뿐 아니라 신뢰도에서도 1위로 올라섰다는 사실은 KBS가 정권과 국민 사이에서 어느 쪽으로 이동했는지 잘 보여주는 사례일 것입니다. …

(앞으로) 기자들은 매일매일 양심의 시험대 위에서 살아야 할지도 모릅니다. 그렇게 되면 여의도 술자리에서 우리의 대화 주제도 바뀌게 될 것입니다. 선배들이 그랬던 것처럼 번민과 하소연으로 날밤을 새우며 무력감과 자괴감에 괴로워할지도 모릅니다. 그런 지옥 같은 생활을 저 자신은 물론 그 어떤 한국방송 기자도 맛보지 않았으면 좋겠습니다.

나도 전반적인 PD들의 생각 및 정서가 노동조합 집행부의 입장과 결을 달리하고 있다고 느꼈다. 그리고 내가 직접 경험한 정연주 사장과 노조 집행부의 정 사장에 대한 인식은 차이가 있었다.

2007년 초, 나는 한국PD연합회 행사 관련으로 정 사장을 면담할 기회가 있었다. 앞에서 얘기한 한미 FTA나 광우병 관련 〈KBS 스페셜〉 프로그램으로 정부와 KBS 사이에 갈등이 있고 나서 얼마 후였다. 당시 나는 정 사장의 입장이 어떨지 궁금했다. 1월 26일, 사장실에서 정 사장과 마주 앉았다. 논란이 됐던 두 프로그램을 보았는지, 그리고 정부 관계자의 비판에 대해 어떻게 생각하는지 물었다. 모두 봤다면서 정 사장은 "FTA든 광우병 문제든 공영방송에서 문제점 위주로 방송할 수 있다고 봅니다"라고 답했다.

물론 방송이 선정적이지 않도록 노력해야 한다는 말도 덧붙였지만, KBS가 공영방송으로서 정부 정책에 대해 '문제점 중심'으로 방송할 수 있다는 의견이었다. 이어 정 사장은 당시 한덕수 경제부총리한테서도 '요즘 KBS의 일부 프로그램이 우려스럽다'는 얘기를 들었지만 이렇게 답했다고 말했다.

"부총리님! 이제는 KBS 사장이 구체적 아이템에 대해 간여하지 않습니다. 아니, 할 수도 없습니다."

물론 국정홍보처장이나 부총리로서 정부에서 추진 중인 주요 국책과제에 대해 KBS가 우호적으로 다뤄주지 않는 것에 대해 불만이 있었을 것이고, 정 사장은 나름대로 이 프로그램들에 대해 개인적 생각도 있었을 것이다. 하지만 공영방송 사장으로서의 공식적 입장은 '제작 자율성을 보장한다'는 것이었다. 사실 FTA는 매우 복잡한 사안이어서 방송에서 단편적으로 다루기 쉽지 않았다. 그래도 당시에는 최소한 윗선에서 다루지 못하게 한다든지 하는 일은 없었다. KBS는 문제점 위주로 방송해서 문제를 제기할 수 있고, 정부는 그런 문제점들을 보완하기 위해 최선을 다하면 되는 것이다. 그게 KBS와 정부의 바람직한 관계다. 그날 면담을 통해 정연주 사장을 다시 보게 됐다.

하지만 노동조합은 설문조사 등을 통해 계속해서 정 사장을 압박했다. 이런 상황에서 나는 전체 PD들의 생각이 실제 어떤지 알아보고 싶었다. PD협회 운영위원회를 열어 'PD협회 자체 설문조사' 안건을 올렸고, 논의를 통해 외부 조사기관(미디어리서치)을 선정해 전수 조사를 하는 걸로 정했다. 조사 결과는 노동조합의 조사와 크게 다른 것으로 나타났다. 응답자 중 71.3%가 '공영방송 사수 투쟁이 중요한 시기에 정연주 사장 사퇴를 촉구하는 것이 적절치 않다'고 응답했다. 그리고 73.5%가 '감사원의 특별감사 등 정권의 KBS 장악 음모 저지를 위한 PD협회의 활동에 대해 찬성한다'고 답했다. 정연주 사장 사퇴에 반대하는 응답과 PD협회를 지지하는 응답이 모두 3분의 2를 넘은 것이다.[9]

PD협회보다 며칠 앞서 기자협회도 유사한 문항으로 조사했는데 비슷한 결과가 나왔다. 기자협회 조사 결과 '공영방송 사수 투쟁이 중요한 시기이므로 이 시기에 정연주 사장 사퇴를 촉구하는 것은 적절하지 않다'는 의견이 53.9%에 달한 반면, '정연주 사장의 임기가 공영방송 독립성 유지와 관계가 없거나 오히려 걸림돌이다. 따라서 정 사장 사퇴를 촉구하는 것은 적절하다'는 응답은 37.8%에 그쳤다.

한편 이즈음 노동조합이 국민과 전문가 대상 여론조사를 했는데, 결과가 예상과 다르게 나오자 공개하지 않았다. 여론조사 한 달 후 언론보도를 통해 그 사실이 드러났다. 2018년 6월 23일, 한겨레21은 KBS노조가 정 사장 퇴진 운동에 더 몰두하면서 균형을 잃고 있다며 이렇게 보도했다.

> 한국방송(KBS) 노조는 지난 5월 정연주 사장의 퇴진 문제와 관련해 한 여론조사 기관에 의뢰해 국민 1,000명과 전문가 130여 명을 대상으로 설문조사를 벌였다. 그 결과 응답자의 66%가 '정연주 사장의 남은 임기를 보장해야 한다'고 답했다. '사퇴해야 한다'는 27%에 불과했다. 한국방송의 한 기자는 "노동조합은 자신들의 의도와 전혀 반대되는 결과가 나오자, 여론조사 결과를 공개하지 않기로 했다"고 말했다.

나는 KBS PD와 기자들, 그리고 국민과 전문가들을 대상으로 한 이러한 조사 결과들을 보면서, 내 생각과 행동이 옳다는 확신을 갖게 됐다.

---

9 서울 본사와 지역의 18개 총국 및 지역국에 소속된 전체 939명 PD를 대상으로 2008년 6월 24일부터 이틀간 전화 면접 조사를 했다. 786명이 조사에 응했고, 응답률은 83.7%였다.

촛불, KBS를 지키러 오다

이명박 정부는 많은 문제점을 드러내기 시작했다. 그 실상을 KBS·MBC· YTN 등이 보도와 시사 프로그램을 통해 있는 그대로 방송한다. 특히 미 국산 쇠고기 수입 협상에서 드러난 정부의 '국민 무시' 태도와 '4대강 사 업' 강행은 국민적 저항을 불러온다. 시민들이 거리로 나와 촛불을 들기 시작한 것이다. 2008년 5월 2일부터 7월 12일까지 약 두 달 동안 연인원 300여만 명의 시민들이 촛불 시위에 참여했다.

촛불은 KBS에도 구원의 손길이었다. 정권 차원의 전방위적 KBS 장 악 기도에 대해 KBS 내부 구성원만으로 저항하기에는 힘에 부치는 상 황이었다. 거기에다 KBS 내부는 분열돼 있었다. 이런 상황에서 PD협회 는 이명박 정권이 공영방송을 어떻게 장악하려 하는지 그 실상을 알리 기로 했다. 대상은 촛불을 든 시민들이었다. 비용은 개별 PD들을 대상 으로 모금을 통해 마련하기로 했다. 이런 광고에 전체 PD가 찬성하지는 않을 것으로 예상했기 때문이다. 모금은 성공적이었다. 협회 소속 PD 505명이 십시일반으로 광고비 모금에 동참했다. PD협회는 한겨레와 경향신문 두 신문에 '촛불의 의미를 소중히 여기는 KBS PD들' 명의로 광고를 실었다. 1면 5단 광고였다.

촛불 시민들은 곧바로 반응했다. 신문에 광고가 실린 날 저녁, 시민들이 촛불을 들고 서울 여의도 KBS 본관 앞에 나타났다. 2008년 6월 11일 저녁 7시경이다. 한 후배가 "촛불을 든 시민들이 KBS로 모여들고 있어요!" 하고 내게 전화했다. 서둘러 가보니 시민 10여 명이 KBS 본관을 둘러싼 울타리 앞에 나란히 열을 지어 촛불을 들고 앉아 있었다. 그 순간 감동의 전율이 느 껴졌다.

'우리가 혼자가 아니구나. 시민들이 KBS 사원들의 호소에 연대의 손 길을 내어주는구나.'

시대의 어둠을 밝히며,
대한민국의 정치, 경제, 사회 그리고 언론까지 바꾸는 힘입니다.

그 진정한 뜻을 '방송'에 담아내기 위해
더욱 노력하겠습니다.

수많은 촛불들이 공영방송 KBS를 지켜줄 것으로 믿는
KBS프로듀서협회 소속 PD들이 뜻을 함께 합니다.
(6월 10일 현재 350명 동참)

한겨레와 경향신문(각 1면)에 실린 KBS PD들의 촛불 광고(2008).

촛불 시민들은 계속 모여들어 곧 30여 명이 되었다. 시민들은 1시간 넘게 촛불을 들고 묵묵히 앉아 있었다. 일부는 "광우병 쇠고기 수입 반대"라고 쓴 피켓도 함께 들고 있었다. 또 어떤 시민은 촛불을 바닥에 놓은 채로 책을 보고 있었다. 이들 옆에는 노동조합에서 세운 만장들이 바람에 날리고 있었다. 노조는 "정연주 퇴진" 등을 적은 검은 만장으로 KBS 건물 전체를 둘러싸 놓고 있었다.

잠시 후 시민들과 노조 집행부 사이에 실랑이가 일었다. 두세 명의 시민이 만장 몇 개를 옆으로 밀어내고 그 자리에 앉아 촛불을 들자 노조 집행부의 간부가 다가가 따진 것이다. 당시 현장을 취재해 보도한 기사가 있다.

일부 한국방송 직원들은 촛불을 든 시민들과 다툼을 벌이기도 했다. 11일 "공영방송을 지키자"며 한국방송 앞으로 몰려간 '촛불 시민'들은 모순적 상황과 맞닥뜨렸다. 한국방송 노동조합 집행부가 만들어 회사 주변에 세운 180개의 만장을 본 것이다. "사장 연임 역주행에 KBS 미래도 역주행", "공영방송 파괴하는 정연주는 집에 가라" 등의 문구를 본 시민들은 만장을 뽑으려 했다. 이런 사실을 전해 들은 박승규 노조위원장 등 노조 관계자들이 현장으로 왔다. "뽑

겠다"는 시민들과 "뽑지 마라"는 노조 집행부 사이에 설전이 오갔다. 막말이
오갔다.[10]

다음 날 저녁에도 시민들은 KBS를 찾아와 촛불을 들었다. 비가 내리는
궂은 날씨에도 100여 개의 촛불이 KBS 본관 앞을 밝혔다. 다음 날(6. 13.)
에는, 시청 앞 집회를 마친 2만여 명의 촛불시위대가 'KBS를 지키자!'며
마포대교를 건너 여의도까지 행진해 왔다. 이들은 KBS 본관 앞에서 잠시
규탄하는 집회를 열고 사원들을 응원했다. 이후에도 광화문의 대규모 촛
불시위대가 두세 차례 더 KBS와 MBC 앞으로 와 주었다.

KBS 본관 앞은 촛불 시민들이 매일 찾아오는 공간이 되었다. 나는 매
일 저녁 시민들과 함께 촛불을 들었다. 날이 갈수록 그 숫자는 계속 늘어
났다. 인원이 많이 늘자, 시민들은 KBS 본관 정문 앞 계단에 앉아 촛불을
밝히기 시작했다. 본관 건물은 1970년대에 지어지다 보니 고압적 느낌
을 준다는 얘기가 있었는데, 시민들의 촛불이 건물의 위압감을 녹여주었
다. 이제 본관 정문 앞 계단은 시민들과 KBS 사원들이 소통하고 연대하
는 공간이 되었다. 정연주 사장이 결국 해임되기 전까지 두 달 동안 시민
들의 촛불은 KBS의 어두운 밤을 밝혀주었다. 무더위와 비바람 속에서도
월요일부터 금요일까지 하루도 **빠지지** 않았다.[11]

---

10 박수진·류우종, "선배들처럼 무력감에 괴로워해야 합니까", 〈한겨레21〉, 2008. 6. 23.
11 언론노조·민언련·언론연대·참여연대·민변·민교협 등의 시민단체 활동가들이 매일 KBS 앞
    으로 와서 촛불집회를 주관해 주었다. 언론노조 김성근 조직국장과 민언련 김유진 사무처장
    이 가장 여러 번 집회 사회를 봤다. 정세균 민주당 당대표도 와서 지지해 주었고, 최문순 의원
    은 날마다 시민들과 함께 본관 앞 계단이나 보도에 앉아 촛불을 들었다.

2008년 6월 11일부터 8월 중순까지 두 달간 KBS 앞을 밝힌 촛불 시민들.

노조위원장이 제명당하다

정권의 KBS 장악에 대한 당시 KBS노동조합의 태도는 묵인 또는 방조하는 모양새였다. KBS노조(노조위원장 박승규)는 결국 상급단체인 언론노조(위원장 최상재)와 크게 반목하고 대립하는 상황으로 치닫는다. 언론노조는 이명박 정부가 YTN에 낙하산 사장을 내려보내고 또 임기가 남은 KBS 사장을 강제로 해임하려 하자 이를 정권의 방송 장악 기도로 규정한다. 하지만 KBS노조가 상급단체인 언론노조와 다른 노선을 가게 되자 혼선이 계속됐다.

내가 KBS에서 PD협회장 임기를 시작했던 2006년, 언론노조 위원장은 한국일보 출신의 신학림 기자였다. 당시 가까이에서 본 신 위원장은 소신 있고 강직한 성품으로 언론노조를 잘 이끌었다. 그런데 뒤를 이어 새로 출범한 집행부는 이전의 집행부들과 다른 정체성을 갖고 있었다.[12] 2007년 언론노조 선거에서 당선된 이준안 위원장은 KBS 기자 출신이다. 그는 언론노조 소속 지·본부 노조 중 조합원 수가 가장 많은 KBS노조의 지지를 기반으로 당선될 수 있었다.

그런데 언론노조 새 집행부가 출범하고 얼마 후, '총무국 직원 조합비 횡령 사건'을 둘러싸고 내분이 일어난다. 업무 인수인계 과정에서 전임 집행부의 회계 관리 부실로 총무국 직원이 수억 원을 유용한 것으로 드러나자, 새 집행부가 총무국 직원의 단독범행으로 볼 수 없다며 전임 집

---

12 전국언론노동조합(언론노조)의 전신은 전국언론노동조합연맹(언론노련)이다. 언론노련과 언론노조, 모두 편집·편성권의 독립과 민주언론 실천 등 언론개혁 활동을 활발히 펼쳐 왔다. 언론노련(초대위원장 권영길)은 6월 민주항쟁의 산물로 이듬해인 1988년 11월에 출범했다. 12년이 지난 2000년 11월, 언론노련은 언론노조(초대위원장 최문순)로 탈바꿈한다. 신문·방송·출판·인쇄 등 매체산업에 종사하는 노동자들이 가입한, 125개의 기업별 노조를 하나의 조직으로 묶은 산별노조가 된 것이다. 이전의 언론노련은 상대적으로 느슨한 연합체였다.

행부에 화살을 돌린다. 이에 중앙집행위원회가 열린다. 논의 결과 위원들 다수가 먼저 내부 진상조사위원회를 꾸려 자체 조사를 하고, 그 이후에 고발을 검토하는 방향으로 논의를 모았다.

하지만 다음 날 조선일보·동아일보·KBS 등에 '전임 위원장의 횡령과 비자금 조성 의혹'이라는 기사가 보도된다. 그리고 이틀 뒤 이준안 위원장은 검찰에 수사를 전격 의뢰한다. 검찰이 언론노조 조합비로 총선지원금을 받았다며 민주노동당 권영길, 천영세, 단병호 의원 등을 소환하려 하면서 사태는 커졌다.

이에 언론노조 소속 언론사 지·본부장들이 크게 반발한다. 이들은 새 집행부가 그동안 언론노조가 추구해 온 노선과 가치를 뒤엎으려 한다며 분노했다. 내부 수습 대신 검찰의 강제수사를 통해 문제를 해결하려 했던 이준안 위원장의 선택은 조합원들의 강력한 비판에 부딪혔다.

> 당시의 상황에서 아무리 절박하고도 합리적 이유가 있었다고 해도, 조직의 소외자도 아닌 조직을 이끌어 가는 리더로서 결코 넘어선 안 될 선을 넘어 버린 행동이었습니다. 노동조합의 기본 정체성에 반한 극단적 자해 행위였습니다. 그것도 조직원들의 반대가 있었음에도 불구하고 위원장 개인적 판단으로 말입니다. 이 사건으로 노동조합의 생명인 민주성과 자주성이 심각하게 훼손되었습니다.[13]

다시 중앙집행위원회가 소집되고 위원들은 조직 내부의 자정과 신뢰회복을 위해 비대위 전환을 결의하고 진상조사소위원회(최상재 SBS 노조위원장)를 꾸린다. 진상조사소위는 한 달에 걸친 조사 끝에 보고서를 작

---

13 윤성한 전국언론노조 조합원(한국디지털위성방송)이 〈미디어오늘〉(2007. 7. 17.)에 기고한 '이준안 위원장께 드리는 편지' 중에서.

성해 중앙집행위원회에서 공개한다. 이 보고서는 총무부장의 횡령 사실을 확인하면서도 전임 집행부의 횡령은 없었던 것으로 결론지었다.[14] 하지만 박승규 KBS 노조위원장이 이에 반발하면서 내부 대립이 악화되자, 이준안 위원장은 중앙위원회[15]에 자신의 재신임 여부를 묻고 그 결과에 따라 거취를 결정하겠다고 선언한다.

열흘 뒤(2007. 7. 20.), 언론노조 제 19차 중앙위원회가 열린다. 97명의 중앙위원이 '위원장 재신임 안건 찬반투표'에 참여하여 '재신임안'을 부결시킨다. 신임 16표(16.5%), 불신임 81표(83.5%)로 압도적 부결이었다. 결국 이준안 집행부는 출범 5개월 만에 물러난다. 이어 9월에 열린 언론노조 위원장·수석부위원장 보궐선거에서 최상재 SBS PD와 김순기 경인일보 기자가 단독 출마하여 96% 찬성률로 당선된다.[16] 곧바로 언론노조 새 집행부가 이전 언론노조의 정체성과 역사성을 계승하겠다고 선언하며 출범한다.

언론노조 새 집행부가 출범하고 세 달 후인 12월, 이명박 후보가 대통령에 당선된다. 언론노조는 이명박 정부와 크게 대립하는 상황으로 접어든다. 정권이 방송을 장악하려 했기 때문이다. 하지만 정작 KBS노조는 그와 반대되는 노선을 계속 걸어간다. 그러다 보니 상급단체인 언론노조 차원에서 결정한 방침들이 KBS노조의 노보에 왜곡되어 실리는 일이 자주 일어났다.

결국 파국이 온다. 2008년 7월 31일, 언론노조 비상대책위원회는 KBS 노조 박승규 위원장을 제명하고, 강동구 부위원장과 조봉호 사무처장을 해임하는 중징계를 결의했다. 징계사유는 '방송 장악 저지 경고파업 등 언

---

14 자세한 내용은 전국언론노동조합, 2021, 《언론노조 30년사 3. 2008~2017》, 46쪽 참조.
15 언론노조에서 중앙위원회는 중앙집행위원회보다 상위의 의사결정기구다.
16 전국언론노동조합, 앞의 책, 47쪽.

론노조 결의 묵살', '신태섭 이사 해임을 정당화하는 자료 배포로 인한 언론노조 결의 위반', '본부 위원장의 권한을 벗어난 언론노조 위원장에 대한 직무정지 가처분신청 및 노보 공표 등으로 언론노조의 질서와 명예를 손상하고 해노^{害勞} 행위를 한 점' 등이다.[17] 이어 최상재 위원장은 KBS노조 조합원들에게 공개편지를 띄우며 '산별노조 정신'을 상기시켰다.

언론노조는 KBS노조가 원하든 원하지 않든 시민들과 함께 민주광장을 지키고 있을 것입니다. 당장 목요일 임시이사회는 강력하게 저지할 것입니다. KBS가 무너지면 MBC와 민영방송 그리고 신문까지 다 무너질 것이라 판단하기 때문입니다. 조합원들 중에는 언론노조가 지금까지 KBS를 위해 무엇을 했느냐고 묻는 분이 많이 계신 것 같습니다. 저는 바로 지금과 같은 시기를 위해 KBS의 선배들이 산별노조를 만들었다고 생각합니다. 오랫동안 큰 조직들이 묵묵히 희생해 온 것은 바로 지금, 크고 작은 지부가 하나 되어 방송을, 언론을 지키는 싸움을 하기 위해서라고 생각합니다.[18]

최상재 언론노조 집행부가 방송 장악을 막아내기 위해 진정성 있게 투쟁하는 모습에 KBS의 젊은 기자와 PD들이 큰 지지를 보낸다.

17   전국언론노동조합, 앞의 책, 71쪽.
18   전국언론노조 최상재 위원장, "KBS 조합원에게 드리는 편지", 〈프레시안〉, 2008. 8. 5. 참조.

2008년 8월 8일

미국산 쇠고기 수입 협상에서 드러난 정부의 '국민 무시'에 분노한 촛불 시민들의 함성이 나날이 커지자, 이명박 정부는 방송 장악에 더욱 속도를 냈다. KBS·MBC·YTN 등 방송이 촛불을 점화했고 또 확산시켰다고 본 모양이다. 이명박 정부는 앞에서 본 것처럼 국가 권력기구를 총동원해 정연주 사장 해임을 밀어붙인다. 하지만 이러한 노골적 방송 장악을 KBS 사원들이 결코 순순히 용인하지 않았다.

KBS 이사회는 2008년 8월을 전후해 정 사장 해임을 위한 이사회를 몇 차례 강행한다. 노조가 소극적인 가운데 PD협회와 기자협회, 그리고 경영협회 중심으로 수십 명의 사원들이 이사회가 열릴 때마다 항의 시위를 벌였다. 특히 7월 23일, 불법 해임된 신태섭 이사를 대신해 임명된 여권 추천 이사가 이사회에 참석하려 하자 격렬한 저지 투쟁을 벌인다. 근무 시간이었지만 사원 수십 명이 뛰쳐나와 피켓을 들고 구호를 외치며 본관 출입구를 몸으로 막아섰다. 이날 이사회도 파행을 겪었다.

하지만 끝내 정연주 사장 해임제청을 위한 이사회가 열리게 된다. 8월 8일로 이사회 개최 날짜가 알려졌다. 이날은 베이징올림픽 개막식이 있는 날이다. 올림픽으로 국민의 이목이 쏠리는 틈을 타서 전격적으로 처리할 모양이었다. 이사회 장소는 사원들의 상당한 저항이 예상됨에도 불구하고 본관 3층 회의실로 공지되었다.

나를 포함한 협회장 3인은 노조 중앙위원 3명 및 노조 지역지부장 4명과 함께 이번 이사회도 저지하기로 뜻을 모았다.[19] 하루 전날, 우리는 "권

---

19 협회장 3인은 필자(PD협회장), 김현석(기자협회장), 이도영(경영협회장). 노조 중앙위원 3명은 정일서(노조 5구역, 라디오), 이내규(노조 6구역, TV기제·교양), 박기호(노조 7구역, 드라마·예능). 그리고 지역지부장 4명은 김병국(부산지부장), 정재준(경남도지부장), 이광규(충북도지부장), 강동원(대전충남지부장)이다. 노조 중앙위원 및 지역지부장 7인은 노동조

력의 공영방송 장악 음모에 분연히 떨쳐 일어나며, KBS 선후배 여러분의
자발적 동참을 호소합니다"라는 긴 제목의 호소문을 발표했다.

마땅히 저항해야 할 때 침묵하는 것은 공간을 빌려주고 전파를 내어준 방송의
진정한 주인인 시민들에 대한 배신이자 직무유기이기도 합니다. … 우리는 공
영방송 사수라는 엄숙한 시대적 소명을 받들 것이며 앞으로 공영방송을 이어
갈 후배들에게 역사의 죄인으로 기록되지 않을 것입니다. 말은 더 이상 필요
하지 않습니다. 지금 우리에게 필요한 것은 공영방송을 유린하려는 자에 대한
저항, 공영방송 사수를 위한 가열찬 행동입니다.

PD협회 집행부는 이 호소문을 들고 사무실을 돌며 동의하는 PD들의
서명을 연명으로 받았다.[20] 방송 장악에 물러서지 않는다는 결의를 다지
고 행동으로 이어가자는 취지였다.

당일 이른 아침, 여의도 공원 쪽에서 출근하면서 보니 KBS 본관 건물
전체를 경찰 버스들이 둘러싸고 있었다.[21] 정복을 입은 영등포 경찰서장
이 현장 지휘를 하는 모습이 보였다. 물론 관할 영등포 경찰서를 넘어서
는 서울경찰청 차원의 작전이었을 것이다. 날씨까지 흐려 음산한 기운이
서려 있었다. 오래 지나서도 잊을 수 없는 장면이었다.

합 집행부의 노선에 반대하고 3개 협회와 뜻을 함께하며 정권의 KBS 장악에 맞서 싸워왔다.

20 저녁에는 KBS 본관 앞에서 촛불집회가 열렸다. 이날도 정권의 방송 장악에 반대하고 또 이에
맞서는 KBS 사원들을 응원하기 위해 촛불 시민들이 KBS 앞으로 찾아왔다. 그런데 촛불 문화
제가 끝난 후 무대 스크린을 통해 올림픽 축구경기를 보던 중 24명이 경찰에 연행되는 일이
벌어졌다. 이들은 다음 날 이사회가 끝나고 나서야 석방됐다. KBS본부노조, 2018, 앞의 책,
82~83쪽.

21 나중에 경찰청 진상조사위가 낸 보고서에 의하면 이날 기동대 31개 중대(사복 7개 중대), 살
수차 4대, 방송차 2대, 조명차 2대 등 대규모 경찰병력이 동원되었다.

정연주 사장 해임 등 정권의 방송
장악 저지를 위한 농성 중에 KBS를
둘러싼 경찰버스(2008. 8. 8.).

나는 아침 7시경 신관 5층에 있는 PD협회 사무실로 출근했다. 비슷한
시각에 출근한 동료 10여 명[22]과 잠시 얘기를 나누고 함께 본관으로 이
동, 3층으로 올라가 이사회 회의장 앞 복도에 앉았다. 이사회는 10시로
예정돼 있었다. 시작 3시간 전부터 연좌 농성에 들어간 것이다. 아침 8시
가 좀 넘어가자, 여권 추천 이사 6명이 청원경찰의 호위를 받으며 회의장
으로 들어가기 위해 모습을 드러냈다. 이례적으로 2시간이나 일찍 입장
하는 것이었다. 사원들이 일어나 "이사회 철회!", "이사회 해체!" 등의 구
호를 외쳤다.

그런데 갑자기 문자메시지가 여러 통 들어오기 시작했다. 8시 반경이
었다. 사복경찰이 본관 2층에 들어와 있다는 것이다. 한 층 아래로 내려
가 보니 머리칼이 짧은 한 무리의 젊은이들이 열 지어 앉아 있는 모습이
보였다. 이 상황은 문자메시지를 통해 퍼져나가 사원들 간에 삽시간에
공유된다. 잠시 후 사원들이 본관 3층 이사회 회의장 앞으로 하나둘씩 모
여들기 시작해 100여 명을 넘어섰다. 9시쯤 되자 이사회 회의장이 있는
본관 3층의 통로들과 2층과 3층을 연결하는 계단, 2층 엘리베이터 앞 등

---

22 필자·김현석·성재호·이내규·박기호·한경택·김형준·이태경, 노조 지역지부장 4명(이광규·
    강동원·김병국·정재준), 그리고 기자 2명.

곳곳에서 회의장 쪽으로 밀고 들어가려는 사원들과 이를 막는 청원경찰 간에 격렬한 몸싸움이 벌어졌다.

"탈법 이사회~ 중단하라! 불법 이사회~ 해체하라!"

3층 회의장 앞의 통로들은 창이 없는 밀폐된 곳이다. 8월의 무더위 속에서 청원경찰들과 밀고 밀리는 몸싸움을 하는 사원들의 몸은 땀으로 범벅이 됐다. 복도의 벽에서도 물기가 흘러내릴 정도였다. 여기저기서 비명 소리가 들리고 맨 앞 열에 선 직원들은 가슴과 팔 등에 부상을 입었다. 일부는 갈비뼈에 금이 가기도 했다.[23]

10시경 이사회가 시작되자, 회의장 앞의 사원들 숫자는 200여 명을 훌쩍 넘어섰다. 갈수록 몸싸움이 격렬해지고 사원들 숫자는 계속 늘어나면서 청원경찰이 밀리는 기미가 보였다. 그 순간 갑자기 엄청난 힘이 다시 사원들 쪽으로 밀려오는 게 느껴졌다. 사복경찰이 투입된 것이다. 건장한 사복경찰 수백 명이 계단을 통해 올라오며 사원들을 밀어붙이고 있었다.[24] 이사회가 애초부터 예상 시나리오를 준비해 둔 듯 즉각 사복경찰 투입을 요청한 것이다.[25] 사복경찰 수백 명의 물리력을 사원들이 당해낼 수는 없었다. 1990년 4월 노태우 정권이 자행했던 부당한 공권력 투입

---

23 한편 비슷한 시각 노조 비대위원 30여 명이 시청자광장에서 집회를 열고 있었다. 박승규 위원장이 마이크를 잡고 "이 혼란을 극복하는 길은 이사회가 정치 독립적 사장을 선임하는 것"이라고 목소리를 높였다. 정권의 KBS 장악에 문을 열어주고는 정치 독립적 사장을 선임해야 한다는 모순되고 실현 불가능한 주장을 그 순간까지 되풀이하고 있는 모습이었다. KBS본부 노조, 앞의 책, 85쪽.

24 이날 경찰 투입은 유재천 이사장과 권혁부 이사의 요청으로 이루어졌다. 여권 이사 6명은 바로 전날 여의도 근처에서 합숙까지 하면서 예상 시나리오를 짜고 준비한 것으로 알려졌다. 〈사원행동 특보〉, 제1호(2008. 8. 11.).

25 나중에 국정감사에서 드러난 바에 의하면, 얼마 전부터 KBS를 경비하고 청원경찰을 지휘하는 안전관리팀이 사장과 경영진의 지시를 이행하지 않고 영등포 경찰서와 협조 관계를 유지하고 있었다.

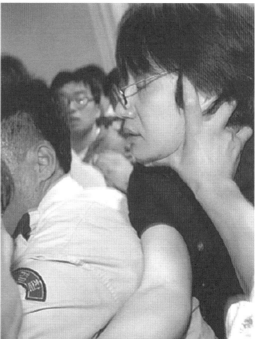

정연주 사장 해임을 밀어붙이는 이사회 저지투쟁 중인 사원들. KBS 본관 3층(2008.8.8.).   ⓒ〈사원행동 특보〉

이후 20여 년 만에 또다시 KBS가 부당한 공권력에 의해 유린당하는 사태가 벌어진 것이다.

잠시 후 소수 이사 4명이 이날 이사회의 부당성을 주장하며 퇴장했다. 12시경, 정연주 사장 해임제청안이 통과됐다는 소식이 전해졌다. 남은 6명의 여권 추천 이사들이 만장일치로 의결한 것이다.

곧 이사회가 종료되고 이사 6명이 화물용 엘리베이터를 타고 내려와 밖으로 빠져나가고 있다는 소식이 들려왔다. 분노를 삭일 수 없었던 몇몇 사원들이 쫓아가 거칠게 항의했다. 그들은 묵묵부답 고개를 숙인 채 청원경찰의 도움을 받으며 도망치듯 달아났다.

하지만 사원들의 분노는 쉽게 사그라지지 않았다. 이제 그 분노는 개인 차원을 넘어 조직화되기를 기다리고 있었다. 사원들은 잠시 후 집회를 갖기로 하고 구호를 외치며 본관과 신관의 각 층을 돌았다. KBS가 다시 한번 짓밟힌 상황을 알리고 더 많은 동참을 호소하기 위해서였다.

오후 3시, 민주광장에서 사원비상총회를 열었다. 참석자가 300명을 넘었다. 오태훈 아나운서가 사회를 맡았다. 여러 명이 자유발언에 나서 이사회의 폭거와 정권의 KBS 장악, 그리고 노동조합의 소극적 대응에 대해 한목소리로 규탄했다. 이날 이사회를 저지하기 위해 지역에서 휴가를 내고 올라온 사원들도 몇 명 있었다. 청주총국에서 온 심웅섭 PD가 마이크를 잡았다. 심 PD는 우리가 이대로 침묵하고 주저앉지 않으려면 노동조합을 대신할 새 투쟁 조직이 필요하다고 힘주어 말했다. 그러면서 그동안 열심히 싸웠던 협회장 3명과 노조 중앙위원 3명 및 지역지부장 4명에게 조직 구성을 위임하자고 제안했다.

여기저기서 동의한다는 소리가 들리고 몇 사람이 더 나와 심 PD의 의견에 동의하는 발언을 했다. 사회자의 진행으로 잠시 토론이 더 이어진 후 심 PD의 제안이 전체 참석자들의 동의를 얻게 되었다. 부당한 방송 장악에 분연히 저항하는 노동조합의 역사성과 정체성에서 일탈한 현 노동조합에 대해 뭔가 대안이 필요하다는 데에 공감대가 만들어진 것이다. 우리는 이날의 분노를 그냥 삭이지 말자고 결의하며 집회를 마쳤다.

사원행동 출범

정연주 사장 해임으로 이명박 정권은 KBS 장악 1단계를 완료한다. 2단계로 뉴스와 프로그램에 개입할 게 명약관화했다. 이를 막기 위해서는 법적 조직인 노동조합의 힘이 꼭 필요하다. 하지만 노조는 많은 조합원들의 신뢰를 잃어버렸다. 이제 누가 어떻게 노조를 대신해서 싸울 것인가?

다음 날이 토요일로 휴일이었지만 나는 PD협회 사무실로 출근했다. 어제 위임을 받은 동료들, 그리고 과거 노조집행부에서 일한 경험이 있는 몇몇 후배들과 함께 직종을 아우를 수 있는 조직체를 만드는 작업에 들어갔다.

논의 끝에 '공영방송 사수를 위한 KBS 사원행동'(이하 사원행동)으로 명칭을 먼저 정했다. 말뿐만이 아니라 단호하게 행동으로 부당한 KBS 장악에 저항하겠다는 결기를 담은 것이다. 이어서 사원행동 조직을 공동대표, 대변인 그리고 운영위원회 체제로 구성하기로 했다. 당시 PD협회장 직을 맡고 있던 나는 공동대표 중 한 명을 맡았고 또 한 명은 이광규 충북도지부장이 맡기로 했다. 언론의 취재요청이 많아 대변인을 두기로 하고 김현석 기자협회장이 맡기로 했다. 그리고 운영위원회는 당연직과 추천직으로 구성하기로 했다.[26]

---

[26] 당연직 운영위원은 PD·기자·경영 등 3개 협회장과 노조 중앙위원 3명(기제·교양, 라디오, 그리고 드라마·예능), 그리고 4곳의 지역지부장(부산·경남·충북·대전)이 맡기로 했다. 그 외의 직종과 지역지부의 경우 추천직 운영위원을 두기로 하고 곽명석(기술), 이형걸(아나운서), 최규열(대구), 강인창(제주), 전희수(광주), 김종환(전주) 등이 맡기로 했다.

KBS 사원행동 출범식(2008. 8. 11.).

일요일에도 오후 5시경 출근했다. 권오훈 PD와 김경래 기자가 먼저 나와서 특보를 발행하기 위해 분주히 일하고 있었다. 다음 날 출범식에 맞춰 배포하기 위해서였다.

주말이 지나고 8월 11일 월요일 12시, 점심시간을 이용해 사원행동 출범식을 열었다. 사원들이 다시 민주광장에 모였다. 무대 전면에는 "공영 방송 사수를 위한 KBS 사원행동 출범식"이라고 가로로 쓴 현수막을, 좌 우에는 "해체! 이사회", "사수! KBS"라고 세로로 쓴 현수막을 걸었다. 8 월 8일에 모였던 300여 명보다 더 많았다. 오태훈, 고민정 두 아나운서가 사회를 봤다. 사실 아나운서가 방송 외에 이런 집회에서 사회를 보는 것 은 웬만한 신념과 용기가 없으면 쉽지 않은 일이지만 선뜻 나서주었다. 동료들에게 큰 힘이 되었다. 먼저 김현석 기자협회장이 경과보고를 하면 서 이렇게 말했다.

"사원행동을 출범한다고 하니까 분열이 아니냐는 말을 합니다. 하지만 확실하게 말할 수 있습니다. 결코 분열이 아니라 더 큰 통합을 위한 시작 입니다. KBS노동조합이 투쟁의 중심으로서 우뚝 서기를 기원합니다. 투쟁의 현장에서 모든 분열이 극복되길 바랍니다."

이어 나는 집행부를 맡게 된 동료들과 함께 무대에 올라 나란히 섰다. 그리고 마이크를 잡고 한 명 한 명 소개했다. 사원들은 큰 박수로 집행부를 추인했다. 이어서 나는 이렇게 목소리를 높였다.

"정연주 사장에 대한 해임은 무효입니다. KBS 이사회와 청와대의 결정을 인정할 수 없습니다. 입사 20년 만에 이렇게 치욕적인 날은 처음이었습니다. 1990년 4월 민주화 투쟁 때보다 훨씬 더합니다. 그들은 KBS를 너무 쉽게 봤습니다. 그리고 KBS에 경찰 투입을 요청한 유재천 이사장을 비롯한 이사 6인은 KBS 파괴 6범입니다. 다함께 KBS 이사 퇴진 투쟁 벌여 나갑시다."

이어 성유보 방송장악·네티즌탄압저지 범국민행동 상임위원장, 권영길 민주노동당 의원, 최문순 민주당 의원이 사원행동에 지지를 보내고 격려 발언을 했다.

성유보 생각보다 훨씬 높게 KBS 내부가 뜨거워서 반갑고 기쁩니다. … 1970~80년대 독재정권이 긴급조치를 내리고 반대진영의 목소리를 유언비어로 치부했습니다. 지금 이명박 정권은 이런 목소리를 괴담이라고 말하고 있습니다. 괴담이나 유언비어가 다를 게 뭐가 있습니까. 현재 그러한 상태를 그대로 수용할 때 이제 '땡~ 명박 뉴스'를 하게 될 것입니다.

권영길 지난 80년대 KBS에 다니는 선배들은 옆집에 사는 이웃에게 부끄러워 자신이 KBS에 다닌다고 밝히지 못했지만, 90년 방송 민주화 투쟁을 통해 KBS는 신뢰도 1위, 영향력 1위 방송사로 거듭났습니다. 다시 부끄러워하지 않도록 싸워주기 바랍니다. 여러분들이 참는 것은 KBS가 죽는 것입니다.[27]

최문순   언론 독립은 그냥 이뤄지지 않습니다. 언론계 선배들의 피와 살을 먹고 이뤄진 것입니다. 언론 독립은 민주주의 그 자체이고 민주주의의 다른 이름인 만큼 여러분이 주체가 돼 싸워주기 바랍니다.

자유발언에 나선 국은주 라디오 PD는 "사복경찰을 보는 순간 1983년 대학에 입학했을 때 생각이 났다. 속으로부터 끓어오르는 심정이었다. 아니 그보다 더한 분노가 뜨겁게 타올랐다"고 말했다. 김명섭 탐사보도팀 기자는 "오늘 아침에 큰애가 4학년인데 동영상을 보더니 '아빠! 집회 같은 거 하면 앞에 나서지 마요!'라고 했다"며 "고민이 된다. 그러나 부당하게 공영방송을 유린하고 언론자유를 유린하는 것은 분골쇄신해서 싸우겠다"고 다짐했다. 끝으로 이도영 운영위원(경영협회장)이 사원행동 출범 선언문을 낭독했다.

KBS의 자존심이 갈가리 찢어지던 날, 탄압의 현장에서 우리는 새로운 희망의 씨앗을 보았다. 자발적으로 이사회장 앞에 모인 300여 명의 KBS인들이 정권의 공영방송 장악 음모에 저항했다. 그들은 개인의 희생을 감수하며 공영방송을 장악하려는 정권의 불의에 맞서 싸웠다. 경찰과 몸으로 부딪치며 구호를 외치고, 공영방송 사수를 위한 마지막 희망의 끈을 절대로 놓지 않았다. 그날, 더욱 가열찬 투쟁의 공간을 마련하라는 KBS인들의 의지를 담아 오늘 '공영방송 사수를 위한 KBS 사원행동'을 출범한다. … 동지여! 싸움은 이제부터 시작이다. 보다 강고한 대오로 뭉쳐 힘차게 투쟁하자. 역사는 우리 편이다.

---

27 초대 언론노련 위원장 출신인 권영길 의원은 KBS노조를 향해 쓴소리도 했다. "KBS노조는 '자신의 경제적·사회적 지위를 형성시키기 위해 만든' 노동조합의 취지를 어기고 있습니다. 1980년대의 KBS처럼 정권의 하수인이 되면 다시 사회적 지위가 낮아질 것입니다. 노조와 사원 여러분 모두가 하나가 돼 국민의 방송을 만들어가야 합니다."

8월 8일 경찰의 KBS 난입은 치욕적인 일이지만, 우리는 그날 다시 희망을 발견했다. 수백 명의 사원들이 뿔뿔이 흩어진 개인이 아니라 서로에 대한 믿음 속에서 하나의 집단으로 새로이 뭉치게 됐기 때문이다.

6월 민주항쟁 직후, KBS 사원들이 PD협회를 비롯한 직종별 협회를 만들고 이들이 뭉쳐 'KBS 사내민주화추진 사원협의회'(이하 사원협의회)를 결성한 적이 있다. 사원협의회는 노동조합이 탄생하기 전까지 약 1년 가까운 기간 동안 '사내 민주화 운동'을 주도하고 공정방송을 지켜내기 위해 활동했다.

그 후 20여 년 비슷한 상황이 반복되었다. 그때처럼 공영방송을 지키기 위해 전 직종의 사원들이 다시 자발적 결집체인 '사원행동'을 결성한 것이다. 그리고 사원행동은 1년여 뒤에 출범하는 '새노조'(전국언론노조 KBS본부)에게 바통을 넘겨주게 된다.

사실 나는 그 당시에는 20년 전에 만들어진 사원협의회의 존재에 대해 몰랐는데, 이 책을 쓰면서 알게 되었다. 하지만 당시 우리는 무의식적으로 현재 KBS의 원형질에 해당하는 그 시기 선배들의 마음과 정신, 열정을 잇고 있었던 것이다. 역사란 무엇인가? 다시 한번 생각해 보게 된다.

사원행동은 300여 명으로 출범했지만, 1주일 만인 8월 18일에 605명으로 2배 늘어났다. 그리고 한 주 더 지난 8월 27일에는 667명을 기록한다. 성금도 3천만 원이 넘게 답지했다. 열심히 싸워 달라는 투쟁 기금이었다.[28] 사원행동은 수시로 특보를 발행했다. 〈PD저널〉 편집주간을 맡고 있던 권오훈 PD가 발군의 역량을 발휘하며, 8월 11일 제1호를 시작으로 10월 1일까지 총 18호를 발행했다.

---

28 〈사원행동 특보〉 제6호(2008.8.19.)와 13호(2008.8.28.).

KBS 이사회는 새 사장 선임 절차를 시작했다. 응모 예상자로 가장 큰 주목을 받던 이는 이명박 대통령(후보 시절)의 언론특보를 맡았던 김인규 씨였다. 하지만 그는 막판에 지원을 포기한다. 정연주 사장 해임 과정이 너무 노골적 모습으로 드러나게 되자 언론특보 출신을 곧바로 KBS 사장에 앉히기가 부담스러웠다는 얘기가 떠돌았다.

공모 마감 다음 날(8. 21.), 몇몇 매체에서 KBS 사장 후보가 3명으로 압축됐다고 보도했다. '청와대 관계자' 발이었다.[29] 이날은 5배수 압축을 위한 이사회가 예정돼 있는 날이었다. 임기가 남은 사장을 폭압적으로 해임하고 그 자리에 낙하산 사장을 앉히기 위한 공작이 진행되고 있는 게 뻔했다. 사원행동이 나서야 했다.

오후 1시 30분, 회의가 열리는 본관 6층 복도에서 청원경찰과 사원행동 사원들 간에 격렬한 몸싸움이 벌어졌다. 20평 남짓한 공간은 60여 명이 뒤엉키면서 아수라장이 됐다.[30] 이날 이사회도 결국 야당 추천 이사 4명이 퇴장한 가운데 여당 추천 이사 6명이 서류심사를 통해 5명의 사장 후보자를 선정했다. 이제 남은 절차는 며칠 후 이들을 대상으로 한 이사회의 면접 심사였다.

그런데 다음 날 아침, 전무후무한 일이 일어났다. 이사회의 사장 후보자들

---

29 경향신문에서 "응모도 하기 전 3명 압축·내정설. 청, KBS 사장 선임 사실상 개입", 중앙일보에서 "이병순 김은구 손병두 KBS 3파전 양상"이라고 보도했다.

30 본래 이날의 이사회는 오전 10시에 사내에서 열릴 예정이었으나 사원행동 사원 수십 명이 이사회 회의장 앞으로 달려가 "거수기 이사회는 해체하라!"는 구호를 외치며 연좌 농성을 벌이자, 회의 장소가 강남의 한 호텔로 바뀐다. 이에 사원행동 20~30명은 다시 버스를 타고 강남까지 가서 항의를 계속했다. 그러자 안 되겠다고 생각했는지 다시 KBS 내 회의실로 옮겨갔다. 이런 행태를 취재한 몇몇 매체에서 '메뚜기 이사회'라는 조롱 섞인 기사를 쓰기도 했다.

에 대한 면접 심사를 앞두고 사전 면접을 한 사실이 폭로된 것이다. 경향신문이 1면 머리기사로 이른바 '8·17 KBS 대책회의'를 단독 보도했다.

정정길 대통령실 실장과 이동관 대변인, 최시중 방송통신위원장, 유재천 KBS 이사장이 김은구 전 KBS 이사 등 KBS 전현직 임원 네 명과 만나 새 사장 인선 문제를 논의한 것으로 21일 확인됐다. 청와대가 KBS 사장 선임에 개입하고 있다는 의혹이 제기되는 가운데 이와 같은 모임이 있었던 것으로 드러나 논란이 일고 있다. 여권과 방송계 관계자들에 따르면 정 실장과 이 대변인, 최 위원장은 일요일인 지난 17일 저녁 서울 시내 한 호텔 식당에서 유 이사장과 김 전이사 등과 2시간 동안 만나 정연주 전 사장의 해임으로 공석이 된 KBS 새 사장 인선 문제를 논의했다.[31]

청와대와 방통위 인사들이 KBS 이사장과 함께 사장 후보자 몇 명을 한 곳에 불러놓고 사실상 사전 면접을 한 것이다. 정권이 KBS를 장악하기 위해 어떻게 해 왔는지, 그리고 KBS 이사회가 어떻게 허수아비처럼 거수기 역할을 하고 있는지 적나라하게 드러났다. 이 기사는 이어 "참석자 가운데 김은구 전 KBS 이사는 유력한 KBS 새 사장 후보로 꼽히고 있으며 전날(21일) 열린 KBS 이사회가 추린 5명의 후보에도 포함돼 있다"고 보도했다.

최시중 위원장은 이 자리에서 'KBS 후임 사장이 중요한 문제이며, 이 문제를 논의하기 위해 여러분을 모시게 됐다'는 요지의 인사말을 한 것으로 여권과 방송계 관계자들은 전했다. 정 비서실장도 'KBS 문제가 매우 중요하니 후임

---

31 이고은·김정섭, "정정길·이동관·최시중·유재천, KBS사장 유력후보와 대책회의", 〈경향신문〉, 2008. 8. 22.

사장을 잘 정해야겠다'는 취지의 발언을 한 것으로 알려졌다. 이에 참석자 가운데 한 사람은 "김인규 후보 카드가 물 건너가서 후임 사장을 정하는 문제가 급해졌다. 사장을 공정하게 잘 뽑아 MB 업적으로 삼는 것이 좋겠다"고 발언한 것으로 여권과 방송계 관계자들은 전했다. 이 자리에서는 또 "김인규 씨를 (사장으로) 보내야 하는데 낙하산 얘기가 너무 많이 나와 힘들어졌다. 후임 사장을 잘 뽑아야 한다"는 말도 나왔다고 이들은 말했다.

그동안 소문으로 떠돌던 얘기들이 모두 사실로 밝혀진 것이다. 대통령 특보 출신인 김인규 씨가 돌연 지원을 포기한 배경도 드러났다. 바로 이 8·17 KBS 대책회의 이틀 후 김인규 씨가 지원을 포기한 것이다. 다음 날에도 경향신문 김정섭 기자는 "유력 후보들을 부른 건 사실상 'KBS 사장 후보 면접'"이라는 제목으로 후속 보도를 냈다. 8·17 KBS 대책회의에 참석했던 사장 응모자들 이름도 실명으로 공개하며 이 자리가 사실상 KBS 사장 후보 면접 자리였다고 확정한 것이다.[32]

이렇게 낙하산 사장을 내리꽂기 위한 적나라하고 부적절한 모습이 드러나자, KBS 이사회를 향한 사원들의 저항은 더욱 격렬해졌다. 8월 25일, 사장 후보자들을 면접하기 위한 이사회가 10시로 예정됐다. 이날도 사원행동 수십 명은 아침 7시 전에 출근했다. 우리는 조를 짜서 들어오는 출입구마다 지켜 서서 면접 대상자들에게 "이사회의 부당한 면접에 응하지 마

---

32 8·17 KBS 대책회의 며칠 전에도 부적절한 모임이 있었던 것으로 그해 가을 국회 국정감사에서 드러났다. 정연주 사장 해임제청안을 이사회에서 통과시키고 사흘이 지난 8월 11일, 최시중 위원장, 이동관 청와대 대변인, 그리고 김회선 국정원 제2차장이 서울 소공동 롯데호텔에 모여, 정 사장 해임 이후 새 사장 선임 문제를 논의했다. 특히 이 모임에 국정원 차장이 참석한 것은 이명박 정권이 KBS를 장악하기 위해 국정원까지 동원했다는 걸 의미했다. 다시 과거의 공안 통치 시대로 퇴행한 것이다. 9년여의 시간이 흐르고 난 2017년 9월, '국정원 개혁위원회'는 당시 MB정권이 KBS, MBC, YTN 등 방송사 인사에 개입하고 국정원이 중간 역할을 했다고 밝혔다. 제5부(역사의 필연)에서 상세히 기술.

십시오!"라고 외쳤다.[33] 사원들이 출입구를 지키고 있자 일부 면접 후보자는 일반 출입구가 아닌 세트와 소품을 운반하는 문으로 들어가기도 했다. 가장 요주의 인사는 이병순 전 KBS비즈니스 사장(KBS 기자 출신)이었다. 8·17 KBS 대책회의가 폭로돼 '김은구 카드'가 곤란해지자 '이병순 카드'로 대체됐다고 알려졌기 때문이다.

그의 KBS 본관 진입은 은밀했다. 이미 입장할 시간이 지났는데 안 보여서 이상하게 생각하며, 나와 두세 명이 본관 3층에서 4층으로 올라가는 계단 쪽으로 가다가 우연히 이병순 후보를 발견했다. 그가 이용한 통로는 본관 2층의 시청자 견학홀로 들어가 평소에 잠겨 있는 문을 열고 본관 3층으로 나와서 계단을 통해 6층 면접장으로 이동하는 코스였다. 설마 했던 통로였다.

"이 선배, 오늘 이사회 면접은 안 됩니다! 선배님 이건 아니지 않습니까?"

그는 특유의 찡그린 표정으로 우리를 힐끗 쳐다보고는 청경들 호위를 받으며 4층으로 올라갔다. 곧이어 이사회는 여권 이사들 6명만 참석한 가운데 예상대로 그를 차기 사장 후보로 임명제청한다.

4시경, 이사회가 끝났다. 이들을 그대로 보낼 수 없었다. 사원행동 수십 명은 회의장 주변을 봉쇄하고 농성에 들어갔다. 나오지 못하고 한동안 대기하던 유재천 이사장이 청원경찰들의 호위를 받으면서 내려왔다. 1층에서 농성 중이던 사원들이 유 이사장을 거세게 막아서면서 큰 충돌이 빚어졌다. 항의하며 다가서는 사원들을 청경들이 강제로 끌어내는 과정에서 격렬한 몸싸움이 벌어졌다. 사원들이 유재천 이사장에게 조롱하듯 외쳤다.

---

33 안에서 사원행동이 싸우는 동안 밖에서는 '방송장악·네티즌탄압저지 범국민행동'이 'KBS 사장 추천 원천무효 선언과 이사회 해체 촉구' 기자회견을 열고 이사회 면접을 즉각 중단하라고 외쳤다. 성유보 범국민행동 상임위원장, 최상재 언론노조 위원장, 이수호 민주노동당 최고위원, 최문순 민주당 의원 등이 참석했다.

"당신은 권력의 개인가, 교수 직함이 부끄럽지 않은가!"

그는 본래 공영방송을 연구하는 학자였다. 하지만 언제부턴가 뉴라이트 진영에서 활동하더니 이내 권력의 충실한 수족 역할을 하는 어용학자가 된 모습을 보여준 것이다. 그는 청경들의 호위 속에 이리저리 내몰리다가 20여 분 만에 1층 식당의 쪽문으로 초라한 뒷모습을 보이며 빠져나갔다.

낙하산이 필요한 이유

사원행동은 이병순 씨를 사장으로 인정할 수 없었다. 사원들에게 그는 '청부 사장'[34]일 뿐이었다. 즉각 '방송 장악, 청부 사장 반대' 기자회견을 열고 이번 이사회 의결이 원천무효라고 주장했다. 하지만 이사회 제청 다음 날, 이명박 대통령은 그를 KBS 사장으로 임명한다. 그리고 다음 날(8. 27.) 취임식이 열린다.

아침 8시, 사원행동 소속 사원 수십 명은 가슴에 검은 리본을 달고 본관 계단 앞에 모였다. 9시 50분, 신임 사장이 탄 차가 다가왔다. 사원들이 몸으로 막아섰다. 일순 격렬한 몸싸움이 일어났다. 하지만 오래 저항하기에는 힘에 부쳤다. 그렇게 10여 분, 이병순 사장은 영등포서 소속 경찰과 KBS 청원경찰 수백 명에 둘러싸인 채 밀고 밀리며 본관 2층 취임식장(TS-1, TV 녹화 스튜디오)으로 들어갔다. 사원들도 본관 안으로 들어와 취임식장으로 향했다. 하지만 청경들이 막아서면서 다시 몸싸움이 벌어졌다. "왜 막아, 너희들이 뭔데 막아!" 고함과 비명이 함께 터져 나왔다. 또다시 아수라장이 됐다. 그사이에 비상시 사용되는 철문 셔터가 내려지

---

34 물론 사원행동의 가치판단이 들어간 호칭이지만, 당시 사원들 대다수가 그렇게 불렀다. 이명박 대통령은 이병순 사장의 보궐 임기가 끝난 후 연임시키지 않고 결국 김인규 씨를 사장으로 임명했다. 따라서 이명박 정권은 이병순 사장에게 김인규 사장을 내려보내기 위한 정지 작업 차원에서 일종의 '청부 사장'의 역할을 맡긴 것으로 본 것이다.

고 취임식장으로 통하는 모든 통로가 막혔다. 그래도 취임식장 근처로 최대한 다가간 사원들은 "독재정권 막아내고 민주주의 사수하자!", "독재정권 청부 사장 온몸으로 거부한다!"며 목청껏 외쳤다.[35]

육중한 스튜디오 문이 닫힌 가운데 취임식이 열린다. 그는 취임사를 통해 자신이 낙하산 사장으로 오게 된 가장 큰 이유를 이렇게 얘기했다.

> 사회적으로 파장이 큰 사안일수록 공정하고 정확하며, 진실을 담아야 합니다. 이를 위해 사전 기획 단계부터 철저한 게이트키핑이 이루어지는 제도를 마련하겠습니다. … 지금까지 대내외적으로 비판받아 온 프로그램, 사회적 물의를 일으키고도 변화하지 않은 프로그램은 존폐를 진지하게 검토하겠습니다.[36]

그의 취임사는 구체적으로 정부 여당과 일부 보수 언론의 표적이 돼 왔던 〈시사 투나잇〉과 〈미디어 포커스〉 같은 시사 프로그램을 손보겠다는 선언이었다. 정권에 대한 비판과 감시를 용인하지 않겠다는 얘기였다. 앞으로 제작 책임자와 실무자들 사이에 격렬한 충돌을 예고하는 취임사였다.

물론 뉴스가 방송되기까지 게이트키핑이 당연히 필요하다. 다만 정당하고 상식적이어야 한다. 하지만 이병순 사장의 취임사는 터무니없었다. 그동안 KBS를 노골적이고 적나라하게 장악해 놓고 '공정'과 '정확', '진실'을 입에 담다니 이른바 '유체이탈 화법'이었다. 그의 말은 정연주 전

---

35 이날의 아수라장을 〈사원행동 특보〉에서 이렇게 기록했다. "27일 아침 이병순 씨는 마치 진압부대를 진두지휘하는 소대장과 같은 모양새로 출근했다. 사복을 한 청원경찰의 호위 속에서 사원들을 위험스럽게 마구 밀치며 들어오는 그 모습은 이미 사원들과 어떤 대화나 소통도 없을 것이란 점을 예고하고 있었다. … 사원들은 이날도 짓밟히며 끌려 나갔다. 최소한의 양식, 최소한의 대화, 최소한의 예의를 바랐던 사원들의 마음은 일거에 산산이 찢겨 나갔다." 〈사원행동 특보〉, 제13호, 2008.8.28.

36 KBS본부노조, 앞의 책, 127쪽.

사장 시기에 만들어진 자율성에 기반한 취재·제작시스템을 인정하지 않 겠다는 의미였다. 그가 생각하기에 이런 자율적 시스템은 잘못된 것이었 다. 그의 머릿속 KBS는 1987년 민주화 이전의 '관제 KBS'임이 분명했 다. 그래서 이명박 정권이 그를 낙하산으로 꽂은 것이다.

이병순 사장은 이어 제작비 축소, 경영성과 책임제 등에 대해 언급하 며 '뼈를 깎는 고통 분담'도 마다하지 않겠다고 말했다. 으레 하는 언급일 수 있지만 그를 아는 사원들은 그의 특이한 캐릭터 때문에 우려하지 않 을 수 없었다. 김인규 특보가 자진 사퇴하고 2순위였던 김은구 전 KBS 이사마저 8·17 KBS 대책회의가 폭로되는 바람에 3순위 후보였던 그가 낙점되었다. 이병순 사장의 임기는 보궐 임기인 1년 3개월이었다. 연임 을 위해 그가 어떤 행보를 보일 것인지 또 어떤 무리수를 두게 될지 걱정 하지 않을 수 없는 취임사였다.

노동조합에 분노하다

이병순 씨를 사장으로 임명제청한 8월 25일의 이사회는 명백한 '거수기 이사회'임을 만천하에 보여주었다. 하지만 이번에도 노조는 싸우는 흉내 만 냈다. 이사회 종료 후 사원들 100여 명은 곧바로 노조 사무실로 향했 다. 사원들은 박승규 위원장과 집행부를 향해 쌓였던 감정을 쏟아냈다. 사원들의 집중적인 성토를 받자, 그가 마침내 속내를 드러냈다.

"정치적으로 독립성을 지녔고 방송 전문인에다 도덕성에 문제가 없다 면 낙하산으로 규정하지 않는다. … 이병순 씨는 이 범주에도 들어가지 않았으므로 낙하산으로 볼 수 없다."

손바닥으로 하늘을 가리는 논리였다. 임기가 보장된 사장을 강제로 해 임하고 낙하산 사장을 내리꽂기 위해 방통위원장과 대통령 비서실장, KBS 이사장 등이 부적절한 만남을 갖고, 또 사장 후보자들을 사전에 면접했다. 이런 행태들이 언론에 폭로돼 만천하에 드러났다. 이렇게 정권이 노골적으로 KBS를 장악해 가는 모습을 눈 뜨고 함께 지켜본 상황에서 어떻게 그런 말을 하는지 모두가 분노를 넘어 허탈할 뿐이었다.

이어서 노조는 총파업도 하지 않겠다고 선언한다. 차기 사장 응모 마감일이던 지난 8월 20일, KBS노조가 '낙하산 사장 저지를 위한 총파업' 찬반투표를 실시했다. 무려 조합원 85.5%가 찬성했다. 하지만 8월 25일 이사회가 이병순 씨를 사장으로 낙점하자 노조의 태도가 돌변했다. 파업 찬반투표 5일 뒤였다. 결국 총파업은 무산됐다.[37]

이러한 노조 집행부의 행보에 더 이상 할 말을 잃은 몇몇 사원들이 '조합을 탈퇴하자', '의사 표현을 분명히 하자' 등 목소리를 높였다. 하지만 '그래도 노조와 함께 가야 한다'는 신중론도 여전히 있을 수밖에 없는 안타까운 상황이었다. 다시 '관제 사장'의 시대, 사원행동은 운동화 끈을 더 단단히 조여 매고 싸워야만 했다.

하지만 우리의 싸움은 외롭지 않았다. 뜻을 함께하는 시민들의 지지를 받고 있었다. 우리는 6월 11일부터 촛불을 들고 KBS를 지키러 와 준 시민들을 기억하고 있었다. 그들은 계속 KBS 사원들을 응원하고 있었다.

---

37 여기에는 노조의 꼼수가 들어 있었다. 노조는 파업 찬반투표에서 두 가지 문항을 제시했다. 하나는 '낙하산 사장 임명 저지를 위한 총파업'에 대해 찬반을 묻는 문항이었고, 또 하나는 '언론노조 탈퇴'에 대해 찬반을 묻는 문항이었다. 낙하산 저지 총파업은 85.5% 찬성으로 통과되었다. 언론노조 탈퇴를 묻는 투표는 67.2%(2,384명)가 찬성해 가결되었다. 하지만 낙하산 사장 임명 저지는 겉포장이고 실제는 '언론노조 탈퇴'에 방점을 찍어 파업 찬반투표를 진행한 것으로 드러났다. 앞서 기술한 것처럼 노조 집행부가 상급단체인 언론노조로부터 중징계를 당하자, 이들은 언론노조를 탈퇴하기로 방침을 정했다. 노조 집행부는 언론노조 탈퇴에 관한 찬반투표를 낙하산 사장 문제와 엮어서 언론노조 탈퇴를 유도한 셈이다. 훨씬 더 높은 찬성률로 가결된 낙하산 사장 임명 저지를 위한 총파업은 헌신짝 버리듯 포기하고 언론노조 탈퇴만 이행했기 때문이다.

KBS를 응원하는 인터넷 커뮤니티
회원(우측에서 세 번째)에게 간식
선물을 받고.

8월 18일 월요일 저녁 7시경, 뜻밖의 손님이 찾아왔다. 닉네임이 '딜라이트'라고 밝힌 '82COOK'(인터넷 카페) 회원이 사원행동을 응원하기 위해 타르트 파이 100여 조각과 두유 다섯 상자를 KBS 본관 앞까지 갖고 온 것이다. 나와 집행부 몇 명이 본관 앞에 나가서 인사하고 전달품을 받았다. 그분은 "KBS 직원들이 공영방송을 지키기 위해 열심히 싸워줬으면 좋겠다. 국민이 지켜보고 있다. 82COOK 회원들도 함께 싸우겠다"며 응원의 말도 함께 전해주었다. 눈물이 날 정도로 고마웠다.

이날 점심 무렵, 서울남부지검 앞에서 KBS에 공권력 투입을 요청한 유재천 이사장을 고발하는 기자회견을 했는데, 마치고 회사로 돌아와 약간 의기소침한 기분이었다. 당시 분위기상 법에 호소하는 방식이 성과를 기대하기 어려울 것이기 때문이었다. 그런데 이렇게 시민들의 응원을 받으니 다시 힘이 솟았다. 받은 선물을 그날 저녁 열린 촛불문화제에 참석한 시민들과 함께 나누어 맛있게 먹었다. 이후에도 여러 곳에서 힘내라고 달걀과 수박 등을 보내주셨다. 참으로 감사한 마음이었다. 우리가 혼자 외롭게 싸우고 있지 않다는 걸 확인할 수 있어서 힘이 났다.

또한 MBC 노조가 있어 든든했다. 사원행동은 정권의 KBS 장악에 맞서는 투쟁을 노조의 지원 없이 해오고 있었다. 이런 가운데 MBC 노조가 사원행동을 지지하고 연대해 주었다. 2008년 8월 18일 밤 8시, MBC 노조가 서울 여의도 MBC 사옥 1층에서 조합원 300여 명이 모인 가운데 긴급 총회를 열었다. '공영방송 및 〈PD 수첩〉 사수 총력 투쟁'을 결의하는 자리였다.[38] MBC는 이명박 정권의 〈PD 수첩〉 탄압에 맞서 노동조합을 중심으로 흔들리지 않고 싸우고 있었다. 이날 박성제 위원장은 KBS와 연대 투쟁으로 힘을 합치겠다고 외쳤다.

우리의 싸움도 〈PD 수첩〉과 관련된 대응 수준에만 그쳐선 안 됩니다. KBS에 대한 연대 투쟁은 결국 언론장악과 MBC에 대한 민영화, 사영화를 막기 위한 싸움으로 이어질 것입니다. KBS 사장이 바뀌면 방문진의 이사진도 정략적으로 바뀌게 될 수밖에 없고, 경영상황마저 정권이 원하는 대로 재편되는 상황이 닥칠 수 있습니다. 그런 의미에서 KBS의 싸움이 중요하고, KBS가 함께해 주기를 요청하면 연대파업에도 나설 것입니다.

이날 총회에 KBS 사원행동 대표로 초청받은 나는 '순망치한脣亡齒寒'이라는 말을 인용하며 MBC의 연대 투쟁 제안에 적극적으로 동의했다.

"KBS가 무너지면 MBC도 무너진다는 점, 특히 권력에 비판적인 시사 프로그램들이 한 쪽에서 무너지면 다른 쪽도 무너진다는 점을 우리는 경험으로 분명히 알고 있습니다. 또한 MBC가 의지를 보여주면 KBS에 영향

---

38 그해 4월 29일 〈PD 수첩〉은 '미국산 쇠고기, 과연 광우병에서 안전한가?' 편을 방송했다. 이 명박 정부의 미국산 쇠고기 수입 협상의 오류를 지적하고 광우병의 위험성을 다뤘다. 정부·여당은 광우병 위험이 과장·왜곡되었다고 주장하며 소송전을 펼치는 등 〈PD 수첩〉을 탄압하기 시작한다. 이에 맞서 〈PD 수첩〉은 몇 차례 더 관련 아이템을 다루고, 검찰은 광우병 관련 프로그램을 제작한 〈PD 수첩〉 제작진을 기소한다. 정부 협상단에 대한 명예훼손 혐의였다. 나중에 일부 정정 보도를 하긴 했지만 2010년 1월 19일, 법원은 제작진 전원에게 무죄 판결을 내렸다. 방송에 일부 오류가 있었지만 〈PD 수첩〉이 미국산 쇠고기 수입과 광우병의 위험성 문제를 방송한 것은 문제가 없다는 판결이었다.

을 미칠 것이고, KBS가 들고 일어나면 MBC가 또 일어날 것입니다. KBS와 MBC가 똘똘 뭉치면 저는 이 싸움에서 지지 않을 것이라고 확신합니다."

한밤의 대학살

9월 17일 대규모 인사 발령이 난다. 이병순 사장 취임 20일 후였다. 통상 인사 발령은 퇴근 시간 무렵에 했는데, 이날은 밤 10시가 넘어서 사내 게시판에 인사 발령 파일이 게시됐다. 이른바 '한밤의 대학살', 사원행동 죽이기가 주가 된 인사였다. 먼저 사원행동 소속 기자와 PD, 엔지니어들을 취재 및 제작 외의 부서나 멀리 지방으로 보냈다.[39]

특히 악질적 인사는 엔지니어들에 대한 보복 인사였다. 이병순 사장이 임명한 신임 기술본부장(김영해)은 사원행동 소속 10여 명의 기술직 사원들[40]을 모조리 지역 송·중계소로 보냈다. 그들은 기자나 PD에 비해 소수였지만 방송 독립과 공정방송에 대한 소신은 누구보다도 굳건했다. 인사 발령 직전, 본부장이 방으로 불러 사원행동에서 탈퇴하라고 협박했지만 먹히지 않자 보복성 인사를 한 것으로 알려졌다.

이와 함께 정권에 비판적인 보도나 프로그램에서 데스크를 맡았던 간부들도 보직을 박탈당했다. 김의철 사회팀장, 김용진 탐사보도팀장도 평직원이 되었다. 탐사보도팀에서 활약하던 기자들도 타 부서로 전보됐다. 이에 김용진 전 팀장이 내부 게시판에 "KBS 저널리즘은 그렇게 쉽게 죽지 않습니다"라는 제목의 글을 올렸다.

뭐가 그렇게 두려워서 이전에는 듣지도 보지도 못했던 '야반인사'를 그렇게

---

39 자세한 인사 내용은 KBS본부노조, 앞의 책, 139쪽 참조.
40 강남욱·이승호·고우종·박종원·황보영근·이상필 등.

쫓기듯 내야 했습니까? 탐사보도팀의 구성원들이 앞으로도 계속 뭘 써댈지 그 것이 그렇게 부담스러웠습니까? … 탐사팀 기자들, 팀원들은 무슨 죄를 지었 습니까? 숱하게 날밤을 새며 수천, 수만 장의 기록과 씨름하고, 내비게이션과 지적도를 들고 전국의 논밭과 임야를 헤매며 고위 공직자의 도덕성을 검증하 고 다닌 것이 죄입니까? 노트북 스크린에 스프레드시트 수만 칸을 올려놓고 눈이 빠지게 조그만 단서라도 찾아 헤맨 것이 죄인가요?

정권의 입맛에 맞지 않는 방송을 할 수 없도록 원천적으로 싹을 잘라 버리려는 조치였다. 이와는 반대로 사원행동을 맹비난하던 이른바 'KBS 정상화 비대위' 모임의 멤버들은 주요 보직자로 발탁되었다. 곧바로 이 번 인사를 규탄하는 성명서가 봇물처럼 터져 나왔다.

나는 심의실로 발령 났다. PD협회장 2년 임기를 마친 나는 현업으로 복귀해서 프로그램을 제작하고 싶었다. 하지만 제작 현장으로 돌아갈 수 없게 되었다. 입사 이후 처음으로 비非 제작부서로 가게 된 것이다. 그것

인사 규탄 성명서 목록

9.17.	대량 보복 인사를 철회하고 주동자를 처벌하라(기자협회)
	이제는 행동이다(PD협회)
	인사에 대한 18~19기 PD들의 입장(18~19기 PD 37명)
9.18.	공영방송 사수의 깃발을 다시 세우며(15~17기 중견 PD 52명)
9.19.	경영진은 보복 인사를 즉각 철회하라(경영협회)
	동료들의 뒷모습을 결코 잊지 않겠다
	[중계팀(제작, 인프라) 전·현직 중앙위원, 대의원 일동]
9.22.	젊은 기자들의 결의를 적극 지지하며(1990년대 입사 기자 77명)
9.23.	역사의 시계를 거꾸로 돌릴 수는 없습니다(22~25기 PD 153명)
	조용한 개울이 분노한 파도가 될 것이다(조명협회)

도 프로그램을 심의하고 심의 의견을 쓰는 심의위원이 아니고, 심의위원이나 외부 모니터들이 써 보내는 모니터 의견들을 모으고 정리하는 일과 부서 내의 행정 업무를 처리하는 일을 하게 되었다. 그래서 심의위원이 아니라 '심의 요원'으로 불렸다. '잠시' 제작 현장을 떠나 PD협회 일을 하게 되었는데, 이제 '잠시'가 아니게 되었다.

한편 이런 인사가 난 다음 날, 노조 집행부는 '정연주 사장 퇴진, 낙하산 사장 저지를 위한 비상대책위원회' 해단식을 치른다며 전북 선유도로 1박 2일 MT를 떠났다. 당시 KBS의 씁쓸한 풍경 중 하나다.

'프로그램 재갈 물리기' 저지 투쟁

이병순 사장은 취임 후 KBS를 과거로 돌리는 일에 본격 착수한다. 하나는 앞에서 본 것처럼 정권의 방송 장악에 저항하는 사원들을 인사로 무력화시키는 일이었고, 또 하나는 눈엣가시 같은 시사 프로그램들을 없애거나 재갈을 물리는 것이었다.

눈엣가시, 〈시투〉와 〈미포〉

이병순 사장에게 특히 눈엣가시 같은 프로그램은 〈생방송 시사투나잇〉과 〈미디어 포커스〉였다.

PD들이 제작하는 〈생방송 시사투나잇〉(이하 〈시투〉)은 2003년 11월부터 5년째 방송하고 있었다. 2TV를 통해 주 4회 늦은 밤에 방송했다. 시청자들에게 당일 또는 그 주의 시사 현안을 알기 쉽게 전해줘 인기가 있었다. 그러다 보니 제작하는 PD들은 매일 시간에 쫓기면서도 보람을 느꼈다.

〈시투〉보다 반년 앞서 방송을 시작한 〈미디어 포커스〉(이하 〈미포〉)는 미디어 비평 프로그램이었다. 방송이나 신문 등 언론과 미디어 전반의 잘못된 취재와 관행을 고발하는 프로그램으로 정연주 사장 시기에 신설되었다. 〈미포〉가 이른바 '조중동' 관련 아이템을 많이 다루다 보니 역으로 그들로부터 집중적인 공격 대상이 되었다.

정규 뉴스는 촘촘한 데스킹 과정을 거치며 각이 다듬어질 수밖에 없지만 이러한 시사 프로그램은 날이 서 있는 경우가 많았다. 특히 2003년 이후 제작 자율성이 크게 신장됐기 때문에 아이템의 성역도 상당히 줄어들었다. 하지만 당시 한나라당과 이명박 정권은 〈미포〉와 〈시투〉를 눈엣가시로 여기고 있었다.[1]

두 프로그램의 폐지설이 점점 구체화되자, PD협회(협회장 김덕재)와 기자협회(협회장 민필규)가 강력히 반발하며 투쟁의 중심에 섰다.[2] 2008년 9월 23일, PD협회는 총회를 열어 '밀실에서 진행 중인 〈시투〉에 대한 폐지 논의를 중단하라'고 요구했다. 그리고 TV편성위원회를 통해 조목조목 따져 물었다. 〈미포〉 제작진은 그동안 프로그램을 거쳐 간 기자 24명으로부터 〈미포〉 폐지에 반대한다는 서명을 받았다. 33기 기자 19명도 성명을 내 "쫓기듯 존폐를 결정해야 하는 속사정은 무엇인지, 구성원의 당연한 물음엔 입을 닫은 채 밀실에서 결정하는 KBS가 우리는 참으로 부끄럽다"고 성토했다.

두 프로그램의 폐지에 대한 저항이 클 것으로 예상되자, 사측은 단번에 폐지하기보다는 일단 프로그램의 이름부터 바꾸는 전술을 택한다. 명칭 변경과 함께 제작진을 대폭 교체한 후 적절한 시점에 폐지로 몰아가려는 수순으로 읽혔다. 10월 29일, 회사는 프로그램 가을 개편안을 이사회에 보고하면서 두 프로그램의 명칭을 각각 〈시사터치 오늘〉과 〈미디어비평〉으로 변경할 것이라고 밝혔다.

---

1   2006년 10월, KBS에 대한 국정감사에서 한나라당 정종복 의원이 〈시투〉를 거론하며 PD들을 모욕하는 일이 있었다. 이에 나는 PD협회 부회장(하석필) 및 〈시투〉 CP(이완희)와 함께 의원실을 항의 방문해 공개 사과를 요구하기도 했다.

2   사원행동은 여전히 전 직종을 아우르는 투쟁 조직으로서 상징성을 갖고 있었지만, 이 시기부터 실질적 투쟁은 양 협회를 중심으로 하게 된다. 프로그램 재갈 물리기와 편성을 통한 방송 통제가 이어지고 있었지만, 노동조합은 역시 수수방관하고 있었다.

그러자 PD협회는 다시 총회를 열고 '프로그램 희망원' 제출을 거부하기로 결의한다. 명칭이 바뀐 〈시사터치 오늘〉에 PD들은 가지 않겠다는 선언이었다. 기자협회는 보도본부 기자 전원을 대상으로 설문조사를 했다. 총 284명이 답을 했는데, 76%가 〈미포〉의 명칭 변경에 반대하는 것으로 나타났다.

이어 두 프로그램의 제작진이 공동 대응에 나선다. 11월 6일, 기자협회와 PD협회 주최로 민주광장에서 연대집회를 열고 "굴욕적 '관제 개편'을 거부한다"고 규탄했다.[3] 이날 집회에는 기자와 PD 150여 명이 참여했다. 이날의 연대집회를 시작으로 다음 해 초까지 기자협회와 PD협회는 여러 번 공동 집회를 가지며 사측의 제작 자율성 억압에 저항했다.

KBS본부노조[4]가 2018년에 발간한《장악과 부역, 저항의 10년》에서는 당시 〈시투〉와 〈미포〉 지키기 투쟁에 대해 "처절하고 기나긴 '관제 개편' 반대 싸움"이었다고 적었다.[5] 하지만 계란으로 바위치기였다. 회사는 온갖 수단들을 동원했다.

대통령 라디오 주례연설 파동

이명박 정권은 공영방송 라디오를 일방적 홍보 도구로 활용하려 했다. 이병순 사장 취임 직후 '대통령 라디오 주례연설'을 둘러싸고 큰 갈등이 일었다.

---

3   이날 집회의 명칭은 '〈시투〉, 〈미포〉, 라디오 제작진 졸속개편 반대 연대 시위'였다. 사측은 〈시투〉와 〈미포〉 이외에도 라디오 시사 프로그램들에 대한 무력화도 함께 진행하고 있었다.

4   2009년 말, 기존 KBS노동조합을 탈퇴한 조합원들이 새로 만든 노조로 전국언론노조 소속의 KBS본부노조인데, 일명 '새노조'로 불렸다.

5   자세한 내용은 KBS본부노조,《장악과 부역, 저항의 10년: 1부 이명박과 KBS》, 145~151쪽 참조.

이병순 사장 취임 직후부터 대통령 주례연설 얘기가 슬슬 나오기 시작한다. 라디오 PD들은 권위주의 시절의 산물로 역사의 유물이 돼버린 대통령의 라디오 주례연설이 20년 만에 부활한다는 사실에 격분했다.

사실 대통령 주례연설 편성 논란은 과거에도 있었다. 1989년, 청와대는 노태우 대통령의 라디오 주례연설을 KBS와 MBC, CBS 라디오를 통해 방송하고 싶어 했다. 하지만 그해 6월 2일, KBS의 라디오 PD 60명이 이를 거부키로 결의한다. 대통령의 일방적 '국정홍보방송'이 공영방송 채널에서 방송돼서는 안 된다는 논리였다. 결국 KBS에서 대통령 주례연설은 방송되지 않았다. 서영훈 사장 시절이어서 가능한 일이었을 것이다. 노태우 대통령 주례연설은 우여곡절 끝에 MBC 라디오 〈여성시대〉 시간에 10분간 정규 편성돼 그해 6월 5일부터 9월까지 15차례 방송됐다.[6]

2003년 참여정부 초기에도 청와대가 노무현 대통령의 주례연설을 KBS 제1라디오를 통해 5분 분량으로 방송하는 걸 계획했다가 취소한 일이 있었다. 당시 청와대 측은 '미국처럼 한국방송(KBS)이 대통령 연설을 기술적으로 방송만 해 주고 다른 민간방송사에도 제공해 줄 것'을 기대했다. 하지만 KBS 측은 라디오 프로그램에 대통령을 출연시키는 형식이어야 한다고 전제하며 몇 가지 조건을 제시했다. 첫째, 연설 주제를 KBS와 협의해야 하고 둘째, 사회자와의 대담 형식이어야 하며 셋째, KBS 독점이어야 한다는 등의 조건이었다. 청와대는 대통령의 연설을 방송사가 단순 중계하는 형식을 희망했지만, KBS는 방송사 주도의 프로그램에 대통령을 출연시키는 형식을 고수한 것이다.[7] 결국 양측의 입장이 좁혀지지 않아 청와대의 계획은 백지화된다. 당시는 정연주 사장 시절이었다.

---

6   김성호 엮음, 2017, 《한국방송 90년 연표: 1927~2017》, KBS방송문화연구소, 274쪽.
7   조복래, "노대통령 주례연설 취소 안팎", 〈매일경제〉, 2003. 7. 16. ; "대통령 (주례)연설 시작도 못해보고…", 〈한겨레〉, 2003. 7. 16.

청와대가 방송사에 요청할 수는 있다. 하지만 제작진이 수용 가능한지 판단해야 한다. 방송 가치가 있다면 수용할 수 있지만, 그렇지 않을 경우 '할 수 없다'고 밝힐 수 있어야 한다. 어디까지나 방송사, 특히 제작진의 판단이 중요하고 존중받아야지 위로부터의 압력이 있어서는 안 되는 일이다.

이번엔 어땠을까? 이명박 대통령의 라디오 주례연설 얘기가 흘러나오자, 라디오 PD들은 먼저 라디오 편성위원회(이하 라디오위원회) 개최를 요구했다. 그때까지만 해도 라디오위원회는 열리고 있었다. 그 자리에서 사측 간부들은 "공식적인 사전 협의가 없었다"고 했다. 하지만 거짓말이었다. 이틀 뒤 2008년 10월 9일, 박형준[8] 청와대 홍보기획비서관이 출입 기자들과 만난 자리에서 "이 대통령의 라디오 연설은 아침 출근 시간대에 7~10분 정도 진행될 예정으로 아침 출근 시간대 편성을 고려하고 있다"면서 "이미 많은 논의가 진행되고 있다"고 밝힌 것이다. 이틀 뒤(10. 11.), 청와대는 대통령 연설을 KBS와 MBC가 10월 13일 아침에 '안녕하십니까! 대통령입니다'라는 제목으로 각각 라디오 채널을 통해 방송할 것이라고 발표한다.

이때 KBS와 MBC의 대응이 대비된다. MBC의 경우 노조(위원장 박성제)가 중심이 돼서 강력하게 거부하자, 사측은 주례연설을 편성하지 않겠다고 번복한다. 방송 하루 전이었다. KBS는 이번에도 라디오 PD들이 크게 반발했다. 하지만 노동조합(위원장 박승규)이 20년 전과 달리 전혀 움직이지 않고 수수방관했다.

이틀 후 대통령의 라디오 연설이 방송될 거라는 청와대의 발표에 KBS 라디오 PD들이 더욱 거세게 반발한다. 이에 라디오 편성제작팀장은 1회만 편성할 것이라고 밝혔다. 하지만 이 말도 거짓이었다. 청와대의 예고

---

8   후에 부산광역시장이 된다.

대로 10월 13일 아침 첫 방송이 나가고 이후에도 격주로 편성돼 계속 방송되었다.

첫 방송 후 라디오 PD들이 다시 항의 성명을 발표하고 피켓 시위도 하며 라디오위원회 개최를 요구했지만, 라디오 제작 책임을 맡고 있는 간부들은 요리조리 피하더니 3주 후에야 라디오위원회에 참석한다. 그리고 면피성 발언과 교묘한 말 바꾸기로 시간을 끌며 빠져나갔다. 라디오 간부들은 겉으로는 제작진과 협의하는 것처럼 하다가 결국은 청와대의 입장을 거의 그대로 수용했다. 당시 라디오 간부들이 보여준 말과 행동은 안쓰러울 뿐이다. 이 과정에서 오간 발언들을 여기에 또 싣기에는 내용들이 너무 구차하다.[9]

이명박 대통령의 라디오 주례연설은 일방적인 치적 홍보가 대부분이었고,[10] 2013년 2월 18일까지 총 109회가 나가면서 계속 공정성 시비가 일어났다. 이렇게 하려고 임기가 보장된 사장을 불법적 수단을 모두 동원해 강제로 해임한 것이다. 공영방송을 정권의 당연한 전리품으로 생각하고 방송을 사유화한 전형적 사례였다. 이 주례연설 방송은 'KBS 흑역사'의 한 장을 차지하게 됐다. 참으로 부끄러운 기록이다.

조작·홍보·물타기 아니면 폐지

이렇게 정권의 방송 장악에 호응하던 이병순 사장 체제는 출범 4개월이 지나면서 방송에 이런저런 문제를 드러내기 시작한다.

---

9   KBS본부노조, 앞의 책, 170~173쪽 참조.

10 2009년 2월, 용산참사에 대한 진상 규명과 책임자 사퇴 여론에 대해 이명박 대통령은 '책임자 사퇴 여부는 그렇게 시급한 일은 아니라고 생각한다'는 내용의 연설을 하고, 2009년 3월엔 해외순방에서 돌아와서는 '외국의 여야 협력이 부럽다'는 식으로 야당과 비판적 언론을 겨냥한 이야기를 하는 등 일방적 내용으로 일관했다. KBS본부노조, 앞의 책, 172쪽.

먼저 2009년 새해 첫날부터 '조작 방송' 시비에 휘말린다. KBS는 매년 해오던 대로 2008년 12월 31일 밤 11시 30분부터 새해 첫날 1시까지 특별생방송 〈가는 해 오는 해, 새 희망이 밝아온다〉를 방송했다. 이 방송의 하이라이트는 밤 12시 정각에 시작하는 보신각 타종이다. 그런데 KBS는 이 현장을 있는 그대로 보여주지 않았다.

이날 타종 현장에는 많은 시민들이 구호가 적힌 피켓과 촛불을 들고 나왔다. 피켓에는 '언론관계법 개악 철회하라', '한나라당 해체하라', 심지어 '아듀 2008 아웃 MB', '이명박은 물러가라' 같은 구호도 쓰여 있다. 시민들은 타종이 되는 순간 피켓에 적힌 구호를 입을 맞춰 계속해서 외쳤다. 그만큼 타종 현장에는 이명박 정권의 폭정과 방송 장악에 분노한 민심이 팽배해 있었다. 그 시간 나도 회사 동료들과 보신각에 있었기 때문에 그 현장을 생생하게 목격했다.

하지만 KBS의 중계방송에는 이러한 현장 상황이 전혀 담기지 않았다. 중계 화면은 주로 진행자와 타종하는 인사들을 비추면서 간간이 멀리서 전경을 잡은 화면을 보여줄 뿐이었다. 현장 시민들의 모습이나 표정은 전혀 볼 수 없었다. 그리고 현장에서 나오는 시민들의 외침 대신 박수 같은 인위적인 음향효과를 집어넣어 방송했다. 완전히 조작 방송을 한 것이다.

물론 KBS가 '대통령 물러가라'는 구호가 터져 나오는 현장을 그대로 중계하는 것은 곤혹스러울 것이다. MB 정권과 KBS의 업보였다. 정권에 장악당한 KBS의 풀기 어려운 난제였다. 당연히 시청자들의 항의가 빗발쳤다. KBS 홈페이지의 시청자 게시판에는 '어용채널 개비씨', '국민을 속이는 방송, 진실을 알리지 않는 방송', '조작 방송 KBS', '시청료 돌려 달라' 등 900건이 넘는 비난 글이 쏟아졌다.

새해 첫날 MBC 〈뉴스데스크〉는 '전국언론노동조합 제야촛불집회'라는 제목의 리포트를 통해 예년과 달랐던 제야행사의 분위기를 설명하며 현장에서 벌어진 촛불 시위를 자세히 전했다. 신경민 앵커가 이렇게 클로징했다.

이번 보신각 제야의 종 분위기는 예년과 달랐습니다. 각종 구호에 1만여 경찰이 막아섰고요. 소란과 소음을 지워버린 중계방송이었습니다. 화면의 사실이 현장의 진실과 다를 수 있다는 점, 그래서 언론, 특히 방송의 구조가 남의 일이 아니라는 점을 시청자들이 새해 첫날 새벽부터 현장실습 교재로 열공했습니다.

당시 MBC는 정권에 아직 장악되지 않은 상태였기 때문에 〈뉴스데스크〉가 현장을 있는 그대로, 또 사실대로 보도할 수 있었다. 하지만 KBS 〈뉴스9〉에서는 이날 현장 상황에 대해 일절 언급하지 않았다. 권력의 방송 장악이 어떤 결과를 초래하는지 두 사례는 뚜렷이 보여줬다. 이날의 조작 방송은 앞으로 KBS가 어떻게 변해갈지를 보여주는 암울한 전조였다.[11]

반면 정권에 민감한 보도는 축소하거나 물타기를 시도했다. 같은 해 1월 20일 발생한 '용산참사' 보도가 대표적이었다. 참사 다음 날 〈뉴스9〉은 '폭력, 강경 투쟁'이라는 자막을 띄우며 전국철거민연합(이하 전철연)의 개입을 부각시켰다. 화재의 원인조차 밝혀지지 않은 상태에서 마치 전철연이 화재를 일으킨 장본인인 양 보도한 것이다.

용산역 인근의 '남일당 화재 사건'은 재개발 과정에서 철거민들이 대거 희생된 참사였다. KBS 뉴스는 경찰의 살인적 진압에 대해서는 '책임

---

11 아나나 다를까, 1주일 만에 KBS는 또 구설에 올랐다. 1월 8일 방송된 〈현장르포 동행〉 신년 기획 '동행 1년, 희망을 만난 사람들' 편에 이명박 대통령이 여기저기 등장하도록 편집해서 방송한다. 준비 과정에서 이목을 피하기 위해 외주제작 방식을 활용했다. 하지만 방송 후 시청자들의 비난이 폭주했다. '5공 시절 전두환을 보는 줄 알았다', 'MB와 동행하는 KBS', "〈동행〉이라는 서민 프로에서 '강부자 정권'을 홍보하다니" 등의 댓글이 KBS 시청자 게시판을 온통 뒤덮었다.

을 묻기 어렵다'는 정부의 입장만 되풀이하면서, 도시 재개발 과정에 잠복해 있는 구조적 문제는 외면했다.

그나마도 며칠 만에 보도량을 확 줄였다. 대신 연쇄살인범 강호순 관련 뉴스로 도배하다시피 한다. 후자가 전자보다 더 뉴스 가치가 있다고 스스로 판단했던 것일까? 아니다. 정부의 '보도지침'을 따른 것이다. 2월 11일, 국회 용산참사 대정부 긴급 질의에서 민주당 김유정 의원은 청와대 국민소통비서관실 소속 행정관이 경찰청 홍보담당관에게 보낸 이메일을 폭로한다.

발신   청와대 국민소통비서관실 이성호 행정관
수신   경찰청 홍보담당관
용산 사태를 통해 촛불시위를 확산하려고 하는 반정부단체에 대응하기 위해 군포 연쇄살인사건의 수사 내용을 더 적극적으로 홍보하기 바랍니다. ··· 12

용산참사에 대한 부정적 여론을 바꾸기 위해 연쇄살인 사건 보도로 뉴스를 덮으라는 보도지침을 경찰청에 내리고 KBS 보도도 이를 따른 셈이었다. 용산참사 추모집회 현장이나 온라인에서 KBS 보도에 대한 비난이 쏟아졌다. KBS 기자들은 희생자 가족들로부터 취재를 거부당하거나 집회 참가자들에게 야유와 폭행을 당하는 일도 벌어졌다. 그러나 당시 보도국장(고대영)을 비롯한 일부 간부들은 후배 기자들이 당하는 곤욕에는 관심이 없었다. 정권에게 장악당한 KBS도 이때부터 시민들 사이에서 또하나의 '기레기' 집단으로 불리기 시작했고 '정성을 다하는 국민의 방송 KBS'는 빠르게 추락한다.

---

12 KBS본부노조, 앞의 책, 225쪽.

'땡이 뉴스' 목록(2008. 10.)

10. 1.   이 대통령, 초당적 협력 당부
10. 3.   이 대통령, 한중일 재무장관회의 추진
10. 8.   이 대통령, 달러 사재기 욕심 가져선 안 돼
10. 8.   이 대통령, 외환위기 때와 달라
10. 10.   이 대통령, 국민 단합하면 극복 가능
10. 13.   이 대통령, 모두 제 역할 해야

뉴스도 예상대로 '땡이 뉴스'로 변해갔다. 대통령 홍보 도구로 전락한 것이다. 10월 16일 열린 시청자 위원회에서 강혜란 위원(여성민우회)이 "최근 KBS 뉴스에 대통령 발언이 지나치게 많이 나온다는 문제 제기가 있다"고 지적한다. 당시 이명박 대통령의 발언들은 '정책'이라기보다 '구호' 내지는 '주문', 또는 '지시'에 가까웠다. 그런데 이를 단신도 아니고 리포트로 상세히 다루었다. '땡전 뉴스'로의 회귀를 연상시키는 보도였다. 〈9시 뉴스〉는 거의 매일 대통령 뉴스를 보도했다.[13]

이와 같은 조작과 물타기·홍보 외에 아예 프로그램을 폐지하는 수법도 등장한다. 그해 1월 〈TV 책을 말하다〉를 폐지한다. 2009년 1월 1일에 방송한 신년 특집이 마지막이었다. 새해 첫날, 프로그램의 마지막 편이 방송되다니 매우 이례적이었다. 2001년 첫 방송을 시작한 이래 7년 동안 대표적인 책 프로그램으로 자리 잡은 프로그램을 갑자기 없앴다. 이에 시청자들은 '21세기 분서갱유焚書坑儒'라며 항의했다. 포털 다음의 게시판 (아고라)에서는 '폐지 반대 청원'까지 일어났다.

당시 KBS 관련 큰 이슈가 워낙 많아 이 건은 그냥 넘어가는 것 같았다.

---

13 KBS본부노조, 앞의 책, 182쪽.

하지만 반년이 지나서 폐지하게 된 경위가 드러났다. 그해 7월 6일, 코미디언 김미화 씨가 자신에 대한 블랙리스트 의혹을 제기하며 SNS에 글을 올리자, 이 글을 접한 진중권 교수가 "이제 와서 하는 얘긴데, 높으신 분께서 KBS 〈TV 책을 말하다〉에 진중권이 나왔다고 프로그램 자체를 없애버리라고 했다. 그래서 '다음 주에 뵙겠습니다'라고 했다가 영원히 못 뵙게 됐다"고 쓴 것이다. 며칠 후(7. 11.), 이 프로그램의 자문위원이었던 카이스트 정재승 교수도 진 교수의 주장을 뒷받침하는 글을 트위터에 올렸다.

> 2008년 12월 말 〈TV 책을 말하다〉 담당 PD로부터 전화 연락을 받았습니다. 내용인즉슨, 프로그램이 갑자기 폐지 결정됐다는 것. 이유를 물으니, 우리 제작진도 일방적 통보를 받아 정확한 이유를 몰랐다가 어제야 들었는데, 제가 자문위원으로 참여한 '2009년 신년 특집 다윈 200주년 인류 탄생의 진화' 패널들을 포함해, 최근 2주간 〈TV 책을 말하다〉 프로그램에 진보적 지식인들이 많이 등장했다는 이유라고 하더군요. …
> 〈TV 책을 말하다〉 프로그램의 갑작스런 폐지는 '낙하산식 방송개입'의 극단적 표출이며, 이로 인해 우리는 권위와 전통을 지닌 소중한 지식 프로그램 하나를 잃었습니다. 이러한 윗선의 '낙하산식 방송개입'은 ① 프로그램의 질을 떨어뜨리고, ② 피디와 작가분들을 포함한 제작진을 자기검열과 자괴감에 빠뜨리며, ③ 시청자들을 환멸하게 만듭니다. 다시는 이런 일이 벌어지지 않기를 진심으로 바랍니다.

당시의 KBS 내부를 정확하게 들여다보고, '낙하산식 방송개입'이 가져오는 부정적 여파에 대해 비판한 글이었다. 법적으로 임기가 보장된 공영방송 사장을 강제로 해임하고, 낙하산 사장을 임명하더니 이어서 자신들의 입맛에는 맞지 않는 프로그램을 없애버리는 일이, 공영방송이라는 KBS에서 버젓이 일어났음을 지적한 것이다.

대통령 라디오 주례연설 파동과 함께 라디오, 특히 제1라디오는 몰락의 길을 걷는다. 이병순 사장은 TV는 물론 라디오에도 전방위적으로 프로그램 재갈 물리기를 진행한다.

그해 가을 개편을 계기로 라디오본부는 라디오 프로그램 외부 진행자를 여럿 하차시켰다. 1라디오 〈열린토론〉의 진행자 정관용, 1라디오 〈박인규의 집중인터뷰〉 진행자 박인규, 2라디오 〈정한용의 시사터치〉 진행자 정한용 씨 등이다. 탤런트 정한용 씨는 과거 민주당 국회의원 전력 때문에, 박인규 씨는 MB정부에 비판적 보도를 해온 프레시안 대표여서 중도하차를 당한 것이다. 이듬해 1월 11일에는 1라디오 〈생방송 토요일 이병혜입니다〉에서 고정 코너를 맡아 정치권 동향을 소개하던 시사평론가 유창선 씨가 일방적 하차 통보를 받았다. 그는 다음 날 자신이 운영하는 블로그에 "교체 결정이 국장급보다 윗선에서 이루어진 것으로 추정된다"며 항의하기도 했다.[14] 전임 정연주 사장 시기에 뉴스·시사 전문 채널로 자리매김했던 KBS 1라디오는 이제 무미건조한 교양 채널로 전락한다.

'사원행동'은 죽지 않는다

보신각 타종 조작 방송, 〈TV 책을 말하다〉 폐지 등으로 시청자에게 새해 벽두부터 질책을 받기 시작한 KBS는 내부적으로 사원행동에 대한 본격적 탄압에 나선다. 2008년 9월 첫 인사 발령을 통해 1차 타격을 가한 데이어, 이사회의 요청을 받은 감사실이 사원행동에 대한 특별감사를 실시한다. 사원행동 지도부가 인사위원회에 회부되었다.

2009년 1월 16일 금요일 저녁 무렵, 나는 한국PD연합회(회장 MBC 김영희 PD)가 주최한 '전국PD대회'에 참석하기 위해 이동 중이었다. 대회

---

14 KBS본부노조, 앞의 책, 178쪽.

가 열리는 수유리 아카데미하우스에 거의 도착할 무렵 휴대폰이 울렸다. 인사부 직원이라면서 인사위원회 결과를 통보했다.

"징계가 좀 세게 나왔습니다. 파면입니다."

사유는 사내 질서 문란, 기물 파손 등이라고 했다. 나는 특히 사내 불법 세력의 '수괴首魁' 역할을 한 것으로 적혀 있다고 했다. 파면과 해임이 어떻게 차이가 나는지 묻자, 파면은 가장 수위가 높은 징계로 해임보다 위라고 했다. 순간 머리가 띵 하는 느낌이었다. 가족들 생각과 함께 1989년 입사 후 20여 년의 시간이 순식간에 주마등처럼 스쳐 갔다. 중징계를 예상은 했지만 그래도 파면이라니….

하지만 곧 평정을 찾았다. 도저히 묵과할 수 없는 부당함에 항거하다가 파면당한 것이니 떳떳하다는 생각이 들었기 때문이다. 오히려 그런 상황을 모면하려 했다면 가슴속에 부끄러움으로 남을 일이었다. 나는 개인 차원이든 사회 차원이든 '사필귀정'을 믿는다.

'그래, 뒷일은 운명에 맡기고 계속 가 보자!'

행사 주최 측에 전화로 상황을 알리고 양해를 구했다. 그리고 동료들이 기다리는 회사 앞의 한 카페로 갔다. 함께 파면 통보를 받은 김현석 기자(사원행동 대변인), 해임 통보를 받은 성재호 기자, 그리고 동료 몇 명이 와 있었다. 확인 결과 위 세 명 이외에도 이상협 아나운서 정직 3개월, 춘천총국의 이준화 PD 정직 3개월, 이도영 전 경영협회장 감봉 6개월, 복진선 조합원 감봉 6개월 등 여러 명이 중징계를 받았다. 우리는 '당당하고 의연하게 받아들이고 흔들림 없이 계속 회사의 부당함에 맞서 싸워 나가자'고 서로를 위로하며 의기투합했다. 그리고 밤늦게 귀가해 아내에게 이렇게 말했다.

"하늘이 무너져도 솟아날 구멍이 있는 법이니 너무 걱정 말고…."

이렇게 그날 금요일 하루가 지나갔다.

그런데 이틀 후, 생각지 못한 일이 일어난다. 1월 18일 오후 2시, 일요일임에도 본관 2층 민주광장에 200여 명의 PD들이 모인 것이다. 전율을 느꼈다. 지난해 6월 촛불 시민들이 처음 KBS를 찾아왔을 때 느꼈던 감동이 되살아나는 느낌이었다.

지난 4개월 동안 KBS의 비정상적 모습을 본 PD들은 이번 회사 측의 무리한 중징계에 분노했다. 평소 집회 현장에 거의 나오지 않던 중견 PD들도 여럿 보였다. 이들은 내게 다가와 손을 잡아주며 격려했다. 다시 힘이 솟구쳤다. 잠시 후 PD협회 주최로 집회가 열렸다. PD들은 발언을 통해 "이대로 물러서지 않을 것이다. 회사가 중징계를 철회하지 않으면 끝까지 투쟁하겠다"고 목소리를 높이며 "우리 모두를 파면하라!"고 외쳤다. PD들은 다음 날 다시 모이기로 하고 집회를 마쳤다.

다음 날 아침부터 기자·PD 양 협회는 출근길 피케팅에 이어 각각 기자총회와 PD총회를 연다. 일부 보직자까지 포함해 많은 기자와 PD들이 참석해 분노에 찬 발언들을 쏟아냈다. 이들은 파면·해임이 철회되지 않을 경우, 제작 거부에 돌입하자고 제안했다.

사태가 걷잡을 수 없이 커지자 그동안 침묵하던 노동조합도 움직임을 보였다. 그나마 다행이었다. 노조는 같은 날 12시에 규탄 집회를 개최했다. 양 협회의 오전 총회가 끝난 직후였다. 노조가 나서자 민주광장은 발디딜 틈이 없을 정도로 가득 찼다. 500명이 넘는 인원으로 추산됐다. 지난 1990년 KBS 4월 투쟁 이후, 그리고 2008년 8·8 사태 이후 가장 많은 인원이 모인 것이다.

다음 날에는 기자·PD협회가 민주광장에서 공동 집회(사회 정윤섭 기자)를 열었다. 지난해 말 〈시사 투나잇〉, 〈미디어 포커스〉 폐지 반대 투쟁을 함께했던 양 협회가 다시 연대해서 대응하기로 한 것이다.

사내 게시판에도 분노가 들끓었다. 기자·PD·기술·경영·촬영감독·아나운서 등 대부분의 협회와 입사 기수별 성명이 계속 올라왔다. 첫 집회 이후 설 연휴까지 포함해 열흘 동안 투쟁이 이어졌다. 지역국의 사원들 여러 명도 휴가를 내고 서울 본사에 올라와 규탄 집회에 참여했다.

이제 사측으로 공이 넘어갔다. 사측은 일요일 민주광장에서 열린 긴급 PD총회에 PD들이 많이 모이자 크게 당황하기 시작한 것으로 알려졌다. 회사는 노조를 통해 징계 대상자들에게 재심을 청구해 달라고 요청한다. KBS의 경우 1심(인사위원회)에 이의가 있으면 재심(중앙인사위원회)을 청구할 수 있는데, 재심 절차가 끝나야 징계가 확정된다. 하지만 우리가 머리를 숙이며 재심을 요청할 수는 없는 일이었다.

그러다가 설 연휴가 시작되기 전날 밤, 노조 집행부에서 연락이 왔다. 사측에서 면담을 요청한다는 것이다. 징계 대상자들을 대표해서 내가 조합 사무실에 갔다. 인력관리실장(금동수, 후에 부사장)이 기다리고 있었다. 새벽 2시경이었다. 금 실장이 업무수첩에서 문서 한 장을 꺼내 건네주었다. 재심청구서 문안이었는데, 읽어보니 일종의 반성문이었다. '반성하며', '재발 방지를 약속하고', '다시는 이런 일이 없도록' 같은 문구가 포함돼 있었다. 받아들일 수 없는 문구였다. 내가 생각하는 문구를 제시하며 문안을 바꿔 달라고 요구하자, 인력관리실장은 회사로서는 이 문구 이하로는 물러설 수 없다고 했다. 나는 따져 물었다.

"정권의 부당하고 노골적 방송 장악에 저항한 일이 왜 잘못한 일입니까?"

내가 협조적이지 않아 판이 깨질 것 같자, 옆에 있던 노조위원장(강동구)이 내게 화를 냈다.

"자꾸 이러면 이제 노조가 더 이상 나서지 않을 겁니다."

3시경, 사무실을 그냥 나왔다. 이렇게 노조가 발을 빼는 상황에 이르자 PD협회와 기자협회로서는 다른 선택의 여지가 없었다. 독자적 제작 거부에 돌입할 채비를 한다. 설 연휴 마지막 날 양 협회는 각각 비상대책위원회를 열어 제작 거부를 결의했다.

그리고 다음 날인 1월 28일, 기자와 PD들은 실·국별 총회를 가진 후 오후 6시에 제작 거부 출정식을 열었다. 설 연휴가 끝나고 출근한 날이었다. 양 협회 비대위가 공동으로 주관한 제작 거부 출정식은 비장했다. 이틀날 아침부터 제작 거부가 시작되면 그 결과가 어떻게 될지 아무도 예측할 수 없었다. 민주광장을 가득 채운 기자와 PD들은 결연했다. 물론 협회가 주도하는 제작 거부는 말처럼 쉽지 않다. 노동 관계법으로 보호를 받는 노동조합이 벌이는 '파업'과 달리 법적 보호를 받을 수 없다. 그럼에도 위험 부담이 큰 제작 거부에 대해 기자와 PD들이 모두가 동의한 것이다.

기자와 PD들이 제작 거부에 들어가는 상황이 오자 회사 측에서 본부장과 국장을 통해서 더 완화된 문안도 가능하다는 신호를 보내왔다. 제작 거부 출정식 바로 직전이었다. 나는 김현석(파면)·성재호(해임) 두 기자와 함께 재심청구서 문안에 대해 상의했다. 그리고 나와 김현석 기자가 후배인 성재호 기자를 설득한 후 이렇게 정리했다.

"극한적 투쟁을 마다하지 않는 동료들을 더 이상 보고만 있어선 안 된다. 재심청구서를 쓰자. 하지만 회사가 요구한 '반성'이라든지 '다시는 이런 일이 없도록' 같은 문구나 표현은 쓰지 말자. 다만 그러한 사태가 벌어진 데 대해 '유감'이라는 정도의 표현은 쓰도록 하자."

그리고 셋은 제작 거부 출정식 집회에서 무대에 올라 나란히 섰다.

김현석   우리의 재심청구서에 들어가는 문구 문제로 논란이 계속되지 않도록 오늘 저녁 우리 양심에 따라 재심청구서를 내고 사측에 반성할 기회를 더 빨리 주겠습니다.

성재호   저 역시 양심에 꺼리지 않는 선에서 재심청구서를 낼 것입니다. 한 가지 더 하고 싶은 말은 더 이상 다치는 사람이 안 나왔으면 한다는 점입니다. … 모두가 단결하면 또다시 협회장이 다치고, 징계받는 일은 없을 것입니다.

"대신 생방송을 준비하겠다"고 국장에게 보고했다. 하지만 국장은 끝내 나는 우리 싸움의 본질은 징계 철회 여부가 아니라며 이렇게 말했다.

"이번 징계 파동은 KBS를 살리고, 제대로 된 길을 걸어가게 하는 계기이자 밑바탕이 될 것으로 생각합니다. 그리고 사원행동은 결코 죽지 않을 것입니다."

제작 거부 출정식이 끝나고 세 사람은 재심 청구서를 제출했다. 그리고 그다음 날(1. 29.), 결의한 대로 PD와 기자들은 집단 제작 거부를 결행한다. 오전 10시부터 민주광장에서 기자·PD협회 연합집회가 열린다.

같은 시각, 회사는 재심을 위한 특별인사위원회를 열었다. 점심시간이 끝나고 집회가 계속 이어졌다. 오후 2시경, 재심 결과가 전해졌다. 양승동과 김현석은 파면에서 두 단계 내려간 정직 4개월, 성재호 기자도 해임에서 정직 1개월로 징계 수위가 한 단계 낮아졌다. 또한 이상협 아나운서와 이준화 기자는 정직 3개월에서 감봉 4개월로, 이도영 전 경영협회장과 복진선 조합원은 감봉 6개월에서 감봉 2개월로 경감되었다.

재심 결과가 전해지자 민주광장 여기저기서 환호성이 나왔다. 잠시 후 징계의 완전 철회를 위해 제작 거부를 계속해야 할지에 대한 토론이 이어졌다. 토론 결과 양 협회는 제작 거부를 잠시 접고 새로운 싸움을 준비하기로 결론짓는다. 양 협회의 비대위는 공동성명을 통해 이번 부당 징계 철회 투쟁의 의의를 밝혔다.

체념과 포기에 빠져 있던 KBS 내부 분위기를 스스로 바꾸고 변화시키는 일대 전환점이 됐다. 누가 먼저랄 것도 없이 분노하고 떨쳐 일어서서, 그 힘이 그대로 투쟁의 동력이 됐다. 투쟁의 배후도, 주도도 없는 혼연일체의 연대, 단결력 그 자체였다. 이 힘은 앞으로 공영방송 KBS를 지키는 싸움의 소중한 자산이 될 것이다.

정직 4개월 징계를 받은 나는 회사에 출근할 수 없었다. 대신 동료들을 만나거나 야외 집회, 그리고 토론회에 참석하며 지냈다. 당시 언론노조가 파업에 들어가는 등 방송계는 상황이 심각했다. 정부와 여당이 이른 바 '미디어 악법'을 국회 과학기술정보방송통신위원회(이하 과방위)에 기습적으로 상정했기 때문이다.

그래도 틈을 내서 여행도 다녀왔다. 함께 징계받은 동료들(김현석 기자, 성재호 기자, 최경영 기자, 복진선 조합원)과 함께 눈 덮인 한라산 백록담을 등정하고, 놀란 가족을 위로하기 위해 며칠 동안 해외여행도 다녀왔다. 그동안 프로그램 제작으로 해외 출장은 여러 번 다녀왔지만, 가족과의 해외여행은 입사 20년 만에 처음이었다. 징계를 받고서야 가족과의 시간을 갖게 되었으니….

정직 기간 중 급여는 거의 나오지 않는다. 하지만 동료들이 십시일반 성금을 모아주며 고통을 분담해 주었다. PD협회(협회장 김덕재)가 모금을 주관해 준 것이다.[15] 선후배 동료들 덕분에 큰 힘과 용기를 얻을 수 있었다. 참으로 고마웠다.

KBS를 KBS라 부르지 못합니다

정직 4개월이 끝나갈 무렵 큰 비극이 일어났다. 노무현 전 대통령이 서거한 것이다. 하지만 이 비극의 와중에 KBS는 완벽한 추락을 경험해야 했다. 그동안 '관제 뉴스'로 변해버린 KBS 보도, 특히 노 전 대통령에 대한 검찰수사를 중계방송 하듯이 보도하며, 망신주기에 앞장섰던 KBS에 화가 난 시민들은 KBS 카메라를 거부하고 취재진에게 욕설을 퍼부었다.

하는 수 없이 취재진은 카메라에서 'KBS 한국방송'이라고 적힌 글자

15　이때 십시일반으로 도움을 준 선후배 동료 PD들의 명단(380여 명)을 얼마 전 김덕재 당시 협회장에게서 받았다. 다시 보면서 고마움과 미안함이 함께 밀려왔다. 이름을 밝히지 않은 PD들도 30여 명 되는데 아마 당시 보직 간부들이었을 것이다.

를 떼거나 가리고 현장에서 촬영해야만 했다. 봉하마을 현장을 연결할 때도 중계용 방송 차량을 멀찌이 떨어진 곳에 세워두고 생방송을 해야 했다. 당시 봉하마을에서 중계차용 카메라를 담당했던 장홍태 노조 부산 지부장은 사내 게시판에 'KBS를 KBS라 부르지 못합니다'라며 이렇게 하소연했다.

봉하마을에서 KBS가 비토당한 것이 이번이 처음이 아니었습니다. 이미 검찰 수사 과정에서 중계, 취재팀이 마을 주민들과 승강이를 벌였고 '조중동'과 같은 취급을 당했습니다. … 촬영 기자들은 KBS 카메라가 아닌 것처럼 촬영했고 중계 스태프들은 마치 옆에 있는 방송사 직원인 양 중계차에 몸을 숨겨가며 녹화를 진행하기도 했습니다. 욕도 많이 들었지만 그래도 방송이 천직이라 그것이 옳은 일이라 생각하며 스태프들은 열심히 최선을 다했습니다. 그런데 자꾸만 억울해집니다.

임시분향소가 차려진 덕수궁 대한문 앞 광장에서도 마찬가지였다. KBS 취재진은 6월 항쟁 당시 시민들에게서 받았던 것보다 더 심한 수모를 당해야 했다. 〈KBS기자협회보〉(6. 4.)에서 5월 24일부터 27일까지 사회팀의 '현장 상황 보고'를 시간대별로 정리해서 실었다.

촬영 기자가 시민들에게 발로 차이고, 시민들이 중계 차량을 주먹으로 치며 치우라고 협박하기도 하고, ENG 카메라 대신 6mm로 촬영하기도 하고….

반면 사측 간부들은 추모 열기와 시민들의 분노를 물타기 하려고 애쓰는 모습이었다. 서거 당일 2라디오 〈밤을 잊은 그대에게〉 담당 PD(김영종)는 "서거 이전에 녹음했던 방송 내용이 추모 분위기와 맞지 않는다"며 "대신 생방송을 준비하겠다"고 국장에게 보고했다. 하지만 국장은 끝내

시민들의 항의로 KBS중계차는
봉하마을 빈소 옆에서 쫓겨나
황소 옆에서 방송해야 했다.

승인하지 않았다. 김 PD가 "그러면 방송이 서거 이전에 녹음됐다는 것을 안내 멘트로 밝히겠다"고 대안을 제시했으나 그마저도 승인하지 않았다. 결국 아무 일 없다는 듯이 진행자들이 웃고 농담하는가 하면, 추모 분위기와 어울리지 않는 음악들이 방송됐다.[16]

왜 열심히 일하는 현장의 제작진이 시민들에게 욕을 먹어야 하나? 누가 아무 죄가 없는 현장의 제작진을 '자꾸만 억울해'지게 만드나? 제작 자율성 억압과 사측의 꼼수가 계속되자 내부에서 폭발이 일어난다. 노무현 전 대통령 서거 사흘째 월요일 아침, 이병순 사장과 간부들의 행태를 비난하는 글이 사내 게시판을 온통 뒤덮었다.

김영동   국민에게 버림받고 저항받는 KBS의 모습, 제가 대학 시절 숱하게 보아 온 모습입니다. 다시 그 모습을 보고 싶지는 않습니다.
박영태   KBS 로고 떼고 촬영했던 1인입니다. 너무 비참하고 창피해서 밤새 잠을 못 잤습니다.
김영신   1987년 6월에도 이렇게 쪽팔리지 않았다. 사장, 부사장, 편성본부장, 보도본부장, KBS인으로서 밥값 좀 하시오.

---

16   KBS본부노조, 앞의 책, 265쪽.

이병순 사장 취임 후 억눌린 감정들이 폭발한 것이다. 곳곳에서 사원들이 모여 대책 회의를 하고, 한동안 회사가 더 이상 통제하기 어려운 상황이 벌어지자, 뉴스와 프로그램이 잠시 나아지는 듯했다. 하지만 오래가지 않았다.

영결식 날(5. 29.), 영결식과 노제, 운구 장면 등을 생중계하면서 석연치 않은 일이 또 벌어졌다. 이런 중계방송이라면 당연히 고층빌딩 옥상을 이용하거나 크레인 같은 장비를 이용해 최대한 높은 곳에 카메라를 설치해서 내려다보는 '부감俯瞰 샷shot'을 보여주는 게 상식이다. 하지만 MBC 중계방송과 달리 KBS에서는 그런 화면을 볼 수 없었다. 그리고 영상의 화질도 고화질(HD급)이 아닌 표준화질(SD급)로 방송한 것이다.

이러다 보니 이날도 서울시청 앞 광장에서 방송을 준비하던 KBS 중계차량은 시민들의 항의를 받아야 했다. 시민들로부터 "KBS 내려와라", "KBS 나가라", "매국 방송, 꼭두각시 방송" 등의 조롱을 듣는 KBS 제작진은 참담하기만 했다.

추락하는 신뢰도

서거 정국이 끝나고 이병순 체제에 대한 비판이 다시 거세게 일었다.

6월 1일, 기자협회 운영위원회는 보도본부장과 보도국장에 대한 기자협회 차원의 신임투표를 진행하기로 한다. PD협회도 편성·TV·라디오 등 3명의 본부장에 대해 신임투표를 실시하기로 했다. 사측은 협회가 간부들에 대해 신임투표를 하는 것은 사규 위반이라며 주도한 사원들은 인사위원회에 회부될 수 있다고 경고했다.[17] 하지만 격앙된 기자와 PD들을 막을 수 없었다.

---

17 KBS는 단체협약상 노조가 주관해서 본부장에 대한 중간 신임평가를 할 수 있게 돼 있다.

신임투표 결과는 참담했다. 6월 5일, 먼저 PD협회 투표 결과가 나왔다. 투표자 대비 불신임률이 모두 3분의 2를 넘었다. 고성균 라디오본부장 78%, 조대현 TV제작본부장 74%, 특히 최종을 편성본부장은 무려 90%였다.[18]

6월 9일, 기자협회가 신임투표 결과를 발표했다. 김종률 보도본부장의 경우 보도본부 소속 기자 중 219명이 투표에 참여해 180명이 불신임했다. 불신임률이 투표 참여자의 82.2%에 이르렀다.[19] 고대영 보도국장의 경우 보도국 소속 기자 260명 중 절반이 넘는 138명이 투표에 참여, 129명이 불신임 표를 던졌다. 불신임률 93.5%라는 압도적 기록이었다. 당시 보도국장에 대한 반감이 얼마나 심했는지를 여실히 보여주는 결과였다.

KBS 홍보팀은 외부 매체를 통해 "본부장과 국장에 대한 불신임 결과를 대내외에 공표하는 행위는 사규와 단체협약에 위반하는 행위이며 사규에 따라 엄정하게 조치한다는 게 회사방침"이라고 밝혔다. 하지만 기자협회와 PD협회가 오죽했으면 이런 위험을 무릅쓰고 신임투표를 진행했을까?

안에서 새는 바가지가 밖에서 온전할 리가 없었다. KBS 신뢰도가 추락한다. 시사저널이 매년 실시해 온 여론조사 '누가 한국을 움직이는가'에서 결국 이변이 일어났다. 2008년 8월 19일 자 〈시사저널〉은 "KBS '아성' 흔들리고 조·중·동 쩔쩔매다"라는 제목으로 이렇게 보도했다.

첫째는 KBS의 위상 변화다. KBS는 지난해(2007년) 처음으로 언론매체 영향력과 신뢰도에서 모두 1위를 차지했다. 2000년대 이후 자타가 공인하는 '가장 영향력 있는 매체'로 자리매김해 온 KBS이지만 신뢰도는 항상 영향력을 따

---

18 당시 투표권을 가진 PD 816명 중 555명이 투표해서 투표율은 68%였다.
19 이에 대해 KBS 홍보팀에서는 "550여 명에 이르는 보도본부 회원 가운데 219명이 본부장 신임투표에 참여했기 때문에 불신임률만으로 압도적이라고 볼 수 없다"며 애써 이번 투표의 의미를 축소했다.

르지 못했다. 그런 면에서 지난해 본지 조사 결과에 대해 KBS 측은 '무엇보다도 신뢰도를 인정받았다는 것에 대단한 의미가 있다'라고 반가워했다. 하지만 KBS의 신화는 1년을 채 버티지 못했다. 올해 영향력, 신뢰도, 열독률 세 부문으로 나눠서 순위 조사를 한 결과, KBS는 영향력에서만 1위를 지키는 데 그쳤다. … 이는 최근의 KBS 사태와 무관하지 않다는 지적이 많다. 정연주 전 KBS 사장의 퇴진을 둘러싼 내분이 공영방송 신뢰도에 타격을 준 결과라는 것이다.

이명박 정부 출범 이후부터 정연주 사장이 강제 해임을 당할 때까지의 상황이 반영된 조사였다. 이병순 사장 취임 1년 후인 2009년 8월에 실시한 조사에서는 더 안 좋은 결과가 나왔다. KBS는 MBC와 한겨레에 이어 3위로 밀려났다.

우선 MBC의 위상이 눈에 띄게 높아졌다는 점을 꼽을 수 있다. 시사저널이 '가장 신뢰하는 언론매체' 항목을 질문지에 처음 넣은 2004년 이후 MBC는 처음으로 신뢰도 부문에서 1위에 올랐다. MBC가 지난해보다 7.7% 포인트 상승한 31.3%로 신뢰도 면에서 처음으로 1위를 차지했다. 2위는 지난해 1위였던 한겨레로 30.3%, 3위는 KBS로 25.5%를 각각 기록했다.

KBS 자체조사[20], 그리고 시사인이나 한국기자협회 조사 결과도 마찬가지였다. 지난 1년을 돌아보면 이런 결과가 나온 게 당연했다. 하지만 회사는 별 반응이 없었다. 아마도 국민을 보는 게 아니라 오직 권력, 특히 청와대만 바라보고 있었기 때문이 아니었을까?

---

20 KBS는 매년 뉴스 시청행태를 조사해 왔다. 신뢰도, 공정성, 선호도 등의 항목을 조사(동서리서치에 의뢰)해 왔는데, 2008년 '공정성' 항목에서 KBS가 MBC에 밀려 2위를 하는 일이 벌어졌다. 회사에서 쉬쉬했지만, 이듬해 1월 몇몇 언론에서 보도하면서 알려졌다.

4부

특보 체제와 새 노조

'특보 사장'과 이상한 노조

정연주 사장을 강제로 해임한 이명박 대통령은 차기 사장으로 대통령 후보자 시절 언론특보였던 김인규 씨를 낙점해 놓고 있었다. 하지만 노골적 방송 장악으로 여론이 좋지 않자 2순위 후보자를 내세우려 한다. 그런데 8·17 KBS 대책회의가 폭로되면서 2순위 후보자까지 날아가자 이윽고 3순위 후보자였던 이병순 씨가 사장으로 낙점된다.

이병순 사장은 임기 1년 3개월의 보궐 사장이었다. 그는 연임을 생각하게 되고 김인규 특보와 차기 사장을 둘러싸고 경쟁한다. 승자는 김인규 전 특보였다. 마침내 '특보' 출신이 KBS 사장이 된 것이다. 그런데 이 국면에서 KBS노동조합이 오락가락 '이상한' 행보를 계속하자 결국 새로운 노조가 탄생하게 된다.

연임에 목매다 보면

2009년 8월, 새 KBS 이사진이 들어서고 곧이어 사장 선임 국면이 시작된다. 이병순 사장 취임 1주년을 맞은 8월 27일, KBS 사원행동은 '사장 연임, 꿈도 꾸지 마라'는 성명을 발표한다.

하지만 이병순 사장은 연임을 시도한다. 이에 맞춰 정부 정책과 이명박 대통령의 업적을 홍보하는 뉴스와 프로그램이 부쩍 더 늘어났다. 9월 27일은 남북이산가족이 상봉한 날이었다. 당연히 당일 〈뉴스9〉 톱으로 예상되었다. MBC나 SBS도 이산가족 상봉을 톱으로 방송했다. 하지만 KBS는 이명박 대통령 동정을 톱으로 보도했다. 미국 방문을 마치고 귀국한 이 대통령이 "G20 정상회의 개최를 선진국 진입의 좋은 계기로 만들어야 한다"고 발언한 내용이었다. 이어서 "G20 유치 성공은 이 대통령이 각국 정상들과 맺어 온 인간관계도 큰 도움이 됐다"고 보도했다. '용비어천가'라는 비난이 쏟아졌다. 11월 1일엔 대통령의 동남아 순방 성과를 홍보하기 위해 〈특집 좌담, '신新아시아 외교' 의의와 과제는〉(1TV, 밤 10시 20분)을 방송한다. 이 프로그램에 대해 전규찬 공공미디어연구소장은 "형식이나 색상 등에서 1980년대 파시즘 체제 때의 특집 좌담과 완벽히 닮았다"고 비판했다.[1]

이런 식의 대통령 홍보와는 반대로 '프로그램 옥죄기'는 더 심해진다. 먼저 김원장 기자의 4대강 사업 관련 리포트를 불방시켰다. 그해 9월 14일부터 〈뉴스9〉에서 방송한 4대강 사업 관련 연속보도 중 김 기자의 리포트만 삭제한 것이다. 발제 제목이 '4대강 예산 어떻게 마련하나?'였다. 또한 〈스타 골든벨〉의 MC 김제동을 중도에 하차시키고, 〈시사 360〉을 폐지했다. 〈시사 360〉은 〈시사 투나잇〉의 후속 프로그램으로 힘들게 명맥을 유지했지만 이마저도 1년 만에 완전히 폐지해 버린 것이다.

〈시사 360〉 폐지 움직임이 감지되자 담당 PD들이 반발한다. 9월 28일, 제작 PD 일동이 '연임에 목을 맨 이병순 사장에게 던지는 두 개의 질문!'이라는 제목의 성명서를 낸다.

몇 달 전이던가. 〈시사 360〉팀은 이병순 사장의 느닷없는 점심 초대를 받았다. 사장은 그곳에서 자신만의 언론관을 거침없이 풀어냈다. "피디들은 약자를 배려해야 한다는 치우친 기준을 갖고 있다." 혹시 약자에 대한 관심이 지나

---

1   전규찬, "KBS 특집 좌담 프로그램의 공포", 〈미디어스〉, 2009. 11. 3.

쳐서 프로그램이 감성적으로 바뀌는 것은 조심하자는 따뜻한 관심이었던 것일까? 사장의 얘기는 계속되었다. "보도의 가장 중요한 원칙은, 그것이 위법인가 적법인가의 여부다!" 물론 위법과 적법의 기준은 중요하다. 그런데 실상은 어떤가? 재판 이전의 수사 단계에서 검찰의 언론플레이에 놀아나고 있는 게 비일비재하지 않은가? 방송이 검찰 공소장 모음집이어서는 안 되는 것이다. 그리고 위법·적법 여부를 넘어 본질에 접근하는 것이 저널리즘의 중요한 역할이다. 혹시 사장이 살아남기 위해 남몰래 지켜왔던 저널리즘 원칙인가? KBS의 가장 중요한 보도 원칙이 적법성 여부였다니.

이병순 사장은 객관성과 중립성이라는 말을 자주 썼다. 2009년 9월 4일, 사보에 실은 '방송의 날' 기념사에서도 자신이 1년 전 약속했던 것을 이뤘다면서 "그동안의 편파 왜곡 시비를 씻어내고 '객관적'이고 균형적 방송을 향해 한 걸음 한 걸음 국민의 방송으로 나아가 고무적"이라며 "게이트키핑을 강화하고 심의제도를 개선해 프로그램의 품질, '객관성'을 높였다"고 했다.

하지만 이 기념사를 액면 그대로 받아들이는 사원들이 얼마나 됐을까? 이명박 정권의 낙하산 사장으로 와서 공정성, 객관성, 그리고 중립성을 말하는 게 기본적으로 말이 안 됐다. 이명박 정권의 프레임 안에서나 작동하는 객관성과 중립성일 뿐이었다.[2] 그동안 대통령과 정부에 대한 '홍보성 뉴스', '정부 비판 실종', '뉴스와 시사 프로그램의 연성화' 등 1년간 쏟아진 KBS에 대한 비난을 완전히 외면한 기념사였다.

---

2   인지언어학자 조지 레이코프는 이른바 '객관적 저널리즘'의 허구성을 지적한다. 그는 많은 사회적·정치적 쟁점에 대해 순수하게 객관적인 저널리즘도 불가능하다면서 객관적 저널리즘이 언제나 존재한다는 가정으로 인해 특히 사회적·정치적 쟁점에 대한 다원성과 투명성이 방해를 받는다고 말한다. 조지 레이코프 외, 2018, 《나는 진보인데 왜 보수의 말에 끌리는가?》, 생각정원, 263~272쪽.

〈시사 360〉 제작 PD들의 성명서는 이렇게 계속된다.

이것이 끝이 아니었다. 마지막 덧붙인 (이병순 사장의) 말은 귀를 의심케 했다. "사안의 본질보다는 현상이 중요하다." … 단순한 현상보다는 그 속에 담긴 의미를 담아내고, 이면을 파헤치는 것이 기본인 저널리즘에 대한 사장의 평소 생각이 고스란히 드러난 것 아닌가? 더 나아가, KBS에서 기자건 피디건, 탐사 취재는 하지 말라는 말이 아니고 무엇인가? 저널리즘에 대한 나름의 세 가지 원칙을 말하고 난 사장은 식사 말미 새로운 코너까지 제안했다. "심야시간 복잡한 것 보고 싶어 하는 사람이 어딨겠느냐. 〈시사 360〉도 전국에 멋있는 관광지나 멋있는 풍경을 소개하는 코너도 하는 게 어떠냐. 거기에 멋있는 가곡 깔아 주고… 숙박 정보도 소개하고 말이지…."

이러한 성명이 발표됐는데도 당사자가 정정을 요청하지 않은 걸로 볼 때 발언이 사실이었던 모양이다. 이 글을 읽고 다들 놀라움을 금치 못했다. 그리고는 〈시사 360〉은 결국 폐지된다. 당시 시사 프로그램을 제작하던 PD들의 자괴감과 참담함은 이루 다 말로 할 수 없었던 시절이었다.

사장 선임 국면이 되자 노동조합이 이병순 사장 관련 설문조사를 했다. 조사는 조합원을 포함한 전 직원 대상으로 중앙위원과 지부장들이 직접 설문지를 배포하고 수거하는 방식으로 진행했다. 10월 21일에 발표된 결과에 따르면 응답자의 76.9%가 연임에 반대한다. '이병순 사장 취임 이후 KBS의 신뢰도에 어떤 변화가 있었나?'라는 질문에 신뢰도가 '하락했다'는 답변이 79%, '이병순 사장의 업무수행을 어떻게 평가하나?'라는 질문에는 73.9%가 '업무수행을 잘못했다'고 평가했다. 당시 전체 재적 인원 5,555명 중 4,377명이 응답해 응답률은 78.79%였다.[3]

3 〈KBS 노보〉, 2009.10.21.

하지만 이런 결과를 무시하고 이 사장은 연임에 도전한다. 하긴 청와대만 바라보면 이런 사내 여론은 무시해도 된다고 생각했을지도 모를 일이다. 하지만 그것도 오판임이 곧 드러난다.

저는 KBS를 지키려고 왔습니다

2009년 7월, '미디어법'을 날치기로 통과시킨 이명박 정권은 언론장악 2라운드 국면을 시작한다. 8월 3일, YTN 구본홍 사장을 돌연 자진 사퇴시키고 배석규 전무를 사장대행에 앉힌다. MB 정권은 노조와 타협할 가능성이 있는 구본홍 사장 대신 더 강성인 배 전무를 낙점했다는 분석이 나왔다.

7월 31일, 방통위는 MBC 방송문화진흥회(이하 방문진) 이사에 김우룡·최홍재·김광동 등 뉴라이트 계열의 인사들을 임명해서 여야 6 대 3 구도로 만든다. 엄기영 사장은 정권의 압박을 버티지 못하고 다음 해 2월 8일 자진 사퇴하고 이어 김재철 씨가 낙하산 사장으로 MBC에 투입된다. 이렇게 해서 2008년 2월 이명박 정부가 출범하면서부터 시작된 정권의 방송 장악은 2년 만인 2010년 2월에 완결된다.

KBS에서는 방송 장악 1단계에서 역할을 해준 이병순 보궐 사장을 내리고 2단계로 MB 특보 출신인 김인규 사장을 낙하산으로 투입한다. 11월 19일, KBS 이사회가 김인규 후보를 차기 사장으로 임명제청한다.

노조의 설문조사에서 응답자의 76.9%가 연임을 반대한 인물이 탈락한 것은 그나마 다행이었다. 하지만 1990년 서기원 사장 이후 20여 년 만에, 정권의 핵심에서 몸담았던 사람이 공공연히 KBS 사장으로 취임하는 퇴행적 모습이 반복되었다.

공은 노조로 넘어갔다. 뒤에 자세히 얘기하겠지만, 강동구 노조위원장이 "MB 낙하산 김인규 오면 총파업으로 맞서겠다"고 공언했기 때문이다. 과연 이번에는 어떻게 움직일까?

치음에 노조 비대위는 조합원 비상총회를 열고 출근 저지 투쟁을 벌이기로 결의한다. 11월 24일 김인규 사장 첫 출근 날, 200여 명의 조합원들이 이른 아침부터 본관 계단 앞으로 모였다. 사실 노조 비대위원들을 제외하면 대부분 사원행동 소속의 조합원들이었다. 취재진과 카메라도 많이 와서 본관 앞은 인파로 가득했다. 9시 30분경, 사장의 차가 도착하고 차에서 내린 김인규 사장은 주위를 둘러보더니 다시 차를 타고 사라졌다. 오후 1시 30분, 사장의 차가 다시 나타났다. 이번에는 진입을 시도할 모양이었다. 청원경찰들이 사장을 에워싼 채 앞으로 조금씩 다가왔다. 사원들이 구호를 외치며 막아섰지만 힘으로 당할 수가 없었다. 이렇게 진입에 성공한다.

이에 노조 비대위원들과 조합원들은 다시 취임식이 열리는 본관 2층 TV스튜디오(TS-1)로 달려간다. 곳곳에서 이를 막는 청경들과 몸싸움이 벌어졌다. 또다시 아수라장이었다. 하지만 스튜디오의 철문이 닫힌 채 취임식이 진행된다. 이런 취임식이 순조로울 수는 없었다. 취임식이 막 시작되자 객석에서 "김인규 물러가라!"라는 구호가 나왔다. 정장 차림으로 취임식장에 미리 들어가 있던 정수영 기자였다. 정 기자는 두세 번 구호를 외치다가 청경들에 의해 끌려 나왔다.

그리고 잠시 후 스튜디오 조명이 모두 꺼졌다. 어수선한 와중에 3층 부조정실로 진입한 노조 부위원장(최재훈 기자)과 몇몇 조합원들이 벌인 일이다. 조합원들이 부위원장에게 "조명 스위치 내려!"라고 소리치자 잠시 머뭇거리던 그가 스위치를 내려 버린 것이다. 일시에 스튜디오 안의 조명이 모두 꺼지고, CCTV로 중계되던 취임식 사내방송도 멈췄다. 김인규 사장은 비상 조명에 의지해 간신히 취임사를 읽는다. 또 하나의 'KBS 흑역사'로 기록될 만큼 파행으로 점철된 취임식이었다.

김 사장은 다음 날 취임사를 다시 녹화해 사내 CCTV로 방송했다. 그

조명이 꺼진 취임식장에서
비상등에 의지해 취임사를
하는 김인규 KBS 사장.

는 정치 권력과 자본 권력으로부터 "KBS를 지키러 왔다"고 말했다. 취임
식이 끝나자, 사내 게시판에 사장을 옹호하는 글들이 일제히 올라왔다.
"뾰족한 취임사", "사장님의 취임사… 내 마음의 작은 센세이션!" 등 낯
뜨거운 제목들을 달고 있었다. 반면 직전까지 '특보 사장은 안 된다'며 글
을 올렸던, 다시 말해 이병순 사장에게 줄을 섰던 사람들은 김인규 사장
이 취임하자 약속이나 한 듯 침묵했다.

하지만 많은 사원들은 'KBS를 지키러 왔다'는 그의 말을 전형적 유체
이탈 화법으로 받아들였다. 손관수 기자가 사내 게시판에 "김인규 선배!
권력이 상식을 비틀 수는 없습니다!"라는 제목의 글을 올려 그 발언이 얼
마나 공허한지 신랄하게 지적했다.

김 선배를 KBS에 보낸 이런 권력의 의지가 확고한 상황에서 권력의 뜻과 다른
KBS를 만들 수 있겠습니까? 단언컨대 불가능합니다. 많은 사람들이 '아쉬워
하는' 김 선배의 능력은 권력이 자신들의 더러운 욕심을 채우는, 공영방송을
무력화하는 수단으로 이용되고 말 것입니다. … 우리는 지금 김 선배의 능력이
필요한 것이 아니라 김 선배의 양심이 필요합니다. 30년 KBS 기자의 양심과
양식 말입니다. 우리는 '정치인 김인규'를 결코 받아들일 수 없습니다. 물러나
십시오.

노조의 이상한 행보

이사회 바로 전날 오후까지도 이병순 연임설이 나돌았다. 그런데 밤사이에 뒤집힌 것이다. 그사이에 권력 내부에서 무슨 일인가 있었다는 소문이 떠돌았다. 아무튼 연임에 목을 매고 많은 무리수를 두었지만 '뛰는 놈 위에 나는 놈 있다'는 속담이 맞아떨어진 셈이다.

그런데 이 국면에서 또 하나 눈여겨 볼 것은 노조의 행보였다. 2009년 11월 11일, 차기 사장 공모에 이병순 현 사장을 비롯해 김인규 전 MB특보, 강동순 전 KBS 감사 등 11명이 지원한다. 가장 유력한 후보는 이병순 현 사장과 김인규 특보였다. 곧바로 노조는 '김인규, 이병순, 강동순은 공영방송 KBS 절대 불가, 즉각 공모 철회하라'는 성명을 발표하고 반대 입장을 분명히 밝힌다. 그런데 다음 날 이상한 일이 일어났다. 바로 전날 이병순, 김인규, 강동순 3명을 '3대 불가후보'라고 천명했던 노조가 입장을 바꿨다. 김인규 특보만 콕 집어 'MB 낙하산 김인규 오면 총파업으로 맞서겠다'는 성명을 발표한 것이다. 이 성명서는 경향신문 보도를 인용해 "김인규가 사장으로 낙점을 받았다는 관측이 나오고 있는 상황"이라며 그가 사장으로 오면 "총파업은 물론 정권퇴진 투쟁도 불사하겠다"고 끝을 맺었다.

이는 거꾸로 보면 이병순 현 사장이 연임할 경우는 그냥 묵인한다는 의미로 읽혔다. 하룻밤 사이에 사측과의 사이에서 뭔가 일이 있었던 것으로 보였다. 이런 노조 성명서가 나오자, 사내 게시판은 김인규 전 MB특보에 대한 찬성과 반대 글로 도배됐다.

상식적 생각을 가진 사원들은 이런 상황을 견디기 힘들다. 사장 선임 이사회를 이틀 앞둔 11월 17일 화요일, 김덕재 PD협회장이 단식 투쟁을 선택했다. 명분은 '이병순 연임 반대·낙하산 사장 저지'였다. PD들은 가장 유력한 후보였던 두 후보가 아이러니하게도 가장 부적격한 후보라고 생각했고, 그래서 PD협회장은 이들을 몸으로라도 막아야 한다고 생각한 것이다. 김 회장은 정연주 사장 강제 해임 직후, 내 후임으로 PD협회장에 선출되었다. 그는 취임 후 1년여 동안 이병순 사장의 '프로그램 재갈 물리기'에 천막 농성과 두 차례 삭발 등 온몸으로 투쟁했다. 곡기를 끊는 단식은 쉽지 않은 일이다. 주변에서는 그의 건강을 염려해 단식을 만류했다. 하지만 그는 PD협회장으로서 더 이상 할 수 있는 게 없다고 판단한 모양이었다.[4]

하지만 노동조합은 오락가락 행보로 조합원들의 신뢰를 크게 잃는다. 첫날 김인규 사장에 대한 출근저지 투쟁은 그래도 인정받을 만했다. 조명 스위치를 내려 취임식장을 암흑으로 만든 부위원장이 나중에 징계를 받기도 했으니 말이다. 하지만 딱 거기까지였다. 노조위원장이 공언했던 총파업은 이루어지지 않았다. 'MB 낙하산 김인규 오면 총파업으로 맞서겠다'는 성명을 발표한 이상, 노조는 일단 총파업 투표를 진행할 수밖에 없었다. 사실 노조로서는 떠밀리다시피 한 투표였다. 그러다 보니 결과가 좋지 않았다. 부결이었다.[5]

총파업 부결이라는 결과가 나온 데는 몇 가지가 복합적 요인이 작용했다. 첫째, 갈팡질팡하는 모습을 보인 노조에 대한 불신감이었다. 차기 사장 선임 국면에서 처음엔 3대 불가후보를 천명하더니 하루 만에 '김인규 오면 총파업으로 맞서겠다'로 돌변했다. 그사이에 무슨 일이 있었는지 이병순 현 사장은 쏙 빼버린 것이다. 강동구 위원장이 파업 찬반투표 이틀 전 단식에 들어가는 모습도 보여줬지만, 조합원들이 조합 집행부의

---

4   김덕재 협회장은 결국 단식 후유증으로 여러 날 병원 신세를 졌다.
5   전체 조합원 4,203명 중 3,553명(투표율 84.5%)이 참여해, 2,025명(재적 대비 48.18%)이 찬성표를 던졌다. 재적 과반수에 77표(재적 대비 1.82%)가 미달한 것이다.

진정성을 믿지 못한 결과였다.

둘째, 이병순 사장에 대한 거부감이 워낙 큰 상황에서 차라리 다른 인물에 대한 기대감이 일부에서 있을 수 있었다. 셋째, 총파업에 부담을 느낀 노조 집행부의 조직표 동원 때문이었다. 2년 후에 폭로된 '총리실 민간인 사찰문건'[6]이 분석한 총파업 부결 사유다. 당시 사찰 문건 중 〈KBS 최근 동향 보고〉 문건을 보면, "총파업 무산으로 김인규 사장 취임반대 조기 종료"라는 제목 아래 "수요회 등 친親김인규 세력의 활동, 공채 출신 (1기)에 대한 기대감, 총파업에 부담을 느낀 노조 집행부의 조직표 동원 등으로 투표가 부결되었다"며 노조 집행부의 조직표 동원을 총파업 부결 원인 중 하나로 꼽고 있다. 이 문건은 불법사찰 보고서이지만 당시 KBS의 내부 상황을 팩트 중심으로 정확하게 파악하고 있는 건 분명하다.

1990년 4월 투쟁 당시, KBS노조는 36일 동안 제작 거부를 벌이며 청와대 대변인 출신 낙하산 사장에 맞섰고, 2003년 또 한 명의 대통령 특보 출신 낙하산 사장을 막아냈다. 하지만 2009년의 KBS노조는 무기력했다. 초심을 잊어버린 채 정권의 방송 장악을 방조 내지는 묵인하고, 낙하산 사장이 자행하는 제작 자율성 억압은 못 본 척 외면하였다.

이렇게 노조가 무력해지자 비리 혐의를 받는 이길영 전 대구한방병원 이사장(전 KBS 보도본부장)이 KBS 감사로 임명되는 사태도 막아내지 못하는 일이 벌어진다. 이 일로 인해 당시 감사실장(김영헌)과 감사실 평직원들이 실명으로 성명서를 쓰는 초유의 사태가 일어났다.[7] 결국 비리 딱지가

---

6 2012년 김인규 사장 퇴진을 내걸고 총파업 중이던 새노조(전국언론노조 KBS본부) 소속 기자들이 인터넷 뉴스인 〈리셋 KBS 뉴스9〉를 만들어 활동하고 있었는데, 총리실 민간인 사찰 문건들을 입수해 단독 보도했다.

7 감사실 평직원 일동(권찬중·금길수·김건우·김광영·김덕기·김선길·김성민·김성일·박태진·손일만·손재오·윤원주·윤재혁·이철용·이석진·임수연·정지영·최원석·최준호·홍정호)

KBS 최근 동향 보고

총파업 무산으로 김인규 사장 취임반대 투쟁 조기 종료

○ 12. 2. 총파업 투표가 부결되자 사원행동(PD · 기자 등 주축, 약 500명) 등 반노조 세력은 노조 집행부를 불신임한 결과라며 집행부 총사퇴 요구

※ 수요회(2008년 사장 선임 시 김인규를 지지하기 위해 결성) 등 친(親)김인규 세력의 활동, 공채 출신(1기)에 대한 기대감, 총파업에 부담을 느낀 노조집행부의 조직표 동원 등으로 투표가 부결되었다는 분석

○ 12. 16. 노조집행부는 사퇴 거부하며 사측과 협상을 통해 '사장 취임 1년 중간평가' 등 9개 항 합의 후 대의원대회에서 재신임

※ 사원행동은 정연주 전 사장을 지지하는 등 반정부 성향을 보이는 반면, KBS노조는 2008년 8월 언론노조 탈퇴 등 사원행동과 대립하고 있으며, 현 집행부도 사장 선임과정에서 이병순 전 사장을 지지하였으나 김인규가 사장에 취임하자 친(親)김인규로 선회

현 집행부에 반발, 605명 노조 탈퇴 후 별도 노조 설립으로 노노갈등 증폭

○ 총파업 부결에도 집행부가 사퇴를 거부하자 현 집행부는 투쟁 의지가 없다며 PD · 기자 중심으로 노조를 탈퇴, 언론노조 KBS지부로 별도 노조 설립 추진

※ KBS에서는 별도 노조 설립이 합법적이라도 독자적 교섭권은 없다는 입장이며, 신설노조 집행부는 친정부적인 뉴스 · 프로그램에 대한 감시와 견제에 총력을 기울이겠다며 반정부투쟁 방침 견지

○ 언론노조의 개입으로 MBC노조와의 연대 투쟁, 노조 간 선명성 경쟁으로 KBS노조에 강성 집행부 등장 등 분란 심화 우려

※ 당분간 노노간 대립 및 분열로 세(勢)가 약화될 전망이나 노노간 대립 과정에 강성 집행부 집권 빌미 제공 우려

신속한 인사로 조직을 안정시켰으며, 내년 경영컨설팅 결과물 바탕으로 조직 개편 등 개혁 작업 본격 추진 예정

○ 이병순 전 사장 시절 임원 2명을 부사장으로 승진시키고 호남 출신 백운기를 비서 실장으로 임명하는 등 조직화합 도모
※ 김영해 부사장은 기술본부장 출신으로 노조(위원장 강동구, 기술직)의 지지를 받고 있으며 이병순 전 사장 세력의 협조를 이끌어냄

○ 인사실장 박갑진(포항 출신), 보도본부장 이정봉(수요회 회장) 등 측근들의 주요 보직 배치로 친정체제 토대 마련
※ 한국디지털미디어산업협회장 시절 직원(운전기사 김 모 씨, 비서실 이 모 씨)까지 KBS로 데려와 자기 사람을 너무 챙긴다는 지적도 있음

○ 뉴스 포맷 변경(기자 중심 → 앵커 중심) 등 공영성 강화 방향으로 프로그램을 개편, KBS의 색깔을 바꾸고 인사와 조직개편을 거쳐 조직을 장악한 후 수신료 현실화 등 개혁과제 추진 예정
※ 현재 방송국은 기술발전에 따른 과잉인력 상태로 구조조정을 가장 우려하고 있으며, 경영진단 결과에 구조조정 및 조직개편 필요성이 담길 경우 향후 주도권은 김인규 사장에게 넘어가 KBS를 장악하는 데 큰 어려움이 없을 것 같다는 전망도 있음.

김인규 사장은 조직 통합 및 본격적인 개혁업무 추진을 위해 보다 신중하고 몸을 낮추는 자세 필요

○ 자신감이 지나치고 언행에 거리낌이 없어 경솔하게 비춰질 가능성이 많은 만큼 대외적으로 신중한 자세 유지
※ 12 . 5. 봉사활동을 마친 후 기자들에게 'KBS가 친정부 방송해도 정부에 도움이 되지 않는다'고 하는 등 소신을 너무 쉽게 발설
※ 이병순 전 사장과 강동순 전 검사의 지지 세력이 여전히 존재하여 이들의 협조가 조직 안정 및 통솔에 필요하며, 수요회를 이끌고 있는 고대영 보도총괄팀장 등 측근들도 김인규를 닮아 자신감이 지나쳐 건방져 보인다는 지적을 받기도 함.

붙은 감사는 취임을 강행하고, 감사실장과 직원 대부분이 타 부서로 인사 조치된다. 그리고 바로 직전의 감사 결과가 뒤집히는 일까지 발생한다.[8]

마침내 '새노조'를 만들다

당시 KBS 사원들에게 가장 아쉬웠던 것은 신뢰할 수 있는 노동조합이었다. 정권이 낙하산 사장을 내려보내더라도 노조가 중심을 잡고 구성원들을 결집시켜 나간다면 상당한 견제를 할 수 있다.

결국 사원들, 즉 조합원들이 결단을 내릴 시기가 다가온다. 총파업 찬반투표 부결 사태 후 노조 집행부가 사퇴를 거부하자 월요일에는 기자총회가, 화요일에는 PD총회가 잇달아 열렸다.

이미 마음을 굳힌 조합원들은 대부분 노조를 탈퇴하고 새 노조를 건설해야 한다는 데 뜻을 모았다. 물론 신중론도 있었다. 노조가 분열되면 힘이 약해질 수밖에 없으므로 좀 더 참고 차기 노조 선거를 대비해야 한다는 논리였다. 하지만 파업 찬반투표가 부결되고, 특보 사장을 받아들이는 노조를 더 이상 믿을 수 없었다. 아무리 어렵고 힘들어도 새로운 싸움의 근거지를 마련해야 한다는 의견이 다수였다. 당시 보도구역 노조 중앙위원으로 활동했던 성재호 기자의 얘기다.

---

8 김영헌 감사실장 시절 감사실은 안전관리팀을 감사하고 보고서를 작성했다. 300여 명에 달하는 KBS 청경들을 현장에서 관리하는 한편, 청경들의 자율단체인 방호인협회 회장직을 맡고 있던 안전관리팀 선임팀원(차장급)이 사건 조작, 채용 비리, 돈 상납 등 부정행위를 일삼아 온 것을 밝힌 감사 결과였다. 하지만 이길영 감사 부임 이후 감사 결과가 뒤집힌다. 자세한 내용은 KBS본부노조, 2018,《장악과 부역, 저항의 10년: 1부 이명박과 KBS》, 330~340쪽 참조. 2018년 필자가 사장에 취임하고, 감사실이 이 사건을 다시 감사해서 사규에 따라 조치하고 검찰에 고발했다.

이 집행부로는 앞으로 김인규 사장 3년을 도저히 어떻게 상대할 수 없겠더라고요. 그래서 판단을 내린 거죠. 깨고 새로운 노조로 싸우자, 이만큼 참았으면 됐다. 박승규, 강동구 2년 가까이 망쳤는데 앞으로 저렇게 파업도 못하는 집행부가 어떻게 사장하고 맞서서 제작 자율성을 지키겠느냐 … 제가 당시 노조 중앙위원으로 있었기 때문에 계속 주도적으로 제안하고 그랬거든요. 너희들 책임 안 지면 새로 노조 만들어 나간다, 그랬더니 맘대로 해라, 나가라. 자기들도 나갈 거라곤 반신반의했을 거예요. 그런데 이번에는 정말로 실행에 옮겼죠.[9]

하지만 새로운 노조를 설립하는 일은 쉽지 않았다. 회사 노무부서에 타진해 보니 새로운 노조는 '복수노조'에 해당하기 때문에 회사의 교섭 대상이 안 된다는 것이었다. 당시 복수노조를 허용하도록 노동관계법이 개정됐으나 시행이 유예되고 있었다. 하지만 노무사(김민아) 자문 결과, 기존의 노조와 새로운 노조가 조직 체계가 다를 경우, 즉 하나는 기업별 노조, 다른 하나는 산별노조라면 복수노조에 해당하지 않는다는 판례가 있다는 것을 알게 됐다. 새로운 노조 설립이 가능하다는 판단이 섰다. 단결권·단체교섭권·단체행동권 등 노동 3권을 갖는 노동조합을 결성하기로 했다.

먼저 사원행동은 운영위원회 의결을 거쳐 '전국언론노조 KBS본부 설립추진위원회'를 조직했다. 추진위원회 위원은 현상윤·국은주·필자·엄경철·김경래·성재호·정일서·이내규·윤성도·민일홍·이진서·최선욱·이택순·이도영·신기섭·이병기·김우진·홍소연·복진선 등이 맡았다. 그리고 2009년 12월 4일, PD협회 사무실에서 다시 운영위원회를 열고 엄경철 기자를 추진위원장으로 선임했다.

---

9   언론노조30년사 편찬위원회, 2021, 《언론노조 30년사 3》, 전국언론노동조합, 188쪽.

당시 나는 새로운 노조의 노조위원장을 맡는 문제로 잠시 고민했다. 나는 공정방송을 수호하고 제작 자율성을 지키는 일에는 누구 못지않게 앞장서 왔지만, 기타 노동조합의 다양한 일을 하기는 어려울 것 같았다. 나이도 50세를 넘어서고 있었다. 나는 여전히 PD로서 계속 프로그램을 제작하기를 바라는 마음이 더 컸고, 누군가 젊은 후배가 총대를 메줄 수 없을까 이리저리 수소문했다. 그런 내 고민을 덜어준 건 김현석 기자협회장과 김경래 기자였다. 둘 다 공히 엄경철 기자를 추천했다. 엄 기자는 나보다 다섯 기수 아래인 공채 21기로 2TV〈뉴스타임〉 앵커를 맡은 적이 있다. 그때까지 나는 엄 기자를 잘 몰랐다. 하지만 곧 보도본부 기자들, 특히 젊은 기자 후배들에게 신망이 높다는 것을 알게 되었다.

12월 10일, 각 직종과 부서, 지역을 대표할 수 있는 50명이 '새 희망 새 노조를 함께 만듭시다!'라는 호소문을 발표했다.

짓밟힌 공영방송인의 자존심과 기상을 세우고자 합니다. 이 길은 빛나는 선배 KBS인의 길이었습니다. 1990년 4월 관제 사장을 거부하고 온몸으로 싸웠던 그 순수성과 진정성을 다시 찾고자 합니다. 이 길은 미래의 KBS를 위한 길이기도 합니다. 꺼져가는 공영방송의 불씨를 되살리고, 언젠가 다시 일어설 공영방송의 밀알을 키우는 일입니다. … 공영방송의 독립성과 자율성의 가치를 유일한 존립 근거와 행동 원칙으로 삼는 구심체 없이는 지금의 현실을 감당하기 어렵습니다. 권력에 의해 허망하게 무너졌던 최근의 KBS 역사가 던져준 깨우침입니다. 여기 50명이 먼저 뜻을 모아, 모든 KBS 구성원에게 제안합니다. 새로운 노조를 만들어 새로운 희망을 꿈꾸는 길로 함께 갑시다.

과연 얼마나 많은 사원들이 호응할 것인가? 당초에 500명을 넘기기 어려울 것이라는 예측이 있었지만, 제안 5일 만에 605명이 탈퇴서를 노동조합에 제출했다.

12월 16일, '전국언론노조 KBS지부 창립총회'가 KBS 신관 앞 한 카페에서 노조 설립 제안자 50명 중 34명이 참석한 가운데 열렸다. 그리고 엄경철 추진위원장이 전국언론노조 KBS지부 지부장으로 추대됐다. 엄 지부장이 인사말을 했다.

사실 작년 초까지 노조와 관련해 무관심한 편이었습니다. 중요하지만 누군가 잘 하겠지 생각했습니다. 하지만 작년 8·8 사태를 겪고 반성 많이 했습니다. 더구나 작년 KBS노조 선거 이후 죄책감도 컸습니다. 갈 길은 멀고 새롭게 만들어야 하는데, 과연 '쟤네들이 뭘 하겠어' 하는 우려도 많습니다. 특히 진종철, 박승규, 강동구 3대를 거치면서 조합원들의 노조에 대한 환멸이 팽배했습니다. 그 과정에서 구성원들 마음도 많이 망가진 것 같습니다. 그걸 어떻게 다시 세우고 북돋울지가 1차적 고민입니다.

엄 기자도 나처럼 노조 일에는 거리를 두고 자신의 직무에 충실했던 기자였다. 하지만 누군가 이런 일을 짊어져야 하고 주변 동료들이 요청했을 때, 마냥 빼지 않고 선뜻 나선 것이다. 창립총회 다음 날 언론노조(위원장 최상재)는 'KBS지부' 설립을 인준했다. 이로써 기존 KBS노조가 언론노조(산별노조)를 탈퇴한 지 1년 4개월 만에 KBS에 새로 설립된 노조가 언론노조에 가입하게 된다. 2010년 새해가 되자 언론노조는 KBS지부를 KBS본부로 승격시켰다. 한 달여 만에 '전국언론노조 KBS본부' 설립 작업이 마무리된 것이다. 조합원들은 전국언론노조 KBS본부라는 긴 이름 대신 '새노조'라 불렀다. 조합원 숫자도 계속 늘어 곧 700명을 넘어섰다.

곧이어 정·부위원장 선거를 치렀다. 단독 출마한 엄경철·이내규 후보가 84.4% 투표율에 99.8%의 압도적 찬성률로 당선되었다. 곧 중앙위원과 지역지부장 선거도 이어져 집행부·중앙위원·지역지부장의 진용이 완성됐다.

2010년 3월 11일, 마침내 본관 계단 앞에서 전국언론노조 KBS본부 출범식이 오태훈 아나운서의 사회로 열렸다. 엄경철 위원장이 외쳤다.

"지금은 800명입니다. 머지않아 1,000이 되고, 1,500이 되고 2,000이 될 겁니다. KBS를 흐르는 본류가 되고, 대세가 되고, KBS에서 가장 정의로운 길이 될 겁니다. 그렇게 확신하고 있습니다."

엄 위원장의 이 연설은 나중에 그대로 실현된다. 이날 새노조는 출범 선언문을 통해 다시는 부끄럽지 않겠노라고 다짐한다.

아! 이 얼마나 목마르게 기다려온 순간인가! 오늘, 우리는 저마다의 마음속에 응어리진 단단한 침묵의 껍질을 깨고 일어나 새로운 출발을 다짐하는 가슴 벅찬 순간을 맞이했다.

… 오늘 우리의 이 자리는 우리 안의 부끄러움과 뼈아픈 자성으로부터 시작됐다. KBS노동조합의 역사는 방송을 독재자의 손아귀에서 되찾아 시민의 품으로 돌려놓기 위한 투쟁의 역사였다. 그러나 언론탄압에 맞서 방송 민주화의 주춧돌이 되고자 했던 KBS노동조합의 투쟁 정신은 어느 순간 날이 무뎌졌고 빛이 바랬다. KBS노동조합의 올곧은 정신과 자랑스러운 역사를 새롭고 당당하게 이어가는 것이 이제 우리의 책무다. 이제 더는 침묵과 굴종의 역사 속에서 머뭇거릴 수 없다.

낙하산 김인규 사장이 오면 총파업으로 맞서며 구속과 해고를 각오하고 싸우겠다던 KBS 노조위원장은 말끔한 정장 차림으로 새해 회사의 시무식에 참석해 김인규 사장과 떡케이크를 자르는 모습을 보여줬다.

이제 KBS 내부에서 특보 사장에 맞설 수 있는 세력은 '새노조'밖에 없었다. 그런 만큼 사측은 새노조를 인정하지 않으려 한다. 당당하게 출범식을 했지만 새노조의 초반 여정은 험난했다.[10]

김인규 사장은 2009년 말 새노조 설립 움직임이 있자 바로 선제적으로 대응한다. 그해 12월 31일 자로 김현석 기자를 춘천총국으로 발령 냈다. 김 기자는 기자협회장 출신으로 사원행동 대변인을 맡았고 이로 인해 중징계를 받았다. 새노조 결성에도 주도적 역할을 했다. 요주의 사원들도 지역(총)국으로 보내 격리한다. 이병순 사장 시절 부산총국으로 발령했던 김용진 전 탐사보도팀장을 다시 울산국으로 보냈다. 황상길 기자는 충주국으로 보냈다.[11]

회사는 보복 및 예방 차원인지, 없는 규정을 새로 만들어서까지 인사에 적용했다. 특히 사원행동에 적극 참여했고 앞으로 새노조에도 적극 참여할 것으로 보이는 라디오 PD들이 대상이었다. 2010년 3월, 국은주·김영한·박종성·이용우·이상묵 등 라디오 PD 5명을 지역으로 발령했다. 새노조가 공식 출범한 지 보름이 지났을 때다. 이들은 정권의 방송 장악에 맞서 적극적으로 행동한 입사 20년 차가 넘는 중견 PD들이었다. 다음 해에는 김홍철·최봉현·김우석 PD를, 그다음 해에는 김영종·이연희·하석필 PD를 지방으로 보냈다. 이런 인사가 몇 년 동안 지속되면서 라디오

---

10 노조 사무실이나 집기 같은 것도 사측으로부터 제공받을 수 없어서 신관 5층 국제회의실 앞의 PD협회 사무실에서 더부살이해야만 했다. 이마저도 2010년 초 사측이 신관과 본관의 공간이 협소하다는 구실로 PD협회를 연구동 5층으로 밀어내는 바람에 새노조도 함께 이전해야 했다.

11 지역 발령이 보복적 인사 수단으로 계속 악용되자 전국기자협회(협회장 이상준)는 '지역이 유배지냐? 귀양지냐?'라고 비판 성명을 발표한다.

조직의 활력이 더 떨어지게 된다.[12]

새노조에 가입한 영상취재국 촬영 기자들에 대한 탄압은 더 노골적이었다. 앞에서 본 것처럼 KBS 취재진은 용산참사나 노무현 전 대통령 서거 국면에서 시민들로부터 욕설을 듣고 취재 거부를 당하기 일쑤였다. 이런 상황에서 카메라를 들고 직접 현장을 촬영하는 영상취재 기자들은 극심한 트라우마를 겪게 된다. 그래서 새노조는 이들에게 희망이었다. 촬영 기자들이 새노조에 점점 많이 가입하는 모습이 보이자 영상취재국장과 간부(데스크)들이 발 벗고 나선다. 새노조는 노보에 국장과 일부 간부들의 협박 발언을 공개했다.[13]

모 국장　조금 전 사장 주재 본부장·국장 회의를 다녀오는 길이다. 이제 더 이상 새노조 가입에 대해 묵과할 수 없는 상황이 돼 버렸다. 사장은 오늘 본부장에게 새노조에 가입된 인원을 파악하고 빨리 새노조를 분해하라고 독촉했다. 왜 너는 새노조에 가입해서 그러느냐, 이제 빨리 탈퇴하지 않으면 지방에 보낼 수밖에 없다. 고과점수 최하점을 줄 수밖에 없다. … ○○○도 탈퇴하기로 했다. (2010. 3. 13.)

모 데스크　다른 말 안 할 테니 새노조에서 탈퇴해라. 사장이 지난 주말 토요일 간부회의에서 더 이상 새노조원들을 그냥 놔둘 수 없다, 삼진 아웃제도 없

---

12 이런 일방적이고 비상식적 인사의 배후에 국정원이 있었다는 것이 나중에 드러났다. 2017년 9월 11일, 국정원 개혁위원회는 'MB 정권 시기의 문화·연예계 정부비판 세력 퇴출' 관련 조사 결과를 발표했다. 이 속에는 국정원의 '좌파 연예인 대응 TF'가 작성한 '특정 라디오 제작자 지방전보발령 유도'(2010. 4.)라는 문건이 포함됐다. 당시 라디오센터에서 순환전보 규정을 갑자기 억지로 만들어 라디오 PD들을 지역으로 강제 발령 냈다. 외부로부터 압력이 있었을 걸로 추측됐지만 당시엔 그 외부가 국정원이라고 단정할 수는 없었다. 하지만 사실로 드러난 것이다. KBS본부노조, 앞의 책, 356쪽.
13 언론노조 KBS본부, 〈노보 특보〉, 2010. 3. 25.

이 바로 인사조치하겠다고 했다. 나중에 특파원도 안 가려고 그러느냐. (2010. 3. 15.)

모 국장　사장이 노조 탈퇴를 못 시킬 시 본부장들부터 날려버릴 것이라고 하였기 때문에 어쩔 수 없다. 끝까지 탈퇴하지 않는 사원은 사장에게 직접 명단을 올리라고 지시했다. … 새노조원이 다음 주가 되면 30여 명밖에 안 남게 될 것이다. (2010. 3. 15. 밥 먹다가)

새노조 탈퇴를 협박하고 회유한 적나라한 발언들이다. 지방 발령, 인사고과 최하, 출입처나 특파원 배제 등 온갖 수단을 동원하고 있다. 촬영기자들의 증언으로 볼 때, 토요일(3. 13.)임에도 김인규 사장이 간부들을 소집해 새노조 관련 대책회의를 했고, 거기에 영상취재국장도 참석한 것으로 보인다. 3월 13일은 새노조가 출범한 지 이틀 후이다.

새노조는 노보에 노무사(김세희)의 기고문을 실었다. '노동조합 탈퇴 강요는 노동법상의 부당노동행위에 해당하는 범죄행위로, 2년 이하 징역 또는 2천만 원 이하의 벌금에 처할 수 있다'는 내용이었다. 노조 탈퇴 강요는 명백한 범죄행위이다. 이런 내용이 외부에 알려져 파문이 일자, 회사 홍보실은 사장으로부터 그러한 탈퇴 지시가 없었다고 해명한다. 이후 언론노조가 서울지방노동위원회에 부당노동행위 구제신청을 하자 이후 간부들의 노골적 노조탈퇴 협박은 수그러들었다. 하지만 새노조 조합원들에 대한 탄압은 인사나 근무평가, 업무 배정 등 간접적 수단을 통해 지속됐다.

특보 체제, 그 본색과 역설

김인규 사장의 직함 앞에는 '특보'라는 꼬리표가 붙어 다녔다. 그는 이 특보라는 두 글자를 싫어했겠지만 어쩔 수 없었다. 새노조는 '청부 사장'을 내리고 '특보 사장'을 내세워 정권이 본격적으로 방송 장악에 들어간 것이라고 규정했다. 그리고 특보 사장이 총괄하는 KBS를 '특보 체제'로 불렀다.

2003년 3월, 노무현 대통령은 후보자 시절 언론특보로 자신을 도왔던 인사를 사장으로 임명했다가 8일 만에 철회했다. 이때 만일 철회하지 않았더라면 특보 체제라는 꼬리표가 사장 임기 내내 따라다녔을 것이다. 하지만 KBS 내부 및 시민사회의 반대가 심한 것으로 나타나자 노 대통령은 이를 철회했다. 그런 홍역을 치르고 나서 KBS는 신뢰도 1위를 달성할 수 있었다. 하지만 이명박 대통령은 KBS 내부의 격렬한 반대에도 불구하고 철회하지 않았다. 그 결과는 어떨까?

〈추적 60분〉 탄압

김인규 사장은 취임 직후 외부 컨설팅업체(BCG)에 KBS 경영에 대한 자문용역을 맡긴다. 하지만 비용도 무려 24억 원이나 되는 데다, 컨설팅 인력 가운데 방송이나 저널리즘 전문가는 1명도 없는 등 여러 문제가 있었다. BCG의 최종보고서는 공개되지 않았지만, 내용이 요약본 형태로 알려졌다. 주요 내용은 '게이트키핑 강화', '인력감축과 아웃소싱을 골자로 하는 조직개편'이었다. 특히 문제가 된 것은 게이트키핑 강화였다. 시사 프로그램을 제작하는 PD들을 강하게 통제하려는 의도였다. 김인규 사장의 의중이 반영된 것이다.

BCG컨설팅 보고서에는 〈추적 60분〉, 〈심야토론〉 등 TV제작본부에서 PD들이 제작하는 시사 프로그램들을 보도본부로 이관하는 방안이 포함되어 있었다. 김 사장은 이를 기자와 PD 사이의 '협업'이란 말로 포장했다. 본래 김 사장은 PD들이 시사 프로그램을 제작하는 것에 대해 불만이 많았다. 취임 직후 그는 이렇게 말했다.

> 컬러TV 시대의 개막과 함께 〈추적 60분〉 등 시사 프로그램이 등장했지만, 기자 수가 부족해 투입되지 못했다. 결국 방송기자 없이 시사 프로그램을 만들겠다고 결정했는데, 이것이 불행의 시작이다.[1]

그의 말대로 기자 숫자를 늘렸으면 KBS 보도가 신뢰를 더 받았을까? 이 물음에 '그렇다'고 생각하는 기자와 PD들은 많지 않았다. 하지만 당시 이러한 취지의 발언을 한 것은 김 사장 혼자만이 아니다. 2009년 10월 국회 문방위 국정감사에서 몇몇 한나라당 의원과 MBC 김우룡 이사장도 비슷한 발언을 했다. 기자들이 부족해서 PD들에게 시사 프로그램을 맡긴 게 불행의 시작이었다니, 누구의 불행이란 말인가? 방송에 개입하는 부당한 권력에 불행하다는 것이 아닌가? PD들이 만드는 시사 프로그램은 정권에 껄끄럽거나 위협이 될 수 있다고 본 것이다.

KBS의 〈추적 60분〉은 MBC의 〈PD 수첩〉, SBS의 〈그것이 알고 싶다〉와 함께 이른바 'PD 저널리즘'을 구현하는 프로그램으로 지상파 방송사

---

1 2010. 3. 23. 여의도클럽 초청강연.

에서 큰 역할을 했다. 따라서 PD 저널리즘은 역사적 맥락에서 평가받아야 한다. PD들이 제작하는 시사 프로그램이 신뢰를 얻는 데는 그럴 만한 이유가 있었다.

PD협회는 즉각 'PD·기자 협업, 어떻게 볼 것인가?'라는 타이틀로 PD 저널리즘에 대한 긴급 토론회를 열었다. 2010년 5월 19일, 신관 TV공개홀 앞 로비에 PD들이 모여 앉았다. 당시 PD협회의 정책자문위원을 맡은 필자와 서강대 신문방송학과 원용진 교수가 발제를 맡고, 〈PD 수첩〉의 CP를 역임한 MBC 김환균 PD와 박인규 인하대 언론정보학과 교수, 김유진 민주언론시민연합 사무처장이 토론자로 참여했다.

나는 "이론적으로 보면 PD와 기자의 협업을 추진해 볼 수 있겠지만 과거 여러 차례 시도됐던 협업은 실패했고, 특히 현시점에서 PD들 대부분이 이에 대해 부정적으로 생각하고 있어 성공할 수 없다. PD·기자 협업이 성공하려면 PD에 대한 게이트키핑 강화여서는 안 되고, PD 저널리즘의 장점과 역사성을 살려주는 방향으로 추진돼야 한다"고 말했다.

원용진 교수는 PD 저널리즘에 대해 깊이 연구한 학자로서 PD 저널리즘이 어떤 경위로 생겨났는지 역사적 맥락 속에서 깊이 있게 고찰했다.

PD 저널리즘은 한국의 특수한 역사적 상황 내에서 태동했다. 1980년대 중반 독재정권의 검열로 기자들의 저널리즘 행위가 정부의 통제를 받을 때, 상대적으로 PD들은 정부의 검열로부터 자유로웠고, 이로 인해 보다 다양한 저널리즘 행위가 가능하게 되었다. 또한 80년대 중반 민주화의 흐름 속에서 조직 논리와 긴밀히 연결되어 있는 보도국의 기자에 비해 교양국의 PD는 상대적으로 운신의 폭이 넓어 사회의 민주화 열망에 쉽게 조응할 수 있었다. 이로 인해 소위 PD 저널리즘은 기자가 생산하는 뉴스에 비해 보다 자유롭고 정치적인 시사 보도 프로그램을 생산할 수 있었다. 이런 의미에서 한국에서만 사용되는 개념이라고 일컬어지는 PD 저널리즘 속에는 탐사, 심층, 고발과 같은 이론적 용어로는 포괄될 수 없는 진보성, 역사성이라는 정치적 의미가 부여된다. PD 들에 의해 만들어진 시사 프로그램들이 잦은 공정성 논란에 휘말리는 것도 이 러한 탄생 배경과 무관하지 않다.[2]

원 교수는 "PD 저널리즘 논의는 한국의 저널리즘, 그리고 한국사회의 사회적 소통이라는 큰 맥락에서 방송 저널리즘을 어떻게 위치시킬 수 있 고, 나아가 '고품질 저널리즘'으로 이어가게 할 것인가 하는 고민을 담고 있다. 방송 저널리즘에 대한 포괄적이고 구체적인 논의를 하기 위해서는 PD 저널리즘을 결코 외면해서는 안 된다"고 말했다. 박인규 교수와 김유 진 사무처장도 유사한 의견이었다.

김환균 전 CP는 자신이 만든 검증용 체크리스트를 소개하며 〈PD 수 첩〉의 기획을 맡고 있는 동안 가장 중요하게 생각했던 것은 검증이었다 고 말했다.

이런 게이트키핑 과정 자체는 중요하다. 그러나 게이트키핑은 피디와 기자가 다르다. 기자들 같은 경우에는 데스크에서, 피디들은 여러 가지 기획회의를 거친다는 것이다. 출입처 기자들은 '오늘은 어디 어디 가서 무슨 사건이 있고 누가 소환될 예정이고…' 이런 사실들을 아무 판단 없이 보고하면 데스크가 '그럼 이런 방향으로 취재해 봐' 하면 취재가 시작된다. 피디들의 작업방식은 그렇지 않다. 〈PD 수첩〉의 게이트키핑은 '검증은 제대로 되었는가', '검증 절 차는 제대로 지켰는가', '말하고자 하는 주제는 분명한가', '전체적으로 진실 한가' 등이다. 이런 게이트키핑이 잘못되면 상당한 자율성을 훼손시키고 제작 자를 위축시킨다.

---

2   자세한 내용은 원용진 외, 2008, 《PD 저널리즘: 한국 방송 저널리즘 속 '일탈'》 참조.

사실, 시사고발 프로그램 제작은 매우 고되다. 고발 프로그램이기 때문에 취재원과 갈등 상황에 놓이게 되고, 방송의 특성상 정해진 시간 내에 완성도 있게 제작해서 방송하는 일이 쉽지 않다. 그래서 시사고발 프로그램으로 가고 싶어 하지 않는 PD들이 많은 게 현실이다. 하지만 PD들의 집단적 시각으로 보면, 공영방송에서 시사고발 프로그램은 꼭 필요하다. 그러다 보니 마치 군대를 의무 복무해야 하는 것처럼 KBS의 시사·교양 PD라면 언젠가 한 번은 〈추적 60분〉을 제작해야 한다는 공감대가 형성되어 있다. 그런데, 대통령 특보 출신 사장이 〈추적 60분〉을 보도본부로 이관시키겠다고 하니 PD들은 당연히 그 의도가 순수하지 않다고 보았다.

MBC 〈PD 수첩〉 김환균 전 CP의 검증용 체크리스트

☐ 프로그램의 모든 진술은 증거 · 근거를 가지고 있는가? 누군가의 진술에 근거한다면, 그는 증거 · 근거를 가지고 있는가? 그 증거 · 근거는 신뢰할 만하거나 과학적인가?

☐ 독립적인가? 권력, 자본, 위협, 연민, 취재원, '나'의 기호 · 사상 · 종교 · 이데올로기… 오만, 섣부른 확신

☐ 이름, 직함, 전화번호, 주소, 웹 주소를 방문하거나 전화하거나 이중 점검했는가?

☐ 시청자가 내용을 완전히 이해하기 위해서 참고 자료가 필요한가?

☐ 프로그램 속의 이해 관계자는 모두 확인되었는가? 그쪽의 대표자에게 연락을 취해 말할 기회를 주었는가?

☐ 어느 한쪽 편을 들거나 미묘한 가치판단을 하고 있는가? 일부 사람들이 필요 이상으로 이 기사를 좋아하는가? 그렇다면 왜 그런가?

☐ 교묘한 방법으로 시청자들을 오도하고 있지 않은가?

☐ 빠진 것은 없는가?

☐ 모든 인용은 정확하고, 누구의 말인지 제대로 표시되어 있으며, 그 사람이 의미한 것을 제대로 포착했는가?

☐ 불필요한 수식어는 모두 제거되었는가?

☐ 음악이나 음향은 리얼리티에 도움이 되는가?

김 사장은 끝내 〈추적 60분〉을 보도본부로 이관시켰다. 당연히 PD들로부터 격렬한 반발이 일었다. 2010년 5월 31일, 〈추적 60분〉을 거쳐 간 PD 70여 명은 실명으로 성명서를 내고 "보도본부 이관을 취소하고 제작 자율성을 보장하라"고 외쳤다. 제작진들이 사무실에 현수막을 걸고 연일 피케팅을 이어가는 가운데, 한 PD(김범수)가 '3년 차 〈추적 60분〉 PD입니다'라는 글을 사내 게시판에 올렸다.

제가 아무리 다양성의 문제라고 말해도 특보 사장은 자신의 PD관과 PD 저널리즘관을 바꾸지 않을 것입니다. 그의 불신은 뼈에 각인된 것처럼 단단할 것입니다. 사실 저도 그렇습니다. 일단 제 상식으로는 특보 출신이 공영방송 사장이 된다는 것을 이해할 수 없습니다. 입사할 때 저는 개인 신상 정보카드에 가입한 정당이나 입사 전 정치활동이 있는지 적어야 했습니다. 당연하다고 생각했습니다. 그만큼 공영방송의 정치적 중립이 중요하기 때문입니다. 그런데 어떻게 된 것이 사장은 예외입니다. 대통령의 언론특보였던 사람이 떡하니 사장 자리에 앉았습니다.[3]

6월 23일, PD협회는 민주광장에서 긴급 PD총회를 열고 김덕재 협회장과 11명의 운영위원 전원이 집단 삭발을 했다.[4] 김 회장은 "민주광장에서의 집단 삭발은 1990년 4월 투쟁 이후 처음"이라며 "오늘의 울분을 1주일간 잘 간직해서 우리의 투쟁을 이어가자"고 말한다. 오죽했으면 집단 삭발까지 해야 했을까?

---

3   김 PD의 글에 많은 댓글이 달리자 곧바로 사내 게시판에서 삭제됐다. 그러자 '[긴급] 〈추적 60분〉 김범수 PD의 글이 사라졌습니다!'라는 글이 다시 올라오고, 이어서 새노조가 다시 게시하는 일이 벌어졌다.

4   김형준·윤성도·신원섭·전우성·최필곤·김정환·유현기 등 11명이 삭발하고, 기획제작국 간부 11명은 보직 사퇴서를 제출했다.

거저 주어지는 것은 없다

〈추적 60분〉의 보도본부 이관 사태 당시, 새노조가 출범한 상태였지만 공정방송 관련 활동을 하는 데는 아직 한계가 있었다. 회사와 단체협상을 체결한 상태가 아니었기 때문이었다.

정권에 장악된 KBS에 거저 주어지는 것은 없었다. 새노조는 2009년 말 설립 후 조합 활동, 공정방송, 인사 등과 관련해 공정방송위원회와 노사협의회 개최를 요구하지만, 회사는 응하지 않았다. 이에 새노조는 서울남부지법에 '단체교섭 응낙 가처분 신청'을 한다. 그리고 새노조 출범식 하루 전(3. 10.) 승소 판결을 받았다. 하지만 회사는 항소하고 계속 시간 끌기를 하며 교섭에 응하지 않는다. 그러면서 〈추적 60분〉의 보도본부 이관 등을 골자로 하는 조직개편을 밀어붙인다.

막다른 상황에 이른 새노조가 총파업을 내걸고 찬반투표에 돌입한다. 2010년 6월 16일, 투표 결과가 나왔다. 재적 조합원 854명 중 788명이 투표에 참여해 93.3%라는 높은 투표율을 기록한 가운데, 투표자의 93.3%가 파업에 찬성했다. 이에 따라 새노조가 쟁의절차에 들어간다. 이어 중앙노동위원회의 조정이 결렬되자 냉각기를 거친 후 마침내 새노조가 총파업에 돌입한다.

'KBS를 살리겠습니다!'를 파업 구호로 내걸었다. 바로 앞서 파업에 돌입한 MBC 노조의 파업 구호는 'MBC를 지키겠습니다!'였다. 당시 MBC는 지킬 그 무엇이라도 남아 있지만 이미 철저히 장악당한 KBS는 죽음에서 되살려 내야 한다는 절박함이 새노조의 구호 속에 담겨 있었다. 7월 1일, 파업 출정식 겸 전국조합원총회가 열린다.

오후 1시 반경, 나는 심의실이 있는 연구동을 걸어 내려와 KBS 신관과 연구동을 잇는 사잇길을 통과하며 잠시 생각에 잠겼다. 1년 반 전, 사원행동 집회에 참석할 때도 이 길을 걸었다. 사원행동은 법적으로 보호받지 못하는 임의단체였다. 정권의 방송 장악을 그냥 두고 볼 수 없다는 본능과 절박한 때문에 앞뒤 재지 않고 온몸으로 싸우고 저항했다. 하지만 이제는 노동 3권의 보호를 받는 노동조합의 일원으로 집회에 참여하게 된 것이다. 본관 계단 앞에 도착하니 이미 700명에 달하는 조합원들로 발 디딜 틈이 없었다. 동지들의 얼굴을 마주하니 감정이 벅차오르고 힘이 솟구쳤다. 참석한 조합원들 모두 이심전심이었다. 동료들과 반갑게 악수하고 서로서로 등을 두드려 주었다.

엄경철 위원장은 "새로운 노동조합을 결성하는 것은 공정방송의 보루를 만드는 것이며 동시에 우리 조합원들의 인사상 불이익과 우리 조합원들을 보호하기 위한 최소한의 장치"라고 힘주어 외쳤다.

지난 2년 동안 KBS가 어떻게 망가지고 어떻게 무너지는지 눈물을 흘리며 바라본 조합원들이 너무너무 많습니다. 그동안 파면, 해고, 지방 전출 등 많은 일들이 벌어졌습니다. 이 상황에서 우리 조합원들이 전혀 보호받지 못했습니다. 지금 있는 노동조합에 소속돼 있을 때도 보호받지 못했습니다. 그래서 우리가 새로 시작했습니다. 새노조를 만들었는데, 회사는 단체협상을 계속 거부하고 있습니다.

이날 총파업 출정식에는 최상재 언론노조 위원장, 김영훈 민주노총 위원장 등이 참석해 지지 발언을 했다. 이어진 문화 공연에는 가수 이상은 씨가 출연했다.[5]

새노조의 파업은 언론인으로서 부끄럽지 않게 공정한 방송을 하고, 부

---

5 대중 가수가 파업 집회에 나오는 것은 부담되는 일이다. 하지만 이상은 씨는 "영화계 쪽은 요즘 반공영화를 만들지 않으면 투자를 못 받아서 영화음악 하는 친구들이 너무 힘든데 그 얘기를 전달하고 싶다"며 "내가 주장하고자 하는 것은 결국 문화 다양성"이라는 소신 발언을 해서 큰 박수를 받았다.

당한 탄압에서 자신을 지키기 위한 최소한의 요구였다. 사측은 새노조가 내세우는 '공정방송위원회 설치, 공정방송쟁취 및 조직개편 반대'와 같은 요구나 주장은 노동법에서 인정하는 '근로조건의 유지 및 개선'과는 상관이 없다고 주장했다. 그러면서 새노조의 파업은 정치적 목적을 달성하기 위한 불순 행위이며 불법이라고 매도했다.

하지만 사측의 방해와 매도에도 불구하고 총파업을 계기로 새노조에 가입하는 조합원의 숫자가 점점 늘기 시작한다. 특히 파업 돌입 하루 전, 영상제작국 촬영감독 38명이 기존 노조를 집단 탈퇴하고 모두 새노조에 가입했다. 촬영감독협회(협회장 김승환)는 다음과 같은 성명을 발표한다.

우리는 서로 앞서겠다고 다투지 않는 노조, 대의를 잃지 않는 노조, 깨끗하고 투명한 노조, 사회적 약자들을 외면하거나 그들의 아픔을 이용하지 않는 노조, 옳은 싸움에서 동지를 두고 도망치지 않는 노조를 만들기 위해 우리가 있어야 할 곳에, 바로 이곳 언론노조 KBS본부에 많은 동료들과 함께 서 있을 것이다.

새노조에서 노동조합의 본모습과 진정성을 보게 된 촬영감독들의 마음이 잘 담긴 글이다. 파업 기간 중 조합원 숫자는 계속 늘어 한 달 후 파업이 끝난 시점에 1,000명을 돌파했다. 600명으로 출범한 지 반년 만이다. 절망적 상황에서 새노조에 거는 사내 구성원들의 기대가 어떤지 보여주는 숫자다.

공영방송사가 파업한다는 것은 더 나은 방송, 공정한 방송을 위한 것이지만, 많은 프로그램이 파행을 빚는다. 시청자들에게 피해를 준다는 점에서 매우 송구한 일이다. 한편 조합원들은 자신의 급여를 희생하며 참여해야 한다. 파업에 참여하는 조합원들은 이중의 부담감으로 큰 스트레스를 받고 그 과정에서 에너지가 많이 소모되는 것이 사실이다.

이에 새노조 집행부는 '새노조'답게 조합원들의 자발성이 빛을 발하는 방향으로 파업을 이끌었다. 조합원들이 방송으로 쓸 수 없는 에너지를 파업에 활용하도록 했다. 하던 일을 멈추고 나온 제작진들은 특히 매일 열리는 파업 집회에서 창의성을 발휘했다.[6] 파업 집회는 주로 신관 북동쪽 출입구 계단 근처에서 열렸는데, 조합원들은 이곳을 '개념광장'으로 부르며 집회에 적극적으로 참여했다. 조합원들은 즐거운(?) 파업이 될 수 있도록 창의성을 최대한 발휘했다. 그래서 매일매일의 파업 집회는 대형 특집 프로그램을 제작하는 것 같았다. 조합원들은 스스로 아이디어를 내 파업 프로그램을 짜고, 외부 인사를 섭외하고, 또 장비를 동원하고 소품 등을 준비했다. 그리고 '파업 봉사단'을 자발적으로 조직해 온갖 궂은일들을 마다하지 않았다.

2010년부터 스마트폰이 널리 보급되면서 트위터 이용자가 폭증하자, 새노조의 파업은 SNS를 통해서 알려지기 시작한다. 많은 응원이 쇄도했다. 이렇게 파업을 이어가자 더 많은 시민이 함께하고, 유명 연예인들도 함께했다.[7] 지역에서는 새노조 각 지부의 조합원들이 지역주민과 함께하는 시간을 가졌다. 파업은 조합원들에게 스스로 성찰하는 계기가 되기도 한다. 파업 3주 차, 서울 조합원들은 구역별로 지역총국을 방문했다. 나는 광주로 가게 돼서, 광주총국 조합원들과 함께 5·18 신·구 묘지를 모두 참배하고, 공영방송을 지키기 위해 늘 깨어 있겠다고 다짐했다.

새노조의 파업이 길어지자, 사측은 보직 간부들을 동원해 사내 게시판에서 여론전을 펼쳤다. '누구도 공감하지 않는 파업 이제 멈출 때다'(○ 모

---

6   KBS본부노조, 2018,《장악과 부역, 저항의 10년: 1부 이명박과 KBS》, 427~428쪽 참조.
7   몇 차례의 파업 집회에 인디밴드 허클베리 핀과 한동준·조PD·정슬기·언니네이발관·타루·아웃사이더 등이 출연했다.

창원총국장), '공든 탑도 무너질 수 있습니다'(Y 모 교양국장), '김미화 건
대응 정말 잘하셨습니다'(J 모 라디오센터 1직급 직원) 등의 글이 사내 게시
판에 일제히 올라왔다.[8]

이에 대해 조합원들이 '이제 그만들 하시지요'(은희각 중견 PD), '김인
규배 파업 탄압 글짓기 대회냐'며 간부들의 행태를 비판했다. 그중 압권
은 정년퇴직을 눈앞에 둔 선배 PD(이규환)가 올린 'PD 간부 후배님들에
게 부탁드립니다'라는 장문의 글이었다.

그는 7월 13일에 게시한 글을 통해 TV제작본부 및 각 지역(총)국의
PD 간부들 이름을 거명하면서 "후배들이 파업하는 이유가 무엇인지 모
르느냐"고 물었다. 그리고 "프로그램 손 놓고 파업 현장으로 나간다는 게
PD로서 얼마나 고통스러운 선택인지 잘 알지 않느냐"고 반문한다. 그는
이번 파업의 핵심은 '공영방송의 제자리 찾기'라면서 그것은 편성과 보
도 및 제작의 자율성을 통해서만 구현될 수 있다고 했다.

우리에게 자율성은 무엇입니까. 개인적 양심과 공동체적 상식, 공영방송인으
로서의 책무에 기반해서 스스로를 통제하고 절제하는 창의적 정신 아니겠습
니까. 그 근본에는 일선 제작자의 양심과 책임의식을 우선 믿으라는 것이며
그 믿음을 제도적으로 지켜주라는 법정신이 자리하고 있는 것 아니겠습니까.
우리가 그토록 소중히 여기는 창의성도 결국 이 자율성의 바탕에서 비롯되는
것 아니겠습니까. …

간혹은 자율성을 간부의 의견은 일단 무시해 놓고 본다거나 '항상 나는 옳
다'라는 무기로 해석하는 경우도 물론 있을 수 있겠지요. 그러다 보면 자율성
에서 오는 부작용도 있을 수도 있겠지요. 그러나 어쩌다 있을지도 모르는 그

---

8   지역 편성제작국장들 중 홍성협(제주)·김인호(광주)·박홍영(청주) 등 3명의 국장은 동참
    하지 않았다.

부작용을 완전히 틀어막기 위해 간부들이 사전에 의심하고 통제하는 것이 더 옳을까요.

그는 프로그램을 기획하고 제작하는 전 과정에서 간부 PD들은 그동안 얼마나 후배들에게 자율성을 확보하고 지켜주었는지 물었다.

자율성이란 참 묘한 것이어서 절실하게 요구하지 않으면 주어지지 않는 속성이 있는 듯합니다. 그냥 얻은 것은 쉽게 빼앗겨 버리기도 하니까요. 땀을 흘리고, 가진 것을 포기하고, 희생해서 얻어야 소중한 줄도 알고 오래 지킬 수도 있는 것 같습니다. 지금 파업 중인 저 후배들이 이 모든 것을 우리에게 가르쳐 주고 있는 것 같지 않습니까?

그는 "전체의 이익을 위해서 일찍이 개인의 손해를 선택한 후배들은 지금 '불이익'을 무서워할 것이라 여기는 자신들의 선배에 대해 어떤 생각을 하고 있을까요?"라고 물었다. 그러면서 PD 간부들이 제작 현장에서 '자율성 지킴이'가 되어 달라고 호소했다.

제작팀 내 동료 선후배들 간의 논의와 토론을 통한 지혜보다 더 이상적인 게이트키핑이 어디 있겠습니까. 후배가 하는 일이 좀 염려가 되시더라도 그리고 결국엔 간부 후배님께서 결단을 내리게 되더라도 최종 결정 직전까지는 최대한 인내하고 대화해 주십시오. … 앞으로 어떠한 사장이 오더라도 후배님들이 만들어놓은 제작 문화를 결코 함부로 짓밟지는 못할 것입니다. 그것이 KBS가 영원히 사는 길입니다.

공영방송의 핵심을 짚고 중간 간부들의 책임과 역할, 그리고 그게 무너져서 후배들이 파업하고 있다는 걸 조목조목 지적한 글이다. 사막의 오아시스 같은 글이었다. 비장한 마음으로 파업 중인 새노조 조합원들에게 큰 힘을 실어주었다. 사내 게시판에 수많은 댓글이 올라왔다.[9] 한 기자(시사제작 1부)가 이런 댓글을 올렸다.

심인보　힘을 주는 글입니다. 눈시울이 붉어지게 하는 글입니다. 잠시 숨죽이고 있을 뿐, 이런 생각하시는 선배들이 많이 계실 거라는 생각이 듭니다. 이 글에 나온 얘기, 간부 선배들도 실은 다 알고 계신 거죠? 지금이라도 늦지 않았으니 표현하고 동참해 주셨으면 참 좋겠습니다.

한 PD(도쿄지국)는 이런 댓글을 올렸다.

권혁만　불과 몇 년 전 제작 자율성의 길을 활짝 열어 놓았고, 누구보다도 KBS의 독립에 대한 간절한 소망을 갖고 계셨죠. KBS 자신이 부여한 그 '공영의 책무'를 다하기 위한 노력 중의 하나가 이번 파업인데, 지금 간부님들과 우리들은 무엇을 하고 있는지 묻고 계십니다.

이규환 PD에 이어 며칠 후, 선배들이 다시 한번 분위기를 반전시킨다. 7월 22일, 입사 30년 전후의 선배 20명[10]이 '상식과 소통의 회복만이 KBS가 살 길입니다: KBS의 현 시국을 보는 우리의 입장'이라는 글을 통해 사장에게 다섯 가지를 제안한다.

첫째, 취임 이후 지금에 이르는 총체적 위기의 중심에 김인규 사장 본인이 있

9　김인규 사장까지도 답글을 달았다. 물론 곧 삭제하긴 했지만. 나중에 알려지기로는 개인 메일로 보내려다가 실수로 게시한 것이라고 한다.

10　강명욱·김광태·김시연·김영신·김영준·김창돌·박상재·신현국·오수성·유동종·이경균·이상근·이상여·이승원·이장종·임종성·장해랑·최상민·허양도·현정주(가나다 순).

음을 깨닫기 바랍니다. 둘째, 언론노조 KBS본부와 임단협 체결에 진정성을 보이십시오, 그리하여 파업 중인 후배들이 현업으로 돌아올 수 있는 길을 터주십시오. 셋째, 방송법의 정신에 따라 편성·보도·제작 현장의 자율성을 보장하십시오. 넷째, 구성원들을 줄 세우고, 편 가르고, 소외시켜 사기를 죽이는 일을 그만두시고 상식과 소통이 살아있는 현장 조직을 만드십시오. 다섯째, KBS 카메라와 마이크로 하여금 힘 있는 곳보다 그늘진 곳을 더 향하게 하여 신뢰도와 영향력 1위의 KBS 명예를 되찾도록 하십시오.

퇴직이 얼마 남지 않은 선배들로서 비록 파업 현장에 함께하지는 못하지만, 후배들에게 공감하는 마음으로 동참한 성명이다. 이들은 1990년 4월, 청와대 대변인 출신을 낙하산 사장으로 임명한 것에 대해 분노하고 투쟁했던 사원들이다. 이들은 20여 년이 지난 지금 후배들이 왜 새로이 노조를 만들고 파업까지 하는지 잘 알고 있었다. 이들은 파업 참여로 급여를 받지 못하는 후배들에게 틈틈이 밥도 사주고 새노조에 후원금도 내는 등 물심양면으로 큰 힘을 실어주었다.

선배들이 성명을 발표한 다음 날 좋은 소식이 날아왔다. 사측이 항소한 '단체교섭 응낙 가처분 신청' 소송에서 새노조가 완전히 승소한 것이다.[11] 이 판결이 있기까지 '민주사회를 위한 변호사 모임'(이하 민변) 노동위원회(위원장 권영국)에서 법률 지원을 했다. 파업 출정식 다음 날, 민변 노동위원회는 '쟁의행위 정당성 검토 의견서'를 통해 새노조의 파업이 주체·절차·수단·방법·목적에 있어 모두 정당하다는 의견을 주었다. 그리고 사측이 제기한 문제와 논리에 대해 '타당성이 없다'고 덧붙였다. 특히 새노

---

11 법원은 세 가지로 기각 사유를 판시했다. "첫째, KBS본부가 정치적 목적으로 단체교섭을 요구하고 있다는 사용자의 주장은 이유 없다. 둘째, KBS본부는 현행법상 복수노조에 해당하지 않는다. 셋째, 복수노조에 해당하지 않는 이상, 사용자는 산업별·기업별 노조 모두와 단체교섭을 해야 한다."

조가 요구한 공정방송위원회에 대해 "연구소 종사자들이 연구소장 퇴진을 요구한 것이 근로조건의 개선으로 볼 수 있다"는 대법원 판례를 들어 "언론 종사자에게 공정방송 문제는 매우 중요한 근로조건"이라는 의견을 제시함으로써 조합 집행부에 자신감을 심어주었다. 사실 법적으로 지극히 상식적 판결이다. 하지만 2심 판결이 나오고 나서야 사측은 어쩔 수 없이 손을 들었다. 이로써 새노조의 파업은 완전히 정당성을 확보했다.

7월 28일, 마침내 노사 합의가 이루어진다. 이 합의안에 '파업을 종료한 후 노사 간에 단체협약을 체결하고, 최대 쟁점이었던 공정방송위원회를 포함시킨다'는 내용이 담겨 있었다. 한 달여에 걸친 총파업까지 하지 않았으면 절대로 사측으로부터 얻어낼 수 없는 의미 있는 성과였다. 특보 사장 체제에서 방송이 망가지는 것을 최대한 견제하고 최소한의 제작 자율성이나마 지킬 수 있는 보루를 마련한 셈이다.

다음 날 마지막 집회가 열린 개념광장은 눈물바다가 되었다. 물론 감격의 눈물이었다. 조합원들은 29일간의 긴 파업을 끝내고 7월 30일부터 업무에 복귀했다. 나도 심의실로 복귀했다.

〈추적 60분〉은 살아 있다

김인규 사장은 PD들의 반발을 무릅쓰고 〈추적 60분〉을 보도본부로 이관시켰지만, 뜻대로 되지만은 않았다. 막상 젊은 기자들과 PD들을 한 팀에 섞어 놓자 바라지 않던 일이 일어나기 시작했다. 그들은 김인규 사장이 KBS 채널을 통해 방송하고 싶어 하지 않는 아이템들을 취재하려 한 것이다. 그것은 고위공직자 검증, 천안함 침몰 사고, 4대강 사업의 문제점 같은 이명박 정권이 예민해하는 주제들이었다.

입사 5년 차이던 심인보 기자는 첫 아이템으로 이른바 '조현오 막말 동영상'을 선택했다. 고위공직자가 해서는 안 되는 무책임한 발언과 막말들이 고스란히 들어있는 동영상을 입수한 것이다. 믿기지 않는 발언들이 었다.[12] 심 기자는 문제의 동영상을 그해 6월에 입수했다. 하지만 곧바로 새노조가 파업에 들어가는 바람에 본격적 취재는 8월부터 할 수 있었다. 그런데 취재를 시작하고 얼마 지나지 않아 조현오 서울경찰청장이 차기 경찰청장으로 내정된다. 당연히 고위공직자에 대한 인사 검증 차원에서 보도해야 하는 아이템이 되었다.[13]

8월 12일, '조현오 막말 동영상' 아이템은 〈추적 60분〉 팀원 전체회의에서 8월 18일에 방송을 내는 것으로 결정된다. 그리고 다음 날 오전, 팀장이 이화섭 시사제작국장에게 보고하는 절차를 거쳤다. 하지만 국장은 방송에 부적절하다며 브레이크를 건다. 방송 5일 전이었다.

그러자 새노조 집행부가 국장에게 강력하게 항의한다. 하지만 이 국장은 취재의 초점이 조현오 청장의 '막말'이 아니라 동영상에 언급된 '노무현 차명계좌'가 돼야 한다고 우겼다. 심 기자는 이미 취재를 통해 '차명계좌는 존재하지 않는다'는 게 팩트라고 판단했고, 그 근거에 대해 다시 보고한다. 하지만 국장은 기존의 주장을 되풀이했다. 이런 모습은 제작진에게 '물타기'를 하겠다는 의도로 읽혔다. 끝내 이 국장은 이 아이템을 〈추적 60분〉에서 다루지 못하게 했다.[14]

조현오 막말 동영상 불방사태로 인해, 〈추적 60분〉을 보도본부로 이관

---

12 동영상에는 조현오 당시 서울경찰청장이 2010년 3월 31일 경찰 간부들을 대상으로 강연하던 중 "거액의 차명계좌가 발견돼 (노 전 대통령이) 부엉이바위에서 뛰어내린 거다. 그걸 가지고 이 정부가 탄압한 것처럼 하면 안 되지 않냐?"면서 "(천안함 유족들이) 그 울부짖는 것 한번 봐라. 그렇게 동물처럼 울고불고 과민, 격한 반응 보이는 것을 언론에서 보도해서는 안 된다"고 말한 게 담겨 있었다.

13 2000년대 초중반, KBS의 탐사보도팀은 고위공직자에 대한 날카로운 인사검증으로 명성을 날렸다.

14 대신 그는 '조현오 청장의 차명계좌 발언' 부분만을 〈뉴스9〉으로 넘긴다. 오랜 시간 심층 취재한 아이템이 〈9시 뉴스〉 한 꼭지(13번째)로, 그리고 처음의 기획 의도가 비틀려 보도됐다.

시킨 의도가 다시 드러났다. 가장 걱정됐던 것이 게이트키핑을 명분으로 시사 프로그램의 비판적 기능을 거세하는 것이었는데 그 우려가 현실이 된 것이다. 기자가 부족해 〈추적 60분〉을 PD가 만들게 된 것이 '불행의 시작'이었다는 사장의 인식이 설득력이 없다는 것이 분명해졌다. 이 아이템을 취재한 것은 PD가 아닌 기자였다. 애초부터 〈추적 60분〉은 PD가 게이트키핑 없이 제멋대로 만들어서 문제가 있었던 것이 아니다. 사측은 진실을 파고들어가는 방송이 부담됐거나 싫었던 것이다.

열악한 상황 속에서도 〈추적 60분〉 소속 PD와 기자들은 어떻게든 해보려 몸부림쳤다. 석 달 후, 〈추적 60분〉 제작진은 천안함 관련 방송을 기획한다. 이번에는 심인보 기자와 강윤기 PD가 공동으로 취재·제작하는 방식이었다. 제작 과정에서 별다른 논란이 일지는 않았다. 가제목은 '의문의 천안함, 논쟁은 끝났나?', 제기되는 의문점들에 대해 국방부 관계자를 심층 인터뷰해서 충분히 반론권을 보장했다. 하지만 방송 당일 오후, 갑자기 국장이 또 제동을 건다. 받아들일 수 없는 이런저런 요구를 하고 또 삭제 지시를 했다.[15] 이번에는 심 기자가 가만히 있지 않고 SNS에 글을 올린다.

오늘밤 저와 강윤기 PD가 제작한 〈추적 60분〉 '천안함' 편 시간대에 BBC 다큐가 이중 편성된 것으로 확인됐습니다. 양보할 만큼 양보했는데 결국 방송을 막으려는 걸까요? 분노가 목구멍까지 차올라 쏟아지기 직전입니다.

그동안 밖으로 드러나지 않았지만, 제작 과정이 순탄하지 않았던 것이다. 〈추적 60분〉 '천안함' 편이 불방될지 모른다는 사실이 알려지자 새노조 사무실로 항의전화가 빗발쳤다. 다음 날, 새노조 집행부와 중앙위원

---

15 KBS본부노조, 앞의 책, 453쪽

들이 비상 대기하는 가운데 정책실장(권오훈)과 공정방송추진위원회 간사(윤성도)가 이화섭 시사제작국장을 찾아가 따진다. 이 국장은 연신 담배를 피우며 곤혹스러워했다. 이들이 국장에게 "내용에 문제가 있다고 보느냐"고 묻자 "특별한 문제점은 없고…"라며 취재가 잘 된 것 같다는 반응이었다.[16] 국장으로서 더 이상 어쩔 수 없다고 판단한 모양이었다.

이후 몇 차례 협의와 수정을 거쳐 마침내 방송이 나가게 된다. 물론 처음의 내용과 크게 달라진 것은 없었다. 방송이 확정되자 심 기자가 SNS에 다시 글을 올렸다.

방금 모든 작업을 마치고 테이프가 넘어갔습니다. 홀가분합니다. 오늘밤 〈추적 60분〉 '천안함' 편이 방송될 수 있었던 것은 트위터 여러분의 도움 때문이었던 것 같습니다. 고개 숙여 감사드립니다. 참 KBS새노조 선배들께도 감사를!

2010년 11월 17일 밤 10시, '의문의 천안함, 논쟁은 끝났나' 편이 전파를 탔다. 〈추적 60분〉을 2번 연속 불방시키는 것에 대한 부담이 커서였을까? 아니면 이제는 더 이상 새노조를 무시할 수 없었기 때문이었을까? 아무튼 이번에는 불방 사태가 일어나지 않았다. 심인보 기자가 올린 두 건의 SNS 글은 당시 시사 프로그램을 제작하는 기자와 PD들의 심리 상태와 의지를 생생하게 보여준다. 그들은 자율적으로 방송할 수 있으면 더 이상 바랄 게 없는 방송인들이었다.[17]

〈추적 60분〉 제작진은 끈질겼다. 이번에는 4대강 사업 관련 아이템을 물고 늘어졌다. '천안함' 편 방송 3주 후(12. 8.) 방송 예정으로 '4대강 사

---

16   KBS본부노조, 앞의 책, 454쪽
17   하지만 이후 심 기자의 〈추적 60분〉은 더 이상 볼 수 없게 되었다. 얼마 후 다른 부서로 발령받았기 때문이다. 그리고 심 기자는 2014년 12월 KBS를 퇴사하고 독립언론 〈뉴스타파〉로 이직했다. KBS로서는 큰 손실이었다.

업권 회수 논란' 편(연출 허양재)을 제작한다.[18]

하지만 사측은 갖은 수단을 동원해 일단 불방 시킨다. 앞의 2건은 시사제작국장이 총대를 메고 방송을 막는 모양새였는데, 이번에는 다른 방식을 취했다. 심의실장(오진규)이 나선 것이다. 방송 예정 당일 사측은 외부에 보도자료를 배포하고, "'재판 결과에 영향을 줄 수 있는 방송을 해서는 안 된다'는 심의규정이 있어서 불방을 결정했다"고 해명했다. 하지만 명백한 왜곡이었다.

방송심의규정 11조는 "재판이 계속 중인 사건을 다룰 때는 재판 결과에 영향을 줄 수 있는 내용을 방송해서는 안 되며"라고 규정했을 뿐이다. 재판중인 사건을 다룰 때는 일부 제한이 있다는 것이지 방송 자체를 해서는 안 된다는 표현은 어디에도 없다. 그리고 이미 담당 심의위원이 프로그램이 "객관성·공정성·균형성을 유지했다"고 사전 심의평을 완료한 상황이었다.[19] 새노조가 성명을 발표해 '사측의 의도는 자체 심의평마저 부정해서라도 오로지 4대강 아이템을 불방시키는 것이었다'고 비판했다.

사태가 꼬이게 되자 심의실장은 사내 전자게시판에 "해당 심의위원의 의견은 심의실의 정식 심의 결과가 아닙니다"라는 글을 게시한다. 처음 불방시킬 때는 심의규정을 들이댔다가 '내용상 문제가 없다'는 심의 의견이 있었던 걸로 드러나자 '한 심의위원의 개인 의견'으로 치부한 것이다. 옹색한 변명이었다. 통상 심의위원은 제작 경험이 많은 중견 이상의 PD와 기자들이 맡았고, 따라서 심의실장은 심의위원의 의견을 존중하는 게 관례였다.

이에 새노조가 규탄 기자회견을 열고 사장 출근길에 항의 피케팅을 진

---

18 이 아이템은 2010년 11월 15일 국토해양부가 경상남도(김두관 지사)의 사업권을 회수한다고 발표하면서 정부와 지자체의 갈등으로 번진 4대강 사업 관련 논란을 다루었다.
19 녹화방송의 경우 담당 PD는 방송용 원고와 편집 완료한 영상물을 심의실에 보내야 한다. 심의위원은 사전에 심의를 하고 심의평을 심의정보시스템에 입력하게 돼 있다.

행한다. 임시 공방위도 요구해 9시간 동안 따져 물었다. 그리고 제작진들은 팀의 사무 공간에 "〈추적 60분〉 불방 책임자를 문책하라"고 적은 현수막을 내걸었다. 국장이 CP(강희중)에게 현수막을 떼라고 지시했지만 거부하자 국장 자신이 직접 현수막을 떼어낸다. 그 과정에서 제작진과 몸싸움이 벌어지기도 했다.

사측이 4대강 관련 아이템에 그렇게도 예민했던 데에는 직접적인 이유가 있었다. 당시 KBS 정치외교부가 작성한 '정보 보고' 파일에 그 배경이 적혀 있던 것으로 드러났다. 청와대 정무1비서관이 KBS 출입 기자에게 참고하라면서 전한 내용이었다.

> 수신료 분위기가 안 좋다. … KBS의 〈추적 60분〉에서 '천안함'에 이어 '4대강' 관련 방송을 하는 등 반정부적 이슈를 다루려 하는데 (청와대) 홍보 쪽은 물론 김두우 기획관리실장도 "KBS가 왜 그러냐?"고 부정적 보고를 했다.

당시 김인규 사장은 수신료 인상을 추진하고 있었다. 하지만 방송의 공정성을 훼손하면서 수신료 평계를 대는 것은 부적절한 일이다. 새노조는 이 파일을 입수해 공개하며 "일종의 '보도지침'을 내려 청와대와 사측이 정부 비판적 보도를 막으려한다"고 규탄했다.

그러자 사측은 다음 날 새노조 집행부와 조합원 59명을 무더기로 인사위원회에 회부한다. 사유는 불법 파업, 이사회 방해, 노보에 의한 공사 명예훼손 등 3건이었다. 내부용으로 작성된 정보 보고 파일을 입수해 공개한 것을 직접 문제 삼을 수 없자, 과거의 파업 관련 사안을 꺼내 대응한 것이다. 이치에 맞지 않는 대응이었다. 지난여름의 파업은 단체교섭 요청에 응하지 않는 사측을 대상으로 한 새노조의 적법한 단체행동이었다. 따라서 법원도 합법 파업이라고 판결했다. 이러한 사실이 알려지자 사내 게시판이 들끓었다. '나도 징계하라'는 댓글이 넘쳐 났다.

결국 이 싸움은 끈질긴[20] 새노조의 한판승으로 종결된다. 새노조는 단체협약에 의거해 공정방송위원회를 요구하고 끝내 '4대강' 편 불방과 관련한 사측의 유감 표명을 받아낸다. 공방위 회의 결과 노사는 "사측은 〈추적 60분〉 '4대강' 편이 방송 예정일에 방송되지 못한 데 대해 유감을 표명하며, 노사는 향후 재발 방지를 위해 노력한다"는 내용의 합의문에 공방위 사측 대표(조대현 부사장)와 노측 대표(이내규 부위원장)가 서명한 후 공개했다.

이 합의는 새노조가 회사와 단체협약 체결 후 올린 첫 성과이다. 불방 3주 후, 마침내 〈추적 60분〉 '4대강 사업권 회수 논란' 편이 전파를 탔다 (12. 22. 밤 10시). 하지만 보름 후(2011. 1. 7.) 임원회의에서, 김인규 사장은 "심의규정이 강화돼야 한다"면서 "4대강, 나가서는 절대로 안 되는 것이 나갔다"고 언급했다고 알려졌다.[21]

특보 체제의 사측은 〈추적 60분〉을 보도본부로 이관시키는 등 시사 프로그램의 게이트키핑을 강화하고, 정권에 부담이 되는 아이템들이 방송되는 것을 막으려 했지만 한계가 있었다. 그 배경에 두 가지 요인이 있다. 첫째, 〈추적 60분〉 소속 기자와 PD들이 진실 추구를 향한 집요한 노력을 포기하지 않았다. 둘째, 새노조가 한 달 파업 끝에 공방위 같은 제작 자율성 보호를 위한 제도적 장치를 확보함으로써 제작진이 의지할 수 있는 작은 언덕이나마 마련된 덕택이었다.

---

20 인사위에 회부된 59명 전원은 서면 진술이 아니라 직접 인사위에 참석해서 징계의 부당성을 진술하는 걸로 방침을 정했다. 먼저 위원장이 참석해 진술서를 읽으며 2시간 반 동안 진술을 했다. 부위원장도 마찬가지로 장시간 진술을 이어가자, 사측은 회의를 중단하고 인사위를 연기했지만, 해가 바뀌어도 다시 열리지 않았다. 그리고는 1년 후(2012. 1. 말), 새노조 집행부가 바뀌자마자 이전 집행부 간부들을 중징계 조치한다. 이는 95일 파업을 촉발시켰다. 하지만 이들은 징계무효소송을 제기해서 2013년 6월 14일 승소한다.

21 "김인규 '나가선 절대 안 되는 4대강이 나갔다'[김인규 임원회의록으로 본 KBS ⑥]", 〈미디어오늘〉, 2017. 10. 09.

엄혹한 시대에도 방송은

보도와 시사 프로그램을 둘러싸고 수시로 갈등과 파행이 일어나는 와중에도, 기자와 PD, 아나운서, 엔지니어들은 자신이 맡은 방송에 대해서는 제작을 이어가야 했다. 물론 그런 상황 속에서 제작 역량이 충분히 발휘되기는 어렵다. 그럼에도 주목할 만한 프로그램들이 몇 편 방송됐다.

2011년 8월, 〈환경스페셜〉 '강과 생명' 2부작(권혁만·손현철)은 4대강 사업이 강의 생태계를 어떻게 파괴했는지를 생생하게 보여주었다. 시청자들은 수신료가 아깝지 않다고 박수를 보냈다. 또한, 노동 관련 아이템이 거의 사라지다시피한 상황에서 몇몇 프로그램이 어렵게 노동문제를 다뤄 KBS가 완전히 죽지만은 않았다는 격려를 받기도 했다.

〈KBS 스페셜〉에서 '대한민국 비정규직 리포트'(2011. 4. 11.), '심리 치유 8주간의 기록, 함께 살자'(8. 21.) 등을 방송했고, 〈추적 60분〉에서는 '삼성 직업성 암 논란, 다시 불붙다'(1. 26.), '희망 버스는 왜 한진중공업에 갔나?'(8. 10.) 등을 방송했다. 두 프로그램은 당시 주요 현안이던 쌍용차 사태와 한진중공업 사태, 삼성 반도체 백혈병 사망 사건, 그리고 비정규직 문제를 다뤄 시청자들의 큰 호응을 받았다.[22]

이즈음 나는 2년 동안 일한 심의실에서 나와 제작부서로 돌아오게 되었다. 시사 프로그램을 하고 싶었지만 폐지됐거나 일부 남아 있어도 나 같

---

22 낙하산 사장과 특보 출신 사장이 오면서 뉴스와 시사 프로그램들이 권력에 대한 감시 기능을 빼앗기고, 일부 교양 및 예능 프로그램들이 출연자를 섭외할 때 자율성을 상실하고 수난을 당했지만, 나머지 프로그램들은 일상적으로 방송할 수밖에 없었다. 그런 가운데 주목할 만한 다큐멘터리와 드라마 몇 편이 방송됐다. 미니시리즈 〈추노〉(2010. 1.), 〈제빵왕 김탁구〉(2010. 6.), 〈동물의 건축술 3부작〉(2010. 3.), 〈무소유의 삶: 법정 스님〉(2010. 3.), 〈KBS 스페셜: 수단의 슈바이처 고 이태석 신부, 울지마 톤즈〉(2010. 4.) 그리고 〈슈퍼 피쉬 5부작〉(2012. 8.) 등이다. 하지만 이런 프로그램들이 충분히 빛나기가 어려웠다. KBS가 특보 사장의 특보 체제라는 낙인이 찍혀 있었기 때문이다.

은 징계 경력자는 위험인물로 분류돼 접근이 허락되지 않았다. 2011년 1월, 나는 〈역사스페셜〉 제작팀으로 가게 되었다.

다큐멘터리 프로그램을 제작하는 일은 고도의 집중력이 필요하다. 이제부터는 다시 프로그램 제작에 몰두하기로 마음먹었다. 시사 프로가 아니고 역사 프로여서 논란이 될 것 같지 않았다. 공정방송 관련 이슈는 새 노조 집행부가 최대한 대처하고 있으니 당분간 잊고 싶었다. 막상 4년의 공백이 있다 보니 초반에 힘이 들었다. 그래도 시간이 지나가고 다시 제작에 대한 감을 잡기 시작했다. 나는 고대사부터 대한제국 시기까지 시대를 넘나들며 다양한 아이템을 선택했다. 여전히 정권의 방송 장악 논란이 계속되고 있었지만 예민한 시사 아이템이 아닌 경우 별 마찰 없이 방송이 나갔다.

하지만 오래 가기는 어려웠다. 안팎의 상황은 나아지지 않았기 때문이다. 당시는 언론 역사에서 제2의 암흑기로 기록되는 시기이다. 이명박 정부 출범 후 5년여 동안 YTN·MBC·부산일보 등에서 해직된 언론인만 19명이다. 정직, 감봉 등 징계까지 포함하면 총 450명에 달했다. 징계자 외에도 보복 인사를 통해 쫓겨나 엉뚱한 곳에 가 있는 PD나 기자, 아나운서 등도 부지기수였다. 따라서 이런 시기에 내가 주변 상황에 눈감고 프로그램 제작에만 몰두하기에는 마음이 편할 수 없었다. 당시 내 심정을 이렇게 글로 쓰기도 했다.

작년부터 프로그램 제작부서로 복귀한 상태다. 하지만 나는 예전처럼 열정이 넘치는 PD의 모습은 아니다. 한국사회의 갈등이 그대로 옮겨온 듯 심각한 내부 분열과 갈등, 그러다 보니 신명 나게 일할 분위기도 아니다. … 해직 언론인들이 일터로 돌아가지 못하는 상황이 나를 가로막은 것이다. 내가 겪은 비슷한 경험이 그들의 고통을 한순간도 외면할 수 없게 만들었다. 방송인들이 자신의 장르와 전문 분야에서 최선을 다해 프로그램을 제작하지 못한다는 것은 사회적으로 얼마나 큰 손실인가. 나도 개인적으로 PD로서 황금기가 돼야 했을 시기를 잃은 것이다. 지난 5년 동안 제작에 몰입할 수 있었다면 참 많은 프로그램을 만들었을 것 같다. 이제 쉰이 넘어 버렸으니….[23]

정권의 국정철학 구현

이명박 정권은 두 가지 차원으로 방송 장악을 진행했다. 한 축이 공영방송의 권력 감시 및 비판 기능을 거세시키는 방향이었다면, 또 다른 한 축은 정권에 대한 홍보 역할을 극대화하는 것이었다.

2008년 정연주 사장을 강제 해임하기 직전, 박재완 청와대 국정기획수석은 한 언론과의 인터뷰를 통해 KBS를 '정부 산하기관'이라고 말하면서 "KBS 사장은 정부 산하기관장으로서 새 정부의 국정철학과 기조를 적극적으로 구현하려는 의지가 있어야 한다"고 밝혔다.[24] 하지만 그의 발언은 전제부터 틀렸다. '공공기관의 운영에 관한 법률'(공운법)에서 "한국방송공사(KBS)는 공공기관으로 지정할 수 없다"고 규정하고 있다. KBS는 언론사이기 때문에 '정부 산하기관'이 되어서는 안 된다.

그의 잘못된 발언이 모르고 한 것인지 아니면 의도적이었는지 알 수 없지만, 그는 오래전에 '공영방송'이 된 KBS를 군사독재정권 시절의 '관영 방송'으로 잘못 생각하고 있었다. KBS가 새 정부의 국정철학을 구현해야 한다는 국정기획수석의 발언은 공영방송이 정권의 나팔수가 돼야 한다는 말과 다름이 없다.

---

23 "PD란 이름 잃어버린 5년", 〈PD저널〉, 2012. 12. 18.
24 〈신동아〉, 2008년 7월호.

2009년 말 취임 이후 김인규 사장은 특보 사장답게 정부의 국정철학을 거침없이 구현한다. 당시 KBS는 이명박 정권의 4대강 사업, 자원 외교, 그리고 'G20 서울정상회의'(이하 G20) 서울 개최를 정권의 업적으로 집중 부각했다. 하이라이트는 G20 관련 방송이다.

2010년 11월 11일부터 이틀간 열리는 G20을 위해 특집 프로그램을 쏟아 붓다시피 했다. 서울 개최가 확정된 직후부터 신년 특집, D-100, D-90 등으로 카운트다운하면서 대대적 선전 캠페인을 진행했다. 7월 3일의 〈G20 특별기획: 희망 로드 대장정〉 시리즈를 시작으로 〈특별기획 국가 탐구 G20〉 12부작, 〈G20 특별기획 세계 정상에게 듣는다〉 7부작 등 각종 특집방송도 내보냈다. 〈아침마당〉, 〈도전 골든벨〉 등 정규 프로그램들도 'G20 특집'이라는 부제를 달고 홍보전에 동원되었다. 라디오에서도 〈책 읽는 밤〉, 〈성공 예감〉, 〈라디오정보센터〉 등이 동원됐다.

새노조가 주간 편성표를 통해 조사한 결과 G20 관련 특집 프로그램이 TV의 경우 총 60여 편, 편성 시간으로 3,300분이었다.[25] 시도 때도 없이 방송한 홍보 스팟이나 뉴스 보도는 제외한 시간이었다. 정상회의가 열린 이틀 동안은 편성표가 온통 G20 특집과 생방송으로 도배돼 있었다. 이를 두고 당시 강제 발령으로 울산국에 쫓겨가 있던 김용진 기자(전 탐사보도 팀장)가 "MB 망치는 KBS: '특보 체제'의 역설"이라는 제목의 글을 한 매체에 기고했다.[26]

세계 방송 역사에 길이 남을 대기록이다. 이른바 민주주의 국가에서 공영채널을 통해 단일행사를 놓고 이렇게 엄청난 규모의 프로파간다가 자행된 곳은 아마 대한민국 외에는 찾아보기 힘들 것이다. 하지만 KBS가 무려 3,300분을 퍼

---

25 50분짜리 방송으로 치면 66편에 해당하는 엄청난 양이다.
26 〈미디어오늘〉, 2010. 11. 11.

부어 시청자들에게 융단폭격 해대는 메시지는 매우 단순하다. G20 서울 개최로 '대한민국이 세계의 중심으로 우뚝 섰다'라는 신화이다. 이 신화를 형성하고, 지탱하는 스토리는 매우 방대하지만 줄거리를 따라가다 보면 어느덧 세계 주요 20개국 지도자들과 어깨를 나란히 하고, 나아가 초강대국인 미국과 중국 사이에서 중재자와 조정자 역할을 하는, 더 나아가 세계의 새로운 경제 질서를 좌우하는 세계적 지도자가 나타난다. 바로 이명박 대통령이다.

김 기자는 MB 정권과 KBS 등 주류 언론이 퍼부은 G20 관련 물량 공세로 민간인 불법사찰, UAE 파병, 4대강 문제 등 중차대한 현안들이 묻혀 버렸다고 지적한다. KBS가 정권에 부담되는 이슈들을 덮는 홍보 도구로 전락했다는 것이다. 당시 KBS 채널에 'G20 서울 개최 신화'와 함께 '원전 르네상스 신화'나 '천안함 영웅 신화' 같은 아이템들도 무시로 등장했다.

이 영웅 신화는 '단군 이래 최대의 행사', '국가 브랜드와 국격을 획기적으로 끌어올리는 행사' 등 화려한 수사rhetoric로 치장된다. 하지만 이 신화 만들기는 지난 1980년대에 미국의 언론인 시드니 블루먼솔Sydney Blumenthal이 일찍이 갈파한 '영속적 캠페인permanent campaign'의 전형적 사례다. 블루먼솔은 영속적 캠페인이 전략적 계산과 이미지 메이킹이 결합된 정치 이데올로기라고 규정하고, 정치 지도자가 당선된 이후에도 정치적 목적을 관철하고, 대중의 동의를 지속적으로 조작하기 위한 정치 공학이라고 말했다.

하지만 김 기자는 극단적 형태의 '영속적 캠페인'은 국민 여론을 오도할 뿐 아니라, 지도자 자신마저 파멸의 길로 이끈다고 경고했다. 그리고 나치와 히틀러를 그 전형적인 예로 들었다. 그럼 어떻게 해야 할까? 제대로 된 공영방송이라면 어떤 역할을 해야 할 것인가? 답은 공영방송 KBS가 '비판자'가 돼야 한다는 것이다. 이러한 비판자의 역할이야말로 공영방송이 추구해야 할 책무다. KBS인이라면 모두가 동의해 온 명제다. 하지만 당시 김인규 특보 체제의 KBS는 거꾸로만 돌진했다.

2010년 12월 28일, 새노조는 "〈아침마당〉인가? 〈국정홍보 마당〉인가?"라는 제목의 공정방송추진위원회(공추위) 주간보고서를 발표했다. 〈아침마당〉은 보통의 일반 시민과 서민들의 일상적 삶과 애환을 담는, 특히 주부 시청자에게 사랑받아 온 장수 프로그램이다. 하지만 김인규 사장 취임 이후 달라졌다. 특보 체제는 이런 프로그램을 가만 놔두지 않았다. 〈아침마당〉 출연자에 대한 전수 조사를 통해 작성한 새노조의 공추위 보고서에 따르면, 2010년 들어 여권 정치인과 고위 관료들의 출연이 급증했고, 특히 G20이 열린 하반기에는 거의 매일 이를 홍보하는 내용이 방송되었다.[27]

〈아침마당〉은 전직 한나라당 의원, 친MB 인사들의 '놀이마당'으로 전락했다는 조롱을 받았다. 특히 화요일에 방송되는 '화요 초대석' 코너가 문제였다. 2010년 7월부터 '화요 초대석'이 자체 제작이 아닌 외주 제작으로 바뀌면서 친 정부적 색체가 더욱 짙어졌다. '을'의 위치에 있는 외주사에 오더성 출연을 맡겼기 때문이다. 절정은 이명박 대통령 부부의 출연이다. 'MB 영웅 신화 만들기'에 〈아침마당〉이 동원된 것이다. 9월 21일, 추석 기획 〈아침마당〉 '대통령 부부의 사람 사는 이야기' 편이 방송된다.

특보 체제의 역설

하지만 이러한 특보 체제의 본색은 그 안에 역설(逆說)을 잉태하고 있었다. 김용진 기자는 이렇게 예측했다.

---

27 "〈아침마당〉인가? 〈국정홍보마당〉인가?", 〈새노조 공추위 보고서〉, 제3호, 2010. 12. 28.

지금 김인규 사장은 이명박 대통령을 지근거리에서 보필했던 특보 출신이다. 그렇기 때문에 김 사장은 KBS를 MB의 '믿을 만한 반대자'로 기능하게 해서 MB가 제자리에서 벗어날 때 다시 제자리로 이끌어줘야 한다. 그것이 과거의 주군主君을 진정으로 돕는 길이다. 하지만 지금 KBS는 MB를 신화로 가득 찬 '거울의 방'에 몰아넣어 신화의 주인공처럼 보이도록 착시현상을 유발하고, 자기 확신과 정당화를 더욱 부채질하는 것으로 보인다. 권력자에게 자기 교정의 기회를 제공해야겠다는 의지는 전혀 보이지 않는다. 이것은 MB 정권을 돕는 게 오히려 망치는 길이다. 특보 출신이 사장으로 와서 특보 출신다운 역할을 제대로 하지 못하는 것, 이것이 바로 특보 체제 KBS의 역설이다.

김 기자는 특보 사장의 특보 체제가 왜 문제인지, 그리고 그것이 갖고 있는 모순과 역설을 명쾌하게 지적했다. 이 글은 사내외에 큰 반향을 일으켰다. 그동안 KBS가 대통령 치적을 홍보하기 위해 대대적으로 내보낸 방송들이 어떤 의미를 지니는지를 통찰하게 했기 때문이다. 사원들이 왜 새로운 노동조합을 만들었는지, 그리고 왜 제작 자율성 억압에 저항하고 파업까지 하게 되었는지를 이해할 수 있게 해주는 글이었다.[28]

김인규 사장은 취임사에서 "저는 KBS를 지키러 왔습니다!"라고 말했다. 본인 기준으로는 진심이었을지도 모른다. 하지만 특보 사장으로서 김 사장은 결과적으로 KBS도, MB 정권도 지키지 못했다.

정권 홍보에 KBS를 그렇게 대대적으로 동원했음에도 2010년 6월 2일 지방선거에서 여당인 한나라당이 패배했다. 한나라당이 16명의 광역단

---

28 하지만 외부 매체에 기고한 이 글 때문에 김용진 기자는 '품위 유지 의무'를 위반했다는 사유로 인사위원회(부산)에 회부됐다. 정직 4개월 중징계. 그나마 새노조의 거센 항의로 다음 해 2월 재심에서 정직 1개월로 낮춰지기는 했지만, 명백한 보복성 징계였다. 이후 김 기자는 취재와 제작을 할 기회를 받지 못하자, 2013년 2월 사표를 내고 〈뉴스타파〉를 설립했다.

체장 중 6명만 당선자를 냄으로써 완패한 것이다.[29] 또한 최측근 비리로 대통령이 사과하는 지경에 이른다. 2012년 1월 1일, 임기 1년을 남겨둔 대통령은 신년사 말미에 국민을 향해 사과해야 했다.

저는 지난 한 해를 돌아보면서 국민 여러분께 송구스럽다는 말씀을 드리지 않을 수가 없습니다. 저 자신과 주변을 되돌아보고 잘못된 점은 바로잡고 보다 엄격하게 관리하겠습니다. 더욱 낮은 자세로 국민의 소리에 귀를 기울이고, 더 열심히 민생을 챙기겠습니다.

연말부터 제기된 측근 비리를 의식한 발언이다. 친형 이상득 의원의 보좌관이 부실 저축은행과 기업들로부터 받은 10억여 원을 세탁해 정치자금으로 관리한 것이 드러나 구속되고 몸통인 그를 조사해야 한다는 여론이 비등한 것이다.[30]

대통령 사과가 있은 바로 다음 날, 또 다른 측근 비리가 터졌다. 이명박 대통령의 멘토로 불린 최시중 위원장의 최측근(정책보좌관)이 억대의 금품을 수수했다는 의혹이었다.[31] 1월 27일, 결국 최시중 위원장이 전격 사퇴한다. 결정타는 전날 보도된 '돈봉투' 사건이다. 2009년 7월 종편채널을 허용하는 '미디어법'이 날치기 통과된 직후, 최 위원장이 국회 문방위 소속 일부 의원들에게 5백만 원씩 돈봉투를 돌렸다고 언론이 보도한 것이다. 이번에도 전달책은 측근인 정책보좌관이었다. 최 위원장 본인이

---

29 정부·여당은 그해 3월 27일에 터진 천안함 침몰사고를 지방선거에 이용하려 했다는 비판을 받았다. KBS는 두 달 동안 천안함 관련 특집 프로그램을 대거 편성한다. '북풍'을 일으켜 유권자의 표심을 흔들려 한 것이 아니었을까? 하지만 과도한 북풍 조성은 오히려 역풍을 불렀다. KBS본부노조, 앞의 책, 415쪽 참조.

30 "이상득의원 보좌관 3억 더 받아…총 10억 수수", 〈연합뉴스〉, 2011.12.27.

31 최시중 위원장의 정책보좌관이 EBS 이사 선임과 통신사들의 이동통신용 주파수 쟁탈전 과정에서 각각 수억 원대의 돈을 받았다는 혐의이다.

검찰 수사 대상으로 지목되면서 더 이상 피해 나갈 여지가 없었다. 방통위가 출범한 2008년 3월부터 3년 10개월 동안 미디어법 통과와 조중동 종편채널 개국을 진두지휘하며 막강한 영향력을 행사한 정권 실세의 말로는 이렇게 끝났다.

몇 년 후 이명박 대통령의 감옥행으로 '특보 체제의 역설'은 최종적으로 입증된다. MB 정권은 KBS에 특보 사장을 낙하산으로 투입하고 특보 체제를 만들게 했다. 하지만 그 결말은 이렇게 한 편의 부조리극으로 끝났다. 이 얼마나 아이러니인가?

특보 체제는 내부 구성원들에 의해 어떤 평가를 받았을까? 먼저 새노조는 김인규 사장 취임 1년 후 시점에서 '제작 자율성·공정성 설문조사'를 실시했다.[32] 조사 결과 MB정부 출범 후 '공정성이 약화됐다'는 답변이 94.1%, '제작 자율성이 위축됐다'는 응답이 95.4%에 이르렀다.[33] 어느 정도 예상은 했지만 놀라운 수치이다.

공정방송 관련으로 노조가 왜 필요한지를 보여주는 조사 결과도 있다. 일선 제작자의 60.9%는 특정 아이템에 대해 취재 및 제작을 강요받거나 배제당한 경험을 했다, 즉 '제작 자율성 침해 경험을 직접 당했다'고 응답했다. 응답자의 37.2%는 제작 자율성 침해 유형으로 '특정 아이템(내용) 취재 및 제작 강요'를 경험했다고 응답했고, 33.1%는 '특정 아이템 배제 강요'를 경험했다고 응답했다. 그동안 밖으로 알려진 것 외에도 많은 프로그램이 억압받았다는 걸 보여줬다. 그러면 제작 과정에서 간부로부터

---

32 2010년 12월 23일부터 2주간, KBS 기자·PD를 대상으로 전수조사했다. 전체 1,335명(보직자 제외) 중 675명(50.1%)이 설문에 응했다. 새노조 발행 〈노보〉(2011.1.12.) 참조.

33 또한 기획·취재·제작 과정에서 자기 검열을 느낀 적이 있냐는 질문에 79.6%가 느꼈다고 응답했다. 이 중 기자의 69.5%, PD의 58.8%는 아이템을 선정할 때, 즉 기획 단계부터 자기 검열을 하게 된다는 답변이었다.

자신의 신념에 반해 특정 아이템의 배제 또는 삭제 요구를 받았을 때 어떻게 대응했느냐는 질문에 '별다른 항의 없이 지시에 따랐다' 9.2%, '항의했지만 결국 요구에 따랐다' 50.0%, '논의와 타협을 통해 수정안을 만들었다' 32.1%, '요구에 따르지 않았다' 8.7%의 비율로 응답했다. 다시 말해 간부로부터 제작 자율성과 공정성 침해 압력을 받았을 때 대략 10명 중 6명은 어쩔 수 없이 지시를 따랐고, 3명은 타협안을 만들었고, 끝까지 지시를 거부한 사람은 한 명 정도에 불과했다. 간부로부터 부당한 지시를 받았을 때 대부분 속으로는 반발하지만 개인적으로 이에 끝까지 저항하는 것은 쉽지 않다는 얘기다. 이는 제작 자율성과 공정성을 지키기 위해서는 노동조합의 조직화된 힘이 필요하다는 의미로 해석된다.

김인규 사장은 이 설문조사 결과를 인정하지 않으려 했다. 4월 15일 국회 미래창조과학방송통신위원회(이하 미방위) KBS 업무보고에 출석한 김 사장은 한 야당의원의 질의에 대해 "2노조(새노조)가 진행한 설문조사의 응답률은 50% 정도밖에 안 된다"며 "KBS 기자, PD들 전체 의사를 대변하는 여론조사가 아니다"라고 답변한다. 공개 석상이니 그렇게 답했겠지만 속으로는 그렇지 않았을 것이다. 새노조 소속 여부를 떠나 KBS 기자와 PD 전체에 대한 전수조사에서 절반이 답한 조사 결과이기 때문이다.

다음으로 보도 및 제작 관련 본부장들에 대한 중간평가 성적도 마찬가지였다. 본부장 중간평가는 단체협약에 의거해 부임 1년 후 노조에서 실시하는 신임투표이다. 특히 고대영 보도본부장과 길환영 콘텐츠본부장이 매우 낮은 평가를 받았다.

고대영 보도본부장은 김인규 사장 임기 후반부에 본부장으로 임명된다. 그에 대한 중간평가는 양대 노조가 함께했다. 2012년 1월 16일부터 3일간 KBS노조[34]와 새노조가 공동으로 신임투표를 실시했다. 투표 결과

---

34 KBS노조는 2008년 8월에 언론노조를 탈퇴해 '기업별 노조'로 바뀐다. 2009년 12월 일부 조

불신임률이 투표자수 대비 84.5%, 재적 인원 대비 70.7%였다. 고 본부장은 역대 보도본부장 중 최초로 재적 인원 대비 불신임률이 3분의 2를 넘어선 본부장이 됐다. 보도본부장 신임투표 결과는 특보 체제의 KBS 보도에 대한 준엄한 심판이었다. 양 노조는 단체협약 규정에 따라 해임을 건의한다. 사측은 빠져나갈 여지가 없었다. 결국 고 본부장이 사의를 표명하고 사장이 사표를 수리하는 형식으로 자리에서 쫓겨난다.

길환영 본부장은 2011년 2월에 새노조가 실시한 콘텐츠본부 신임투표에서 투표자수 대비 불신임률 87.9%, 재적 인원 대비 불신임률 79.3%라는 평가를 받았다.[35] 재적 인원 대비 불신임률이 3분의 2를 넘어섰기 때문에 해임건의 대상이 되었다. 하지만 KBS노조가 별도로 신임투표를 실시함으로써 해임을 면한다.[36]

합원이 탈퇴해 '새노조'를 만들어 다시 언론노조(산별노조)에 가입해 KBS본부노조가 된다. 당시 두 노조를 구별하기 위해 전자는 '1노조' 또는 '구노조', 후자는 '2노조' 또는 '새노조'로 부르기도 했다.

35 재적 469명, 투표자수 423명, 투표율 90.2%, 불신임 372명, 무효 2명.
36 새노조와 KBS노조는 처음에 공동으로 본부장 신임투표를 실시하기로 합의했다가 나중에 KBS노조가 합의를 파기하고 독자적으로 신임투표를 실시한다. KBS노조의 신임투표 결과는 재적 대비 불신임률이 42.5%에 머물렀다. 사측은 양 노조의 투표 결과를 합산하면 불신임률이 3분의 2에 미달한다며 해임건의를 거부한다. 사실 KBS노조 소속으로 콘텐츠본부장 신임투표에 참여한 조합원 숫자는 새노조 소속 조합원 수에 비해 훨씬 적었기 때문에 두 개의 불신임률을 단순히 합산해 나누는 것은 이치에 맞지 않았다.

함께 가면 길이 된다

새노조 사무실 입구에는 3개의 액자가 걸려 있다. '함께 가면 길이 된다', '함께 맞는 비', 그리고 '正言千里경언천리', 모두 신영복 선생이 써 주신 글귀다. KBS 사원들이 힘들었던 시기에 이 글귀들은 끊임없이 용기와 지혜를 주었다. 특히 2012년 새노조가 95일 동안 파업할 때 '함께 가면 길이된다'는 글귀가 그랬다.

모두가 난(亂)을 생각한 지 오래다

특보 체제 속에서 묵묵히 프로그램을 제작하는 것은 쉽지 않았다. 나로서도 KBS 안팎의 사회적 흐름과 무관한 방송을 계속할 수는 없었다. 2012년 초 나는 〈역사스페셜〉 아이템을 찾다가 한 구절에 끌렸다.

'밤낮으로 원망하고 모두가 난亂을 생각한 지 오래다.'

조선 후기 개화사상가(고환당 강위)가 당시의 민심을 표현한 기록이다. 조선 철종 13년(1862년), 한 해 동안 전국 71곳에서 농민들이 난을 일으켰다. 그해 봄, 경남 진주에서 난이 처음 시작된다. 이후 농민들의 난은 경상도를 넘어 전라도, 충청도로 삽시간에 퍼진다. 처음 난이 시작된 곳이 진주이고, 가장 규모가 컸기 때문에 '진주농민항쟁'이라 불린다.[1] 마침 2012년

---

[1] '진주농민봉기'로도 불린다. 예전에는 '진주민란'이라고 했다. 비극적으로 진압되고 말지만

은 진주농민항쟁 150년이었다. '유독 1862년에 그 많은 민란이 일어난 이유는 무엇일까, 그리고 그 시작은 왜 진주였을까?' 당시 KBS·MBC·YTN 등 공영방송에 대한 정권의 노골적 방송 장악과 이에 대한 저항으로 인해 곳곳에서 갈등이 일어나고 있었기 때문에 이 주제에 자연스럽게 끌렸다.

기획안을 써서 제출했다. 하지만 데스크에서는 제목이나 기획 의도가 마음에 들지 않는 것 같았다. 데스크와의 실랑이가 예상되었다. 하지만 얼마 안 가 제작을 할 수 없게 됐다. 새노조가 다시 파업을 시작했기 때문이다. 조합원인 나는 제작을 멈추고 파업에 참여했다.

특보 체제에서 비상식적 일들이 누적되면서, 총파업을 하지 않을 수 없는 상황이 된다. 당시 파업을 촉발한 요인은 보도본부 인사의 난맥상과 부당 징계였다.

김인규 사장은 중간평가 결과 3분의 2 이상 불신임을 받고 물러난 고대영 보도본부장 후임으로 이화섭 시사제작국장을 임명한다. 이 국장은 앞에서 기술한 것처럼 〈추적 60분〉과 여러 악연이 있었다. 그래서 고 본부장 이상으로 기자들의 거부감이 컸다. 이에 보도본부 새노조 조합원들이 분노한다. 불공정 보도의 책임을 물어 고대영 본부장을 물러나게 했는데, 그에 못지않은 사람을 본부장으로 앉히자 참을 수 없었던 것이다. 이어진 국장급 인사에서도 불공정 보도 논란을 일으키며 새노조 탄압에 앞장선 간부들을 임명한다.

상황을 더 악화시킨 것은 징계 사태였다. 2012년 1월 27일, 회사는 새노조 초대 집행부 12명에게 중징계 처분을 내렸다. 징계 사유는 2010년의 이사회 방해와 같은 해 7월의 단협쟁취 파업, 그리고 노보에 의한 회사 명예훼손 등이다. 돌이켜보면 2010년 파업은 합법 파업으로 법원의

이후 동학농민운동에 큰 영향을 준 역사적 사건이다.

판결을 받았고, 또한 노사가 단체협약 체결과 공방위 설치 등에 합의하며 종결된 사안이다. 그런데 사측은 1년 반도 더 지난 시점에, 이 사안을 또다시 꺼내 당시 집행부를 중징계한 것이다.

새노조 조합원들은 위원장과 부위원장 등 집행부에 대해 일종의 부채의식을 가지고 있었다. 역대 새노조 위원장과 부위원장은 경선이 아닌 추대를 통해 뽑혔다. 선출 공고를 내도 아무도 입후보하지 않았다. 당시 위원장과 부위원장을 맡는다는 것은 상당한 자기희생을 감내해야 했기 때문이다. 따라서 조합원들은 이들이 징계받는 것을 자신들이 받는 것으로 인식했다.

2월 14일, 새노조는 전국중앙위원회를 열고 파업의 목표를 '부당 징계, 막장 인사 철회 및 특보 사장 퇴진'으로 정한다. 이어 열린 대의원대회에서 '전체 조합원 대상 총파업 찬반투표' 실시여부에 대해 논의를 한 후 이를 표결에 부쳤다. 결과는 51 대 0, 만장일치 가결이었다. 이에 따라 2월 17일부터 23일까지 조합원들을 대상으로 파업 찬반투표를 실시한 결과, 재적 인원 1,064명 중 963명이 투표에 참여(투표율 90.5%), 857명이 찬성(찬성률 89.0%)함으로써 압도적으로 가결되었다.

이번 파업은 새노조 2대 집행부가 이끌었다. 초대 집행부가 2년 임기를 마치고 얼마 전 2대 집행부가 출범한 터였다. 김현석 기자와 홍기호 PD가 위원장과 부위원장 후보로 추대되었고, 조합원 투표 결과 97.2% 찬성으로 당선되었다. 김현석 위원장은 기자 선배인 김인규 사장을 너무도 잘 알고 있었다. 김 사장은 취임 직후 그를 본사에서 춘천으로 지방 발령을 낸 적이 있다. 일종의 유배를 보낸 것이다. 그런 그가 위원장에 취임하자, 곧바로 이전 초대 집행부에 대한 무더기 징계를 감행했다. 새 집행부를 막다른 골목으로 몰아넣은 것이다.

3월 6일, 새노조가 파업에 돌입했다.[2] 단협쟁취 파업 이후 1년 반 만이다. 파업 구호는 '리셋^{reset} KBS, 국민만이 주인이다!', KBS가 특보 체제로부터 환골탈태해서 공영방송 본래의 모습을 되찾게 하겠다는 다짐이 담겨 있었다. 이날 사측은 새노조가 총파업 출정식을 열 예정이었던 민주광장을 이른 아침부터 봉쇄했다. 그러자 조합원들이 바로 옆에 있는 하모니홀로 속속 모여들었다. 평소에는 시청자들이 대기하는 공간인데, 의자와 화분들을 옆으로 옮기고 보니 꽤 넓은 공간으로 바뀌었다. 모인 조합원이 600명에 달하자, 오태훈 조직국장의 사회로 즉석 집회가 열렸다. 김현석 위원장은 변함없이 꿋꿋했다.

"이 싸움, 특보 사장이 퇴진할 때까지 흐트러지지 않고 최선을 다하겠습니다! 집에 가면 매일 혼납니다. 철없다고. 나이가 50이 다 돼가는 사람이 아직도 이러냐고. 당분간, 내년까지만 계속 철이 없겠습니다. 특보 사장 쫓아내고 KBS를 정상화시킬 때까지 계속 철없겠습니다!"

2007년 기자협회장을 맡아 정권의 방송 장악에 온몸으로 투쟁하기 시작한 김현석 위원장은 이후 6년째 싸우고 있다. KBS노동조합의 변질을 참을 수 없어 함께 새노조를 만들었다. 이제 위원장이 되어 언제 끝날지 모르는 총파업에 다시 몸을 던져야 할 때가 온 것이다. 조합원들 틈에 끼어 앉아 있던 나는 잠시 마음 한구석이 짠해 옴을 느꼈다. 그는 어려운 시기를 함께 싸워 온 동지였다. 그는 여전히 꿋꿋했다. 오늘 다시 파업의 선봉에 선 그는 역시 믿음직스러웠다.

나로서는 또 한 명 마음이 쓰이는 후배가 있었다. 홍기호 부위원장이다. 그는 선후배 조합원들의 집요한 요청에 못 이겨 2대 집행부에서 부위원장을 맡게 되었다. 김현석 위원장 발언에 이어 그가 마이크를 넘겨받는다. 그리고 결연한 표정으로 단호하게 외쳤다.

---

2   새노조 파업보다 나흘 앞서 기자협회(협회장 황동진)가 부당징계 철회와 이화섭 보도본부장 퇴진을 목표로 제작 거부에 돌입했다.

"여러분, 저희 집행부도 알고, 여러분도 아시겠지만 얼마 안 남았습니다. 끝장냅시다!"

이어 개념광장(신관 2층 야외로비)으로 자리를 옮겨 총파업 출정식을 열었다. 파업 출정식이라면 비장한 모습이 연상되지만, 당시 조합원들의 표정은 사뭇 밝았다. 아마도 오랫동안 억눌려 온 분노를 발산하고 자괴감을 떨쳐내는 자리였기 때문일 것이다. 사회자가 선창하고 조합원들이 힘차게 외쳤다.

"리셋 KBS! / 국민만이 주인이다!"

"함께 가면! / 길이 된다!"

5개사 연대파업

이 시기에 특이하게도 5개 방송사, 신문사, 통신사가 동시에 총파업을 한다. 언론 역사상 초유의 일이다. 그만큼 이명박 정부의 방송 장악과 언론 대응에 심각한 문제가 있다는 방증이었다.

MBC 노조는 한 달 전부터 파업에 돌입해 있었다. 정권이 MBC에 낙하산으로 투입한 김재철 사장은 2년 동안 가혹한 제작 자율성 탄압과 불공정 보도를 자행했다. 이에 MBC 기자들의 분노가 임계점을 넘어 폭발한다. 2012년 초, MBC기자협회가 먼저 보도본부장과 보도국장의 사퇴를 요구하며 제작 거부에 들어가고, 이어 MBC 노조가 1월 30일부터 '김재철 사장 퇴진'을 목표로 내걸고 총파업에 돌입했다. MBC 노조는 2010년 '김재철 사장 퇴진'을 외치며 39일 동안 파업한 데 이어 2년이 안 돼 두 번째 파업에 돌입한 것이었다. 내 눈에는 특보 체제인 KBS의 상황이 말이 안 된다고 생각했지만, 사실 외부의 눈으로 보면 MBC의 상황은 그 이상의 막장 드라마였다.[3]

그리고 새노조 파업을 전후해 언론노조 소속의 YTN 노조와 연합뉴스

노조도 파업에 돌입했다. YTN 노조는 '배석규 사장 퇴진 및 연임 반대'를 목표로, 연합뉴스 노조는 불공정보도 문제로 '박정찬 사장 퇴진'을 요구하며 23년 만에 파업에 돌입했다. 당시 국민일보도 사내 문제가 불거져 파업 중이었다.

KBS새노조 집행부는 이번에도 다양한 이벤트를 통해 파업을 이어 갔다. 특히 이번에는 타사들과 연대집회를 많이 갖게 되었다. 3월 16일, 다섯 개 언론사 노조가 연대해서 서울 여의도공원에서 대규모 파업 문화제를 열었다.4 이날 차가운 봄비가 내리는 가운데서도 많은 시민들이 함께했다. 즉석에서 5,000만 원의 성금이 모금되기도 했다. 무노무임無勞無賃으로 파업하는 언론인들에게 힘내라는 의미였다. 모금함에는 파업을 격려하는 손편지도 여러 장 들어있었다. 한 대학 신입생은 "가난한 대학생이라 돈은 얼마 못 넣었지만, 사랑과 관심은 상자 넘치도록 담겠습니다. 우리의 품으로 돌아올 그날을 기다립니다"라고 쓴 편지와 함께 아르바이트로 번 돈을 모금함에 넣었다고 밝혔다. 한 60대 남성은 "약값을 아낀 돈"이라며 "힘내세요! 홧팅!"이라고 적었다.

---

3 2012년 2월 27일, MBC 노조는 김재철 사장이 2년 동안 법인카드로 7억 원을 사용했다고 공개했다. 매달 3,000만 원을 사장의 업무추진비로 썼다는 계산이다. 그리고 김 사장이 일본 출장 때 여성전용 마사지숍에서 여러 차례 법인카드를 사용하고 고급 핸드백 등을 쇼핑했다며 추가 의혹도 제기했다. 이런 사실이 폭로되자 김 사장은 제작 거부를 주도한 박성호 기자협회장을 비롯해 노조 집행부(정영하 위원장·강지웅 사무처장·이용마 홍보국장)를 줄줄이 해고했다. 심지어 최승호 PD·박성제 기자·이상호 기자 등 일반 조합원까지 해고했다. 이른바 '망나니 칼춤'이었다.
4 이승환·YB·DJ DOC·이은미·이적·김제동 등 유명 연예인들이 이명박 정권에 밉보이는 위험을 무릅쓰고 출연했다. 김어준·주진우·김용민 등 '나꼼수' 멤버들도 무대에 올라 지지 발언을 했다.

민간인 사찰 특종

이번 새노조 파업에서 가장 두드러진 것은 조합원들이 직접 콘텐츠를 만들어 '방송'을 한 일이었다. 물론 지상파 방송이 아니라 유튜브 같은 디지털 플랫폼을 통한 방송이었다. 파업에 참여한 기자, PD, 촬영기자, 카메라맨, 아나운서, 그리고 엔지니어 조합원들이 자체적으로 뉴스와 프로그램을 만들어 방송했다. 〈리셋 KBS 뉴스9〉(이하 〈리셋 뉴스〉)과 〈시사 투나잇 리턴즈〉였다. 〈리셋 뉴스〉는 〈KBS 뉴스9〉을 리셋, 즉 제자리로 돌려놓는다는 의미를 담았다. 2008년 이병순 사장 시절 강제로 폐지된 〈시사 투나잇〉도 파업 중인 PD 조합원들에 의해 〈시사 투나잇 리턴즈〉로 부활했다. 이는 권력에 굴종하지 않는 진실 보도에 조합원들이 목말라했고, 회사는 이들의 열정과 소신까지 장악할 수는 없다는 것을 보여주었다.

〈리셋 뉴스〉는 김경래 기자가 총괄하는 20여 명 규모의 취재제작팀을 구성했다. 2012년 3월 13일, 〈리셋 뉴스〉가 단독 보도로 포문을 열었다. '민간인 불법사찰' 보도였다. 청와대가 민간인 불법사찰의 실체가 드러나는 걸 막기 위해 총리실 산하 공직윤리지원관실 주무관(장진수)에게 돈을 건넸다는 내용이다. 며칠 전 증거인멸 지시를 증언했던 장 전 주무관이 이번엔 금품수수 사실까지 폭로하면서 2008년에 벌어졌던 민간인 불법사찰 이슈는 계속해서 어젠다 키핑(의제 지키기)이 가능해졌다.[5]

---

5   민간인 불법사찰은 2008년 총리실 산하 공직윤리지원관실이 공무원이 아닌 민간인을 불법적으로 사찰한 사건이다. 2010년 6월 29일, MBC 〈PD 수첩〉에서 '이 정부는 왜 나를 사찰했나?' 편을 방송하면서 실체가 드러나기 시작했다. 〈PD 수첩〉 방송 직후 검찰이 특별수사팀을 구성하고 조사에 착수했지만 검찰 수사가 윗선 개입 의혹을 전혀 수사하지 못함으로써 꼬리 자르기 수사라는 비판을 받았다. 이후 계속해서 추가 의혹이 나오고 논란이 이어지던 가운데 2012년 3월 5일, 장진수 전 주무관의 결정적 증언이 나왔다. 장 주무관은 "검찰이 압수수색하기 이틀 전인 2010년 7월 7일 오전, 최종석 당시 청와대 고용노사비서관실 행정관으로부터 '민간인 사찰을 맡았던 점검1팀과 진경락 과장의 컴퓨터 하드디스크를 없애라'는 증거인

〈리셋 뉴스〉의 민간인 불법사찰 단독 보도는 타 언론들이 인용을 하는 등 주목을 받았지만 KBS의 반응은 예상대로 부정적이었다. 보도본부 국장·부장·팀장 일동은 '〈리셋 뉴스〉가 KBS 뉴스의 브랜드 가치를 크게 훼손하고 있다'는 성명을 발표한다. 회사 자료실의 영상자료를 사용한 것을 문제 삼고, 이어 'MB 생가生家 성역화' 문제를 취재한 기자들에 대해서는 감사도 진행한다. 새노조 조합원들은 적반하장賊反荷杖이라며 '과연 KBS 뉴스의 브랜드 가치를 누가 훼손시켜 왔는지 스스로에게 물어보라!'고 반발했다.

어떻게 파업 중인 노동조합 조합원들이 이런 특종 보도를 할 수 있었을까? 물론 그들은 본래 취재력이 뛰어난 기자들이다. 하지만 그들은 보도 가치가 있는 아이템을 발제해도 데스크에서 통과되지 못하는 경험을 반복하다가 취재 업무에서 배제된 기자들이었다. 그동안 KBS 보도는 이런 민간인 불법사찰 이슈도 철저히 외면했다. 그래서 그들은 이번 파업에 더 적극적이었다. 이번 단독 보도 내용을 제보한 취재원은 파업에 참여한 KBS 기자들을 더 신뢰했던 것으로 보인다. 그러다 보니 〈KBS 뉴스 9〉이 아닌 〈리셋 뉴스〉에 제보하지 않았을까?

이어 3월 29일, 〈리셋 뉴스〉는 또 한 번 폭발력 있는 단독 보도를 한다. 이번에는 총리실 공직윤리지원관실에서 작성한 '민간인 불법사찰 문건'을 단독으로 입수해 보도했다. 2008년부터 2010년까지 3년간 공직윤리지원관실이 공무원과 민간인을 불법적으로 사찰한 2,619개의 문건이었다. 민간인 불법사찰은 당시까지 알려졌던 대상 외에도 정치인, 기업인, 언론인, 노조원 등을 가리지 않고 자행된 것으로 드러났다.[6] 당시 5개 언

멸 지시를 받았다"면서 "최 행정관이 '망치로 깨부숴도 좋고 한강물에 갖다 버리는 것도 좋다. 검찰에서 문제 삼지 않기로 민정수석실과 얘기가 돼 있다'고 했다"고 증언했다. 그리고 며칠 후 새노조의 〈리셋 뉴스〉가 장 주무관의 추가 증언을 단독 보도한 것이다.

6   다음 날, 청와대는 기자회견을 열고 '전국언론노조 KBS본부(새노조)가 폭로한 국무총리실

론사가 파업 중이어서, 특히 KBS·MBC·YTN 등 언론에 대한 사찰 문건들이 주목을 받았다. MB정부의 집요한 언론장악 실태가 명백하게 드러났기 때문이다.

먼저 2009년 8월 25일 작성된 '1팀 사건 진행상황' 리스트에는 'KBS, YTN, MBC 임원진 교체방향 보고'라는 항목이 나오고, 비고란에 'BH 하명'이라고 적혀 있다. BH^{Blue House, 청와대}의 지시를 받고 KBS, YTN, MBC의 임원을 어떻게 교체할 것인지에 관해 보고했다는 것이다.[7]

〈리셋 뉴스〉는 이 문건과 연결된 구체적 사찰 문건들도 폭로했다. 2009년 9월 3일에 작성된 'YTN 최근 동향 및 경영진 인사 관련 보고' 문건은 1페이지 분량으로 정권의 언론 사찰과 인사 개입 실태가 적나라하게 드러나 있다.

이 문건에는 구본홍 사장의 뒤를 이은 배석규 사장 직무대행에 대해 '강단과 지모를 겸비한 우수한 경영 능력 보유자임에도 전 정부 때 차별을 받은 자로서, 현 정부에 대한 충성심과 YTN의 개혁에 몸을 바칠 각오가 돋보임'이라고 적혀 있다. 그의 노조 탄압과 공정방송 파괴 행위를 개혁으로 표현했다. 이 문건은 '새 대표(배석규)가 회사를 조기에 안정시킬

의 사찰 문건 80% 이상이 지난 노무현 정부 시절 작성된 것'이라고 주장했다. 하지만 청와대의 주장은 사실과 달랐다. 노무현 정부 때 작성된 문건들은 모두 경찰의 자체 감찰보고로 경찰관들의 복무동향과 비위사실 등을 담은 자료였을 뿐이었다. 이명박 정부 시기에 총리실 산하 공직자윤리지원관실이 민간인을 대상으로 무차별 사찰을 벌인 것과 차원이 다른 것이다.

7   이 문건이 작성된 날짜는 2009년 8월 25일이다. 당시 이 3개 방송사의 상황은 어땠을까? YTN에서는 구본홍 사장이 사임(2009. 8. 3.)하고 배석규 전무가 사장 직무대행을 맡아 보도국장 직선제를 폐지하는 등 노조에 대해 초강경 대응을 하고 있었다. MBC는 새 방문진 이사회가 구성돼(8. 10.) 김우룡 이사장과 뉴라이트 출신 이사들이 엄기영 사장에게 사퇴 압박을 가하고 있었다. KBS에서는 11월 사장 선임을 앞두고 이병순 사장과 김인규 씨 등이 경합 중이었다. 이렇게 당시는 세 방송사의 사장과 임원들이 교체되는 시기로 청와대는 KBS와 함께 MBC, YTN도 확실히 장악해서 마무리하려고 한다. 이후 실제 그렇게 진행되었다.

총리실 YTN 사찰 문건
(2009. 9. 3.)

TN 최근 동향 및 경영진 인사 관련 보고

배석규 신임 대표이사의 개혁조치

○ YTN의 배석규 전무(1951, 경북 성주)는 신임 대표이사(사장 직대)로 취임한 지 1개월여 만에 노조의 경영 개입 차단, 좌편향 방송 시정 조치를 단행

※ 노조와 회사 양쪽을 기웃거린 간부들은 강력히 경고해 태도를 시정케 하는 한편, 친노조·좌편향 경영·간부진은 해임 또는 보직변경 등 인사 조치
  - 새 대표이사는 8. 4. 취임 후 즉시 보도국장 직선제 폐지 및 좌편향 보도국장 교체, 돌발영상 담당 PD(임장혁) 교체, 좌편향 앵커진 대폭 교체, 친노조 성향 간부진 교체 등 개혁조치를 계속함.

○ 신임 대표는 강단과 지모를 겸비한 우수한 경영능력 보유자임에도 전(前) 정부 때 차별을 받아온 자로서, 현 정부에 대한 충성심과 YTN의 개혁에 몸을 바칠 각오가 돋보임.

노조의 반발 제압

○ 노조는 새 대표이사 불신임 투표, 제작거부 결의 등 강력 반발했으나, 새 대표가 오히려 불신임투표 주동자 징계, 사규 위반자 문책, 해고자 출입금지 등 강경 대응하자

※ 노종면 등 불법파업주동자의 1심 판결(전원 벌금형)은 검찰에 항소 건의
  - 조합원들의 결집력이 약해져 종전과 같이 힘으로 대응하지 못하고 제작거부 결의를 철회하는 등 사실상 굴복

조치 건의

○ 새 대표가 회사를 조기 안정시킬 수 있도록 직무대행 체제를 종식시키고 사장으로 임명하여 힘을 실어 줄 필요

※ 사장 선임: 대주주(한전KDN, 우리은행, 마사회 - 지분 약 40%)의 사실상 승인을 얻어 이사회에서 사장으로 선임

수 있도록 직무대행 체제를 종식시키고 사장으로 임명하여 힘을 실어 줄 필요가 있다'고 '조치 건의'를 하며 끝을 맺고 있다.

MB 언론특보 출신 구본홍 씨는 노조의 강력한 반대에도 불구하고 YTN 사장에 취임한 뒤 노종면 YTN 노조위원장 등 6명을 해고했다. 하지만 부임 1년 만인 2009년 8월 3일 돌연 물러난다. 이어 배석규 전무가 뒤를 이었을 때 그 내막에 관심이 갔으나 드러나지 않았다. 그런데 이 사찰 문건에 그 내막이 담겨 있었던 것이다. 청와대가 구본홍 사장보다 '현 정부에 대한 충성심'과 노조 탄압과 공정방송 파괴 등 'YTN 개혁에 몸을 바칠 각오'가 더 돋보이는 인물을 선택한 것이다.

한편 'KBS 최근 동향 보고' 문건(2쪽)은 'KBS노동조합의 파업 동향', 'KBS 수요회'[8] 등에 대해 언급하고 있다. 이 문건이 작성된 2009년 12월 9일은 김인규 사장이 취임한 직후다. 이 문건 관련 내용은 앞에서 2009년 말 낙하산 사장(김인규)에 대한 KBS노동조합의 파업 찬반투표가 왜 부결됐는지 설명하면서 인용했다.

민간인 불법사찰 문건은 검찰 수사가 시작되기 전 공직윤리지원관실에 의해 조직적으로 파기되었다. 따라서 〈리셋 뉴스〉가 공개한 문건은 극히 일부분이었다. 그중에서도 언론사 사찰 문건은 MB 정권이 집요하게 언론을 감시하고 장악한 모습을 잘 드러낸다.

당시 〈리셋 뉴스〉가 민간인 불법사찰 이슈를 연속 보도하자, 새노조 사무실로 언론사 기자들의 전화가 쇄도한다. 민간인 사찰 문건을 공개한 당일 오전, 노조 회의실에서 긴급 기자회견이 열렸다. 보수 매체를 포함한 대부분의 언론사 기자와 사진 기자 및 촬영 기자들이 참석해 회견장은 발 디딜 틈이 없었다. 대부분의 언론사가 〈리셋 뉴스〉를 인용 보도했

---

8 KBS 수요회는 2008년 KBS 사장 선임 시기에 김인규 씨를 지지하던 사내 모임이다.

다. 상황이 이렇게 전개되자 KBS 보도국도 결국 부랴부랴 〈리셋 뉴스〉팀에게 자료를 받아서 네 꼭지로 보도한다.[9]

여의도 희망캠프

〈리셋 뉴스〉가 파문을 일으키는 한편, 파업이 한 달을 넘기며 장기화되자 사측에서 조합 집행부 및 파업 적극 참가자에 대한 징계 절차를 시작한다.

2011년 4월 3일, 사측은 〈리셋 뉴스〉팀과 파업 집회용 동영상 제작팀 등 51명을 인사위원회에 회부했다. 이들 중에는 입사 5년 차 진정회 PD도 포함돼 있었다. 진 PD는 평소의 방송 제작 역량을 노조 집행부가 파업을 이끌어 가는 데 보탠 것은 맞다. 파업 집회는 고도의 연출력이 필요하고 집회 중에 트는 동영상을 만드는 일도 상당한 제작 역량이 필요하다. 진 PD는 뛰어난 연출 역량을 가진 PD였다. 하지만 파업 주동자라고 할 수는 없었다. 사실 입사 10년 차 이상은 물론 20년 차 이상 선배 PD들도 대부분 파업에 참여했다. 그런데 입사 5년 차 후배가 선배들을 선동하고 파업을 주도하고 있다니, 억지였다.

이에 PD 직종 팀장들 25명[10]이 '징계 절차 중단과 김인규 사장 사퇴'를 촉구하는 성명을 실명으로 발표한다. 보직 간부들이 집단으로 항명하는 사태에 이른 것이다.

---

9   〈리셋 뉴스〉는 총 9회 방송되었다. 전반에는 엄경철 조합원(기자, 새노조 초대위원장), 후반에는 정세진 조합원(아나운서, 전 〈뉴스9〉 앵커)이 MC를 맡아서 진행했다. 〈리셋 뉴스〉는 한국기자협회에서 주는 '이달의 기자상', 한국방송기자연합회와 한국방송학회가 수여하는 '이달의 방송기자상'을 수상했다. KBS 보도국이 아니라 파업 중인 새노조 조합원들에게 상을 주는 특이한 일이었는데, 그만큼 보도의 가치가 높았기 때문이다.

10   강희중·김성근·김정균·김정중·김형준·박현민·박복용·송철훈·심광흠·안창헌·이건준·이건협·이금보·이명신·이석진·이상헌·이태경·장성주·장영주·전홍렬·최석순·최성일·최인성·한창록·황의경.

처음엔 그저 안타까웠습니다. 월급이 나오지 않을 줄 알면서, 징계가 뻔히 보이는 위험을 무릅쓰면서도 밖으로 달려나가는 후배들이 안타까웠습니다. 하지만 이런 우리들의 안타까움과는 달리 후배들의 모습은 너무도 의연하고 당당했습니다. 그러나 우리들의 모습은 그러지 못했습니다. 특히 괴로웠던 것은 매일 후배들의 등급을 매기고 동태를 파악해, 그들의 월급을 깎고 징계에 회부할 근거를 우리 손으로 만들고 있다는 점이었습니다.

사측은 크게 당황한 것 같았다. 보직 간부들이 들고 일어날 정도로 사태를 악화시키는 것은 위험하다고 생각했는지 이후 징계 절차는 더 이상 진행되지 않았다. 하지만 2012년 4·11 총선(19대)에서 새누리당이 단독 과반을 달성하며 승리하자 사측은 다시 힘을 얻은 것 같았다. 총선 다음 날 김인규 사장은 전 직원에게 이메일을 보내 수신료 현실화를 위해 자신이 얼마나 노력했는지 열거하면서 이제 불법 파업을 멈추라고 촉구한다. 총선 후 새누리당 신임 원내대표로 선출된 이한구 의원도 언론과의 인터뷰에서 이번 파업을 '정치 파업'이고 '불법 파업'이라고 규정하며 노사 간의 문제일 뿐이라고 주장한다.

일부 방송사 노사분규가 있는데 이걸 국회에서 청문회를 하자, 국정조사를 하자는 요구가 민주당으로부터 있는데 그건 저는 안 된다. 언론사든 뭐든 간에 노사분규는 자체 해결해야지 외부에서 자꾸 입김 집어넣으면 오히려 결과에 책임질 수 없는 일이 벌어진다고 하는 입장입니다. … 언론사는 공정방송을 해야 하는 데잖아요. 공정방송을 해야 되는데 정치권이 끼어들기 시작하면 공정방송이 되겠습니까?[11]

---

11 MBC 〈손석희의 시선집중〉, 2012. 6. 27.

이런 걸 보고 '유체이탈화법'이라고 한다. 새누리당은 청와대, 방통위와 함께 불법적이고 폭력적인 방식으로 언론을 장악한 주역이다. 공정방송을 할 수 있게 해 달라는 언론인들을 탄압해 사상 초유의 5개 언론사 동시 파업을 초래한 당사자다. 그래 놓고는 언론사 파업이 노사문제라 관여할 수 없다는 것은 논리적 모순이었다.

그동안 5개 언론사 노조는 전국언론노조와 함께 정치권에 '언론장악 청문회', '해직언론인 복직', 그리고 '공영방송지배구조 개선'을 요구해 왔다. 이 세 가지가 파업의 목표였다. 정두언 의원과 유승민 의원만이 파업에 공감한다는 취지의 발언을 했을 뿐, 새누리당의 다른 의원들은 5개 언론사의 파업에 대해 침묵으로 일관했다. 하지만 총선에서 승리하자 입을 연 것이다.

총선 결과는 여당과 사측에 힘을 실어줬지만, 파업 중인 노조에는 큰 시련이었다. 3월 6일에 시작된 새노조의 파업이 4·11 총선을 지나 어느덧 5월로 접어들었지만 해결 기미가 보이지 않았다.

하지만 새노조를 비롯한 5개사 노조 집행부는 다양한 투쟁을 끈질기게 이어갔다. 5월 7일, KBS 및 MBC 조합원들이 여의도 공원에 텐트 수십 동을 설치하고, '여의도 희망캠프'(이하 희망캠프)라고 이름을 붙였다. 시련 속에서도 희망을 잃지 말자는 의미였다. 5개사 노조 집행부는 연합집회를 열고 '국민에게 드리는 글'을 낭독했다.

여의도 희망캠프는 언론자유와 공영방송이 독립을 찾아 거리로 내몰린 공영방송 언론인들의 보루입니다. 여의도 희망캠프는 언론자유를 향한 우리들의 열망입니다. 여의도 희망캠프는 공영방송 언론인들의 꺾이지 않는 양심입니다.

334개 시민단체들이 결성한 '공정언론공동행동'의 활동가들도 텐트를 치고 희망캠프에 동참했다. 곧 국민일보 노조와 YTN 노조도 합류했다. 연합뉴스 노조는 연합뉴스 사옥 앞에서 천막농성에 돌입한다. 이로 써 5개사 노조가 모두 노숙露宿 농성에 돌입했다.

2012년 5월, 여의도 공원은 방송·언론인들과 시민들이 만나는 광장이 되었다. 천주교정의구현사제단은 이곳을 찾아 시국미사를 집전했다. 저 녁에는 촛불집회가 열렸다. 다만 공원에서 촛불을 켤 수 없어 스마트폰 의 '촛불 앱'으로 대신했다. 'KBS·MBC 방송대학'도 열어 PD·기자·아나 운서가[12] 학생 및 시민들과 만나 현재의 방송 상황에 대해 전하며 이야기 를 나누었다. '우리만화연대' 소속의 만화가들이 캐리커처를 그려주고 수익금을 파업 중인 노조에 기부하는 행사를 열었다. '여의도 캠프빠이 야'라고 이름 붙인 대형 문화제도 열었다.[13] 희망캠프는 시민과 방송·언 론인들 사이의 벽, 그리고 같은 방송사 내에서도 존재하는 직종의 벽 등 각종 벽을 넘어 교류하고 서로 이해하는 장이 되었다. 이러한 경험은 매 우 소중한 기억으로 남게 된다.

이렇게 쓰다 보면 당시 장기간의 파업이 순조롭게 이루어진 것 같지만 그렇지 않았다. 하루하루 길어지면서 조합원들의 스트레스는 커져만 갔 다. 사측은 파업 참여 조합원들을 대상으로 A·B·C·D 등으로 등급을 매 겨 분류했다. 임금 지급을 차별화하기 위해서다. A등급 조합원들은 임금 을 전혀 받지 못했다. 파업이 장기화되면서 조합원들의 몸도 상해 갔다. 나도 그중 한 명이었다.

---

12 KBS에서 〈1박 2일〉 나영석 PD, 〈개그 콘서트〉 서수민 PD, 최경영 기자, MBC에서 〈무한도 전〉 김태호 PD, 허일후·김초롱 아나운서 등.

13 5월 17일, 신해철·노라조·허클베리핀·일렉트로보이즈와 함께 KBS 라디오 조합원들로 구 성된 '파업 최장기화와 몰골들'이 출연했다. 신해철 씨는 그 며칠 전 열린 파업문화제('여의 도의 눈물')에 왔다가 앞 순서가 길어지는 바람에 출연하지 못했다가, 이번에도 다시 찾아준 것이다. 그가 2년 후 뜻밖에 세상을 떠났을 때 당시 파업에 참여했던 조합원들은 안타까움을 금할 수 없었다.

4월 말 여의도 공원 천막농성 중에 병원에 입원하는 일이 일어났다. 며칠 노숙하던 중 아랫배가 뻐근한 증세가 계속돼 병원에 갔다가 맹장염 진단을 받았다. 자칫 복막염으로 발전할 수도 있는 상황에서 긴급 수술을 하고 1주일간 병원 신세를 져야만 했다.

파업을 접지만

외부 상황이 받쳐주지 않는 상황에서는 아무리 명분이 옳더라도 파업을 무기한 계속하기는 어렵다. 노조 집행부는 해결책을 찾아야 했다. 물론 사측도 장기 파업으로 인해 엄청난 부담을 안고 있기는 마찬가지다. 그런 가운데 노사 간에 협상이 시작된다. 새노조는 무너진 공영방송을 복원하기 위한 장치를 마련하는 데에 초점을 맞췄다. 몇 차례 우여곡절 끝에 만들어진 임시 합의안에 새노조는 파업을 멈추고, 사측은 공정방송을 위한 제도적 장치들을 수용하는 등의 내용이 담긴 것으로 알려졌다.

파업 80일째(5. 24.), 새노조는 쟁의대책위원회를 열어 이 합의안에 대해 논의한다. 각 구역의 중앙위원들과 지역의 지부장들이 조합 집행부와 머리를 맞대고 앉았다. '아쉽더라도 이제는 파업을 종료해야 한다'는 의견과 '이대로 끝낼 수는 없다'는 의견이 갈렸다. 치열한 논의 끝에 조합 집행부가 '파업 종료에 관한 건'을 대의원대회에 부치는 안건을 제안한다. 이 안건에 대해 격론을 벌인 후 표결했다. 결과는 부결이었다. 이는 파업 투쟁의 선두에서 싸워 온 중앙위원과 지부장들의 집단 의지였다. 물론 이들의 집단 의지는 소속 조합원들의 의견을 수렴한 것이다.

다음 날 집회에서 집행부와 조합원들은 힘들더라도 다시 신발 끈을 조여 매기로 결의한다. 조합원들은 서로를 격려하며 다시 일어섰다. 그리고 5일이 흘렀다. 파업 85일 차(5. 29.), 세 사람이 자신들의 몸을 던진다. 언론노조 이강택 위원장, 새노조 김현석 위원장, 그리고 홍기호 부위원장이 민주광장에서 삭발과 함께 무기한 단식 투쟁에 돌입한 것이다. 이들은 다시 한번 '언론장악 청문회와 국정조사 실시', '해직 언론인 복직', '공영언론 지배구조의 민주적 개편', 그리고 '낙하산 사장 퇴진'을 요구했다.

이처럼 극단적 상황이 전개되자 사측은 더 적극적으로 노사 협상에 임하는 모습을 보인다. 노사 간 협상이 빠르게 진전돼 합의안이 윤곽을 드러냈다. 합의 내용에는 우선 '사장과 새노조 위원장을 노사 양측의 대표로 하는 대선공정방송위원회 설치', '보도국 내 탐사보도팀 부활', '시사 프로그램 신설', '라디오 활성화 위원회 설치' 등이 담겨 있었다. 그리고 파업 기간 중 발생한 고소고발 건에 대해 상호 취하하는 내용도 포함되었다.

단식 10일째(6. 7.), 새노조 대의원대회가 조합 회의실에서 열렸다. 여전히 '사장 퇴진이라는 목표를 이루지 못한 채로 파업을 끝내서는 안 된다', '나머지 4개사가 여전히 파업을 계속하는데 KBS만 끝낼 수는 없다' 등의 의견도 나왔지만, 장시간 토론 끝에 '이제는 파업을 끝내야 한다'는 쪽으로 전반적으로 의견이 기울어진다. 대의원들 다수가 '공정방송을 보장할 수 있는 장치를 마련한 것은 의미 있는 성과인 만큼 이제는 내부에서 공정방송을 위한 투쟁을 계속해야 한다'는 의견을 지지한 것이다. 그리고 단식이 너무 길어지고 있었다. 표결 결과 참석자 67명 가운데 찬성 53명, 반대 11명, 무효 3표였다. 대의원 79%의 찬성으로 노사의 2차 임시 합의안을 수용하기로 한다.

다음 날 오후, 조합원들이 개념광장에 모였다. 95일 전 파업출정식을 열었던 바로 그 광장이다. 조합원들은 모두 "함께 가면 길이 된다"는 글이 새겨진 티셔츠를 입고 있었다. 고 신영복 선생이 새노조 출범 때 써주신 글귀였다. 출정식 때 진눈깨비가 날리던 날씨는 이제 후끈한 여름 날씨로 변했다. 단식으로 수척해진 김현석 위원장이 마이크를 잡았다.

'함께 가면 길이 된다'는 문구가 새겨진 셔츠를 입고 '95일 파업' 종료 집회에 참석하고 있는 조합원들(2012).

"저희는 자랑스럽게 싸워왔다고 생각합니다. 이번 집회를 마지막으로 파업은 접지만 보다 열심히 KBS를 리셋할 수 있도록 다 같이 웃으면서 이 자리를 즐겼으면 좋겠습니다."

MBC 정영하 노조위원장이 집회에 참석했다. KBS의 경우 사측이 막판에 전향적으로 나와서 파업을 멈추게 됐지만 MBC의 경영진은 막무가내였다. MBC 사측은 노사합의를 통한 파업 종결을 거부했다. 정 위원장은 95일간 함께 싸운 새노조 조합원들에게 감사와 격려의 말을 전했다.

"김현석 위원장이 세세히 말씀하시지 않아도 'KBS가 앞으로 어떻게 변하겠구나, 프로그램이 어떻게 바뀌겠구나' 하는 것을 저는 알고 있습니다. 저희 구성원들의 마음을 전달해 드리려고 왔습니다. 동지들이 있어 든든하고, 또 앞으로 그래서 잘될 겁니다. 동지들 사랑합니다! 감사합니다!"

파업 집회마다 목이 쉬어가며 사회를 보았던 오태훈 조직국장이 눈물을 글썽이며 말했다.

"사죄드립니다. 이제 복귀해서 다른 방식으로 투쟁하겠습니다. 새노조 조합원들이 국민 여러분께 사죄드립니다."

조합원들도 고개를 숙이고 파업 투쟁의 목표를 끝까지 완수하지 못했음을 사죄했다. 이어 파업 중단 결의문을 낭독했다.

KBS, MBC, YTN, 연합뉴스, 국민일보 동지들이 함께한 언론항쟁은 아직 끝난 것이 아닙니다. 언론의 공정성을 파괴한 낙하산 사장들은 반드시 심판받아야 하고, 이 정권 들어 해고된 언론인 15명은 일터로 돌아와야 합니다. … 우리는 2010년 7월 파업에 이어 2012년 역사적 언론총파업을 거치며 스스로 그만큼 더 크고 성숙해져 있음을 느낍니다.

이어서 조합원들이 결성한 노래패 '방송사랑 2.0'이 〈우리는 지금보다 더 강하게〉를 부르고, 전 조합원이 2012년 언론파업의 주제곡이 된 〈흰 수염고래〉를 합창했다. 서로 얼싸안고 인사를 나누는 조합원들로 개념광장은 다시 눈물바다가 되었다.

특보 체제의 균열

파업이 끝났지만 더 중요한 싸움을 시작해야 했다. 애초 파업의 가장 중요한 목적인 공정방송을 제작 현장에서 구현하는 일이다. 그동안 주류 매체에서 침묵하던 언론장악, 민간인 불법사찰, 노동 탄압 같은 이슈를 보도하고 프로그램화해야 했다. 조금씩 변화가 나타났다.

〈시사기획 창〉이 발 빠르게 움직였다. 2012년 7월 3일, 먼저 6·10 항쟁 25주년 기획으로 '2012 노동자의 삶'을 방송한다. 50분 다큐멘터리에는 100일을 훌쩍 넘긴 MBC 파업 사태도 담았다. 이어 7월 10일, '범죄의 재구성, 민간인 불법사찰' 편에서는 새노조의 〈리셋 KBS 뉴스9〉에서 보도한 MB정권의 민간인 사찰을 심층적으로 다루었다. 보도본부 내의 탐사보도팀도 부활되어 '고위공직자 재취업 보고서: 공생의 세계'와 '해외부동산 추적보고서' 편을 〈시사기획 창〉을 통해 방송했다. 〈추적 60분〉도 여전히 끝나지 않은 MBC 파업을 다뤘다. MBC 사측에서 KBS 측에 집요하게 문제 제기를 하고 취재를 방해했지만, 제작을 완성해 방송을 내보냈다. 7월 25일, '170일 만의 복귀: MBC 파업은 무엇을 남겼나' 편이다.

〈다큐멘터리 3일〉에서는 쌍용차 해고 노동자들과 그 가족들의 이야기를 다룬 '다시 와락! 벼랑 끝에서 희망 찾기' 편을 방송했다. 방송 직전까지 '철탑 농성이나 자살에 관련된 내용을 빼라'는 등 심의실의 압력을 심하게 받았다. 새노조는 '사상 초유의 검열 만행, 황우섭은 물러나라'는 성명을 내고 황 심의실장을 규탄했다. 황 실장은 방송 전날인 토요일 아침, 심의위원들을 불러내 이례적으로 '다중 심의'[14]를 열게 했다. 하지만 문제없다는 결론이 나와 방송이 나갈 수 있었다. 이 다큐멘터리는 다음 해 1월 20일에 전파를 탔다.

대통령 선거 관련 공정방송위원회(이하 대선 공방위)도 대통령 선거일인 12월 19일 직전까지 3차례 열렸다. 통상 대선 공방위는 부사장과 노조 부위원장이 대표를 맡는데, 이번에는 위원장과 사장이 대표를 맡았다. '95일 파업'을 종료하면서 노사 간에 체결한 합의안에 따른 것이다.

하지만 파업 복귀 직후 사측은 보복 카드를 만지작거린다. 파업에 참여한 아나운서와 기자 조합원들을 대상으로 파업 전에 진행하던 프로그램 또는 뉴스에서 하차시키거나 해당 프로그램을 없애려 했다. 〈세상은

---

14 통상 한 프로그램을 1명의 심의위원이 심의하는데, 사안이 복잡하거나 예민한 경우 여러 명의 심의위원이 심의에 참여하기도 한다.

넓다〉를 진행하던 이상호 아나운서와 〈KBS 뉴스12〉 앵커였던 김철민 기자 등이 하차 통보를 받았다. 김현태·최승돈·이재후 아나운서는 그해 런던올림픽 출장에서 배제됐다는 통보를 받았다. 이광용 아나운서가 진행하던 인터넷 방송 〈이광용의 옐로카드〉는 폐지 통보를 받았다.

약속했던 TV본부의 시사 프로그램 부활과 라디오 활성화위원회 설치도 난항을 겪었고, 콘텐츠본부의 몇몇 간부들에 대한 보복 인사 움직임도 나타난다. 파업 기간 중 부장급 보직자들은 경영진으로부터 파업 중단을 요구하는 성명서에 연명하라는 지시를 받았다. 그런데 콘텐츠본부의 간부 3명이 동참하지 않았던 것이다. 송재헌 콘텐츠기획부장과 다큐멘터리국의 황용호·우종택 EP(주간)였다.

이런 일들은 파업 종료의 전제조건으로 체결한 노사합의를 어기는 일이었다. 노사합의서 제3항에 "공사와 조합은 상호신뢰하고 소통할 수 있는 공영방송 조직문화를 만들기 위해 노력한다"고 되어 있었기 때문이다. 이를 근거로 새노조가 강력하게 반발하는 가운데 6월 13일, 교양·다큐구역 조합원들이 실국총회를 열고 당일 저녁부터 다큐멘터리국 사무실에서 무기한 농성에 들어간다.

다시 사태가 커지자 사측이 한발 물러선다. 콘텐츠본부 부장급 3인에 대한 보직해임 조치를 취소한다. 그리고 이상호 아나운서는 프로그램에 복귀하고 〈이광용의 옐로카드〉 폐지는 없던 일이 되는 등 일단락된다.

이런 가운데 의외의 일이 벌어진다. 노사가 합의를 통해서 파업을 끝내고 그 합의에 따라 제작 자율성이 지켜지고 공정방송이 이루어지는 모습이 보이자, 이번에는 일부 사측 간부들이 불만을 드러낸 것이다. 사장직속의 정책기획실 내 한 부장이 보직사퇴 소동을 벌였다.[15] 콘텐츠본부의 부장급 보직자들에 대한 보직해임 조치가 취소된 것에 항의하는 차원

---

15 KBS본부노조, 2018, 《장악과 부역, 저항의 10년: 1부 이명박과 KBS》, 765쪽.

특보 체제와 새노조 339

으로 알려졌다. 실제 보직사퇴는 하지 않았지만 의아한 일이었다.

그리고 '제3의 노조'라 할 수 있는 공영노조도 튀는 행보를 보였다. 조합원 50여 명 안팎의 공영노조는 그동안 사측과 밀착된 행보를 보였던 터라 의외로 받아들여졌다. 노사 합의로 새노조가 파업을 끝내기 하루 전(6. 7.), 공영노조는 사내 게시판에 김인규 사장을 원색적으로 비난하는 성명서를 게시한다.

그간의 정황 증거로 보아 김인규 사장이 주도한 것으로 밖에 볼 수 없는 소위 '도청 사건' 때문에 제2노조(필자 주: 새노조)로부터 모종의 협박을 받았을 수도 있다. 아니면 방송계 인사 중 최고라는 그의 62억 재산에 뭔가 켕기는 게 있어서 일 수도 있다. 어느 경우건 간에 제2노조와의 이번 야합으로 김인규 사장은 사규를 집행할 수도, 자신이 내뱉은 말을 지킬 수도 없는 사람이라는 것이 만천하에 공개됐다. 한마디로 KBS 사장으로서 자격 상실이다. 전국 가가호호로부터 수신료를 거두어 이런 사람에게 고액의 월급과 판공비로 꼬박꼬박 쥐여 준다는 것은 죄악이다.

공영노조 신경섭 위원장은 이병순 사장 취임 후 대전총국 편성제작국장에 임명됐다가 재임 중 몇 가지 물의를 일으킨 적이 있다. 이후 본사로 돌아와 공영노조 위원장을 맡고 있었다.

자신에 대한 인신공격성 성명서에 김인규 사장이 크게 화가 났던 것으로 전해졌다. 사측은 KBS 별관에 있던 공영노조 사무실을 폐쇄하고 위원장을 인사위원회에 회부했다. 공영노조는 성명서를 통해 탄압을 중단하라고 목소리를 높였다. 물론 이에 호응하는 사원들은 거의 없었다.

아무튼 매우 이례적인 일이 아닐 수 없었다. 임기 말 누수 현상일 수도 있었다. 김인규 사장이 임기 종료 6개월을 남겨둔 시점이었다. 취임 당시의 호언장담과 달리 김인규 사장의 수신료 현실화 드라이브는 실패했고 새노조의 정당하고 결속력 강한 파업에 대응하는 데도 한계를 드러낼 수밖에 없었다. 풀기 어려운 특보 체제의 딜레마였다. 그런 가운데 김인규 사장을 지지했던 세력 중 일부가 사장에게 반기를 들고 분풀이하는 모습을 여기저기서 보인 것이다. 새노조의 정당하고 강한 압박에 견고해 보였던 특보 체제에 내부 균열이 나타난 것이다.

공정방송은 중요한 근로조건

2012년 새노조의 '95일 파업'은 당시까지 KBS 역사상 최장기 파업이었다. 사장 퇴진이라는 목표를 달성하지 못하고 중단할 수밖에 없었지만, 파업에서 흘린 땀과 눈물이 완전히 헛된 일은 아니었다. 공정방송과 제작 자율성 수호 차원에서 틈새를 확보한 것은 분명했다.

사측은 2012년의 새노조 파업을 정치 파업이자 불법 파업이라고 주장했다. 임금이나 단체협상 같은 근로조건이 아닌 '부당 징계, 막장 인사 철회'와 '공정방송 쟁취' 같은 정치적 목적을 내건 파업이므로 불법이라는 논리다. 일단 파업이 종료되자 회사는 인사위원회를 열어 새노조와 기자협회 집행부에 대해 중징계 조치를 했다. 김현석 위원장 해임, 홍기호 부위원장 정직 6개월, 황동진 기자협회장 정직 4개월 등이다. 이와 함께 검찰은 노조위원장과 부위원장, 장홍태 사무처장, 이승호 조직1국장, 오태훈 조직2국장 등 5명을 업무방해 혐의로 기소한다.

하지만 2년 후 '95일 파업'은 법적으로 불법 파업이 아니라는 판결이 나온다. 2014년 6월, 검찰이 기소한 업무방해 혐의에 대해 법원이 무죄를 선고했다.[16] 1심 재판부는 "(파업이) 예측할 수 없는 시기에 전격적으

---

16 1심은 국민참여 재판이었는데, 배심원들은 이 부분 공소사실에 관하여 6 대 1의 다수의견으로 무죄 평결하였다.

로 이뤄져 사용자의 사업 운영에 심대한 혼란을 초래했다고 보기 어렵다"고 판결했다. 또한 파업이 회사에 막대한 손해를 끼쳤다는 사측의 주장도 기각한다.[17] 재판부는 "이 사건 파업 기간 KBS에서 '무노동 무임금' 원칙을 적용한 결과 77억 원 내외의 인건비가 절감된 사실이 인정되는 이상 이 파업으로 KBS에 금전적 피해가 있었다고도 보기 어렵다"고 판시했다. 이에 검찰이 항소했지만, 항소심 역시 같은 결과가 나온다. 검찰이 다시 상고한다.

하지만 2017년 4월 28일, 대법원이 1심과 2심을 유지하는 판결을 했다. 대법원은 "이 파업이 쟁의행위로서의 정당성 여부가 있는지와 상관없이 업무방해죄 성립 조건인 위력행사 조건이 충족되지 않으므로 1심에서 무죄를 선고한 것에 어떠한 잘못이 있다고 판단하기 어렵다"고 판시한 것이다. 이로써 2012년 파업은 불법이라는 사측과 검찰의 주장은 허물어졌다.

이와 함께 MBC 노조의 2012년 파업도 불법이 아니라는 판결이 나온다. MBC 노조는 그해 '170일 파업'을 했다. 파업 종료 후 MBC 사측은 정영하 위원장 등 조합 집행부와 조합원 44명에 대해 해고 또는 정직 이상의 징계 처분을 내렸다. 이들이 회사를 상대로 '해고 및 징계무효 소송'을 제기하자, 사측은 업무방해 혐의로 형사소송을 걸고 노조 집행부 16명에게 195억 원 규모의 손해배상 소송을 제기한다.

하지만 2014년 1월, 법원은 MBC 노조 측에서 제기한 '해고 및 징계무효 소송' 1심에서 해고와 징계 모두 무효라고 판결한다. 특히 재판부가 '공정방송은 언론종사자의 근로조건'이라고 명시하는 획기적 판결을 내놨다. '공정방송은 언론종사자의 근로조건이기 때문에, 사측에서 이 근로

---

17 〈전국언론노조 성명서〉, 2014. 6. 19. ; "법원, KBS 새노조 2012년 파업 '전원 무죄' 파업 '전격성', 사측 금전적 피해 불인정", 〈프레시안〉, 2014. 6. 19.

조건을 침해하고 악화시키는 상황을 초래함으로써 파업이 일어났다면, 그 쟁의행위는 정당하다'는 논리였다.

재판부는 파업의 정당성에 대해 "방송의 공정성 보장 요구가 언론노동자에게 중요한 근로조건으로 쟁의행위의 정당한 목적에 해당하는 것"이라고 밝혔다. 또한 재판부는 "자유로운 환경 아래 방송 제작이 가능한지는 방송사업 종사자들의 근로조건을 결정짓는 중요 요소"라며 "2012년 파업 당시 제반 사정들에 비추어보면 문화방송이 방송법 등 관계 법령과 단체협약에 의해 인정된 공정방송 의무를 위반하고 구성원들의 방송의 자유를 침해했을 뿐만 아니라 근로자의 구체적 근로환경과 근로조건을 약화시켰다"고 판시했다.

이는 공정방송을 근로조건의 하나이자 의무적 교섭 사항으로 본 판결로서, 공정방송을 목적으로 한 쟁의행위가 업무방해죄에 해당하지 않는다는 것이다. 방송 민주화 역사에서 기념비적인 판결이다.

공정방송의 의무는 방송법 등 관계 법규에 의하여 피해 회사의 노사 양측에 요구되는 의무임과 동시에 근로관계의 기초를 형성하는 원칙이라 할 것이어서, 방송의 공정성을 실현하기 위한 제도적 장치의 마련과 그 준수 또한 교섭 여부가 근로관계의 자율성에 맡겨진 사항이 아니라 사용자가 노동조합법 제30조에 따라 단체교섭의 의무를 지는 사항(이른바 의무적 교섭사항)이라고 할 것이다. … 방송의 공정성은 방송의 결과가 아니라 그 방송의 제작과 편성 과정에서 구성원의 자유로운 의견 제시와 참여하에 민주적으로 의사결정이 이루어졌는지 여부에 따라 판단될 수밖에 없다. 따라서 기존의 취업규칙이나 단체협약에서 방송의 위와 같은 절차적 공정성을 보장하기 위한 규정들을 두고 있는 경우, 사용자가 이러한 절차를 무시하고 인사권이나 경영권을 남용하여 방송의 제작, 편집 및 송출 과정을 통제하려 한다면, 이는 단체협약을 위반하여 근로조건을 저해하는 행위일 뿐 아니라 방송법 등 관련 규정에서 정한 공

정방송의 의무를 위반한 위법행위에 해당하는 것이다.[18]

MBC 사측이 상고와 항고를 거듭했지만, 결과는 변하지 않았다. 2022년 12월 16일, 대법원은 2012년 MBC 파업이 정당하다고 최종 판결했다.[19] 이로써 2012년 KBS와 MBC의 파업은 법적 정당성을 완전히 인정받았다. 대법원 담당 재판부도 "방송 공정성은 방송의 결과가 아닌 제작·편성 과정에서의 민주적 의사결정 여부에 따라 판단해야 한다"라고 다시 한번 판시했다. 이는 대통령 특보 출신의 낙하산 사장이 보도를 통제하고 제작의 자율성을 억압하는 가운데 이루어진 취재 및 제작 프로세스는 '구성원의 자유로운 의견 제시와 참여하에 민주적으로 의사 결정'하는 과정이라고 볼 수 없고, 그런 구조 속에서는 공정방송도 불가능하다고 본 것이다.

공감하라 행동하라!

2012년의 95일 파업이 끝난 후 나는 연초에 기획했던 아이템을 다시 꺼냈다. 경남 진주에 답사를 가고 열흘 정도 촬영했다. 2012년 8월 30일, 〈HD 역사스페셜〉 '진주농민항쟁 150년 기획, 모두가 난亂을 생각한 지 오래다' 편을 방송했다. 150년 전의 자료가 생생하게 살아나는 듯했다. 난이 일어났던 현장은 많이 변했지만 '모든 역사는 현대사다'[20]라고 한

---

18 서울남부지방법원 2014고합9 판결(2014. 5. 27. 선고) 참조. 서울고등법원에서도 같은 판단이 이루어졌다(서울고등법원 2014노1664 판결).

19 대법원 2015도8190 판결(2022. 12. 16. 선고)

20 에드워드 카(E. H. Carr)는 이에 대해 '그것은 역사란 본질적으로 현재의 눈을 통해서 그리고 현재의 문제들에 비추어 과거를 바라보는 것'이라고 해석했다. 에드워드 카, 2015, 《역사란 무엇인가》, 까치글방, 34쪽.

진주농민항쟁 현장 취재 중인 제작진(2012). 가운데 필자. 우측 방향으로 정희천 촬영감독. 김희용 조명감독.

이탈리아 역사가 크로체B. Croce의 경구를 실감하는 계기였다.

그리고 팀을 떠나게 됐다. 〈역사스페셜〉을 더 제작하고 싶었지만, 부서 사정상 팀을 떠나 〈세계는 지금〉팀으로 옮겨가게 되었다. 이제는 입사 23년 차, 어느 팀에 가든 후배들이 대부분이었다. 팀장(홍현진)과 후배들이 반갑게 환영해 주었다. 처음 두세 달은 내근하며 이것저것 챙기는 일을 하다가 2013년 신년 기획에 참여했다. 세계적 명사들을 인터뷰하는 기획이었다.

나는 '마지막 레지스탕스'라 불리던 프랑스 사상가 스테판 에셀Stéphane Hessel을 인터뷰하고 싶었다. 그는 2010년 전후로 유럽과 아랍의 젊은이들에게 큰 영향을 미치고 있었다. 당시 중동과 미국, 유럽을 휩쓴 시위[21]에 참여한 젊은이들이 손에 들고 있던 책이 그가 쓴《분노하라》는 제목의 작은 책자였다. 세계 20개국에서 번역 출간되었는데, 출간 7개월 만에 2백만 부가 팔려나갔다.

---

21 당시 지구촌 곳곳에서 저항과 시위의 물결이 거셌다. 2010년 12월, 중동과 아프리카에서 일어난 '아랍의 봄' 시위, 그리고 2011년 9월 미국과 유럽에서 '월가를 점령하라!'(Occupy Wall Street!)는 구호와 함께 시작된 '반(反)월가 시위'가 있었다.

그의 저서를 번역 출간한 출판사의 도움으로 인터뷰할 수 있게 되었다. 2012년 12월 19일(18대 대선일)에 인터뷰 일정이 잡히는 바람에 부재자 투표를 하고 출장을 갔다. 프랑스 파리에 사는 스테판 에셀은 멀리 동양에서 온 제작진을 반갑게 그리고 정중하게 맞아 주었다. 90대 중반의 고령임에도 불구하고 언변이 논리정연하고 목소리에 힘이 있었다.[22] 하지만 워낙 고령이어서 30분이 채 안 돼서 인터뷰를 마쳐야 했다. 짧은 만남이었지만 깊은 인상을 받았다.

2013년 1월 12일, 신년 기획 〈세계는 지금〉 '석학 대담 스테판 에셀: 공감하라 행동하라 세상을 바꿔라!'라는 제목으로 방송이 나갔다. 당시 안팎으로 분노할 만한 일들이 많은 가운데, 한 세기를 올곧게 살아온 지성인을 직접 만나서 대화하고 그의 메시지를 방송하면서, 내 개인적으로도 마음속에 억눌려 있던 무언가를 해소한 것 같은 기분이었다. 다만 이런 내용이 KBS에서 방송으로 나갈 수 있었던 것은 '95일 파업' 이후 약간은 달라진 제작 환경 때문이었다.

---

22 그는 프랑스의 레지스탕스 출신으로 1948년 UN세계인권선언문 작성에 주도적으로 참여했다. 이후 유엔인권위원회 프랑스 대표 등을 역임하고 퇴임 후에도 인권 및 환경 운동가로 활동했다. 당시 90세가 넘은 고령에도 불구하고 사회적 발언을 계속하고 있었다.

세월호 참사, KBS를 뒤엎다

방송 장악으로 악명 높던 이명박 정부가 5년 만에 물러가고, KBS에서도 특보 사장의 특보 체제가 3년 만에 막을 내리지만, 그 관성과 여파는 박근혜 정부로 이어졌다. 하지만 역사는 필연이고 '사필귀정事必歸正'이다. 시대착오적이고 반민주적 관행은 종말을 고할 수밖에 없었다.

2014년 4월 세월호 참사는 박근혜 정부와 KBS의 민낯을 여지없이 드러낸다.

2012년 대선 보도

2012년 말, 차기 사장 선임절차가 진행된다. 김인규 사장 임기 만료를 석 달여 앞둔 9월 26일, 새노조(전국언론노조 KBS본부)와 KBS노조(기업별 노조)는 기자회견을 열고 '민주적 사장 선임과 방송법 개정 공동투쟁'을 선포한다. 오랜만에 양대 노조가 손을 잡은 것이다.

양 노조는 공동으로 '부적격·낙하산 KBS 사장 방지를 위한 제도적 장치'를 마련해 달라고 정치권에 요구한다. 그리고 이사회를 향해서는 특별다수제[1]와 사장추천위원회를 적용하라고 촉구했다. 사장 공모가 시작되는 날, 이들은 "김인규, 홍성규, 길환영, 고대영, 강동순, 권혁부는 KBS

---

1   사장 임명제청에 대한 이사회 의결정족수를 현재의 과반에서 3분의 2로 높이는 방안.

사장 꿈도 꾸지 마라!"는 제목의 성명을 발표한다.

공모 마감 결과, 양 노조가 지목한 6인 중 둘은 지원하지 않은 것으로 나타났다. 김인규 사장이 연임을 포기했고 홍성규 방통위 부위원장은 공모하지 않았다. 남은 부적격 인사 4명 중 길환영 부사장과 고대영 전 보도본부장이 유력했다. 양 노조는 두 사람을 '공영방송 KBS를 유린한 이병순, 김인규 시대에 적극적으로 부역附逆했던 간부들'로 규정했다.

하지만 양 노조의 부적격·낙하산 사장을 막아내기 위한 공동투쟁은 얼마 안 가 또다시 무산된다. KBS노조에서 부적격 인물에 대한 기준을 다시 정하겠다면서 이탈한 것이다. 결국 이번에도 새노조 단독으로 투쟁에 나서야 했다.

새노조 김현석 위원장은 다시 삭발과 단식을 선택한다. 2012년 95일 파업 때 6월의 땡볕이 내리쬐는 여의도 광장에서 열흘 동안 단식 농성을 벌였던 그이다. 주위에서 만류했지만, 이번에도 의지가 확고했다. 사장 선임 1주일 전(11. 2.), 민주광장에서 '부적격·낙하산 사장 저지를 위한 삭발·단식투쟁 선포식'을 연다. 200여 명의 조합원들이 광장을 메웠다. 지난 파업 이후 가장 큰 규모의 집회였다. 홍기호 부위원장도 삭발과 단식을 함께하기로 한다. 삭발식이 시작되고 둘의 머리카락이 툭툭 떨어지자, 몇몇 조합원들은 흐느끼며 눈물을 흘렸다. 마이크를 잡은 김 위원장의 목소리는 비장했다.

"지겹게 이 자리까지 오면서 지겹게 밟혔습니다. 이번 싸움 절대 지지 않을 것입니다."

삭발한 홍 부위원장도 결연했다.

"1년 5개월 전 〈추적 60분〉이 보도본부로 강제로 쫓겨갈 때 PD협회 집행부 12명이 했던 삭발을 다시 하게 됐습니다. 당시나 지금이나 똑같은 상황입니다."

하지만 KBS 이사회(이사장 이길영)가 아랑곳할 리 없었다. 11월 9일, 이사회가 길환영 부사장을 사장 후보로 임명제청하고 이명박 대통령은 이를 재가한다. 물론 당시 길환영 사장에 대한 임명권은 이명박 대통령이 행사했으나, 실제 권력은 차기 대통령인 박근혜 후보에게 넘어가 있었다. 새노조 위원장과 부위원장이 1주일간 단식으로 맞섰지만, 이번에도 목표를 이루지 못했다. 김현석 위원장이 이에 책임을 지고 사퇴하겠다고 했지만, 새노조 비대위는 사퇴를 철회해 달라고 요구한다. 김 위원장은 결국 사퇴를 철회하고 다시 투쟁에 나서야 했다.

KBS에서 사장이 교체되던 시기, 밖에서는 대통령 선거가 한창 진행되고 있었다. 2012년 대선 판은 기울어진 운동장이라고 표현됐다. 2011년 12월 1일에 출범한 종편들은 대선을 앞두고 극우성향의 패널들을 종일 출연시켜 편파적 보도를 일삼으며 유권자들을 선동했다. 정권에 장악된 KBS·MBC·YTN 등은 겉으로는 종편만큼은 아니지만 불공정, 편파보도라는 프레임을 벗어날 수 없었다. 이들은 MB정부 등장 이래 정부·여당에 불리한 사안엔 침묵하거나, 언급하더라도 온갖 방식을 동원해 물타기를 한다고 비판받았다. KBS의 전반적 보도 양태는 불공정·편파 방송이었다.

대선 기간 KBS는 조용하기만 했다. 새노조가 2012년 1월부터 대선 당일까지 대선 관련 특집이 얼마나 방송됐는지 주간편성표를 근거로 조사한 결과, 뉴스와 기자회견, 선관위 주최 토론, 그리고 '정강 정책 방송'을 제외하면 단 180분에 불과했다.[2] 정규 프로그램에서 일부 다루기는 했지만 매우 적은 분량이었다.

왜 그랬을까? 많은 의혹이 제기되고 있던 박근혜 후보가 당시 박빙의

---

2   KBS본부노조, 2018,《장악과 부역, 저항의 10년: 1부 이명박과 KBS》, 822쪽.

우세를 달리고 있었기 때문으로 분석됐다. 이런 상황에서 '대선 방송을 적극적으로 할수록 박 후보에게 불리하다'고 판단했을 것이라는 합리적 의심이 제기됐다. 대선 토론이 무산된 일이나 잠시 후에 얘기할 '대선후보 검증특집' 보류 사태를 보면 그런 의심이 든다. 당시 새노조가 KBS 뉴스를 모니터한 것을 요약하면 다음과 같다.

> KBS 뉴스에서는 대선 아이템 대신 북한 관련 보도가 자주 등장했다. 여당인 새누리당이 "2007년 남북정상회담에서 노무현 대통령이 NLL을 포기하겠다"고 발언했다며 대선 정국에서 또다시 북풍을 일으키자, KBS가 이에 적극 부응하는 보도를 내보냈다. 반면 대선 8일 전에 발생한 국정원의 대선개입 사건에는 소극적이었다. 시종일관 여야의 공방으로 다루거나 아예 보도를 누락했다. 어쩔 수 없이 보도해야 할 때는 아이템을 한참 뒤쪽으로 배치해 물타기 했다. 그리고 KBS 뉴스는 문재인·안철수 후보는 '싸움박질'만 하는데 박근혜 후보는 '민생행보'를 한다는 프레임으로 보도할 때가 많았다. 양 후보의 유세 장면을 편집한 장면에서도 화면 구성에 차이가 있었다. 박근혜 후보와는 달리 문재인 후보의 유세 장면에는 부감 샷이 없었다. 부감 샷이 없으면 유세 규모가 어느 정도인지 알 수 없다. 한 번이면 우연이랄 수 있겠지만 수차례 반복되었다. 이런 일은 시대착오적이다. 1987년 대선 때도 여당인 노태우 후보의 유세는 부감으로 보여 준 반면 야당인 김대중, 김영삼 후보의 유세는 풀 샷을 넣지 않아 유세 규모가 작은 것처럼 화면을 조작하는 일이 빈번했다.[3]

이러한 편파보도에 대해 새노조가 강하게 문제를 제기하자 일부는 시정됐지만 전체적 프레임은 변화가 없었다. 그나마 '대선후보 검증단'이 어느 정도 역할을 했다. 그해 6월 '95일 파업'을 종결하면서 노사가 합의

3   KBS본부노조, 위의 책, 813~835쪽.

한 공정방송 장치 중 하나가 대선후보 검증단이다. 김진석 당시 해설위원실장을 단장으로 검증단이 꾸려졌고, '대선후보 보도준칙'도 만들었다. 검증단은 3편의 특집 프로그램을 기획하고 제작에 돌입한다. 1편은 '대선후보를 말한다', 2편은 '대통령을 만드는 사람들', 3편은 '대선후보 토론'이었다.

하지만 사측은 갖가지 트집을 잡아 제작을 방해했다. 12월 4일, 우여곡절 끝에 〈시사기획 창〉을 통해 1편 '대선후보를 말한다'가 방송되었다. 심의실에서 '전체적으로 형평을 맞추려 한 노력이 엿보였고, 보다 객관적 보도를 하려는 노력도 기울인 것으로 보인다'는 심의평이 나왔다. 하지만 방송 다음 날 열린 이사회에서 여권 이사들은 프로그램이 편향적이라며 집중적으로 성토한다. 이들은 박근혜 후보 관련 내용이 앞부분에 나온 것을 문제 삼았다. 방송이 밤 10시에 시작됐기 때문에 뒤로 갈수록 보는 시청자가 적어졌고 따라서 앞부분에서 검증받은 박근혜 후보가 불리했다는 것이다. 또한 "음악이 이상하다", "왜 재연 영상을 썼나?", "왜 노무현 대통령 장례식 장면은 있는데 육영수 여사 장례식 장면은 없나?" 등의 어이없는 발언들이 나왔다.[4]

이와 같은 여권 추천 이사들의 행태에 결국 김진석 단장이 사의를 표명했다. 이에 사원들의 분노가 폭발한다. 검증단 소속 기자 6명은 성명을 발표해 이사회와 길환영 사장을 규탄하는 한편, 김 단장의 보직사퇴를 반려하라고 촉구한다. 12개 협회[5]도 공동으로 성명을 발표하고 규탄했다. 상황이 걷잡을 수 없이 커질 것으로 보이자, 사측에서 한발 물러섰다. 노사가 합의한 대선후보 검증단이어서 사장으로서도 부담스러웠을 것이

---

4   사실 이사들의 이런 언행은 월권을 넘어 불법 행위다. 방송법 제 105조(벌칙)에는 '방송편성에 관하여 규제나 간섭을 한 자'는 '2년 이하의 징역 또는 3천만 원 이하의 벌금형'에 처한다고 규정하고 있다.

5   경영·그래픽·기술·기자·설비·아나운서·전국기자·촬영감독·카메라기자·PD협회 등

다. 곧 김 단장이 복귀했다. 그리고 12월 11일, 제2편 '대통령을 만드는 사람들'과 다음 날, 제3편 'D-7 특집 좌담 18대 대선을 전망한다'가 방송되었다. 그나마 김인규 사장 시기에 새노조가 두 차례 파업을 통해 약간의 틈새를 만들어 냈기 때문에 가능한 일이었다.

18대 대선에서 박근혜 후보가 근소한 차이로 당선됨으로써 새누리당이 정권을 재창출한다. 민주주의를 후퇴시키고 언론과 공영방송을 장악한 것으로 악명 높은 MB 정권이 막을 내린 것은 다행이었지만, 새누리당의 집권이 연장됨으로써 큰 변화는 없을 것으로 전망되었다. 박근혜 당선자의 언론과 방송에 대한 철학은 원론적 수준의 립서비스lip-service를 제외하면 이전 MB정부와 차이가 없었기 때문이다.

우려 7, 기대 3

대선 보름 전(11. 23.), 길환영 사장이 취임한다. 2008년 이후 정권의 방송 장악과 이에 맞선 사원과 조합원들의 계속된 저항으로 KBS는 깊이 멍이 들었다. 새노조 측에서 봤을 때 길 사장도 역시 공영방송 사장으로 인정할 수 없었다. 과거 5년 KBS 파행의 핵심 주역 중 1인이었기 때문이다. 다만 두 전임 사장들의 경우와는 차이가 있었다. 낙하산 사장을 투입하기 위해 임기가 남은 사장을 폭압적으로 해임하거나, 대통령 후보시절 특보를 앉히는 모양새는 아니었다.

길환영 사장은 취임사에서 "공사 역사상 최초로 합법적이고 민주적 절차에 의해 내부 승진으로 사장에 취임하게 된 것"이라고 말했다. 길 사장의 경우 일단 11명의 이사가 모두 참석한 이사회 회의에서 표결로 임명제청을 받은 것은 맞다. 전임 두 사장의 경우 야권 이사들이 불참한 가운데 여권 이사들만 표결에 참여했다.

임기 초반에 그는 대체로 신중한 모습이었고 프로그램에 대한 간섭이나 제작 자율성 억압은 과거에 비해 두드러지지 않아 보였다. 제작 PD들과 소통하려는 모습도 보여줬다. 전임 사장 시기에 PD들의 반발을 무릅쓰고 보도본부로 이관시켰던 〈추적 60분〉이 콘텐츠본부로 원상 복귀되었다. 3년 만이다. 당시 PD들의 반발이 일리가 있다고 생각했는지, 사장 취임 후 PD협회(협회장 홍진표)가 원상 복귀를 추진하자 막지 않았다. 하지만 언제까지 이런 상황이 계속될 수 있을까?

그사이 나는 〈세계는 지금〉을 계속 제작했다. 당시 아르헨티나의 수도 부에노스아이레스에서 열린 '콘도르 작전'[6] 관련 재판을 취재했다. 취재를 위해 멀리 아르헨티나와 칠레까지 간 이유는 과거 군사독재정권의 반인류적 범죄를 그 나라 국민이 어떻게 단죄하고 또 희생자를 어떻게 기억하고 추모하는지 직접 보고 싶었기 때문이다. 2013년 5월, "콘도르 작전 베일 벗는다"는 제목으로 제1부 '남미 '추악한 전쟁'의 이면', 제2부 '피노체트와 키신저 재판'을 방송했다.

이어서 실비오 베를루스코니 전 총리 등 이탈리아 관련 아이템들을 취재하기 위해 이탈리아에 다녀왔다. 베를루스코니 전 총리와 이탈리아의 언론 및 방송 상황은 2008년 이후 한국에서도 주목을 받았다.[7] 이탈리아의 공영방송과 언론을 망가뜨리고 승승장구하던 베를루스코니는 2013년

---

6   콘도르 작전(Operation Condor)은 1970년대 중반 남미의 군사독재정권들이 공동으로 자행한 첩보 및 암살 활동을 벌일 때 사용한 작전명이다. 아르헨티나는 브라질, 칠레 등 중남미 5개국의 우익 독재정권과 함께 좌파 척결을 공동 목표로 삼아 콘도르 작전을 벌였다. 미국은 CIA를 통해 물적, 기술적 지원을 제공했다. 콘도르는 남미를 상징하는 새 이름이다.

7   〈KBS 스페셜〉에서 '언론과 민주주의: 베를루스코니의 이탈리아'(연출 황웅구, 2008. 8. 17.)를 방송했다. 이탈리아에서 가장 큰 상업방송을 소유한 베를루스코니는 2001년 총리가 되자 공영방송 라이(RAI)까지 통제한다. 이탈리아의 공영방송이 상업화 변질 논란과 신뢰도 하락으로 위기를 겪고 있는 모습은 우리에게 시사하는 바가 많았다.

6월 '미성년자 성매매 혐의 및 권력남용'으로 법원에서 7년 형을 선고받은 데 이어 탈세 혐의로 대법원으로부터 4년 형을 선고받는다. 2013년 9월, 〈세계는 지금〉 '베를루스코니, 최후의 심판대에 서다' 편이 방송됐다.

이렇게 프로그램 제작에 다시 탄력을 붙여가던 나는 2013년 9월 말 갑작스레 부산총국 편성제작국장으로 발령받게 되었다. 의외의 일이었다. 2008년 이후 이명박 정권의 방송 장악에 맞서 싸우는 데 앞장선 내가 지역에 국장(본사에서는 부장급)으로 가게 된 것이다. TV제작본부장(장성환)이 추천하고 사장이 임명했다. 임기 초반 길환영 사장과 장성환 본부장이 새노조와 소통하려는 움직임을 보인 것이다. 과거 사원행동이나 새노조 집행부 출신도 일부가 보직을 맡을 수 있어야 회사가 안정될 것으로 생각한 것 같았다.

부산총국 발령 이전에도 비슷한 제안을 받은 적이 있다. 한번은 본부장이 내게 TV제작본부에서 부장을 맡아주면 좋겠다고 제안했다. 일을 상당히 진척시켜 놓았다며 적극적이었다. 나는 "배려해 주셔서 감사합니다만 가능한 일이 아닙니다"라고 분명히 의사 표시를 했다. 당시의 나로서는 받아들일 수 없는 제안이었다. 갑자기 세상이 바뀐 것도 아니고 앞으로 어떻게 될지 알 수도 없었다. 따라서 당시 내가 보직을 맡는다는 것은 생각하기 어려운 일이었다.

나는 계속해서 〈세계는 지금〉을 제작했다. 그러다가 2013년 9월 30일, 본부장이 부산총국 편성제작국장 직을 제안했다. 앞서 얘기한 이탈리아 출장을 다녀온 직후였다. 본부장의 호출을 받고 면담했다. 2번이나 바로 거절하기 어려워 "좀 생각해 보겠습니다"라고 답하고 나와서 회사 앞 공원을 걸으며 생각을 정리했다. 그사이에 당시 부산 편성제작국장으로 가 있던 입사 동기와 통화했다. 그는 지방은 서울과 다르니 이번 기회에 새로운 경험을 한번 해 보면 좋겠다고 조언했다. 하지만 그런 경험도 역시 그동안의 나와 어울릴 것 같지 않았다. 그러다가 한 시간이 채 지나지 않아 더 이상 고민할 수 없는 상황이 돼 버렸다. 인사 발령이 난 것이다. 그렇게 부산으로 가게 되었다.

그때 내가 다시 즉각 거부하지 않고 생각해 보겠다고 한 것은 사장에 대한 내 생각이 복잡했기 때문이었던 것 같다. 나는 개인적으로 길 사장에 대해 '우려 7, 기대 3' 정도로 일말의 기대가 있었다. 길환영 사장은 내가 입사 3년 차 막내 PD로 〈기동취재 현장〉팀에서 일할 때 함께했던 선배 PD다. 당시 그는 팀의 구석구석을 챙기는 내무반장 역할을 했다. 내가 부친상을 당했을 때는 멀리 시골까지 조문을 와줘서 고마운 마음도 있었다. 이후에도 내가 제작한 프로그램을 시청하면 간단한 시청 소감과 함께 잘 봤다는 문자를 보내곤 했다. 그러다 보니 2008년 이후 KBS 내의 극심한 혼란과 갈등 와중에도 종종 문자를 주고받았다. 물론 어디까지나 노사 간에 극단적 충돌을 피하기 위한 원론적 수준의 대화가 종종 오갔다.

임명된 바로 다음 날 부산으로 내려갔다. 부산 편성제작국 직원들, 특히 PD들 대부분은 역량이 우수하고 공영방송인으로서의 소명 의식이 뚜렷하다는 얘기를 듣고 있었다. 그들과 함께 본사와는 다른 분위기 속에서 2년을 보람 있게 보냈다.

기억에 남는 프로그램도 여럿 있다. 현재 부산의 원형이 만들어진 지난 70년을 조명한 8·15 특별기획 〈광복 70년, 격동 부산 현대사 4부작〉(연출 오인교), 부산국제영화제 주관방송사로서의 역량을 잘 발휘한 다큐멘터리 〈아시아 영화의 힘 10부작〉(프로듀서 최영송), 주간 시사프로그램 〈부산 NOW〉(MC 최현호 아나운서·강민채 PD), 그리고 〈뮤직토크쇼 가요 1번지〉(책임 프로듀서 이종윤, 연출 허용석·최형준·김미해) 등을 방송했다.[8]

---

8 그 외에도 부산총국에서 다양한 경험을 할 수 있었다. 특히 시청자 위원들(이윤희, 양재생, 구종상, 황성환 등)은 뉴스와 프로그램에 대해 지적할 것들은 날카롭게 지적하면서도 굳건한 신뢰와 지지를 보냈다. 사장 취임 이후에 내가 구상한 '지역방송 활성화'는 이분들에게서 많은 영향을 받았다.

우려가 현실로, 〈진품명품〉 파행

하지만 부산에서 일하는 동안 모든 게 순조로울 수는 없었다. 본사 관련 일들은 여전히 나를 괴롭혔다. 특히 〈TV쇼 진품명품〉(이하 〈진품명품〉) 프로그램의 진행자 교체와 관련한 사건 때문이다.

처음 시작부터 황당했다. 2013년 10월 16일, 회의 중인 제작진 앞에 불쑥 나타난 김동우 아나운서가 "이번에 〈진품명품〉 MC를 맡게 된 김동우입니다"라고 했다는 것이다. 제작진으로서는 날벼락 같은 일이었다. 그동안 시사 프로그램을 둘러싸고 사측과 제작진이 갈등을 빚은 적은 많았지만, 교양 프로그램에서 MC 선정 문제로 이런 적은 없었다. 통상 프로그램의 진행자를 선정하거나 바꾸는 일에는 여러 명이 관여한다. 연출 PD들과 CP(팀장이나 부장), 그리고 국장 사이에서 상호 조율이 이루어진다. 제작 자율성이 보장되면 이 프로세스가 원활하게 이루어진다. 하지만 이번 교체 과정은 느닷없고 일방적이었다. 연출 PD들과 사전 논의가 전혀 없었던 것이다.

당연히 제작진이 강하게 반발한다. 예정된 녹화가 파행을 빚고 결국 방송이 펑크 나는 사태로 번지게 되었다. 그러자 사측에서 〈진품명품〉 PD들을 모두 교체해 버렸다. 이에 PD들은 PD협회 주관으로 긴급 PD총회를 열어 대응한다. PD들은 〈진품명품〉 제작진에 대한 원상 복귀, 비상대책위원회 구성, 김동우 아나운서로 녹화강행 시 제작 거부에 돌입할 것 등을 결의했다.

하지만 사측은 완강했다. 새노조(제3대 위원장 권오훈)가 규탄 성명서를 연이어 발표하고 노사 간 공정방송위원회도 열어 따졌지만, 사측은 요지부동이었다. 정권의 실세가 이번 MC 선정에 개입했다는 소문도 돌았다. 이 사건이 여러 매체에 보도되자 회사는 "〈진품명품〉 MC 교체는 'MC 조정회의'를 거쳐 결정된 일이며, MC 조정회의는 공식적인 내부 절차와 결재라인을 통해 가동되는 회의체다. 따라서 이번 결정에 아무 문제가 없다"는 입장을 밝혔다. 당시 TV제작본부 내에 MC 조정회의라는 게 있었다. 사장의 지시로 설치됐다고 알려졌다. 물론 이런 회의체를 둘 수는 있다. 하지만 당시 PD들은 이 회의체가 윗선의 오더를 이행하거나 외부의 청탁을 수용하기 위한 도구로 활용될 가능성이 크다고 봤다. 그런 가운데 이번 사건이 일어난 것이다.

이제 나는 조합원이 아니고 보직간부 입장이었다. 하지만 도저히 납득할 수 없었다. 이럴 때 어떻게 해야 할까? 내가 한번 나서보기로 했다. 주말을 이용해 서울에 올라왔다가 사장 면담을 신청했다. 11월 13일 일요일, 사장실에서 비서실장이 배석한 가운데 사장과 만났다. 길 사장은 좀 피곤해 보였는데 ABU(아시아태평양방송연맹) 총회에 참석하고 막 귀국했다고 했다. 길 사장은 〈진품명품〉 사태를 '조직 기강 세우기' 차원에서 정면 돌파할 것이라고 말했다. 나는 PD들이 길 사장에 대해 여전히 기대하는 바가 있는 만큼 대승적으로 풀어 달라고 요청했다. 얘기를 나누다 보니 사측과 PD들 간에 일부 오해가 있는 지점이 있었다. 사장은 제작진이 모두 바뀐 것을 모른다고 했다. 나는 잘 하면 양측을 중재해서 꼬인 걸 풀 수도 있겠다는 기대를 하고 사장실을 나왔다. PD협회장(홍진표)에게 사장 면담 경위와 내용을 전달하고 잘 풀어보라고 당부했다.

하지만 일은 여전히 풀리지 않았다. 진짜 외부로부터 거절할 수 없는 청탁을 받고 사장이 막무가내로 무리수를 두는 것인지, 아니면 '사장이 하는 일에 PD들이 괘씸하게 토를 단다'고 생각하는 오만함의 발로였는지, 아니면 두 개가 합쳐진 것인지….

2014년 새해가 되자 사측은 한발 더 나아가 〈진품명품〉 담당 CP와 교양제작국장까지 모두 교체했다. 이어서 TV제작본부장까지 해임했다. MC 한 명을 낙하산으로 꽂으려다 저항에 부딪히자, 연출 PD 전부, 담당 CP와 국장, 그리고 제작을 총괄하는 본부장까지 모두 날려버린 것이다.

이 일로 인해 사장에 대해 개인적으로 갖고 있던 일말의 기대감이 완전히 무너져 내렸다. 그렇다고 이 문제로 당장 보직을 사퇴하는 것도 적절한 대안이 되기는 어려웠다. 부산총국의 편성제작국 구성원들에게는 너무 뜬금없는 일이 될 수 있었다. 당시에는 이미 국장으로서 여러 가지 일을 추진 중이었고 최소한 그곳에서는 직원들과의 갈등이 거의 없었기 때문이다.

그러다가 마침 기회가 왔다. 당시 수신료 현실화를 추진하던 회사가 보직 간부들이 참여하는 토론회를 연다고 연락을 받았다. 내부에서 추진 동력을 만들어 내기 위한 차원이라면서 부산 편성제작국장도 참석하라는 지시를 받았다.

2014년 1월 9일 오전 9시, 사장과 임원들, 그리고 본사와 지역의 보직 간부 300여 명이 참석한 토론회가 라디오 공개홀에서 열렸다. 윤석민 서울대 언론정보학과 교수와 수신료 담당 부서장의 발제가 끝나고 자유 토론 시간이 이어졌다. 참석 간부들은 "수신료 현실화를 강력히 추진해야 한다", "지금이 적기다" 등의 찬성 발언을 연이어 갔다. 그동안 나도 길 사장이 수신료 현실화를 추진하겠다고 했을 때 잘 되길 바랐다. 하지만 〈진품명품〉 사태를 계기로 기대를 접은 상태였다. 한참 동안 듣고 있다가 발언 신청을 하고 연단에 올랐다. 장내에 일순 긴장감이 도는 듯 조용했다. 당시 보직자였지만 여전히 요주의 인물로 돼 있는 내가 발언하려하자 참석자들의 시선이 내게로 쏠리는 걸 느꼈다.

"수신료 현실화는 당연히 필요하다고 생각합니다. 하지만 KBS가 수신료 현실화를 힘 있게 추진하려면 우선 내부 구성원들의 동의를 전제로 해야 하는데, 지금의 KBS는 그렇지 못합니다. 두 가지 이유 때문에 많은 사원들이 회사의 움직임에 동의하지 않고 있다고 봅니다. 첫째, 〈진품명품〉 MC 한 명을 교체하기 위해 나머지 모두를 교체하는 상식적이지 않은 일이 있었기 때문입니다."

제작진 교체부터 본부장 해임까지 이미 기정사실화된 일이지만 나는 공개 석상에서 분명히 짚고 넘어가야겠다고 생각했다. 장내가 물을 끼얹은 듯 조용했다. 사장 쪽을 쳐다보니 내 시선을 외면하는 것 같았다.

"둘째, 회사가 사내 언로言路를 차단하고 있기 때문입니다."

연초부터 사내 전자게시판(이하 코비스) 운영 방식을 바꾼 것에 대한 지적이었다. 코비스 내에 '제안·토론방'이라는 공간이 있었다. 얼마 전까지 직원들이 자신의 의견을 올리면 다른 직원들이 댓글로 자신의 의견을 피력하거나, 찬성이나 반대를 클릭해서 의사 표시를 할 수 있었다. 제안·토론방은 사내 여론을 파악할 수 있게 해 주었다. 그런데 이 기능을 없애 버린 것이다. 나는 수신료 현실화의 두 번째 전제조건은 제안·토론방을 원상태로 회복시켜 사내 언로를 틔워주는 것이라고 말했다. 이렇게 5분 정도 작심 발언을 하고 연단을 내려왔다. 이날 토론회는 사내 케이블TV를 통해 본사와 전체 지역(총)국에 생방송되었다.

세월호 참사와 KBS

그렇지만 이후에 아무 일도 일어나지 않았다. 김동우 아나운서는 〈진품명품〉을 계속 진행했다. 하지만 〈진품명품〉에서 쫓겨난 PD들은 울분을 삭여야 했다. 나는 조만간 보직에서 해임될 걸로 예상하면서 일단은 편성제작국장 업무를 계속할 수밖에 없었다. 그러다가 석 달 후 세월호 참사가 일어난다. 세월호 참사는 KBS도 통째로 뒤집어 놓는다. KBS의 치부를 적나라하게 드러냈고 결국 사장이 쫓겨나는 일로 번져 나간다. 마침내 올 것이 온 것이다.

참사 보름이 지났을 무렵, 보도국장(김시곤)은 검을 옷을 입고 뉴스 진행을 하는 앵커들에게 '검은 옷을 입지 말 것'을 지시하는가 하면, 보도국 기자들과 점심을 함께하는 자리에서 "세월호 사고는 300명이 한꺼번에

죽어서 많아 보이지만, 연간 교통사고로 죽는 사람 수를 생각하면 그리 많은 건 아니다"라고 말했다. KBS 보도 책임자가 한 말이라고 믿기 어려운, 세월호 참사에 대한 황당한 인식이 담겨 있는 발언이었다. 유가족은 물론 시민들도 분노했다.

부끄러움은 KBS 구성원들의 몫이었다. 새노조는 성명서를 통해 "김시곤 보도국장은 유가족에게 사과하고 국장직에서 물러나라"고 규탄했다. 젊은 기자 40명이 '반성문'이라는 제목의 글을 사내 게시판에 올렸다. 당시 비판의 날은 무뎌지고 정권 옹위에만 목을 매는 KBS 보도에 대해 조목조목 지적하는 글이다.

왜 우리 뉴스는 대통령에게 책임을 묻지 않는 건가요? 이 나라는 대통령은 없고 물병 맞고 쫓겨나는 총리, 부패하고 무능한 해경, 구원파만 있는 건가요? 대통령은 찬사와 박수만 받아야 하고 아무 책임도 없는 건가요? 정권을 감시하고 비판해야 하는 언론은 어디로 간 겁니까? 왜 현장을 있는 그대로 보도하지 않는 건가요? 대통령의 첫 진도 방문 리포트는 진도 체육관에서 가족들의 목소리를 모두 없앴습니다. 거친 목소리의 채널 투(필자 주: 녹화 테이프에서 현장음이 들어 있는 곳)는 사라지고 오로지 대통령의 목소리, 박수 받는 모습들만 나갔습니다. 대통령의 안산 분향소 조문은 연출된 드라마였습니다. 조문객을 실종자의 할머니인 것처럼 편집해서 시청자들이 객관적 사실을 왜곡되게 받아들이게 했습니다. 그런데도 위에서는 '아이템들이 너무 실종자의 입장으로 치우쳤다'며 전화하더군요. 기사에 달리는 KBS를 향한 악플과 SNS 글들은 보이지 않는지 묻고 싶습니다.[9]

---

9 "세월호 보도 반성합니다"(2014. 5. 7.)라는 제목으로 세월호 침몰 사고를 취재한 KBS 38·39·40기 취재·촬영기자 40여 명이 보도정보시스템에 세월호 사고 보도를 반성·비판하는 글 10건을 올렸다.

보도국장의 발언이 삽시간에 논란이 된 배경에는 그동안 KBS가 해온 세월호 관련 보도들에 이런 문제들이 있었기 때문이다. 기자들의 반성문이 나온 다음 날, 세월호 유가족들이 여의도 KBS 본사로 찾아왔다. 보도국장의 발언이 알려지고 며칠이 지나서도 KBS 차원의 조치가 없었기 때문이다.

어버이날인 5월 8일 밤 10시경, 아이들의 영정을 안고 KBS 본관 앞에 도착한 세월호 유가족 100여 명은 사장 및 보도국장과의 면담을 요구했다. 하지만 자정을 넘어 새벽이 될 때까지, 책임 있는 자리에 있는 그 누구도 나와서 세월호 유가족을 만나지 않았다. 유가족들은 5시간 동안, 5월 초순의 차디찬 콘크리트 바닥 위에 마냥 서 있어야 했다. 그들이 마주한 건 자신들을 에워싼 경찰들뿐이었다.

결국 유족들은 청와대로 발걸음을 돌렸다. 5월 9일 새벽 3시 50분, 청와대로 들어가는 길목(종로구 청운효자동 주민센터) 앞에 도착했다. 밤을 꼬박 새운 유가족들은 오전 9시가 돼서야 이정현 청와대 홍보수석을 만날 수 있었다.

그리고 같은 날 오후 3시 20분이 돼서야, 마침내 길환영 KBS 사장이 세월호 유족들이 있는 곳으로 달려왔다. 길 사장은 "이번 사고로 인해 큰 슬픔을 당하신 실종자 가족 여러분과 유가족 여러분, 국민 여러분께 KBS 사장으로 정말 죄송하다는 말씀을 드린다"며 고개 숙여 사과하고, 이어서 "논란이 됐던 김시곤 보도국장의 사표를 수리했다"고 말했다.

보도국장의 폭로

그런데 그사이에 큰 반전이 일어났다. 사장이 청와대 앞에서 세월호 유족들에게 사과하며 보도국장의 사표를 수리했다고 말하기 바로 직전, 김시곤 보도국장이 폭탄 발언을 한 것이다. 그날 오후 2시, KBS 신관 국제 회의실에서 긴급 기자회견에 나선 김 국장은 먼저 세월호 참사를 교통사고에 비유했던 자신의 발언에 대해 해명하며 보도국장 직에서 사임한다고 밝혔다. 그러면서 놀라운 발언을 했다.

"언론에 대한 어떠한 가치관과 신념도 없이 권력의 눈치만 보며 사사건건 보도본부의 독립성을 침해한 길환영 사장은 즉각 사퇴해야 한다."

충격적인 일이었다. 느닷없었다. 김 국장은 이어서 같은 날 저녁 JTBC 뉴스룸의 인터뷰에도 응했다. 그는 "길환영 사장이 평소에도 끊임없이 보도를 통제했다"면서, 한 예로 "길 사장이 윤창중 사건[10]을 톱뉴스로 올리지 말라고 한 적도 있다"고 말했다. 앵커가 "청와대 등 권력층의 지시도 있었냐?"고 묻자 "길환영 사장은 대통령만 보고 가는 사람"이라고 답했다.

어떻게 보도국장이 사장에게 이런 식으로 반기를 들 수 있을까? 1주일 후 그 배경이 드러난다. 5월 16일, 그는 KBS기자협회가 소집한 기자총회에 참석해 폭로를 이어갔다. 이 자리에서 그는 5월 8일 밤 세월호 유가족들이 KBS 앞으로 항의 방문했을 때 회사의 대응 모습을 상세하게 전했다. 요약하면 다음과 같다.

유가족들이 회사 앞에 몰려와서 KBS를 강력히 비난하면서 제 이름을 불렀고, 저의 사퇴와 사장의 사과를 요구하는 농성이 있었다. 농성 끝난 게 새벽 2시 40분. 새벽 3시에 6층 임원 회의실에서 회의가 있었는데, 사장과 부사장, 임원들, 그리고 저 등이 참석했다. 이 자리에서 '세월호 참사 유가족 요구는 KBS새노조가 하는 일방적 주장과 같기 때문에 정면 돌파'하는 것으로 사장이 결정하고 확

---

10 2013년 5월 박근혜 대통령의 미국 방문 시 수행 중이던 윤창중 당시 청와대 대변인이 일으킨 현지 인턴 성추행 사건을 말한다.

인했다. 당일 오후 2시에 새노조 주장을 반박하는 공식 기자회견을 하기로 확정했다. 그리고 오전 8시에 같은 장소에서 열린 비상 임원회의에서도 새벽 3시의 방침을 재확인했다. 하지만 이런 정면 돌파 방침은 아침에 청와대의 전화 한 통에 180도 바뀌고 사장이 청와대 앞으로 달려가 유족에게 고개를 숙였다.[11]

이어 그는 사장이 청와대 앞에서 유가족들에게 "김시곤 보도국장의 사표를 수리했다"고 한 발언은 청와대의 직접적 압력에 따른 것이라고 주장했다.

(기자회견이 예정돼 있던 날) 오후 12시 25분, 사장 비서로부터 사장이 면담하겠다는 연락이 와서 6층에 올라갔다. 사장은 "주말에 대규모 촛불집회가 예정돼 있어 위기 국면이다. 기자회견 잘 해주길 바란다"고 얘기했다. 그리고 정확히 1시간 뒤인 오후 1시 25분, 즉 기자회견 35분이 남은 시각에 휴대전화로 사장이 전화했다. 올라오라고 했다. 사장은 BH(청와대)로부터 연락이 왔다며 저에게 회사를 그만두라고 했다. 잠시 3개월만 쉬면 일자리를 찾아보겠다고 회유했다. 그러면서 이걸 거역하면 자기 자신도 살아남을 수 없고, 이건 대통령의 뜻이라고 말하며 눈물까지 흘렸다. 너무도 부끄럽고 창피하고 참담할 수밖에 없었다.

김시곤 전 보도국장은 이어 세월호 보도 과정에서 KBS의 해경 비판이 이어지자 길 사장이 직접 "비판하지 말라. 청와대에서 지시가 내려왔다"고 말했다면서, 이 과정에서 이정현 청와대 홍보수석이 직접 전화를 걸어 "한창 구조작업이 진행되고 있으니까 나중에 하더라도 비판을 자제했

---

11 "KBS새노조 성명서(2014. 5. 16.)" 요약. 이날 총회는 비공개로 진행됐으며, 김 전 국장의 발언은 총회에 참석한 기자들을 통해 알려졌다.

으면 좋겠다"고 압력을 가한 사실도 폭로했다. 또한, '국정원 증거조작 사건'[12] 보도에 대해서도 "순서를 좀 내리라든가 하는 주문이 있었다"며 "'대통령 관련 뉴스는 9시 20분대 이내로 소화하라'는 길 사장의 원칙도 있었다"고 말했다.

KBS판 명예혁명

김시곤 보도국장의 폭로로 사원들의 분노가 터져 나왔다. 5월 12일, KBS 새노조 집행부는 비상대책위원회(이하 비대위)로 전환하면서 사장에 대한 신임투표와 총파업 찬반투표를 실시하겠다고 밝혔다. 다음 날, 기자협회는 94.3% 찬성률로 제작 거부를 결의한다. 그리고 5월 16일 금요일, 보도본부 부장단 일동(18명)이 '최근 KBS 사태에 대한 우리의 입장'을 발표하며 모두 보직을 사퇴한다고 밝혔다. 김시곤 보도국장의 2차 폭로 직후였다. 사상 초유의 상황이 벌어진 것이다. 이들은 길환영 사장의 즉각 퇴진을 요구했다.

일련의 세월호 보도, 전임 보도국장의 부적절 발언 논란과 충격적 폭로 등이 지금 사태의 직접적 계기가 되었음은 주지의 사실이다. 하지만 그것은 뇌관이 었을 뿐이다. 폭약은 이미 차곡차곡 쌓였고 터질 때를 기다려왔다. KBS의 정치적 독립성과 공정성이 훼손될 때마다 KBS는 폭발을 향해 한 발씩 나아갔던 것이다. 누구 탓을 하랴. 일선 기자들과 동고동락하며 뉴스의 최전선을 지켜온 우리 부장들부터 먼저 책임지겠다. 최근의 사태에 책임을 통감하고 우리는 부장직에서 사퇴하고자 한다.

---

12 '서울시 공무원 간첩 사건' 수사 과정에서 국정원의 증거 조작이 있었던 것으로 밝혀진 사건 인데, 2014년 6월 지방선거를 앞두고 논란이 됐다.

KBS 보도가 불신을 받은 것에 대해 부장들도 책임이 없는 것은 아니다. 하지만 그들도 이 정도까지는 상상하지 못했던 모양이다. 그러면서도 김시곤 전 보도국장에게 면죄부를 주는 것이 결코 아니라고 밝혔다.

보도국장 재직 시절 사장의 지시를 받아 KBS 보도를 직접적으로 굴절시킨 책임자는 당신 아닌가. 세월이 좋을 때는 사장의 충실한 파트너였다가 일이 틀어지니까 폭로에 나선 것 아닌가. 보도국장이라면 모름지기 보도의 독립성과 공정성을 최우선의 가치로 두어야 할 것이다. 이런 측면에서 당신은 공영방송 KBS의 보도 책임자로 부적격자였음을 지적하고자 한다.

같은 날 부장단에 이어서 보도본부 팀장 49명도 보직사퇴 성명을 냈다. 상황이 심각해지자 이날 임창건 보도본부장까지 사직서를 제출한다.[13] 사장은 사퇴한 보도국장과 사직서를 제출한 보도본부장만 새로 임명한다. 그런데 새로 임명된 백운기 보도국장이 사고를 일으킨다. 백 국장은 전임 김인규 사장의 비서실장 출신이자 이정현 청와대 홍보수석의 고교 동문이다. 그가 보도국장으로 임명되기 직전, 회사 차를 이용해 청와대 인근에서 청와대 관계자를 만난 것이 드러나 곤욕을 치른 것이다.

극도의 혼란 속에 주말을 보내고 월요일(5. 19.)이 되자 길환영 사장이 사태 수습에 나선다. 오후 3시, 기자협회가 주관한 기자총회에 사장이 참석했다. 이 자리에서 길 사장은 김시곤 전 보도국장의 폭로에 대해 사실

---

13 당일 새노조는 보도자료를 통해 "오늘 오후 임창건 보도본부장이 길 사장을 만난 자리에서 길 사장이 보도본부 부장단 및 팀장단 사퇴와 기자협회의 제작 거부로 인해 '뉴스가 멈추는 거냐'고 질문했고, 임 본부장이 '뉴스가 멈출 수도 있다'고 답하자 '이런 상황은 감수하겠다'라고 답했다는 것이다. 사장과의 면담을 마친 뒤 임 본부장은 사장에게 사직서를 제출했다"라고 알리며 "도대체 '뉴스가 멈추는 상황을 감수하겠다'라는 발언이 KBS의 최고 책임자의 입에서 나올 수 있는 발언이란 말인가?"라고 비판했다. "임창건 전 보도본부장 'KBS 뉴스가 멈춘다', 길환영 사장 '감수하겠다'", 〈KBS본부노조 보도자료〉, 2014. 5. 23.

무근이라고 반박했다.

길 사장은 "PD 출신 사장이다 보니 보도 메커니즘을 상세히 모른다"
며 "그래서 취임 후부터 김 전 국장이 〈뉴스9〉의 중요 아이템을 설명했
고, 그래서 물어보는 방식으로 가벼운 질문 위주로 질의와 답변을 해왔
다"고 주장했다. 길 사장은 "구체적 아이템에 관해서 취재하라는 지시는
한 번도 내린 적이 없다"며 "뉴스에 관해 얘기를 나누고, 의견을 내놓은
정도를 가지고 이렇게 사태가 커질지 몰랐다"고 말했다. 이어 "예정된 아
이템을 '빼라', '넣어라'라는 식의 지시는 없었다. 사사건건 개입했다는
의견은 더욱 놀랍고 김 전 국장이 왜곡, 과장된 발언을 해 더욱 놀랍다"
고 했다. 그는 "대통령 관련 기사는 중요한 것이 많은데, 뉴스가 30분대
에 있으면 지역에는 나가지 않게 되는 경우가 있어 한두 번 그런 의견을
제시한 적이 있다"고 해명했다. 그러면서 "그럴 때도 김 전 국장은 '네 알
겠습니다'가 아니고 '그런 부분은 한번 연구해 보겠습니다'라고 답변했
다. 그것이 받아들여질 경우도 있고 안 그럴 경우도 있었다"며 자신을 향
한 보도 개입 의혹에 대해 반박했다.

김시곤 전 보도국장이 자신의 사퇴가 청와대의 압력을 받은 길 사장의
압력으로 이루어졌다는 주장에 대해서는 "사퇴에 관해서 청와대에서 들
은 적이 전혀 없다"며 "유족들의 요구가 너무 강했고 효자동 근처로 시위
가 번져 일촉즉발의 위기감을 느꼈다. 김 국장에게 여기서 빨리 사태를
해결하지 않으면 KBS가 모든 걸 뒤집어쓰고 우리가 다 죽는다. 자네가
결단을 내려줬으면 좋겠다"고 말한 것이라고 해명했다. 길 사장은 "3개
월 정도 후에 자회사로 가면 되니 걱정하지 말고 용단을 내려 달라고 했
다"며 "청와대 관련 언급은 없었고 김 전 국장이 어떻게든 내 진정성을
이해해 주고, 결심이 서기를 바라는 상황이었다"고 말했다. 이어 청와대
앞에서 사과한 것에 대해서는 "진위 여부를 떠나 KBS 직원(보도국장)의
부적절한 발언으로 발생한 문제인데, 그걸 해결 못하고 청와대로 간다는

것이 매우 부담되는 상황이었다"며 "김 국장은 강력히 (대처)해야 한다고 얘기해 그것이 해법이 아니라고 생각해 돌려보냈다"고 말했다.

하지만 이러한 길 사장의 해명에도 불구하고 사태는 걷잡을 수 없게 된다. 본사의 보도본부 부장 일동 18명이 보직사퇴 의사를 밝힌 이후, 타 본부의 간부들도 보직사퇴 행렬에 동참한다. 5월 21일 기준, 본사의 부장 22명, 팀장 178명 등 총 200명이 보직을 사퇴한다. 본사 팀장 308명 가운데 178명이 사퇴함으로써 팀장 사퇴율이 57%에 이르렀다. 또한 지역 보도국과 편성제작국의 부장들(각각 34명, 8명)이 보직사퇴 의사를 밝혔다. TV와 라디오 뉴스 앵커 14명, 해외특파원 24명도 제작 거부에 동참한다고 선언했다.

5월 22일, 부산총국 편성제작국장이던 나도 다른 지역총국의 국장들과 논의를 거쳐 보직사퇴 입장을 밝혔다. 지역의 편성제작국장들이 집단으로 보직을 사퇴한다는 것도 사상 유례가 없었기 때문에 처음에는 혼란스러워하는 국장들도 일부 있었다. 9명의 지역 편성제작국장 중 나를 포함한 6명이 본사의 TV제작본부와 편성본부의 CP(부장급 PD) 및 부장들과 연명으로 보직사퇴 성명을 발표했다.[14] 물론 보직사퇴가 수용되지 않아 자리를 지켜야 했지만, 업무에 큰 차질이 빚어졌다. 사규상 보직을 맡고 있는 간부는 보직사퇴를 하더라도 사퇴서가 수리될 때까지는 자리를 비울 수 없다. 어정쩡한 상황이 며칠 계속되었다.

기자총회에서 입장을 밝히고 이틀 뒤(5. 21.), 길 사장은 다시 특별담

---

14 〈참담한 심정으로 보직을 사퇴합니다〉 KBS가 이 지경이 된 데에는 저희 부장, CP, 지역(편제)국장들의 책임 역시 막중합니다. 회사가 이렇게 될 때까지 뭘 하고 있다가 이제 와서 난파한 배를 갈아타려 하느냐는 지적과 비판이 있다면 그것도 달게 받겠습니다. … 보직을 맡은 후 회사의 공적 업무라는 미명 아래 '부적절한 지시'를 용인하고 후배들의 직언에 눈감지 않았는지 되돌아보게 됩니다. – TV제작본부 CP(한창록·장영주·신재국·박복용·유경탁·황의경), 편성본부 CP(임세형·박현민·이영준·김영식), 진주국장(박상조), 지역 편성제작국장(이상운·심상구·김진봉·최유명·김광호·양승동)

화를 통해 다시 자신의 입장을 조목조목 밝히며 다시 사태 수습에 나섰다. 하지만 상황을 되돌리기에는 역부족이었다. 사실 길 사장의 해명을 들어보면 김시곤 전 보도국장의 폭로와 차이가 있는 부분들도 있다. 누구 말이 진실일까? 냉정히 보면 양측에 다 문제가 있는 것으로 보였지만, 그래도 내부 구성원들은 길 사장에게 더 큰 문제가 있다고 보았다. 당시 사원들 대부분과 조합원들, 그리고 보직 간부들에게 길 사장의 해명은 공감을 불러일으키지 못한 것이다. 인과응보였을 것이다.[15]

5월 19일, 새노조는 길환영 사장에 대한 신임투표를 실시한 결과 불신임률이 98%로 나왔다고 발표한다. 그리고 5월 26일, 새노조는 세월호 보도 관련 총파업 찬반투표를 실시한 결과, 파업 찬성률이 94.3%로 나왔다고 발표했다. 기업별 노조인 KBS노조도 83%로 총파업을 가결하면서 이사회 해임안이 부결될 경우 총파업에 들어갈 것이라고 밝혔다.[16]

마침내 이사회가 움직인다. 새노조가 파업 찬반투표 결과를 발표한 날, KBS 이사회에 길환영 사장에 대한 불신임안이 상정된다. 보도본부 부장단 18명이 보직사퇴 성명을 발표한 지 열흘 만에, 그리고 길 사장의 특별담화 발표 후 5일 만이다. 하지만 이사회는 '길환영 사장 해임제청

---

15 얼마 후(6. 2.), TV제작본부의 한 간부가 사내 게시판에 글을 올려 길환영 사장이 프로그램에 직접 개입하고 〈진품명품〉 MC 선정에도 개입했다고 주장했다. 그는 〈추적 60분〉과 〈심야토론〉의 책임 프로듀서를 지낸 장영주 CP다. 장 CP는 "첫째, 자신이 〈심야토론〉의 책임 프로듀서였지만 아이템과 출연자를 마음대로 정하지 못했고, 정권에 부담 없는 이슈를 선정하고, 사장의 직접적인 개입 결과 야당이 이익을 본 적은 한 번도 없었다. 둘째, 〈진품명품〉 MC 선정 과정에서 김동우 아나운서를 MC로 시켜주는 대가로 청와대에 끈이 생겼다는 관계자의 문자메시지를 받았다. 셋째, 〈추적 60분〉 방송 관련 '서울시 공무원 간첩 사건' 행정소송에서 담당 변호사가 충분히 승산이 있다고 했지만, 사장이 반대해서 소송이 무산됐다"고 주장했다. 그러면서 그는 자신의 주장에 대한 입증 자료를 요구하면 제시하겠다고 했다.
16 내부의 파문은 외부로도 확산된다. 언론학자 144명, 한국방송학회 소속 방송학자 200명이 각각 KBS 정상화를 촉구하는 성명서를 발표한다. '길환영 해임촉구 국민촛불집회'가 본관 앞에서 개최되었다.

안'에 대한 표결을 연기한다. 이에 5월 29일, 양대 노조가 동시 파업에 돌입한다. 노조의 파업이 1주일을 넘어갔다. 하지만 사필귀정일 수밖에 없었다.

노조 파업 8일 차, 이사회 상정 열흘 만인 6월 5일, 마침내 이사회는 길환영 해임제청안을 가결한다. 새노조는 '공영방송 독립, 이제부터 시작이다!'라는 성명을 통해 이번 사장 해임 과정을 KBS판 '명예혁명'으로 기록했다.

우리는 국민의 방송 KBS를 정권의 방송으로 망가뜨린 길환영 사장이 해임된 오늘이 KBS 역사에서 방송 독립의 날이 될 것임을 엄숙히 선언한다. 훗날 한국 방송 역사에서 우리의 이번 싸움은 정권에 부역해 온 사장을 사내 구성원들의 손으로 직접 끌어내린 '명예혁명'으로 기록될 것이며, 우리는 이번 투쟁의 경험과 결의를 바탕으로, 앞으로 그 어떤 정권과 사장으로부터도 방송 독립을 지켜나갈 것이다.

사장 공백기의 아이러니

이사회의 길환영 사장 해임제청 이후부터 새 사장이 임명되기 전까지 약한 달 보름 동안 KBS에 사장이 부재했다. 그런데 아이러니하게도 이 시기에 오히려 보도와 시사 프로그램들이 약진하는 모습을 보여준다. 제작자율성에 대한 억압이 없어졌기 때문이다.

이 시기 KBS는 문창극 국무총리 후보자에 대한 날카로운 검증 보도로 이목을 끌었다. 6월 11일, 〈KBS 뉴스9〉은 문창극 총리 내정자가 지난 2011년 자신이 다니던 교회 강연에서 '일본 식민지배와 남북 분단이 하나님의 뜻'이라는 취지로 말하는 영상을 단독 보도했다.

하나님은 왜 이 나라를 일본한테 식민지로 만들었습니까, 라고 우리가 항의할 수 있겠지, 속으로. 아까 말했듯이, 하나님의 뜻이 있는 기야. 너희들은 이조 5백 년 허송세월 보낸 민족이다. 너희들은 시련이 필요하다. … (하나님이) 남북 분단을 만들게 해주셨어. 저는 지금 와서 보면 그것도 하나님의 뜻이라고 생각합니다. 그 당시 우리 체질로 봤을 때 한국한테 온전한 독립을 주셨으면 우리는 공산화될 수밖에 없었습니다.

또한 지난 2012년, 한 강연에서 "게으르고 자립심이 부족하고 남한테 신세 지는 게 우리 민족의 DNA"라고 주장한 영상도 공개됐다. 보도 직후 인터넷 포털(다음)에서 '문창극 KBS'가 실시간 검색어 2위로 급상승했다.

KBS 〈뉴스9〉에서 믿기 힘든 보도가 나왔다. 첫 언론인 출신 후보자로 점쳐졌던 문창극 국무총리 후보자가 '일본 식민지배는 하나님의 뜻' 등의 왜곡된 역사관을 드러내는 망언을 했다는 보도가 KBS 로고를 단 채 예고로 나갔을 때, 일부 네티즌들은 '합성이 아니냐'는 의혹을 제기했다. 문 후보자의 발언 수위가 너무 센 점, 문 후보자에게 치명적일 수 있는 공직자 검증 보도가 다름 아닌 KBS에서 나왔다는 점에서 '보고도 믿기 힘들다'는 반응이 주를 이뤘다.[17]

SNS상의 반응도 뜨거웠다. "예전 탐사보도팀의 활약을 보는 것 같았다", "KBS는 결국 대통령이 임명한 사장이 문제였다. 사장이 없으니까 KBS 뉴스가 제대로 돌아가는구나" 등의 반응이 이어졌다. 표창원 전 경찰대 교수는 트위터에 "사장 한 사람 쫓겨났을 뿐인데, KBS 뉴스가 달라졌네요. 진실을 향한 행진, 비판과 감시의 날카로운 창끝, 달라진 KBS를

---

17 김수정, "'사장님' 없던 KBS 한 달, 무엇이 달라지고 어떤 게 같았나?", 〈미디어스〉 2014. 7. 14.

응원합니다"라고 썼다. 사내 구성원들은 "파업한 보람이 있네", "상한 우유만 먹다 신선한 우유 마시는 기분", "문창극에서 송전탑 뉴스까지 18분간, 시청자들에게 KBS를 바로잡아야 한다는 이유를 확실히 보내줬네요" 등의 문자를 서로 주고받았다.

〈KBS 뉴스9〉에서는 그동안 정부의 발표에만 집중했던 과거와 달리 세월호 관련 다양한 뉴스들과 함께 삼성 관련 뉴스[18]와 군 총기사고 뉴스를 단독으로 보도했다.

〈시사기획 창〉, 〈취재파일 K〉, 〈추적 60분〉 등 시사 프로그램들 역시 오랜만에 날개를 활짝 편 모습을 보여주었다. 국내 부호들의 해외 자산 은닉 시도, 사학 비리, 그리고 실패한 국책사업으로 꼽히는 4대강 관련 아이템을 줄줄이 방송했다. 〈시사기획 창〉의 해외 부동산 추적보고서 시리즈 1편 '회장님의 미국 땅'은 9.1%[19]의 높은 시청률을 기록했다. 탐사보도팀은 국내 8대 재벌과 300대 부호, 그리고 배임 등으로 논란이 된 인물 등 1,825명의 해외 부동산 거래를 좇았다. 이른바 '있는 분들'의 해외 자산 은닉 사례를 고발한 것이다. 7월 11일에는 "'빚 폭탄' 된 4대강" 편을 방송, 정부가 4대강 사업을 하면서 생긴 수자원공사의 부채 원금을 애초의 약속과 달리 국민 세금으로 갚는 방안을 추진 중이라고 보도했다. 〈추적 60분〉은 '내가 내는 등록금의 비밀' 편에서 수원대의 각종 비리를 다뤘다.[20]

18　"A/S 노사 갈등, 소비자 불편… 삼성은 수수방관", 〈KBS 뉴스9〉, 2014. 6. 26.

19　전국 가구 기준, 닐슨코리아 집계.

20　인터넷 매체 〈미디어스〉가 사장 공백기 KBS의 보도와 시사 프로그램이 어땠는지 알아보기 위해 길환영 사장 해임제청안이 가결된 다음 날인 6월 6일부터 7월 13일까지, 〈뉴스9〉과 〈시사기획 창〉, 〈취재파일 K〉, 〈추적 60분〉 등 시사 프로그램을 분석해서 기사화했다. 김수정, 앞의 기사, 2014. 7. 14.

차기 사장 선임 절차가 시작되자, 새노조는 새 사장의 자격 기준을 묻는
설문조사를 실시한다. 조사 결과 정치적 독립성이 가장 중요하다는 응답
이 77%를 차지했다. 이어서 가장 부적격한 사장 후보를 묻는 설문조사
를 진행해 8인의 명단을 발표한다. 2014년 7월 8일, 새노조는 기자회견
을 통해 고대영 전 보도본부장과 홍성규 전 방통위 상임위원 등 2명을
'절대 불가 후보'로 규정한다.

> 고대영 후보는 과거 본부장 시절 대기업으로부터 수백만 원의 골프 접대를 받
> 고 술을 얻어 마신 것만으로도 권력과 재벌로부터 KBS를 지켜낼 수 없는 사람
> 임이 만천하에 드러났다. 홍성규 후보 역시 퇴직 직후에는 대기업의 로비스트
> 로, 이후엔 차관급인 방통위 상임위원으로 있으면서 통신 재벌과 종편, 유료
> 방송사업자 편에 섰던 전력만으로 공영방송의 수장 자격이 없다.[21]

물론 새노조가 절대 불가를 아무리 외쳐도 여권 추천 이사들이 정권의
오더에 따라 일사불란하게 움직인다면 아무 효과가 없게 된다. 그런데,
길환영 사장 해임 과정에서 여권 추천 이사 7명 사이에 내분이 있었던 것
으로 알려지면서 그 귀추가 주목을 받았다.

7월 9일, 임시이사회 결과 조대현 전 KBS 부사장이 재적 과반(6표)을
득표해 차기 사장 최종 후보자가 되었다. 홍성규 전 방송통신위원회 상
임위원은 5표에 그쳤다. 절대 불가 후보로 지목된 홍성규, 고대영 두 후

---

21 이와 함께 고대영 후보는 보도본부장 시절 양대 노조가 공동으로 실시한 본부장 중간평가에
    서 3분의 2가 넘는 불신임을 받은 이력 등 여러 부적격 사유가 있었다. 홍성규 후보에 대해서
    도 "방통위 부위원장 시절 자기 손으로 뽑았던 KBS 이사들로 하여금 다시 자신을 KBS 사장
    으로 선출하도록 하는 어처구니없는 반칙행위를 즉각 중단하라"고 요구했다.

보는 탈락했다.

당시 정권의 오더가 강도나 구체성에서 어떠했는지는 확실하지 않다. 하지만 조대현, 고대영, 홍성규 중에서 박근혜 정권이 자신에게 가장 유리한 후보로 조대현 전 부사장을 생각했을 가능성은 적다는 게 중론이었다. 따라서 전임 길환영 사장을 해임하는 과정에서 여권 이사들 사이에 생긴 갈등이 차기 사장 선임 과정에까지 영향을 미쳤을 가능성이 높았다. 여권 추천 이사 7명이 일사불란하게 행동을 통일하기 어려운 상황에서, 일부 여권 이사들이 야권 이사 4명이 전략적으로 지지하는 후보에게 표를 보태준 것으로 추정됐다. 그러다 보니 특이하게도 조대현 사장은 야권 추천 이사들로부터 더 많은 표를 얻어 사장이 된 유일무이한 사장이 되었다. 당시의 특수한 상황 속에서 일부 여권 추천 이사들이 독자 행동을 한 것이다.

조대현 사장은 KBS PD 출신이다. 그는 직접 프로그램을 제작하던 시절 다큐멘터리 PD로 역량을 인정받았다. 나는 입사 3년 차에 〈기동취재현장〉에서 선후배로 처음 만났고 나의 초년 시절에 제작 기법을 가르쳐준 선배 중 한 사람이기도 했다. 그리고 2000년 전후 그가 제작 책임을 맡은 〈KBS 일요스페셜〉에서 몇 편의 다큐멘터리를 제작하기도 했다. 그는 2008년 MB 정권의 방송 장악 이후 TV제작본부장에 이어 부사장을 역임하게 된다. 물론 그는 당시에도 최소한의 양심은 지키려 노력한 걸로 기억된다. 노사 간 공정방송위원회가 열렸을 때 그가 한 발언들을 살펴보면 사측을 대변하면서도 PD 출신으로서의 상식까지 저버리고 억지를 부리거나 진실을 호도하지는 않았던 것으로 보인다.

그러다 보니 그가 사장이 되자 기대를 갖는 후배 PD들도 꽤 있었다. 새 노조(위원장 권오훈)와 KBS노조(위원장 백용규)가 그를 부적격 사장 후보라고 공표했지만, 절대 불가 후보 명단에서는 빠지게 된 배경이 거기에 있었던 게 아닐까 생각했다.

아무튼 조대현 사장은 MB 정권 이후 계속된 낙하산 사장 논란에서 한 발 비껴서 출발할 수 있게 되었다. 임기 1년 4개월의 잔여 임기를 채우는 보궐 사장이었다. 조대현 사장은 '나는 전임 사장과는 다르다'는 점을 대내외적으로 내세웠다. 보통의 취임식과 다르게 화면에 자료를 띄우고 프레젠테이션하는 방식으로 자신의 경영 계획을 밝혔다. 취임 당일 양대 노조를 차례로 방문한 모습은 과거 사장들의 행보와 차이가 났다. 특히 새노조 조합사무실을 방문한 첫 번째 사장이다. 그는 조회 형식을 타운홀 미팅 형식으로 바꾸기도 했고, KBS의 목표와 미션을 새로 설정하기 위해 구성원들의 의견을 수렴하는 절차를 거치기도 했다.

하지만 거기까지였다. 당시 기자와 PD들은 '국장책임제'를 간절히 원했다. 야권 추천 이사들, 특히 KBS PD 출신인 이규환 이사도 국장책임제를 강하게 요구했다. 국장책임제란 보도 및 제작 담당국장에게 자율성을 주고 사장이 개입하지 않는 것을 말한다. 물론 국장책임제는 국장직선제나 국장임명동의제[22]를 통해 실효성이 담보돼야 하는 제도이다.

당시 야권 추천 이사 4명은 그가 사장이 되면 국장책임제를 수용할 가능성이 있다고 봐서 지지한 것으로 알려졌다. 하지만 그는 취임 이후 그이상으로 나아가지 않았다. 조 사장은 대신 〈KBS 공정성 가이드라인〉 제정을 추진했다. 이에 새노조가 "'가이드라인' 없어서 공정방송 못했나?: '국장 책임제' 도입이 먼저다!"라는 제목의 성명서(2014. 10. 7.)를 통해 "이런 가이드라인을 통해 공정성 시비를 끝낼 수 있을 것이라는 조 사장과 사측의 생각은 어린아이처럼 순진하거나 국장책임제 도입 요구를 호도糊塗하기 위한 전략"에 불과하다고 질타한다.

---

22 국장임명동의제는 소속 기자나 PD들의 동의(예를 들면 과반)를 받아 임명하는 제도이다.

세월호 관련 보도와 이로 인한 길환영 전 사장의 퇴진 과정은 뉴스와 프로그램을 책임지는 주요 국장이 사장과 정치권으로부터 독립적이지 못할 때 공영방송이 어떻게 망가질 수 있는지를 보여주는 상징적 사건이었다. 그렇기 때문에 새노조는 조대현 사장 취임 전부터 조 사장이 '제 2의 길환영 사장'이 되지 않기 위해서는 보도 독립과 제작 자율성을 보장하기 위한 국장책임제 도입을 거듭 요구한 바 있다. 앞서 지난 2012년 KBS기자협회와 PD협회가 공동으로 조사한 설문조사에서도 KBS에서 낮은 수준의 보도, 제작 자율성, 공정성을 보완하기 위한 장치로 응답자의 90%가 '국장직선제'나 '국장임명동의제'를 포함한 국장책임제 도입을 꼽았다. 따라서 사측이 〈KBS 공정성 가이드라인〉 제정의 진정성을 입증하려면 〈KBS 공정성 가이드라인〉 제정과 함께 국장책임제 도입을 위한 논의의 장에 하루라도 빨리 나와야 한다.

하지만 끝내 국장책임제는 도입되지 않았다. 한마디로 자신이 없었던 것이 아니었을까? 조대현 사장은 임기 초반에 국장책임제에 대해 검토했을 수도 있다. 과거 비교적 합리적 성향이었던 점, 그리고 자신을 밀어준 야권 추천 이사들과의 관계 등을 생각하면 그랬다. 하지만 연임을 염두에 두면 딜레마가 생긴다. 이사회는 어디까지나 이사 11명 중 여권 추천 이사들이 7명으로 절대다수다. 처음 사장이 될 때는 여권 이사들의 분열로 의외의 결과가 나왔지만, 박근혜 정권이 이번에도 그렇게 흘러가도록 둘 리가 없었다. 2015년 8월, 이사들도 새 이사진으로 교체된 상태였다. 따라서 연임을 생각한다면 정권의 심기를 거스르는 일은 할 수 없게 되는 것이다. 물론 박근혜 정부는 방송의 독립이나 제작 자율성 보장 같은 데에는 전혀 관심이 없었다.

　〈시사기획 창〉 '훈장 2부작'의 파행도 그 반증이었다. 탐사제작부[23]에

23　김인규 사장 3년 차 '95일 파업' 후 노사합의로 부활.

서 '훈장 2부작'을 취재했다. 해방 후 훈장 서훈 자료를 입수해 전수 조사한 결과를 담은 심층 취재물이다. 과거 간첩 조작 사건 수사관들에게 주어진 서훈을 다룬 제 1부 '간첩과 훈장', 그리고 일제강점기 친일 행적자들에게 주어진 서훈을 다룬 제 2부 '친일과 훈장'이었다. 두 편은 2015년 6월 23일부터 방송될 예정이었지만 1부만 우여곡절 끝에 간신히 방송되고, 2부는 방송되지 못한다. 2부는 계속된 방송 연기와 유례없는 장기간의 데스킹, 과도한 원고 수정 및 삭제 요구 끝에 끝내 불방된다. 친일 인사들에게 부당하게 수여된 훈장이 이승만·박정희 정권에 집중됐다는 내용을 담고 있었기 때문이었다. 이런 내용이 박근혜 정부에 불편할 수밖에 없었을 것이다. 당시 연임을 염두에 둔 조대현 사장이 차기 사장 선임에 중요한 키를 쥐고 있는 이사장의 눈치를 보느라 '훈장' 아이템이 방송되지 못하는 게 아니냐는 의혹이 제기됐다. 당시 KBS 이사장은 박근혜 대통령이 임명한 이인호 이사장이었다.

2015년, 조 사장은 임기 말 연임 프로젝트라는 비판이 나왔지만 〈광복 70주년 국민 대합창: 나는 대한민국〉을 전사적으로 추진했다. 광복 70년을 맞아 KBS가 추진할 만한 기획이었다. 이 프로젝트는 KBS의 역량과 자원을 총동원한 대기획이었다. '나는 대한민국'은 8·15 광복절 행사에 참석하게 될 전국 각지의 출연자들이 오디션을 보고 연습하는 과정을 사전 다큐멘터리 형식으로 제작해 3개월에 걸쳐 매주 토요일 저녁에 방송했다. 그리고 8월 15일 저녁, 이들을 포함한 각계각층의 명사들과 박근혜 대통령이 함께 서울 상암동 월드컵경기장에서 열린 대형 쇼에 출연해서 합창하며 피날레를 장식했다.

하지만 조 사장은 연임하지 못한다. 훈장 2부작을 포함해 두세 가지 아이템이 파행을 빚었기 때문이었을까? 정권은 더 확실하게 부역해 줄 사장을 원했던 것으로 보였다.

동트기 전이 가장 어둡다

동이 트기 전이 가장 어둡고, 봄이 오기 전이 가장 춥다고 한다. 2016년 박근혜 정부와 KBS와 MBC를 비롯한 방송계가 실제로 그랬다. KBS· MBC·YTN 등 방송계의 어둠이 더욱 짙어진 가운데 박근혜–최순실 국정 농단은 감시받지 않은 채 계속되고 있었다. 촛불이 점화되기 직전 상황이 었다.

'절대 불가 후보', 사장이 되다

2015년 10월 26일, KBS 이사회는 22대 KBS 사장으로 고대영 전 보도본 부장을 임명제청한다. 고 전 본부장은 MB정부 출범 이후 요직을 모두 거 치며 승승장구했다. 반면 기자들의 평가는 최악이었다.[1] 2014년 7월 보 궐사장 선임 당시, 새노조는 고 전 보도본부장을 '절대 불가 후보'로 규정 했고, 결국 탈락했다. 이번에도 새노조는 그를 KBS 최악의 부적격, 절대 불가 후보로 선정하며 "고대영 후보가 보도국장, 보도본부장을 맡았을 때는 보도의 '공정성'을 논하는 것 자체가 어려울 정도로 이명박 정권과

---

1 앞서 얘기한 것처럼 2009년 보도국장 시절 제작 자율성을 극도로 억압한 결과, KBS기자협 회가 실시한 신임투표에서 93.5%의 불신임을, 2011년 보도본부장 시절 KBS노조와 새노조 가 공동 실시한 본부장 중간평가에서 84.4%의 불신임을 얻어 스스로 사퇴한 전력이 있다.

여당에 기울어져 있었다"며 "과거에는 최소한의 '줄타기'라도 있었지만 고대영 후보가 주요 간부로 있을 때는 친여권 보도 태도를 선명하게 내보인 시기였다"고 규정했다.[2]

하지만 박근혜 정부는 사전에 확실하게 교통정리한 것으로 보였고, KBS 이사회는 거수기 역할에 충실했다. 다시 KBS에 짙은 암흑기가 도래한다. 11월 24일, 고대영 사장이 취임한다.

같은 날, 전국언론노조·민언련 등 11개 언론·시민사회단체는 본관 앞에서 기자회견을 열고 고대영 사장 선임은 원천무효라며 청와대의 KBS 사장 선임 개입 진상규명을 위한 국민감사청구 운동에 돌입한다. 사장 후보자 중 한 명이었던 강동순 전 KBS 감사가 고대영 사장 선임에 청와대가 개입했다고 주장했기 때문이다.[3] 이들은 "국민감사청구는 감사를 실시하라는 단순한 요구가 아니라 진상을 규명하라는 국민적 명령을 조직하는 국민주권운동으로 나갈 것"이라고 밝혔다. 또한 새노조는 오전 8시부터 본관 앞에서 "청와대가 꽂아 넣은 고대영을 반대한다"면서 사장 출근 반대 피케팅을 진행했다.

물론 그는 이런 목소리에 귀 기울일 사람이 아니었다. 하지만 그가 앞으로 상대해야 할 새노조는 만만치 않았다. 마침 이 시기는 새노조의 집행부 교체 시기와 맞물렸다. 조합원들은 고대영 신임 사장을 견제할 수 있는 또 한 번의 강력한 집행부를 기대했다. 그러한 염원 속에서 새노조

---

2 KBS본부노조, 〈특보〉, 2014. 10. 23. 참조.

3 해프닝이 벌어졌다. 고대영 사장 후보자 선임 과정에 청와대가 직접 개입했다는 주장(폭로)이 나온 것이다. 폭로 주인공은 강동순 전 KBS 감사로 친여권 성향 인물이다. 제3부에서 언급했던 '강동순 녹취록'의 당사자이기도 했다. 11월 13일 〈뉴스타파〉는 사장 후보 경쟁에 나섰던 강동순 전 감사가 "청와대 '김성우 홍보 수석'이 이인호 KBS 이사장에게 전화를 걸어 '고대영이 청와대 지명 후보로 내려가는 경우를 검토해 달라'는 뜻을 전했고, 이인호 이사장이 그 사실을 누군가에게 말했다"고 주장한 것으로 보도했다.

는 그해 12월 4일, 4대 집행부 선거를 실시해 성재호 기자와 오태훈 아나운서를 각각 위원장·부위원장으로 뽑았다.[4] 찬성률 97%였다.

편성규약 무력화부터

고대영 사장은 취임 후 〈KBS방송편성규약〉(이하 편성규약)부터 바꾸려 한다. 편성규약은 1999년 방송법 투쟁의 산물로, 2000년에 제정됐고 2003년에 한 차례 개정을 거쳤다. 하지만 고 사장은 편성규약에 알레르기 반응을 보인 것으로 알려져 있었다. 새노조가 고대영 전 보도본부장을 절대 불가 후보로 천명한 이유가 바로 이 점에 있었다. 그는 편성규약이 기자들이나 기자협회가 데스크에 반발하는 근거가 되는 등 종종 논란이 되는 존재여서 눈엣가시로 생각한 모양이었다.

고 사장은 취임사를 통해 "공정성, 객관성 문제 해결을 위해 편성규약을 개정할 필요가 있다"고 언급한다. 2016년 신년사에서도 편성규약을 재정비하겠다고 언급한다. 국회 인사청문회 때 제출한 서면 답변에서는 이렇게 적었다.

> 지금의 편성규약이 제3자인 노동조합의 개입을 가능케 하는 등 방송독립을 저해할 우려가 있다. 방송법 제4조 2항에는 '누구든지 방송편성에 관하여 이 법 또는 다른 법률에 의하지 않고는 어떠한 규제나 간섭도 할 수 없다'라고 규정하고 있다. 여기에서 '누구든지'에는 노동조합도 포함된다고 생각한다.

---

4   성재호 기자는 2009년 1월 사원행동 집행부가 중징계 받을 때 1심에서 해임, 재심에서 정직 1개월을 받은 바 있다. 오태훈 아나운서는 사원행동 출범식(2008. 8.)과 새노조 출범식(2010. 3.)에서 사회를 보는 등 소신 있는 언행으로 조합원들로부터 신망이 두터웠다.

노조의 공정방송 활동을 인정하지 않겠다는 것이었다. 그는 특히 보도위원회에서 제작 실무자와 제작 책임자 사이에 이견이 좁혀지지 않을 경우, 공정방송위원회에 상정하도록 돼 있는 당시의 편성규약을 못마땅해했다. 고대영 사장은 13년 전 편성규약을 개정할 때와는 완전히 반대로 편성규약을 '개악'하려고 했다.

하지만 회사가 편성규약을 바꿔서 노조를 무력화시키는 게 정당할까? 지금까지 얘기한 것처럼 KBS의 내부 민주화, 방송의 공정성 확보, 그리고 제작 자율성 보호에서 가장 중요한 역할을 한 주체가 노동조합이었다. KBS는 방송법상 이사회의 구성과 사장 선임 절차에서 정치권력, 특히 이사진과 사장에 대한 임명권자(대통령)에게 취약하다. 이른바 후견주의가 작동하기 쉽다. 이러한 구조 속에서 사장이 가진 인사권은 직·간접적으로 방송, 특히 보도와 시사 프로그램에 부정적 영향을 미칠 수 있다. 따라서 이를 견제할 제도와 수단이 필요한데, 그중 하나가 노동조합이 회사를 상대로 쟁취한 단체협약상의 공정방송위원회, 본부장 중간평가제 등의 제도적 장치이고, 또 하나는 1990년대 10여 년에 걸친 방송법 투쟁을 통해 확보하게 된 편성규약이라고 할 수 있다.

고 사장이 취임사에서 편성규약 개정을 언급하자 통합뉴스룸국(이하 보도국)의 간부들은 사장의 방침에 적극적으로 따르는 모습을 보인다. 이들은 당시 보도국 편집회의에 참석한 기자협회장의 발언을 문제 삼았다. 2015년 12월 16일, 이병도 기자협회장이 보도국 아침 편집회의에서 "세월호 청문회를 〈뉴스9〉에 보도하는 것이 좋겠다"며 "청문회 마지막 날이니 마무리 보도"를 하자고 제안한다. 당시 '4·16 세월호참사 특별조사위원회'(이하 특조위)가 12월 14일부터 16일까지 세월호 청문회를 열었지만, KBS는 생중계를 하지 않았을 뿐만 아니라, 3일 동안 두 문장으로 구성된 단신 2개를 뉴스에서 보도했을 뿐이다.[5]

하지만 보도국장(정지환) 등 간부들은 기자협회장의 제안이 "편집권 침해"라며 거절한다. 이 같은 사실을 알게 된 새노조(위원장 권오훈)가 보도국 편집회의에서 벌어진 일을 공개하자, 보도국 국장·부장단 일동이 기자협회와 새노조를 비난하는 성명을 사내 게시판에 올린다.

이를 두고 기자협회장은 단순한 의견 제시요 제안이라고 주장하고 있지만, 편집회의 참석자들 모두가 부담스런 압력으로 인식하였다. 수백 명의 회원을 거느린 기자협회장의 발언이 어찌 단순 제안인가? 협회장은 결코 약자가 아니다. 편집회의에 참석한 기자협회장의 월권성 발언은 과거에도 수시로 반복됐지만 이번에는 정도가 심한 편이었다. 이에 보도국장이 "구체적 기사를 〈9시 뉴스〉에 채택할 것인지 말 것인지 하는 아이템 선정 문제는 협회장이 간섭하지 말라"고 질타하기에 이른 것이다. 보도국 편집회의는 KBS뉴스가 내외부의 압력으로부터 벗어나 독립적 뉴스제작을 하는 데 있어 가장 중요한 회의체이다. 이 편집회의에 기자협회장이 참석하는 것을 놓고도 논란이 있는 터에 특정 아이템의 채택 여부에 관여하는 것은 명백한 편집권 침해이다.[6]

기자협회장이 편집회의에서 하는 발언이 편집권 침해라는 것이다. 과연 그런가? 그렇지 않다. 2003년 개정된 편성규약과 시행세칙에 의하면 기자협회장은 편집회의에 참석해서 의견을 낼 수 있게 되어 있다. 보도국 편집회의에 참석하는 국·부장단은 20여 명에 이른다. 이들은 모두 사장의 임명을 받은 보직 간부들이다. 간부가 아닌 참석자는 평기자들을

5 〈미디어스〉, 2015. 12. 17.
6 보도국 국장·부장단 성명서(2015. 12. 17.)는 이어서 "기자협회든 노조든, 외부 권력기관이든 그 누구도 편집과 관련해 사전에 압력을 행사하는 것은 편집권 침해이며 부당하다"며 "헌법이 보장하고 있고 방송법이 지향하는 언론자유, 방송제작의 자유는 제작진의 편집권을 존중하는 기본적인 일에서 출발해야 한다"고 주장했다.

대표하는 기자협회장 1명뿐이었다. 그 기자협회장 발언을 큰 압력으로
느꼈다는 것이다. 그래서 앞으로는 이마저도 막겠다는 것이었다.

그리고 KBS는 세월호 참사에 대해 보도국장의 왜곡된 시각과 잘못된
보도로 큰 홍역을 치렀고 사장이 해임되는 일까지 겪었다. 어렵게 세월
호 특조위가 꾸려져 청문회가 열렸으면 당연히 주요 이슈로 다뤄지는 게
타당하다. 하지만 단신 2개 달랑 보도하는 게 맞는 일인가? 따라서 편집
회의 참석 권한을 갖고 있는 기자협회장으로서 지적할 만한 제안이었다.
12월 21일, 기자협회가 "우리가 어쩌다 이렇게 되었을까요?"라며 반박
성명을 냈다.

> KBS가 세월호 청문회를 세심히 확인, 보도하는 일은 재난방송 주관방송사로
> 서 본연의 책무를 충실히 이행하는 일이다. 새로운 사실이 드러나지 않았으면
> 않은 대로, 왜 그런 것인지에 대한 분석 보도도 필요하다고 본다. 협회장의 제
> 안은 이런 차원에서 제기된 것이었고, 동의하든 동의하지 않든 이런 문제제기
> 는 충분히 합리적 영역에 있는 것이었다. 협회장의 제안에 무언가 부족한 부
> 분이 있다면 토론하고 논의하면 될 일이지 '다음부터 입을 다물라'는 집단 성
> 명서로 대응할 일인지 여전히 의문이다. 사실은 절망스럽다. …
>
> 기자협회는 평기자들이 인준하는 사실상의 유일한 소통 창구이며, 협회장
> 은 그런 소통의 역할을 자임하고자 협회원들에게 공식적으로 승인받은 우리
> 들의 대표다.

보도국 국장·부장단 성명서에 황당해하는 기자들도 사내 게시판에 줄
줄이 비판 글을 올렸다. 특히 손관수 기자는 "세월호 청문회 기사화 요구
가 어떻게 '특정 기사 요구'인가"라고 물으며 보도국 국장·부장단 성명
은 "당일 발생한 가장 큰 현안과 관심사 중 하나에 대한 리포트 제안을,
마치 기사가 안 되는 걸 억지로 기자협회장이 요구했다는 이미지를 심어

주기에 충분한 왜곡된 수사"라며 비판했다.

보도국이 아닌 KBS의 다른 곳이나 정치권, 대기업, 시민단체가 이러쿵저러쿵 한다면 편집권 침해라고 반박할 수 있겠으나, 언제부턴가 KBS 이사회의 편집권 및 편성권 논란에 기자와 PD 사회가 끓는데도 (간부들이) 이에 적극 반박했다는 소리는 잘 들어보지 못했다. 그런데도 편성규약에 의해 부장단 회의의 엄연한 '한 구성원'인 기자협회장 발언에 모욕적 딱지를 붙이는 것은 평기자 대표를 무시하고 권위주의적인 것으로, 공정방송 노력에 어깃장을 놓는 태도다. 기자들은 매일 요구하고 제안하고 어떤 땐 데스크에 항의도 하고 싸움도 한다. 다 기사 하나 제대로 써 보겠다는 욕심에서 나온 것이고, 어느 데스크도 이걸 외압이나 압력이라고 얘기하지 않는다. 보도국 국장·부장단의 연대 성명은 'KBS 공정성과 독립성 저해 행위'에 대한 반격이어야 하고, KBS를 자신의 발아래에 두려는 온갖 종류의 권력과 압력에 대한 격렬한 저항이어야 한다. 그런데 왜 진정한 외압을 향해 겨눠야 할 창끝을 후배들에게 돌리는가.

한편 보도국 국장·부장단 일동의 성명서에 내키지 않게 서명했던 간부들도 있었을 것이다. 그중에 한 명이 임장원 경인방송센터장이다. 며칠 후 그는 보도정보게시판에 사과의 글을 올렸다. 임 센터장은 "기자협회장의 발언을 압력으로 느끼지 않았음에도 서명에 참여한 것이 부끄럽다"며 "공정하고 균형 잡힌 보도를 지향한다면 기자협회장의 목소리를 소중하게 여겨주시기를 바란다"고 썼다. 그러면서 "부끄러움을 안고 부서장 역할을 수행하기는 어려울 것"이라고 밝혔다. 임 센터장이 글을 올린 지 하루 만인 22일, 회사는 그를 평기자로 발령 냈다.

2003년 편성규약을 개정할 때, 노·사는 공방위 산하에 '편성규약 개정 소위원회'를 노사 동수(각 4인)로 구성하여 개정작업을 진행했다. 정연주 사장 시기였다. 하지만 고대영 사장은 노조나 제작 실무자를 배제한 채

개정 작업을 진행했다. 초안이 만들어졌다는 얘기가 돌았으나 관련 내용은 비밀에 부쳐졌다. 그 과정 자체도 투명하고 당당하지 못한 것이다.

고 사장은 미디어 비평 프로그램 〈미디어 인사이드〉와 뉴스 전문 비평 프로그램인 〈뉴스 옴부즈맨〉을 2016년 4월과 6월에 연이어 폐지했다. 5월에 시행한 조직개편도 구성원 대다수의 반대에도 불구하고 '밀실 진행'과 '일방 통보' 기조로 밀어붙였다.[7] 2000년대 초중반 정연주 사장의 경쟁·분산·개방 분위기를 경험한 직원들의 눈으로 볼 때 그의 경영철학은 그와 반대로 독점·집중·폐쇄였다.

보도국 '정상화' 망령

2016년 4·13 총선 보도에서 KBS는 친여당적 편파 보도를 일삼는다. 전국언론노조와 26개 시민단체가 만든 '2016 총선보도 감시연대'[8]는 3월 28일 자 선거보도 모니터에서 KBS는 "'친박'과 대통령의 '공천 사유화'를 은폐하는 공영방송"이라면서 이렇게 기록했다.

> 유승민 의원 탈당과 김무성 대표의 '옥새 투쟁'이 연이어 벌어진 23, 24일 이틀간 KBS의 여당 보도는 고작 3건에 그쳤다. 여당에서 잇달아 민감한 사태가 벌어짐에 따라 타사가 모두 여당 보도에 더 많은 비중을 쏟는 사이, KBS만 여야 보도량의 비중을 맞추기도 했다. 사안의 중대함을 고려할 때 이미 보도량에서 KBS의 '축소 의도'가 엿보인다고 볼 수 있다.[9]

---

7   "양대 노조, '비전 말살' – '공영방송 포기' 혹평", 〈노컷뉴스〉, 2016. 4. 20.
8   2016년 1월 14일 발족한 '2016 총선보도 감시연대'는 신문·방송·통신·지역·언론 등에 대한 집중적인 선거보도 감시활동을 전개하고, 결과를 각 언론사에 배포·공개하는 활동을 벌였다.
9   민언련, "[방송] '친박'과 대통령의 '공천 사유화', 은폐하는 방송사들", 〈18차 주간보고서 3〉, 2016. 3. 28.

또한 KBS의 지나친 '북풍 몰이' 보도도 지적받았다. 2016년 2월 7일, 북한의 장거리미사일 발사실험 이후 KBS는 거의 매일 북한 관련 보도를 쏟아냈다. 남북대결 국면을 조장하면서 북풍 몰이에 앞장선 것이다. 전국언론노조는 성명을 내고 "북한 및 한반도 관련 보도와 여당 역점 추진 정책, 정당·정치 보도는 MBC를 넘어, '종편도 울고 갈 정도'라는 평을 듣고 있다"며 신랄하게 비판했다.

하지만 이런 편파 보도에도 불구하고 4·13 총선 결과, 더불어민주당 123석, 새누리당 122석, 국민의당 38석 등으로 집권 여당이 제1당을 유지하는 데 실패한다. 선거 초반 제3당의 출현으로 새누리당의 압승을 예상했던 것과는 판이한 결과였다. 국민의 선택은 공천 파동으로 시끄러웠던 새누리당에 대한 심판이었다. 원내 제1당이 바뀌어 여소야대 국회가 만들어진다.

하지만 이후에도 고대영 사장이 총괄하는 KBS는 변화가 없었다. 대표적 사례가 '이정현 녹취록' 관련 보도였다. 2016년 6월 30일, 이정현 전화 녹취록이 공개된다. 2014년 4월 세월호 참사 직후 이정현 당시 청와대 홍보수석이 KBS의 세월호 보도에 개입한 전화통화 파일이 공개된 것이다. 세월호 참사 당시 사장의 보도 개입을 폭로했던 김시곤 전 보도국장이 청와대가 보도에 개입한 물증을 내놓은 것이다.[10]

이정현   지금 그런 식으로 9시 뉴스에, 다른 데도 아니고 말이야. 이 앞의 뉴스에다가 해경이 잘못한 것처럼 그런 식으로 내고 있잖아요. … 그래 한 번만 도와줘, 진짜. 요거 하필이면 세상에 박근혜 대통령이 KBS를 오늘 봤네 아

---

10 김시곤 전 보도국장에게 '이정현 전 청와대 홍보수석과의 전화녹음 파일'을 건네받은 김주언 전 한국기자협회장이 전국언론노조와 함께 기자회견을 통해서 공개했다. 한국일보 기자였던 김주언은 1985년 전두환 정권의 '보도지침'을 폭로한 바 있다.

이… 한 번만 도와주시오, 국장님!(2014. 4. 21. 통화 녹취록 중에서)[11]

하지만 KBS 뉴스는 이정현 녹취록을 아예 보도하지 않는다. 이에 분노한 한 젊은 기자(정연욱)가 "침묵에 휩싸인 KBS … 보도국엔 '정상화' 망령"이라는 제목의 글을 〈한국기자협회보〉(2016. 7. 16.)에 기고한다.

KBS의 침묵을 어떻게 평가할까. 김시곤 전 보도국장과의 통화 녹음 파일을 통해 만천하에 드러난 이정현 전 청와대 홍보수석의 보도 개입을 마치 세상에 존재하지 않는 사건인 양 외면하고 있는 바로 그 침묵 말이다. 6월 30일 사회2부에서 작성한 '언론노조, 이정현 전 홍보수석: 김시곤 전 KBS 보도국장 통화 녹음 공개'란 제목의 단신은 여전히 출고를 위한 승인을 받지 못한 채 KBS 안에 갇혀 있다. 이제는 거의 모든 사람들의 눈과 귀와 입을 거쳐 닳고 닳은 채 허공으로 사라졌을 법한 철 지난 소식이, 대한민국에서 가장 많은 사람들이 본다는 뉴스에는 단 한 번도 언급되지 않은 기묘한 침묵이다. 이 침묵을 깨려는 치열한 시도는 역설적으로 KBS 내부에서 진행 중이다. 지난 1주일 동안 '보도 개입' 보도를 촉구하는 기자들의 기수 성명이 잇따랐다. 하지만 단지 '잇따른 성명'으로 KBS 기자들이 공동의 문제의식을 안고 있다고 평가하기는 대단히 어려운 상황이다. 침묵을 깨야 한다는 공개적 문제제기에 상당수 기자들이 참여하지 않고 있기 때문이다. 저널리즘의 가장 원초적인 정의定義, 공공의 사실이나 사건에 관한 정보를 보도한다는 대원칙을 외면한 침묵에, 적지 않은 기자들이 공범으로서 동조하고 있는 셈이다. 이해하기 어려운 이 부조리를 배후조종하고 있는 것은 바로 '정상화'의 망령이다.

---

11 2020년 1월 16일, 대법원은 방송법 위반 혐의로 기소된 이정현 전 청와대 홍보수석은 1심에서 벌금 1,000만 원을 선고받는다. 2020년 1월 대법원도 원심을 확정했다. 1987년 방송법 제정 후 32년 만의 첫 유죄 확정판결이다.

여기서 말하는 '정상화' 망령은 'KBS기자협회 정상화를 촉구하는 모임'(이하 정상화모임)을 말한다. 2016년 4·13 총선(제20대)을 한 달 앞둔 3월 11일, 보도본부 통합뉴스룸국장(보도국장)과 주간들, 그리고 부장들이 '정상화모임' 명의로 "기자협회가 정치적으로 편향돼 있기 때문에 그 역할을 제한하겠다"며 성명을 낸다. KBS 〈뉴스9〉의 'JTBC 손석희 사장의 검찰 소환' 관련 보도에 대해 기자협회가 뉴스모니터를 통해 비판적 의견을 밝힌 직후였다. 이 모임은 1, 2차 성명서에 참여자 129명의 실명을 공개한다. 보도본부 국·부장급 간부 34명 전원과 팀장·앵커·특파원 등이 가입했고, 2016년 7월 14일까지 모두 9차례 성명서를 낸다. 정상화모임의 결성 취지는 당시 KBS 보도에 비판적인 KBS기자협회를 무력화하기 위한 것이었다.

나중에 'KBS 진실과미래위원회'[12]가 조사한 결과에 의하면, 이 모임은 단순한 사적 모임이 아니었다. 회사의 공조직(보도기획부)에서 엑셀파일을 만들어 명단을 관리한 것으로 드러났다. 바로 '기협정상화 1차·2차 129명 명단'이라는 제목의 엑셀파일 문서였다. 참여자 모집은 보도국장과 주간들의 지시에 따라 '상하 직위 계선조직'을 통해 이루어졌다. 모집 과정에서 인사권을 지렛대로 한 가입 압박이 있었다는 증언들도 나왔다. 또한 참여를 거부하거나 이를 비판하는 기자들에게 인사상 불이익이 가해진 사례도 있었다. 정상화모임 참여 여부는 일종의 '블랙리스트·화이트리스트'로 작용한 것이다.

바로 이 정상화모임에 분노한 정연욱 기자가 "이정현 전 청와대 홍보수석의 보도 개입을 마치 세상에 존재하지 않는 사건인 양 외면하고 있는 (보도국 내의) 바로 그 침묵"과 "이해하기 어려운 이 부조리를 배후조

---

12 필자가 사장에 취임한 후 'KBS 과거사' 정리를 위해 이사회 의결을 거쳐 2018년 6월에 설치한 위원회.

종하고 있는 것은 바로 '정상화'의 망령"이라고 직격탄을 날린 것이다. 정 기자는 계속해서 이렇게 썼다.

> 때문에 KBS의 거대한 침묵에 저항한다는 것, 다시 말해 김시곤 전 국장과 이 정현 전 수석의 통화에 관한 내용을 보도해야 한다고 주장하는 것은 결국 이 '정상화'에 대한 반대선언으로 해석되는 부당한 맥락이 성립됐다. 저널리즘의 상식에 입각한 문제제기조차 정치적 진영 논리에 희생되고 있는 현실. 이 모든 것을 초래한 장본인은 바로 지금 KBS 보도국을 이끌고 있는 간부들, 최초로 경계선을 그은 기자들이다. 그리고 그들의 침묵을 묵인하고 있는 모든 기자들이 공범이다. 침묵은 침묵을 먹고 자라 마침내 KBS를 집어삼켰다.

정상화모임을 비판한 정연욱 기자는 곧바로 보복성 인사를 당한다. 기고 이틀 만에 제주총국으로 강제 전보된 것이다.[13] 사내 게시판에는 부당한 인사에 항의하는 글과 댓글이 빗발쳤다.

고대영 사장이 재임 시기 가장 문제가 되는 부분이 바로 이 정상화모임의 결성과 활동을 묵인하거나 방조한 점이다. 이를 주도하고 실행한 보도본부 간부들의 권한 남용은 정상적 직장 질서를 흔드는 결과를 가져왔다. 이로 인해 취재보도 실무자 대표로서 기자협회장의 역할이 크게 제한되었고, 보도 책임자들이 보도위원회를 거부하는 사례가 많아지는 등 편성규약이 무력화되는 결과가 초래됐다. 편성규약에 근거해 운영되는 보도위원회가 제 기능을 하지 못하면서 제작 자율성 억압이 일상화되고,[14] KBS 뉴스의 공정성은 크게 훼손된다. 그리고 이러한 보도국의 '정

13　하지만 보도국 간부들은 이 발령이 부당하다는 기자들의 목소리에 심지어 "회사를 팔아 이름값을 올렸으면 당당하게 뒷감당도 하라"고 비아냥거리며 정연욱 기자를 모욕했다. 지방으로 쫓겨간 정 기자는 2017년 3월 부당전보무효소송에서 승소해 본사로 복귀할 수 있었다. 정 기자는 당시 입사 7년 차였다.

상화 망령'은 이후 박근혜-최순실 국정농단 사건 국면에서 연이은 낙종으로 이어지면서 KBS 보도의 경쟁력과 신뢰도를 급격히 추락시키는 결과를 불러오게 된다.

'투잡' 시절

나는 이 시기 2년 동안의 부산 근무를 마치고 본사로 발령받아 다시 프로그램을 제작하게 되었다. 고대영 사장 취임 얼마 후(2015. 12. 18.), 기획제작국으로 출근했다. 〈명견만리〉(CP 정현모)에 업무를 배정받았다. 〈명견만리〉는 대형 멀티비전이 설치된 스튜디오에서 사전에 제작한 영상물을 중간중간 보여주며 전문 연사가 강연하는 프로그램이었다.[15] 2년 만에 다시 직접 제작하게 돼서 초반에 애로가 있었으나 곧 적응하게 되었다. 나는 100세 이상으로 평균 수명이 늘어나게 될 가까운 미래의 일자리 문제, 대규모로 은퇴하기 시작한 베이비붐세대가 인생 2막의 시기에 관심을 가질 만한 '제3섹터',[16] 그리고 공무원 시험에 과도하게 몰리는 현상 등을 아이템으로 해서 방송했다.

---

14 2016년 7월, KBS가 투자한 영화 〈인천상륙작전〉에 대한 취재 지시를 거부했다는 이유로 문화부 기자 2명이 중징계를 받는 일이 벌어진다. 강압적 취재 지시 및 인권 남용이었다. 또한 비슷한 시기, 사드 배치에 반발하는 성주 군민 시위를 두고 '외부 세력 개입' 취지로 보도하라는 지시에 대구총국 기자들이 반발하자, 감사실은 기자협회와 전국기자협회, 대구총국 기자들에 대해 특별감사를 실시했다. 이어 대구총국 보도국장을 예고 없이 본사 평기자로 발령 냈다. 사드 배치 사안을 〈뉴스해설〉로 다룬 해설국도 특별감사의 대상이 됐고, 담당 해설위원은 방송문화연구소로 전보됐다. 〈KBS진실과미래위원회 활동 보고〉, 2019. 6. 19.

15 〈명견만리〉는 "앞으로 인류에게 가장 중요하게 닥칠 문제들은 무엇일까?", "또 기회는 어디에 있을까?" 같은 질문을 던지며 인구 변화, 은퇴 폭탄, 청년 문제, 일과 노동의 변화, 일자리 소멸, 사회적 자본, 북한의 장마당 세대, 유전자 혁명, 치매 쓰나미, 인공지능, 4차 산업혁명, 새로운 소비 형태의 등장 등 당면한 현안과 함께 가까운 미래의 이슈들을 다루었다.

16 제3섹터는 비영리단체인 NPO(Non Profit Organization)와 NGO, 그리고 협동조합, 마을 기업, 사회적 기업 등 시민사회 영역을 말한다.

다시 프로그램을 제작하면서 나름 열심이었으나 채워지지 않는 부족감을 느끼지 않을 수 없었다. 앞서 얘기한 정상화모임이라는 '정상화 망령'이 보도국을 넘어 KBS 전체를 지배하고 있었다. 당시 보도국 밖에서는 그 실상을 충분히 알기는 어려웠으나 뭔가 분위기가 음산한 것은 모두 느낄 수 있었다. 프로그램에 몰입해 보려 해도 한구석이 비는 허전함이 있었다. 나는 그 공백을 외부 모임 활동으로 메웠다.

나는 틈을 내서 몇몇 지인들과 함께 일종의 '틈새 언론' 활동을 했다. 물론 대외적 영향력보다는 스스로를 다지는 성찰적 활동이었다. '시선'이라는 이름을 가진 소모임이었다.[17] MB정부 들어 언론이 제 역할을 할 수 없는 상황에서, 주류 언론들이 간과하는, 또 정권에 장악당한 공영방송이 소홀히 하는 이 시대의 이슈와 사안들을 좀 더 낮은 시선으로 살펴보고 다뤄보자는 취지였다. 2016년 6월부터 월 1회 만나서 '이달의 주목할 만한 시선'을 정하고 돌아가면서 글을 써 한국기독교교회협의회(NCCK) 언론위원회의 명의로 발표했다. '(구의역) 김 군의 가방', '이정현 녹음 파일', '하나도 거룩하지 않은 파산 변호사', '최승호 피디의 영화 〈자백〉', '두 얼굴의 언론' 등 1년마다 소책자로 출간도 했다.

이러한 문제의식은 한국사회에서 여전히 유효하다. 하지만, 내 에너지를 오롯이 투입한, 그리고 내 생각과 아이디어를 담은 프로그램을 KBS 채널을 통해 방송했으면 더 좋았을 것이다. 하지만 그 시절은 어쩔 수 없었다. 지금 생각하면 일종의 '투잡_{two jobs}'을 할 수밖에 없던 시절이다.

---

17 한국기독교교회협의회(NCCK)의 김영주 총무께서 이 모임을 제안했고 강석훈 국장이 간사(후에 김영주 국장)를 맡았다. '시선' 모임은 김당(UPI통신 통일외교 에디터/정치선임기자), 김덕재(KBS PD), 김주언(열린미디어연구소 상임이사), 김태훈(작가), 심영섭(경희사이버대 교수), 장해랑(세명대 저널리즘스쿨대학원 교수), 정길화(MBC PD), 한홍구(성공회대 교수), 그리고 필자가 함께했다.

촛불, 시대의 어둠을 밝히다

한국 현대사에서 촛불은 계기마다 매우 중요한 역할을 한다.

시민들은 2002년 말 미군 장갑차에 희생당한 효순이·미선이를 추모하기 위해, 2003년 5월 정략적으로 대통령을 탄핵한 국회의 횡포를 규탄하기 위해, 그리고 2008년 5월에는 이명박 정부의 국민을 무시한 미국산 쇠고기 수입 협상에 분노해서 촛불을 들었다. 촛불은 공영방송을 지키기 위해 KBS 앞으로 오기도 했다. 2014년 세월호 참사 때도 시민들은 유족들과 함께 촛불을 들었다. 그리고 2016년 10월, 박근혜-최순실 국정농단에 분노한 시민들은 다시 촛불을 든다.

밤이 깊을수록 별은 더 빛난다. 시대의 어둠이 짙어질 대로 짙어졌던 그 시기, 촛불은 더 밝고 강렬하게 타 올랐다. 그 촛불은 KBS에도 다시 한번 기회를 준다.

혼용무도

연말이 되면 교수신문이 그해의 세태를 집약한 사자성어를 채택해 발표한다. 대학교수들의 설문조사를 통해 선정하는데 대부분 고개가 끄덕여진다.

박근혜 정부 첫해였던 2013년에는 도행역시倒行逆施가 선정됐다. 잘못된 길을 고집하거나 시대착오적으로 나쁜 일을 꾀한다는 의미다. 박근혜 정부가 과거로 회귀하려 한 것을 비판한 것이다.

2014년 말에는 지록위마指鹿爲馬를 뽑았다. 사슴을 말이라고 할 정도로 진실과 거짓을 제멋대로 조작하고 속인다는 의미다. 그해 세월호 참사, 정윤회 국정개입 의혹 사건(일명 십상시 논란) 등 온갖 거짓이 진실로 왜곡되고, 정부는 사건의 본질을 호도하고 있다는 메시지였다.

집권 3년 차인 2015년의 사자성어는 혼용무도昏庸無道였다. '혼용昏庸'은 사리에 어둡고 어리석은 군주君主를 지칭하는 혼군昏君 또는 용군庸君의 앞 글자들을 합친 말이다. '사리에 어둡고 어리석은 임금'과 '도리道理가 제대로 행해지지 않는 세상'이란 뜻으로 어리석고 무능한 지도자의 잘못된 정치로 인해 나라 상황이 마치 암흑에 뒤덮인 것처럼 온통 어지러운 상태를 비유하는 표현이다. 박근혜 대통령이 유승민 여당 원내대표에게 압력을 넣어 사퇴시킨 일이 있었고, 메르스(중동호흡기증후군) 확산을 통제하지 못한 정부는 무능함을 드러냈다. '역사 교과서 국정화' 추진으로 큰 논란을 일으키기도 했다.

국정농단과 KBS 보도

도행역시, 지록위마, 혼용무도의 시기에 공영방송 KBS는 어떠했을까? 2013년 도행역시의 시기, 〈진품명품〉 프로그램에 낙하산 MC를 꽂아 넣기 위해 전체 제작 PD들과 CP, 국장, 그리고 본부장까지 모두 교체하는 비상식적 일이 일어났다. 2014년 지록위마의 시기, 세월호 참사 속에서 보도 개입 사실이 폭로돼 길환영 사장이 해임되는 사태가 벌어진다. 그리고 2015년 혼용무도의 시기, 박근혜 정권은 KBS 구성원들이 절대 불가 후보로 규정한 고대영 전 보도본부장을 KBS 사장으로 임명했다.

공영방송이 비판 기능을 거세당한 시기, 정권 내부가 비정상으로 치닫고 박근혜-최순실 국정농단이 무르익고 있었다. 국정농단 관련 보도를 처음 한 곳은 종편 TV조선이다. 2016년 7월 26일이다.[1] 곧 조선일보도 가세하나 얼마 안 가 꼬리를 내린다.[2] 미르재단 의혹 보도는 더 이상 나오지 않는다. 그런데 TV조선보다 먼저 박근혜 정부의 국정농단을 보도한 매체는 세계일보였다. 2014년 11월 27일, 세계일보가 "정윤회 '국정개입'은 사실"이라는 기사를 내보냈다. 박근혜 정부 2년 차이자 세월호 참사가 일어나고 반년 정도가 흐른 뒤였다.[3] 놀랄 만한 보도였지만 후속보도는 더 이상 나오지 않았다. 사실상 이미 박근혜 정권이 내부에서 무너져 내리고 있었고 이를 감지한 보수언론이 위험신호를 보낸 것이다.

종편 TV조선이 다시 시작했다가 멈춘 국정농단 보도는 한겨레가 이어받으면서 새로운 국면에 접어든다. TV조선이 관련 보도를 완전히 멈춘 지 3주가 지난 9월 20일, 한겨레는 "취재 결과 박근혜 대통령의 비선 실세인 최순실 씨가 재단(미르와 K스포츠) 설립과 운영에 깊숙이 개입한 정황이 드러났다"고 보도한다. 한겨레는 청와대 관계자의 말을 인용해 "권력의 핵심실세는 정윤회가 아니라 최순실", "문고리 3인방은 생살이고, 최순실은 오장육부", "생살은 도려낼 수 있지만, 오장육부는 목숨"이라고 보도했다. 이 기사를 통해 최순실이라는 인물이 갑자기 주목을 받기

---

1   "청와대 안종범, '문화재단 미르' 500억 원 모금 지원"이라는 뉴스를 내보냈다. 이는 8월 2일 "900억 원 모금한 기업들 … 팔 비틀렸나?", "미르와 K스포츠, 한뿌리 쌍둥이?"로 이어진다.

2   검찰이 "조선일보 송희영 주필이 대우 사장의 연임을 돕기 위한 칼럼을 썼고 '호화요트 접대'를 받았다"고 발표했기 때문이었다. 두 달여 전 검찰이 '부패범죄특별수사단'을 꾸려 '대우조선해양 사장 연임로비 사건'을 수사해 왔는데 사실은 청와대가 조선일보를 손보기 위한 수사였고, 이에 조선일보 측이 국정농단 보도로 선제공격을 한 것이었다고 알려졌다.

3   세계일보는 청와대 공직기강비서관실의 감찰보고서를 입수해 소문으로만 떠돌던 정윤회 국정개입이 사실이라고 보도했다. 최순실의 전 남편이자 박근혜 당대표의 전 비서실장 출신 정윤회가 청와대 '문고리 3인방'을 비롯한 10여 명의 청와대 인사들과 정기적으로 만나며 청와대와 정부의 동향에 대한 의견을 나눴다는 내용으로 이른바 '십상시' 사건이었다. 이 사건으로 수사 받던 박관천 전 청와대 행정관이 "우리나라 권력 서열 1위는 최순실, 2위는 정윤회, 3위가 박근혜 대통령"이라며 '최순실'이라는 이름을 처음 언급하기도 했다.

시작했다. 3주 전부터 특별취재팀을 꾸려 재계, 스포츠계 등을 다각도로 취재한 한겨레는 계속해서 단독보도를 이어갔다.

그러다가 JTBC가 최순실의 태블릿PC를 입수해 보도하기 시작하면서 국정농단 보도는 절정을 향해 치달았다. 10월 24일 월요일, '최순실 연설문 개입' 보도였다. JTBC는 한 달 전 특별취재팀을 가동하고 미르재단과 K스포츠재단, 그리고 최순실 관련 뉴스를 여러 건 보도했다. 그리고 이번에 태블릿PC를 입수해 단독 보도하게 된 것이다.

손석희 앵커가 진행하는 JTBC 〈뉴스룸〉은 2014년 세월호 참사에 대한 지속적이고 진정성 있는 보도를 통해 성공적으로 신뢰를 구축했다. 그 신뢰 덕분에 〈뉴스룸〉은 결정적 물증을 제보받을 수 있었고 박근혜-최순실 국정농단에 대해 독보적인 보도를 할 수 있었다. 국정농단의 실상이 적나라하게 드러난 태블릿PC 보도의 여파는 가공할 만했다.

JTBC가 최순실 연설문 개입을 보도한 것은 중대한 변곡점이었다. 곧바로 SBS·서울신문·국민일보·한국일보·채널A 등도 가세하면서 국정농단 관련 보도량이 폭발적으로 늘어난다. 그러나 이런 가운데서도 KBS와 MBC 등 공영방송들은 여전히 제 역할을 하지 못하고 정권의 눈치 보기에 급급할 뿐이었다.

물론 KBS기자협회는 박근혜 정부의 이상 징후를 포착하고 통합뉴스룸(보도국) 편집회의에서 계속 신호를 보냈다. 후일 'KBS 진실과미래위원회'가 조사한 바에 따르면, 7월 26일 TV조선이 '미르재단 모금 의혹'을 처음 보도했을 때 KBS기자협회가 취재를 요청했다고 한다. 하지만 고대영 사장이 임명한 보도국장이 묵살한 것으로 드러났다. 또한 9월 20일에 한겨레가 최순실 실명을 적시해서 최초로 보도하자, 기자협회장(이영섭)이 당일 편집회의에서 취재 및 보도의 필요성을 다시 제기한다. 하지만 보도국장은 "최순실이 대통령 측근 맞아?"라며 또다시 거부했다.[4]

그러다가 10월 24일, 대통령이 개헌을 추진하겠다고 발표하자 〈KBS 뉴스9〉이 큰 의미를 부여하며 적극 보도에 나서는 모습을 보였다. 하지만 이날 대통령의 개헌 관련 뉴스는 더 폭발력 있는 뉴스에 압도된다. 당일 저녁 JTBC가 "단독, 최순실 PC 파일 입수…대통령 연설 전 연설문 받았다", "단독, 발표 전 받은 '44개 연설문'…극비 '드레스덴'까지", "단독, 최순실 측 '청와대 핵심문건 수정' 정황 포착" 등 일곱 꼭지를 보도한 것이다.

　이렇게 되자 그다음 날에서야 KBS가 특별취재팀을 설치한다. 늦어도 한참 늦게 취재에 뛰어든 셈이다. 그럼에도 특별취재팀은 '김영한 전 청와대 민정수석의 비망록'을 입수한다. 사회2부장(박장범)에게 아이템이 보고되고, 부장은 관련 발제를 적극 지시한다. 하지만 사회2부장이 국장에게 보고한 후 태도가 바뀐다. 10개의 아이템 중 4건만 방송하라는 것이었다. 또한 취재기자가, 우병우 민정수석이 민간인 사찰에 연루된 기록을 발견하고 관련 아이템을 발제하기도 했지만 데스크에서 삭제된다. 그사이 다른 언론사도 이 비망록을 입수해 단독으로 보도한다.

　당시 보도 책임자들은 태블릿PC의 진위여부에만 집착할 뿐이었다고 한다. 이러다 보니 KBS의 국정농단 관련 보도는 극도로 부실할 수밖에 없었다. 이후 촛불집회와 대통령 탄핵 보도에서도 KBS 보도국장을 비롯한 간부들은 유사한 태도를 보였다.[5]

4　그 밖에도 여러 번 기회가 있었으나 번번이 날아갔다. 사회2부와 법조팀 취재기자들도 관련 보도의 필요성을 제안했지만 받아들여지지 않았다. 이후 노사 공정방송위원회에서 노측이 특별취재팀(TF) 설치를 요청했지만, 사측은 거부한다. 10월 14일, 취재기자가 이화여대 정유라 특혜 의혹에 대한 기사를 작성했지만, 사회2부장은 기사 승인을 거부했던 것으로 드러났다. 모든 언론사가 해당 사건을 보도했지만, KBS는 카메라 기자조차도 보내지 않았다. 이화여대 총장의 사퇴 논란까지 번지는 등 사태가 커졌으나 사회2부는 단 한 차례도 리포트를 자체 발제하지 않았다. 〈KBS진실과미래위원회 활동 보고〉, 2019. 6. 19.

5　1차 촛불집회 이후 KBS는 촛불집회 보도를 최대 16건까지 보도했으나 대통령 탄핵소추안

손석희 전 JTBC 앵커는 저서 《장면들》에서 "뉴스가 나가는 동안 이미 세
상은 폭발하고 있었다"고 썼다. 분노한 시민들이 움직이기 시작한 것이
다. 2016년 10월 29일 토요일 저녁, 시민들은 광장으로 나와 다시 촛불
을 들었다. 그리고 겨울을 거쳐 2017년 봄까지, 장장 134일 동안 연
1,700만 시민들이 촛불집회에 참여한다. 아무리 춥고 많은 눈이 내리는
날에도 토요일이면 어김없이 수십만, 수백만의 시민들이 광화문광장과
청계광장, 그리고 전국 방방곡곡을 촛불로 밝혔다. 시민들의 촛불 민심
은 정당성을 상실한 대통령을 탄핵하는 동력을 만들고 후퇴하고 있던 대
한민국의 민주주의를 되살렸다. 그리고 많은 시대적 과제를 '공론장'으
로 불러냈다.

　이와 더불어 촛불 시민들은 권력에 장악된 방송에 대해 통렬한 각성을
촉구했다. 국정농단에 저항하는 시민들의 촛불은 대한민국에는 희망이
었지만, KBS 구성원들에게는 심한 자괴감을 안겨 주었다.

　이대로 무기력하게 있어서는 안 되었다. 이제라도 뭔가를 해야 했다.
마치 30년 전 6월 민주항쟁 직후 선배들이 "이대로 있어서는 안 된다. 뭔
가를 해야 한다"고 했던 것처럼. PD협회(협회장 류지열)가 선제적으로 대
응했다. 1차 촛불집회 이틀 전인 10월 27일, PD협회는 점심시간을 이용

가결 후 보도가 급감했고 2017년부터 태극기집회 보도와 1:1 보도 방식을 유지하다 3월부터
는 태극기집회를 촛불집회보다 앞서 보도하기 시작했다. 또한 태극기집회에서 젊은 사람을
골라 인터뷰하라는 지시도 있었다. … 탄핵소추안 가결 이후 이인호 이사장은 전직 헌법재판
관 혹은 대법관들의 의견을 뉴스에 반영하자고 발언했고 이후 사회2부는 전직 헌법재판관을
인터뷰한 리포트를 발주해 취재기자들이 제작하도록 지시했다. 〈KBS진실과미래위원회 활
동 보고〉, 2019. 6. 19.

해 '박근혜 국정농단 대응과 KBS 공영성 회복'을 위한 긴급 PD비상총회를 열었다. PD들은 "우리 시사 프로그램들이 너무나도 무기력하다"고 자책하며 "분발이 필요하다"고 입을 모았다. 11월 1일, 새노조도 본관 2층 민주광장에서 조합원 총회를 열었다. 그리고 11월 7일 다시 PD총회가 열렸다. 이날 PD들은 'PD협회 비상대책위원회'(이하 비대위)를 출범시켰다. 나도 비대위원을 맡게 되었다.

이 당시 나는 촛불집회 소식을 꼼꼼히 챙겨보며 PD협회 비대위원으로 활동했지만, 또 한편 〈명견만리〉 제작에 매여 있었다. 이 프로그램은 국내 및 해외 촬영, 사전 영상물 편집, 이어 녹화 스튜디오에서 전문 연사의 프레젠테이션과 300여 방청객들과의 질의응답, 다시 최종 편집 등 제작 과정이 복잡했다. '세상은 폭발'하고 있었지만 나는 당장 11월 18일 밤 10시에 방송될 '40만 공시족, 정답을 묻다' 편 제작을 소홀히 할 수도 없었다. 그러다 보니 10월 29일의 1차 촛불집회에 갈 수 없었다. 방송이 나가고 11월 19일이 되어서야 마침내 촛불집회에 가서 끝까지 참여할 수 있었다. 이미 4차 촛불집회였다. 현장에서 본 촛불은 대한민국의 민심 그 자체임을 실감했다.

초기에 PD협회 비대위는 TV제작본부장과 방송편성본부장에게 "시사 프로그램들이 현안들을 제대로 다루지 않고 있다"며 본부장 등 제작 책임자들과 일선 PD들이 참석하는 대토론회를 요구했다. 하지만 토론회 요구는 받아들여지지 않았다. 밖은 요동치고 있었지만, KBS의 고대영 사장 체제는 여전히 요지부동이었다.

그런 가운데 비대위의 문제 제기에 대해 CP나 부장 등 중간 간부 상당수가 동의하는 모습을 보였다. 다행이었다. 이에 비대위는 특별제작팀^{TF} 설치를 요구한다. 조인석 TV제작본부장과 류지열 비대위원장(PD협회장) 간에 밀고 당기기가 이어지다가 공식적인 TF 대신 '자율적 TF'를 구성하는 걸로 조정이 이루어졌다. 촛불이 만들어준 틈새라는 과도기에 제작 자율성을 실험하는 모양새로 특별제작팀을 두기로 합의한 것이다.

12월 5일, 특별제작팀이 구성됐다. 특별제작팀은 5명의 PD가 〈KBS 스페셜〉팀 내에서 최대한 독립성을 갖고 프로그램을 제작할 수 있도록 하고 내가 팀장 역할을 맡는 걸로 했다. 즉시 주말 촛불집회부터 촬영을 시작하고 기록하기 시작했다. 사실 공식적인 TF가 아니다 보니 참여하는 PD들은 이후에 사측과 갈등이 생길 경우, 인사상 불이익을 받을 수도 있는 상황이었다. 실제로 나중에 파탄이 나는 상황이 오기도 했다. 하지만 뭐라도 해야 하는 상황에서 나는 국장에게 강하게 어필하기도 하고, 때론 TF 후배들을 달래기도 하며 몇 개의 프로그램을 제작했다.

2017년 2월 11일, 첫 아이템으로 〈KBS 스페셜〉에서 '특집 블랙리스트' 편을 방송했다. 박융식·김명숙 두 PD가 박근혜 정부에서 문화예술계 인사들을 블랙리스트로 만들어 관리한 실태를 취재해서 방송했다. 블랙리스트의 실체를 눈으로 생생하게 확인할 수 있어 호소력이 컸다는 반응이었다. 하지만 두 PD는 제작 내내 예민했다. 명칭은 자율적 TF였지만 회사 예산을 제작비로 사용하고 KBS 채널로 방송되는 만큼 담당 국장의 데스킹 과정을 거치지 않을 수는 없었다. 거기다가 제작 기간도 짧았다. 다행히 국장이나 본부장이 내용에 브레이크를 걸지는 않아서 성공적으로 첫 편을 방송할 수 있었다.

이어서 내가 제작한 아이템을 방송할 차례였다. 후배 최진영 PD와 함께 제작에 들어갔다. 처음 가제가 "특집 다큐 '제 18대 대통령 박근혜, 탄핵'"이었다. 콘크리트 지지율을 보이던 박근혜 전 대통령의 지지율이 어떻게 5% 이하로 떨어지고 결국 탄핵을 당했는지에 대해 박근혜라는 인물에 초점을 맞추어 구성했다. 1970년대 퍼스트레이디 시절부터 정치에 발을 들이기 전까지의 박근혜, 이후 1998년부터 정치인으로서의 박근혜, 그리고 지난 4년 대통령으로서의 박근혜를 따라가 봤다. 영상자료실에서 관련 영상을 많이 찾을 수 있었다. 방송 일자는 헌법재판소의 탄핵 판결 바로 다음 날이었다. 탄핵이 인용되지 않으면 준비한 대로 방송이 못 나갈 위험부담도 있었다. 물론 탄핵 인용 가능성이 훨씬 높다고 생각했다.

그런데 제목에 대해 국장이 개입했다. 박근혜라는 이름 석 자를 빼달라는 것이었다. 처음엔 "그게 무슨 차이가 있나요?" 하고 반문하다가 그냥 수용하기로 했다. 국장이 2년 후배여서 이런 문제로 실랑이하고 싶지 않았다. 그것 말고는 내용에 토를 달지 않았기 때문에 대세에 지장 없다고 생각했다. 입사 4년 차인 최진영 PD는 젊은 감각으로 나와 호흡을 잘 맞췄다. 특히 편집 등 후반작업에서 좋은 의견과 아이디어를 많이 냈다. 3월 11일 밤 10시, 1TV를 통해 〈특집 다큐 '제18대 대통령, 탄핵'〉(이하 〈탄핵〉) 편이 무사히 방송됐다. 방송이 나가고 시청자들의 반응을 살펴봤다.

> 지금 거의 10년 만에 KBS 정치 다큐를 보고 있다. '특집다큐 제18대 대통령 탄핵' ㅂㄱㅎ 이름도 안 쓰고 18대 대통령이란 제목에 일단 비위가 상해 돌리려다 과연 KBS는 탄핵을 어떻게 말할까 호기심이 일어 그알(필자 주: SBS 〈그것이 알고 싶다〉) 보기 전 징검다리로 보고 있는데 내용이 훌륭하다. 어디 내놔도 손색없다. 광화문광장에서 틀어도 손색없다. 지나치게 감상적이지도 편향적이지도 않고 담담하게 지난 5년을, 그리고 그녀와 박정희의 일대기를 풀어내고 있다. 영상에 나오는 그간 주옥같은 ㅂㄱㅎ의 어록들을 보면서 '그랬지' 하며 실소가 나오다 슬슬 부아가 치민다. 이런 영상을 왜 이제야… 진작에 너네가 이랬으면… 〈어둠은 빛을 이길 수 없다〉 노래를 KBS에서 듣다니.[6]

어떻게 보면 새로운 사안은 없었다. 다만 역사의 한 순간을 훑어줬다는 점에서 챙겨봐야 할 방송이었다. 지금 이 순간도 새로운 소식이 홍수를 이루는 가

---

6   페이스북, 문종석, 2017. 3. 1.

운데 놓치지 말아야 할 핵심을 짚어주는 역할을 했다. 방송이라는 특성상 제작 흐름이 늦지만 그만큼 신중하고 깊이 있을 수 있다. 특히 공영방송이 꼭 해야 할 가치 있는 '뒷북 방송'이기도 했다. 공영방송으로서 보편적 가치를 지켜야 하는 KBS이기 때문에 사안의 본질을 집대성하는 방송이 필요했다는 점에서 의미 있었다.[7]

위의 두 글 모두 방송은 괜찮았지만, KBS가 이제 와서 이러는 것을 기회주의적인 것으로 보고 있었다. 그동안 KBS에 대한 감정이 어땠을지 짐작이 가고도 남았다. 부끄러운 일이지만 대꾸하기 어려운 지적이었다. 어쩔 수 없는 일이다. 프로그램의 품질에 대해서는 인정을 받은 만큼 앞으로 제작 자율성의 공간을 계속 넓혀가야 한다는 생각을 다시 했다.

계속해서 특별제작팀은 4월 방송용으로 세월호 참사 3주기 프로그램을 기획했다. 지난번 '블랙리스트' 편을 제작했던 박웅식·김명숙 PD가 다시 연출을 맡았다. 참사 당일인 4월 16일, 〈KBS 스페셜〉'3년, 세월의 시간'이 방송됐다. 세월호 참사에 많이 아파하고 정부의 대응에 분노하고 있던 김훈 작가가 프레젠터로 참여했다. 김 작가는 시청자들을 대신해 세월호 유가족을 만나고, 그들의 이야기를 듣고 기록했다. 긴 여운이 남는 방송이었다. KBS로서도 매우 큰 상처가 있는 세월호 참사였다. 하지만 대통령이 탄핵되고서야 PD들이 간섭과 방해를 받지 않고 제작에 몰입할 수 있게 된 것이다.

하지만 자율적 TF는 곧 암초를 만난다. 헌법재판소의 탄핵 선고로 대통령은 물러났지만, 그의 임명을 받은 고대영 사장은 여전히 자리를 지키고 있었기 때문이다. 이번 촛불을 주제로 한 다큐멘터리, '광장의 기억'

---

7 "공영방송 바로 세울 밑거름… KBS 특집 다큐 '탄핵'", 〈PD저널〉, 2017. 3. 14.

편이 극심한 진통을 겪게 되었다.

이 아이템은 애초에 3월 11일에 방송한 〈탄핵〉 편에 이어서 방송할 예정으로 준비했다. 하지만 회사에서 방송 일자를 편성해 주지 않고 있었다. 이에 담당 PD(이내규)가 제작을 중단하고 본부장실 앞에서 1인 시위에 들어갔다. 곧이어 동료들도 함께 피켓 시위에 동참한다. 결국 PD협회 및 새노조와 사측(TV제작본부) 간의 갈등으로 확대된다. 3월 28일, PD협회가 고대영 사장을 배후로 지목하는 성명을 냈다.

> (불방 이유에 대해) 비공식적으로 확인해 본 바 방송을 망설이는 주된 이유가 다가오는 대통령 선거에 영향을 끼칠까 우려된다는 것이다. … 이 방송이 박근혜가 대통령직에서 파면당하고 조기 대선이 될 것으로 예측하고 기획된 것이 아니란 것을 누구보다도 관리자들이 잘 알 것이다. '광장의 기억'은 벌써 방송이 나갔어야 했다. 방송 시점이 늦어지면 늦어질수록 쓸데없는 잡음만 커질 뿐이다. 조속히 방송편성을 하기 바란다. … 탄핵이 인용된 이후에도 KBS는 여전히 시청자와 괴리되어 있고 〈KBS 스페셜〉 '광장의 기억' 편에 대한 방영 논란이 벌어지는 것들이 과연 고대영 사장과 무관한 것인지 깊이 생각해 보길 바란다.[8]

반면 사측은 출입 기자들을 통해 "촛불 민심은 지난해 11월과 12월, 올해 1월까지 〈KBS 스페셜〉, 〈다큐멘터리 3일〉, 〈추적 60분〉 등의 프로그램을 통해 여러 차례 시의성 있게 방송했다"며 "제작진이 방송을 요구하는 '광장의 기억' 편에 대해 제작 책임자는 제작지시를 내린 바가 없

---

8 PD협회 성명(2017. 3. 28.). 다음 날 새노조도 유사한 성명을 냈다. "최근 고대영 사장이 제작본부와 방송본부의 간부들에게 특정 프로그램들과 아이템을 직접 거론하며 '편향적'이라느니 '포퓰리즘'이니 '야당의 어젠다가 아니냐'는 식의 간섭과 통제를 시시때때로 하고 있다는 소문이 끊임없이 나오고 있다. 만일 이런 소문이 사실이라면 이번 '광장의 기억' 불방도 이런 고대영식 통제의 결과일 것이다." 〈KBS본부노조 성명서〉, 2017. 3. 29.

다"고 반박했다. 그러면서 "다만 PD가 역사적 기록과 다른 프로그램에 활용하기 위해 촬영을 요청해 승인했던 사항이다. 그런데 1월 말 제작진이 기록한 영상을 토대로 방송을 요청해 와, 대선이 끝나는 5월 중에 제작하도록 지시했다"고 덧붙였다.[9]

나는 '광장의 기억'의 기획에도 참여했기 때문에, 그 내용과 제작 과정을 잘 알고 있었다. 물론 상황이 유동적이어서 처음 기획안을 제출할 때 방송 시점을 정확히 정하기는 어려웠다. 하지만 제작 중에 적절한 시점이라고 판단되면 방송할 수 있는 것이다. 그리고 이 아이템이 대선에 영향을 미친다고 주장하는 게 이해되지 않았다. 대선이 5월 9일로 예정돼 있었지만, 이 아이템은 헌법재판소의 탄핵 선고 이전에 기획되었다. 대선을 염두에 둔 아이템이 아니었다. 따라서 〈탄핵〉 편에 이어서 바로 방송했으면 아무 문제가 없었다.

담당 PD는 더 이상 프로그램 제작에 집중하기 힘들어했다. 그럼에도 나는 후배인 이내규 PD에게 싸우되 프로그램 완성도를 높이기 위해 최선을 다해 달라고 부탁했다. 그리고 조인석 제작본부장을 찾아갔다. 조 본부장과는 과거 프로그램을 함께하기도 했고 상대의 뒤통수를 치거나 하는 성품이 아닌 선배라고 생각돼서 잘 소통하면 오해를 풀 수도 있지 않을까 기대했다. 나는 "일단 함께 시사試寫라도 해 보자"고 설득하려 했다. 하지만 본부장은 "제작을 계속하되 방송 시점은 6월 항쟁 기념일 전후로 해보자"고 했다. 그러면서 "더 시간을 갖고 제작해서 볼륨 있게 방송할 수 있지 않느냐"고 했다. 본부장은 그 이상 물러나지 않았다.

면담을 통해 이 문제는 본부장 차원의 문제가 아니라는 걸 직감했다. PD협회와 새노조 성명에서 지적한 것처럼 위에서 사장이 막고 있다는 생각이 들었다.

---

9   강성원, "'촛불' 다큐가 선거에 영향? 'KBS 스페셜' 불방 위기", 〈미디어오늘〉, 2017. 3. 29.

이 문제를 어떻게 풀 것인가? PD협회나 노동조합 등 조직의 힘으로 그대로 밀고 나갈 것인가 아니면 적절한 지점을 찾도록 할 것인가? 앞의 방식은 결과를 예측하기 어렵다. 그동안 자율적 TF에서 기획한 프로그램 4개 중에서 3개는 문제없이 방송이 나갔다. 나머지 하나가 방송 시점을 둘러싸고 마찰을 빚고 있는 것이었다. 5월 9일 대통령 선거일이 다가오고 있었다. 사측과의 실랑이 때문이지만 3월이 지나 이미 4월로 접어든 시점에서 계속 밀어붙이는 것은 실익이 없어 보였다. 한 달 더 늦춰 6월 민주항쟁 기념일에 맞추는 것도 절대 못 받을 사안은 아니라고 생각됐다. 시점을 좀 미루더라도 완성도 높은 프로그램을 방송하는 것이 나을 수도 있었다. 또한 자율적 TF를 가동한 배경에 제작 자율성에 대한 실험이라는 차원도 있었던 만큼, 이번 기회에 TV편성위원회(이하 TV위원회)를 통해 내부적으로 합의를 시도하는 전례를 만들어볼 수도 있었다.

이런 가운데 4월 3일, 다시 PD총회가 열렸다. 그동안의 누적된 불만들이 쏟아져 나왔다. 나는 TV위원회를 활용해 보자는 의견을 냈다. 그리고 갑론을박 끝에 제작본부장에게 TV위원회 개최를 요구하기로 결의한다. 하지만 본부장은 바로 응하지 않았다. PD들은 신관 로비에서 점심시간을 이용해 TV위원회 개최를 촉구하며 피케팅을 시작했다. 이에 새노조가 나서 사측에 공정방송위원회(이하 공방위) 개최를 요구한다.

4월 10일, 노사 공방위가 열렸다. 노사 간의 팽팽한 의견 대립 끝에 결국 TV위원회를 여는 걸로 합의한다. 통상 TV위원회가 먼저 열리고 합의가 안 될 경우 공방위로 가는 절차로 진행되지만, 이번에는 거꾸로 되었다. 처음에 제작본부장은 TV위원회 개최를 매우 부담스러워했으나, 노사가 공방위에서 합의한 만큼 받아들일 수밖에 없었다.

TV위원회는 제작본부장을 포함한 제작 책임자 5인과 동수의 제작 실무자 대표들로 구성됐다.[10] 양측은 회의 날짜를 4월 19일로 정하고, 사전

조율을 했다. 과정이 순탄하지는 않았지만, 양측이 서로 받아들일 만한 지점을 찾아내 대략적 합의안을 만들어냈다. 큰 틀에서 "본부장이 먼저 유감을 표명하고 최대한 빨리 방송을 낸다"는 방향으로 합의 문구를 정리했다. 그리고 "TV위원회의 중요성을 함께 인식하고 편성규약을 준수하기로 한다"는 문구도 포함했다.

4월 19일, TV위원회가 열린다. 임시합의문을 만든 상태였지만 마음을 놓을 수는 없었다. 다행히 돌발상황은 일어나지 않았다. 양측이 돌아가며 각각 입장을 밝힌 후, 큰 이견 없이 최종합의문에 서명했다.[11]

이에 따라 PD들은 2주 넘게 계속된 피케팅을 잠정 중단하고 담당 PD는 다시 제작에 들어갔다. 마침 제작 중인 6월 민주항쟁 특집이 있어서 함께 묶어 방송하는 걸로 편성이 확정됐다. 1987년 6월 민주항쟁과 2016~17년 촛불의 의미를 되짚는 내용이 되었다. 이렇게 해서 〈시민의 탄생〉 2부작이 방송된다. 제1편 '1987'(연출 홍진표)은 6월 8일, 그리고 제2편 '광장의 기억'(연출 이내규)은 다음 날 방송되었다.

방송을 둘러싼 갈등을 TV위원회를 통해 제작본부 내에서 해결한 것은 그 의미가 적지 않았다. TV위원회에 관한 사항은 단체협약 및 편성규약에 규정돼 있다. 하지만 2008년 이후 사측은 거부하거나 회피해서 거의 사문화되다시피 한 상태였다. 그러다 보니 PD들도 TV위원회의 실효성

---

10 제작 실무자 측 위원은 새노조 중앙위원(박성주 PD), PD협회장(유지열), 새노조 정책실장 (강윤기 PD), '광장의 기억' 담당 PD(이내규), 그리고 필자('자율적 TF' 팀장) 등.

11 합의문 전문: ① TV제작본부장은 이유 여하를 불문하고 현 사태에 이르게 된 것에 대해 책임을 통감하고 이에 깊은 유감을 표명한다. ② 〈KBS 스페셜〉 '광장의 기억' 편은 이미 적절한 방송 시점을 넘긴 상황임을 제작 책임자 측과 제작 실무자 측이 동의하고 기제작 편을 바탕으로 광장과 촛불이 상징하는 시대정신을 더욱 깊이 있고 폭넓게 구현하여 최대한 적합한 시점에 그리고 최대한 빨리 방영한다. ③ 이번 건을 계기로 'TV편성위원회'(이하 TV위원회)의 중요성을 제작 책임자 측과 제작 실무자 측은 인식하였다. 그리하여 TV위원회 개최를 규정한 편성규약을 준수하며 현안이 있을 경우 TV위원회를 개최한다. 이상의 'TV위원회 합의'에 따라 PD협회는 현재 진행 중인 방영촉구 피케팅을 4월 20일 자로 잠정 중단한다.

에 냉소적이었다. 다행히 이번 사례를 통해 TV위원회의 효용성을 다시 인식할 수 있었다.

오래된 기억

우여곡절 끝에 '광장의 기억' 편까지 방송이 나가면서 특별제작팀은 해산했다. 나는 〈KBS 스페셜〉팀으로 복귀했다. 곧바로 2000년에 있었던 6·15 남북정상회담 관련 다큐 제작에 착수했다. 내가 배정받은 방송일이 6월 15일이었다. 17년 전 그때의 감동, 그 '오래된 기억'을 되살려 남북 관계개선에 기여한다는 취지로 기획했다. 이명박 정부 출범 이후 금강산 관광객 피격 사건, 천안함 피격 사건, 그리고 5·24 조치[12] 등으로 악화된 남북 관계는 박근혜 정부 들어 파국으로 치달렸다. 북한의 핵실험과 대륙간 탄도미사일 발사가 계속 이어지는 가운데 한반도 평화의 마지막 보루이자 가장 효과적인 안전판 역할을 해 온 개성공단마저 폐쇄돼 버린다.

남북의 분단 상황이 남과 북을 상호 적대적 공생관계로 만들어 왔다는 시각을 갖고 있던 나는, 2016~17년 촛불이 민주주의를 다시 살려내는 동시에 남북 관계도 다시 화해의 방향으로 추동할 것으로 생각했다.[13] 나는 임동원 전 통일부 장관의 회고록 《피스 메이커: 남북 관계와 북핵 문

---

12 천안함 피격 사건에 대한 대응으로 이명박 정부가 2010년 5월 24일에 발표한 대북 제재 조치.

13 일전에 읽었던 황현산 교수의 칼럼도 매우 공감이 갔다. "문제는 전쟁은 항상 이성적으로 결정되는 것이 아니라는 데 있다. 전쟁은 처참할수록 이유가 불분명했다. 긴말 필요 없이 우리에게 전쟁은 민족의 공멸을 뜻한다. … 민족의 한쪽이 나쁜 결정을 내리지 않도록 도와야 하는 것은 우리다. 남북은 가장 가까운 핏줄로 연결되어 있고, 수천 년 동안 같은 운명 앞에 서 있었고, 또다시 긴박한 위험을 목전에 두고 같은 운명을 고뇌하고 있다. 함께 번영한다는 것이 무엇인가를 깨닫고 실천하는 지혜가 진정한 앎이며, 한쪽의 동포가 비극적 결정을 내리지 않도록 도울 수 있는 힘이 진정한 국력이다." 황현산, "전쟁을 안 할 수 있는 능력", 〈경향신문〉, 2013. 4. 12.

제 20년》을 꺼내 읽었다. 6·15 남북정상회담 막전 막후의 흥미 있는 이야기가 생생하게 담겨 있었다. 임 전 장관은 2000년 6월 김대중 대통령 특사로 김정일 국방위원장을 만나 남북정상회담을 성사시키고 6·15 남북공동선언을 채택하는 데 결정적 역할을 한 인물이다.[14]

이 책의 저자를 주요 출연자로 해서 다큐멘터리를 제작하기로 했다. 섭외에 들어갔으나 처음엔 부정적 반응이었다. 아마도 당시 KBS에 대한 신뢰 문제가 있지 않을까 짐작이 갔다. 그러다가 정일용 연합뉴스 대기자(전 한국기자협회장)의 도움을 받아 섭외에 성공했다. 바로 찾아뵙고 두 달 정도 기간을 가지고 제작에 들어갔다. 그리고 6월 15일 밤 10시, 〈KBS 스페셜〉 '오래된 기억, 6·15 남북정상회담' 편을 방송했다. 두 달 가까이 사내 분위기가 혼란스러웠지만 최선을 다했다. 시청자 반응도 괜찮아서 보람이 있었다.[15]

방송 후 며칠 휴가를 다녀온 후 나는 다시 새 아이템 선정에 들어갔다. 이번엔 도널드 그레그 전 주한 미국대사의 회고록《역사의 파편들》을 읽고 그에 대한 다큐멘터리를 만들기로 했다.[16] CIA 한국지국장이던 그는

---

14 임동원 전 통일부 장관은 특이한 이력을 가진 분이다. 고등학생으로 6·25 전쟁을 맞은 그는 혈혈단신으로 월남했다. 평안북도 위원 출생으로 분단과 전쟁의 희생양이었다. 육사 입학 후 육군 소장으로 예편하기까지 28년간, 누구보다 안보관이 투철한 군인의 삶을 살았다. 하지만 냉전이 종식된 1990년대 초 남북고위급회담 대표를 역임하며 '남북기본합의서'와 '한반도비핵화 공동선언'을 채택하는 데 중심 역할을 하는 등 남북관계 개선에 크게 기여했다.

15 이 프로그램은 그해 10월 24일, 제 23회 통일언론상 대상(최진영 PD와 공동수상)을 수상했다. 정일용 심사위원장(연합뉴스 대기자)은 "6·15 남북정상회담의 역사적 의미를 다양한 각도에서 조명함으로써 이 시대에 바람직한 남북 관계에 대한 성찰의 계기를 제공했다"고 선정 이유를 밝혔다. 물론 뛰어난 작품이었다기보다는, 어려운 시기에도 이러한 주제에 천착한 점을 높이 평가해 주었다고 생각했다. 통일언론상은 한국기자협회와 한국PD연합회, 전국언론노조가 공동으로 제정한 상으로 1995년부터 매년 시상해 오고 있다.

16 그레그 전 대사는 1973~1975년 미국 CIA 한국지국장으로 근무했고, 1979년부터 백악관 국가안보회의 아시아 담당관, 그리고 1989~1993년 주한 미국대사를 지낸 인물이다.

1973년 8월 중앙정보부의 '김대중 납치 사건' 당시, 그의 목숨을 살리는 데 결정적 역할을 한 것으로 알려졌다. 또한 노태우 정부 시기에는 팀스피릿 한미 합동군사훈련을 중단시켜 남북 관계개선과 한반도 평화에 기여한 인물로 알려지기도 했다. CIA 출신으로 철저한 반공주의자일 것 같은 그는 왜 한미합동군사훈련을 중단시키는 데 앞장서고 남북 관계개선을 도모했는지, 여러 번이나 방문했다는 평양과 북한 정권에 대한 그의 통찰은 어떤 것인지, 그리고 현재 꼬여 있는 남북문제를 푸는 데 어떤 실마리를 던져 줄 수 있을지 등 궁금한 게 많았다. 문정인 연세대 명예교수와 한 재미 기업인(스펜서 김)의 도움으로 그레그 전 대사를 섭외하고 제작에 들어갔다.

점점 커지는 물결 속에서

어찌 보면 당시는 개인적으로 프로그램을 제작하기에 좋은 환경이었다. 촛불 이후 틈새가 생겼기 때문이다. 제출하는 아이템과 기획안에 대해 CP나 국장은 특별한 이의제기를 하지 않았다. 돌이켜보면 2017년에 나는 연출 PD로서 마지막 불꽃을 태우고 있었다. 내게는 역설적 상황이랄 수 있다.

하지만 사내 분위기는 점점 험악해졌다. 고대영 사장이 촛불의 시대정신을 선선히 따르려고 하지 않았기 때문이다. 그러다 보니 기자와 PD들이 제작 자율성을 피부로 체감하지 못하고 있었다.

1990년 4월 투쟁을 겪었고, 30년 가까이 회사 생활을 해 온 나와 같은 시니어(중견)들은 사실 그동안 인내심을 갖지 않을 수 없었다. 그렇지 않으면 그 오랜 시간을 견뎌낼 수 없다.

하지만 후배들이 보기에 2008년 이후의 KBS는 빨리 청산해야 할 '구체제'일 뿐이었다. 특히 2000년대 중반에 입사해서 곧바로 '제작 자율성이 활짝 꽃을 피운 시기'를 경험한 젊은 기자와 PD들은 매우 답답해했다. 그들에게 현 체제는 KBS의 참담한 몰락에 책임을 지고 당장 물러나야 할 '적폐'였다.

사내 게시판에는 사장과 고위 간부들을 질타하는 새노조의 성명서는 물론, PD·기자·아나운서 협회 등 직능단체들의 성명서, 그리고 일반 사원들의 글이 날이 갈수록 늘어났다. 5월 22일부터 6월 2일까지 열흘 동안 30개 가까운 성명서가 사내 게시판에 올라왔다.

전체 사원들의 의견을 수렴하는 절차도 진행된다. 새노조와 KBS노조, 그리고 사내 10개 협회는 5월 31일부터 1주일 동안 재직 중인 직원 4,975명을 상대로 모바일 설문조사를 실시했다. '고대영 사장이 지금 사퇴해야 한다'는 문항에 대해 응답자 가운데 88%(2,896명)가 '예'라고 대답했다. '이인호 이사장이 사퇴하거나 이사회가 해체해야 된다'는 문항에는 90%(2,967명)가 '그렇다'고 답했다. 응답자 10명 가운데 9명은 고대영 사장과 이인호 이사장이 자진 사퇴해야 한다고 생각하는 것으로 나타난 것이다.[17]

하지만 고 사장이 물러날 기미는 별로 보이지 않았다. 대신 그는 대규모 인사를 통해 위기 국면을 전환해 보려고 한다. 당시 내 일지(7. 26.)에는 이렇게 기록돼 있다.

* PD협회에서 본부장 및 국장 인사[18]를 수용하는 PD에 대해 엄중 경고하는 성명서 게재. "본부장직을 수용하는 PD를 제명하겠다." 시퍼런 칼날이 번

---

17 이 조사에는 전체 직원의 66.2%인 3,292명이 응답했다. KBS본부노조, 〈특보〉, 2017. 6. 14.
18 7월 28일로 예정된 본부장과 국장 인사.

뜩이는 격문이었음. 퇴근 무렵 유지열 회장 면담, '신중히 하는 게 좋겠다' 는 의견을 전함.

* 상황이 이렇다 보니 그레그 전 대사 다큐 추진 주춤. 5·18재단을 통해 취재 원 연락처 알아냈으나 뉴욕 특파원(영선)에게 섭외요청 메일을 못 보냄. 회 사 안팎 상황이 어수선해 프로그램 제작에 몰입하기 어려움.

매우 혼란스러운 상황이었다. 2008년 나는 "임기가 보장된 공영방송 사장을 강제로 해임하지 말라"고 외치며 MB 정권의 방송 장악에 저항했 다. 따라서 당시 나는 고대영 사장 퇴진 투쟁에 대해 고민했다. 3년 임기 중 절반을 채운 그에게 퇴진하라는 것은 9년 전 내 입장과 배치되는 게 아 닌가.

그러다 보니 '노사 간 합의를 통해 고 사장이 임기를 채우게 하되, 제도 적으로 제작 자율성을 보장받을 수 있게 하는 방식이 있지 않을까' 하는 생각도 들었다. KBS의 사장이 누가 되든 제작 자율성을 지킬 수 있는 조 직문화를 만드는 것이 중요하다는 평소의 생각 때문이기도 했다.

그래서 촛불이 열어 준 틈새를 활용해 자율적 TF를 꾸리기도 했고, 유 명무실했던 TV위원회를 복원해 보려고도 했다. 회사가 혼란스러운 중에 도 계속 시의성 있는 아이템을 기획하고 제작에 임했던 이유도 거기에 있었다.

하지만 현실적으로 쉽지 않다. PD 개개인의 양심과 의지만으로는 대 응하기 어려운 게 사실이다. 조직과 집단의 힘이 뒷받침돼야 한다. 개인의 의지와 조직의 힘, 두 가지가 함께 어우러져야 한다. 조직적인 힘은 노동 조합이나 협회(직능단체)를 통해서 발휘될 수 있다. 다행히 혼란한 상황 속에서도 새노조와 기자·PD 양 협회가 중심을 잡고 헤쳐 나가고 있었다.

구성원들의 사장 퇴진 요구가 점점 거세지는 가운데 프로그램에 몰입하는 것은 쉬운 일이 아니었지만, 일단 8월 9일부터 도널드 그레그 전 주한 미국대사에 대한 다큐를 제작하기 위해 미국 출장을 떠나야 했다. 출연자들이 모두 어렵게 섭외가 된 상태였기 때문에 인터뷰 일정을 연기하기가 어려웠다. 그리고 그때까지만 해도 고대영 체제가 빨리 무너질 것으로 생각하지 못 했기 때문에 제작을 계속할 수밖에 없었다.

비등점을 향하여

하지만 파국은 점점 다가오고 있었다. KBS 안에서 새노조 중심으로 구성원들의 사장 퇴진 투쟁이 가열되는 한편, 밖에서는 언론노조가 분주히 움직이고 시민사회에서도 KBS와 MBC의 조속한 정상화를 촉구한다.

줄탁동시

전국언론노조는 2017년 슬로건을 '언론도 공범이다'로 정했다. 오래전 최순실 관련 의혹이 제기됐을 때 언론이 제 역할을 했더라면 박근혜 정부의 국정농단이 그렇게까지 진행되지는 않았을 것이라는 의미다. 언론노조는 3차에 걸쳐 '언론 부역자' 명단을 발표한다.[1]

한편 2017년 5월 9일, 문재인 후보가 대통령에 당선되면서 그동안 꼬여 있던 언론 문제들이 일부 풀릴 수 있게 되었다. 문재인 정부는 '표현의 자유와 언론의 독립 신장'을 100대 국정과제 중 네 번째로 채택했다.

우선 해직 언론인 복직과 명예 회복을 지원하겠다고 밝혔다. 당시 여전히 복직하지 못한 해직 언론인이 9명이었다. 이명박 정권 시기 'YTN

---

1   2016년 12월 14일 1차 명단, 2017년 4월 11일 2차 명단, 6월 15일 3차 명단을 발표했다. KBS의 경우 현 사장을 포함, 2008년 이후 선임된 사장들이 모두 포함됐다. 그리고 일부 보도본부장과 제작본부장, 그리고 감사도 포함됐다. 2008년 이후 공영방송이 독립성을 잃게 된 것은 정권의 방송 장악에 부역한 내부자들의 책임도 똑같이 컸다고 본 것이다.

낙하산 사장 반대 투쟁' 중에 해직된 노종면·조승호·현덕수 기자와 2012년 MBC 파업 당시 해직된 이용마·강지웅·박성제·정영하·최승호·박성호 등은 모두 2심까지 '해고무효' 판결을 받았지만, 사측의 상고로 대법원의 확정판결을 기다리는 상태였다. 8월 4일, 마침내 YTN 해직 기자들이 복직돼 회사로 돌아가게 되었다. 해직 9년 만의 일이었다.

하지만 MBC와 KBS의 상황은 답보 상태가 계속됐다. 이에 촛불 시민들은 KBS와 MBC의 정상화를 촉구하며 내부 구성원들을 적극 응원했다. 7월 13일, 'KBS·MBC 정상화 시민행동'(이하 시민행동)이 프레스센터에서 발족 기자회견을 연다.[2] 구호가 '돌아오라! 마봉춘·고봉순'이었다. 마봉춘과 고봉순은 언론자유를 누리며 높은 신뢰를 얻던 과거의 MBC와 KBS를 각각 부르는 애칭이었다. 시민행동은 매주 금요일 저녁 광화문 프레스센터 앞에서 촛불집회를 열었다. 나를 포함해 KBS 사원들이 거의 매주 참여해 시민들의 응원을 받고 힘을 얻었다.

그리고 이 무렵 김세은 강원대 교수가 쓴 "하릴없이 외친다, 물러나라"(〈한겨레〉, 2017. 7. 28.)라는 제목의 칼럼이 큰 울림을 주었다.

나는 깨달았다. 중요한 것은 제도보다 사람이라는 것을. 공영방송의 기본인 공정성과 자율성을 훼손했다는 수많은 증거와 증언이 속출하고, 내부 구성원의 절대다수가 퇴진을 원하고 있는데도 꿈쩍 않고 있는 이들에게는 설명과 논리가 먹히지 않는다는 것을. 그리하여 나는 하릴없이 다음과 같이 외친다. MBC 구성원 95.4%가 사퇴를 원하는 사장 김장겸은 물러나라. 김장겸은 물러나라. … KBS 구

---

2   이날 주요 참석자는 김종철 자유언론실천재단 이사장(전 동아투위), 박석운 민언련 공동대
     표, 임헌영 민족문제연구소 이사장, 임재경 전 한겨레 부사장, 신홍범(조선투위), 김태진
     (동아투위), 임순혜 미디어기독연대 공동대표, 김언경 민언련 사무처장, 김영호 전국농민
     회총연맹 의장, 이강혁 민변 언론위원회 위원장, 이충재 YMCA전국연맹 사무처장, 그리고
     김환균 전국언론노조 위원장 등이다.

성원 88%가 사퇴를 원하는 사장 고대영은 물러나라. 고대영은 물러나라. … 3

8월 17일에는 영화 〈공범자들〉이 개봉됐다. 9일 전인 8월 8일, 나는 몇몇 조합원들과 함께 여의도 CGV에서 시사회를 봤다. 이 영화는 MBC에서 해직돼 더 이상 공중파 방송을 통해 목소리를 낼 수 없었던 최승호 전 PD가 지난 10년 동안 공영방송을 망친 '공범자들'의 실체를 밝힌 다큐멘터리였다. MB 정권의 방송 장악과 함께, 방송사 경영진과 보도 및 시사 프로그램 담당 보직자들이 어떻게 이에 협조, 즉 부역했는지를 생생하게 보여줘서 그 여파가 컸다. 그동안 한숨을 쉬며 공영방송의 추락을 지켜봐야 했던 시민들, 그리고 KBS와 MBC 구성원들에게 분노와 함께 큰 공감을 주고 공영방송 정상화에 더욱 힘을 낼 수 있게 해주었다.

제작 거부, 그리고 총파업

이런 가운데 고대영 사장은 대규모 인사를 통해 분위기를 바꿔 보려 한다. 7월 28일 금요일, 부사장을 새로 임명하고 본부장과 국장급 인사를 시행했다.

이에 14년 차 이상 기자 118명은 성명을 통해 '보직 거부'를 선언했다. 이들은 "긴 얘기 필요 없다. 고대영은 지금 당장 KBS 사장직에서 사퇴하라"며 "우리는 고대영이 사장 자리에 있는 한, 그 어떤 보직도 전면 거부한다"고 밝혔다. 이어 "보도본부장이 누가 되건 고대영 체제는 이미 수명을 다했으며, 우리는 보직 전면 거부를 통해 고대영의 퇴진과 KBS 정상

---

3   김세은 교수는 한국의 언론사에서 '해직 언론인과 저널리스트가 갖는 의미'에 천착했던 학자다. 2017년 당시 공영방송 정상화에도 누구보다 앞장선 분으로 KBS와 MBC 구성원들에게 큰 힘과 용기를 주었다. 암 투병 중이던 김 교수는 2020년 6월 15일 세상을 떴다. 몹시 안타까운 일이었다.

화를 앞당길 것"이라고 밝혔다.

다음 날 팀장급 PD 76명도 성명을 내고 이번 인사에 대해 "공영방송의 임무와 사명에 대한 고려는커녕 KBS의 존속을 위한 최소한의 책무조차도 고대영 개인의 욕심을 위해 포기할 수 있다는 독단으로 밖에 보이지 않는다"고 질타했다. 이어 "더 치명적인 것은 이번 인사를 통해 '적폐 청산'이라는 국민의 요구가 무시됨으로써 오히려 KBS가 마치 적폐 세력의 교두보로 국민에게 각인될 우려를 남겼다는 것"이라고 부연했다.

8월 2일, PD협회(회장 류지열)는 긴급 PD총회를 열어 이번에 임명된 보직자 중 부사장과 미래사업본부장, 방송본부장, 제작본부장 등 PD 출신 3명의 본부장에 대한 징계 안건을 논의했다. 이들이 PD협회 결의 사항을 위반했다는 이유였다. PD협회는 그동안 두 차례 성명서를 통해 "언론 부역자 고대영은 즉각 KBS 사장직에서 물러날 것"을 요구하며 "PD협회원이 언론 부역자 고대영에게 협력하는 것은 공영방송 PD로서 임무 방기이자 반(反)공영적 행위"라고 규정한 바 있다. 이후 PD협회 내부는 강경론과 신중론이 엇갈리다가 이내 강경론으로 기울었다.

2007년 PD협회장 시절 이른바 강동순 녹취록 사건으로 연루된 PD를 징계한 적이 있다. 당시 단호해야 했지만, 마음이 언짢지 않을 수 없었다. 나는 "절차상 문제가 없도록 하면 좋겠다"는 정도의 의견을 낼 수밖에 없었다. 8월 16일, PD협회 징계위원회는 이들에 대해 만장일치로 중징계를 결정한다. 제명이었다. 그들은 지난 시절 동고동락을 함께 해 온 선배들이다. 가슴 아픈 일이었다.

이제 기자협회와 PD협회가 제작 거부를 준비하고 새노조는 총파업을 향해 가기 시작한다. 나도 이제는 제작을 완전히 멈춰야 했다. 8월 24일, 잠을 이루기 어려웠던 밤, 내 생각을 이렇게 정리했다.

새벽 2시에 깨서 잠을 못 이루고 있다. 이제 제작 거부와 파업은 막을 수 없는 흐름이 되고 있다. 어제 PD총회와 비대위 회의에서 무거운 마음이었다. 사실 나는 고대영의 임기를 보장하되 제작 자율성 확보 장치를 마련하는 쪽을 생각 하기도 했다. 그리고 지금 제작 중인 프로그램을 중단하는 일은 쉽지 않은 일 이다. 출연자들에게도 그렇고 나름 신중하고 힘들여 잡은 아이템을 방송하지 못하는 것은 정말 안타깝다. … 새벽 4시, 스테판 에셀의 《분노하라》를 꺼내서 펼쳐 본다.

사실 가만히 생각해 보면 분노가 차고 넘쳐났다. 먼저 후배들이 프로 그램에 한마음으로 몰두할 수 없는 현실에 분노한다. 뛰어난 후배 PD들 이 경직된 제작 환경 속에서 제 역량을 발휘하지 못한 지 너무 오래였다. 그동안 새노조 소속 라디오 PD들은 시사 프로그램에서 철저히 배제되었 다. 특히 음산한 '정상화 망령'이 지배해 온 보도국에 분노한다. 이날 밤 나는 이렇게 일지를 마무리했다.

멀리는 지난 1990년의 4월 투쟁, 그리고 가까이는 2008년 8월 8일 정연주 사 장에 대한 폭압적 해임까지 당시의 '분노'는 나를 움직이고 행동하게 하는 동 력이었다. 길다면 길고 짧다면 짧은 기간 동안 시간이 지나면서 조금씩 분노 를 묻어 두며 지내왔다. 하지만 이제 임계점에 다다랐다. 이제 다시 그동안 누 적된 분노를 되살리며 제작 거부에 동참하자.

8월 28일 월요일, 기자협회(협회장 박종훈)가 먼저 제작 거부를 선언했 다. 이미 지난 8월 16일 기자총회를 열고 99%의 압도적 찬성률로 제작 거부를 의결하고 시기와 방법을 비대위에 일임한 바 있다.

기자협회의 제작 거부는 지난 2014년 세월호 보도 참사 이후 3년 만이다. 3년 전 KBS 조합원들은 청와대의 꼭두각시 길환영 사장을 쫓아냈지만, 미완의 투쟁이었다. 정권은 다시 '고대영과 이인호'라는 낙하산들을 투하해 KBS를 다시 장악했고, 이는 결국 최순실 국정농단 당시 보도 참사로 이어졌다. 이번 기자협회의 제작 거부 돌입은 길환영 사장 퇴진 당시 못다 이룬 KBS 뉴스의 독립을 완성하는 중요한 싸움이 될 것이다.

이틀 뒤, PD협회(협회장 류지열)도 제작 거부에 들어갔다. 이들은 "방송을 멈춰 방송을 구하겠습니다!"라는 제목의 성명을 냈다.

지난 9년 무도한 저들은 요구했다. 받아 적는 PD가 되어라, 질문하지 않는 언론이 되어라, 복종하는 KBS가 되어라, 정의에 눈감는 공영방송이 되어라, 그리하여 마침내 KBS의 DNA를 비열하게 바꾸어라! 이제는 그 모든 구체제를 청산하려 한다.

PD협회는 제작 거부에 참여한 PD가 총 675명이라고 밝혔다. 8월 30일 낮 12시 기준이었다. 평PD 586명과 보직을 사퇴한 PD들을 합친 숫자다. 기자협회의 경우는 30일 오전 기준, 본사 314명과 지역 175명 등 489명의 기자가 제작 거부에 참여했다고 밝혔다. 그리고 김종명 순천방송국장, 유성식 청주방송총국 보도국장을 비롯해 앵커 5명, 부장 4명, 팀장 25명 등 총 36명도 보직을 사퇴했다. 그리고 9월 4일 월요일, 마침내 새노조가 총파업에 돌입한다. MBC 노조와의 동시 파업이었다.[4]

전국언론노조 KBS본부는 이제 총파업을 선언한다. 주인인 국민을 대신하여 공영방송 KBS를 망가뜨린 부역자들에 맞서 최후의 일전을 벌일 것임을 1,800

---

4   KBS노조(기업별 노조)도 9월 7일부터 파업에 돌입했다가 며칠 후 중단했다.

조합원 하나하나의 이름으로 선언한다. 이번 총파업은 끝장 투쟁이다. 마지막 싸움이다. 거짓과 가짜, 억압과 굴종의 9년을 끊어버리는 최후의 결전이다. 승리하기 전에는 우린 절대 돌아오지 않을 것이다.

국정원의 '방송 장악' 물증

파업 직후 '거짓과 가짜, 억압과 굴종 9년'의 실체를 보여주는 문서 하나가 뒤늦게 공개됐다. 9월 18일, '국가정보원 개혁위원회'(이하 국정원 개혁위)는 국정원이 이명박 정부의 방송 장악에 개입한 정황이 담긴 2건의 문건을 작성해 청와대에 보고한 사실을 확인했다고 밝혔다. 문건 제목은 각각 'MBC 정상화 전략 및 추진방안'과 'KBS 조직개편 이후 인적쇄신 추진방안'이었다. 그동안 국가 권력기구를 동원해 얼마나 조직적으로 집요하게 방송 장악을 해 왔는지 명명백백하게 보여주는 물증들이었다.

　'MBC 정상화 전략 및 추진방안' 문건은 MBC 신임사장 취임을 계기로 '노영勞營 방송' 잔재 청산, 고강도 인적 쇄신, 편파 프로그램 퇴출 등이 필요하다면서 구체적 이행 방안을 3단계로 적시했다. 1단계, 간부진 인적 쇄신과 프로그램 퇴출, 2단계, 노조 무력화 및 조직개편, 3단계, 소유구조 개편이었다. 한 마디로 MBC 와해 공작인 셈이다. 이 문건에는 2010년 2월 16일에 원세훈 국정원장이 'MBC 신임사장 취임을 계기로 근본적 체질개선 추진'이라는 취지의 지시를 내리자, 담당 부서에서 작성해 보름 후인 3월 2일에 지휘부에 보고한 것으로 적혀 있다.

　2010년 5월에 작성된 'KBS 조직개편 이후 인적쇄신 추진방안' 문건에는 "KBS가 6·4 조직개편을 단행하고 곧바로 후속 인사에 착수할 계획인바, 면밀한 인사검증을 통해 부적격자 퇴출 필요"라고 보고하고 있다. 그리고 '기본 방향'으로 "김인규 사장 취임 후 복무동향을 엄정 평가, 좌편향, 무능·무소신, 비리연루 여부를 기준으로 인사 대상자색출"이라고 적

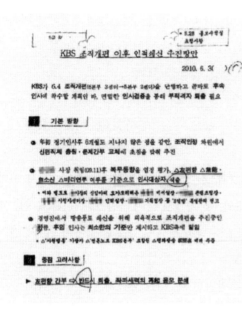

시하며 개별 PD들의 이름을 적고 있다. 이어서 "경영진에서 방송풍토 쇄신을 위해 의욕적으로 조직개편을 추진 중인 만큼, 후임 인사는 최소한의 기준만 제시하고 KBS측에 일임" 한다면서 "사원행동 가담자, 언론노조 KBS본부 조합원, 편파방송 진행자 배제 주문"이라고 적고 있다.[5]

이 문건에는 2010년 5월 28일 청와대 홍보수석실 요청으로 국정원의 담당 부서가 만들어 6월 3일에 청와대에 보고한 것으로 적혀 있다. 국정원과 청와대 홍보수석실이 KBS의 조직개편 및 인사에 개입한 명백한 물

---

5   2017년 9월에는 주요 골자만 공개됐지만 2022~3년에 뉴스타파와 경향신문 등의 정보공개
     요청·취재를 통해 그 전모가 드러났다. 'KBS 조직개편 이후 인적쇄신 추진방안' 문건에 적시
     된 '좌편향, 무능 무소신' 인사 대상자들이 어떤 사람들을 뜻하는지도 밝혀졌다. 2017년에 검
     찰 수사관이 문건을 작성한 국정원 직원에게 "좌편향과 무능, 무소신 등을 기준으로 KBS에서
     인사 대상자를 색출한 건 무슨 취지냐"고 묻자, "좌편향은 정부 비판 성향이 있다는 뜻이며,
     무소신은 정부 지원 의지가 약하다는 뜻"이었다고 답한 것으로 검찰수사 보고서에 적혀 있었
     다. 그러면서 담당 국정원 직원은 "정부 정책에 비판적 성향의 KBS 내부 인사들을 솎아내겠
     다는 것이 청와대가 보고서를 요청한 이유였다"고 진술한 것으로 드러났다.

증이다. 김인규 사장 재임기간에 실제 일어난 일이다.

당시 청와대 홍보수석비서관은 이동관이었다. 이동관 홍보수석은 누구인가? 2008년 8월 정연주 사장 해임 직후 8·17 KBS 대책회의에 청와대 대변인 자격으로 참석한 인물이다. 사장 후보들을 사전 면접한 것으로 경향신문에 폭로돼 큰 물의를 일으켰던 인사 중 하나였다. 당시 그 자리에는 나경원 한나라당 의원과 최시중 방송통신위원장, 김회선 국정원 2차장이 참석했다. 무엇보다 그 자리에 국정원 직원이 참석한 것을 두고 논란이 컸는데, 이제 그 퍼즐이 맞춰진 것이다.

이뿐만이 아니었다. '언론계 쇄신 진행 동향 및 고려사항'(2008. 8. 5.), '라디오 시사프로 편파방송 실태 및 고려사항'(2009. 12. 24.), '방송사 지방선거기획단 구성 실태 및 고려사항'(2010. 1. 13.), '〈PD 수첩〉, 1월 중 정부 비판 특집 연속 계획 관련 제작 동향'(2010. 12. 29.) 등의 문건도 청와대 홍보수석실의 요청으로 국정원이 작성해 보고한 것으로 나중에 드러났다. 이러한 문건들은 이명박 정권 시기 국정원이 정부의 방송 장악에 깊숙이 개입했음을 보여주는 명백한 물증들이다.[6]

왜 '절대 불가 후보'라고 했을까?

9월 4일 파업 시작 당시, 이사회는 사장을 해임하기 어려운 구도였다. 고대영 사장을 선임했던 이사들이 7 대 4로 다수였기 때문이었다. 이 구도를

---

6 파업 돌입 4일째(9. 8.), 조선일보가 이른바 '민주당 공영방송 관련 내부 문건'을 보도했다. 조선일보는 "민주당이 현재의 공영방송을 '언론 적폐'로 규정하고, KBS와 MBC의 경영진 및 야당 측 이사들의 퇴진을 시민단체를 통해 압박하자는 내용의 문건을 만들어 과방위원들끼리 공유했다"고 보도했다. 이에 야당인 자유한국당이 '문재인 정부의 방송 장악용' 문건이라고 대대적인 공세를 펼친다. 하지만 이명박 정부 시절 KBS·MBC·YTN 등에서 벌어진 정권 차원의 적나라한 '방송 장악'의 실체와 나란히 비교될 수 없는 사안이다.

믿고 고 사장은 버티기에 돌입한다. 하지만 사원 대부분의 정서는 하루빨리 고 사장이 물러나야 한다는 것이었다. 특히 기자들의 생각과 의지가 확고했다. 왜 기자들은 자신들의 선배인 고대영 사장을 극도로 부정했을까?

나는 고 사장과 함께 일한 적이 없고 그를 잘 알지는 못했다. 기자 동료들을 통해 그의 시대착오적 언행에 대해 종종 들을 기회가 있었지만 어디까지나 간접적인 얘기였다. 물론 기자협회나 새노조의 신임투표를 통해 드러나는 90%를 넘는 불신임률은 뭔가 심각한 문제가 있다는 얘기였다.

그러다가 이번 파업 중에 그에 대해 파악할 수 있는 생생한 얘기들이 흘러나왔다. 11월 12일, 이주형 기자가 '고대영 사장께'라는 제목으로 사내 게시판에 글을 올렸다. 고대영 사장이 새노조에 의해 왜 '절대 불가 후보'로 낙인이 찍혔는지를 잘 보여주었다. 이 기자는 국정감사에서 고 사장이 "KBS 사장이 정치적 격변기가 있을 때마다 비정상적 방법으로 임기를 중간에 그만두는 건 나로서 끝내겠다"고 답하는 모습을 보다가 글을 올리게 됐다고 했다.

문득 2008년 4월이 떠올랐습니다. 회사 앞 대청마루였죠. 모 선배가 '고대영 선배가 후배들 서너 명이랑 저녁이나 하자 한다'며 오라고 해서 갔습니다. 대청마루 방문을 열자마자 정말 화들짝 놀랐습니다. 서너 명이 아니라 삼사십 명이 있었죠. 정지환 전 보도국장, 이정봉 전 보도본부장, 고대영 현 사장, 장한식 전 편집주간, 백운기 전 보도국장, 민경욱 전 앵커 등이 있었습니다.

2008년 4월은 이명박 정부가 들어서 임기가 남은 정연주 사장을 쫓아내기 위해 일련의 공작을 벌이던 시기다. 이 글에 언급된 참석자들은 정 사장 강제 해임 이후 이병순과 김인규 사장 시기에 보도본부장, 보도국장 등으로 주요 보직을 맡았다. 고대영 기자는 사장이 되었다. 이들은 일명 '수요회'⁷ 멤버들이었다.

'이게 대체 뭔가' 하고 자리를 잡는 데 고대영 사장이 말을 이었습니다. "다음은 정지환 대외정책팀장의 '정세보고'가 있겠습니다." 정연주 사장 체제를 이대로 둘 수 없고, 김인규 선배가 사장이 되어야 한다는 참석자들의 발언들이 이어졌죠. 급기야 정연주 사장 물러나라는 성명을 내기로 합니다. 고대영 사장의 말이 이어졌습니다. "여기 기수별로 대부분 있으니 기수별 책임자를 정하고 전체 취합은 장한식 씨가 하도록 하세요." 다행히 후배들 이야기를 들어보자는 말이 나와 제게도 발언 기회가 주어졌습니다. "이 자리가 무슨 자리인지 모르겠다. 현 사장이 문제가 있어 물러나야 한다면 기협이나 노조를 통해서 문제를 제기하고 싸워야지 대체 무얼 하자는 것인가"

이주형 기자의 반발 때문이었는지 이날 성명서를 내는 일은 무산된다. 하지만 이후에도 이 모임은 계속된 것으로 알려졌다. 결국 이들은 2009년 말 결국 김인규 사장 만들기에 성공했다.

대청마루에서 그 일이 있고 나서 이런 생각을 했습니다. "이런 비정상적 사조직을 만들어 사장을 내쫓고 새 사장을 옹립하려 하다니…" 다음 날 제게 그 자리에 오라고 했던 모 선배에겐 "어떻게 그런 자리에 나를 오라고 할 수 있나, 너무 모욕적이다."라고 항의했습니다. 그런데 9년이 지나 고 사장이 국감에서 이런 발언을 하실 줄은 생각도 못했습니다. 참 입이 떡 벌어집니다. … 고 사장께서 국감에서 후배들이 왜 나가라고 하는지 이해 못하겠다고 하셔서 답을 하려고 합니다. 정상적인 방법으로 임기를 마치는 사장이 왜 고대영이어야 합니까? 왜 그때는 그리 비정상적 방법으로 사장을 몰아내고 새 사장을 옹립하려 하셨나요?

---

7   2008년 KBS 정연주 사장 강제 해임 및 차기 사장 선임을 전후로 김인규 씨를 지지하던 모임이다. 2012년 '총리실 민간인 사찰 문건' 중 〈KBS 최근 동향 보고〉 문건에도 등장한다.

이 기자는 고 사장이 이날 국감에서 일구이언━□□하는 모습을 보고
또 한 번 할 말을 잃었다며 한 가지 일화를 덧붙였다.

(신경민 의원이) 2009년 4월 노무현 대통령 시계 수수 보도와 관련해 고 사장
이 사이드 취재했다는 취재원이 누구냐고 묻는 질문에 고 사장은 이렇게 답했
습니다. "아니 기자가 취재원 밝혀야 됩니까? 제가 취재원을 밝힐 순 없어요."
맞습니다. 통상적 취재원이라면 당연히 기사에 밝히는 것이 원칙이고, 보호할
필요가 있다면 익명이고, 더욱 보호할 '딥 쓰로트'[8]라면 철저하게 보호해야 합
니다. 이는 누구든 해당되는 원칙입니다. … 다만 다른 일이 또 떠올랐죠. 천성
관 검찰총장 스폰서 의혹보도 말입니다. 당시 고 사장은 계속해서 취재원을
물었습니다. 답하지 않았습니다. 다만 믿을 수 있고 확실한 소스임을 밝혔습
니다. 철저하게 보호해야 할 취재원이었습니다. 그러고서 나온 말이 '증좌를
가져와!'였습니다.

"증좌(증거)를 가져와!" 일화는 나도 대략 알고 있었는데 이주형 기자
의 글을 보고 그 맥락을 정확히 알 수 있게 됐다. '천성관 검찰총장 스폰
서 의혹 보도' 사건은 2009년의 일이다.

그해 6월 노무현 전 대통령의 서거로 사퇴한 검찰총장 후임으로 천성관
서울지검장이 내정됐다. 이후 인사청문회에서 천 내정자가 거액을 빌린
박 모 씨와 해외여행을 함께 다녀왔다는 의혹이 제기됐지만 그는 우연의
일치라고 부인했다. KBS의 법조팀 기자들은 취재에 나섰고, 천 내정자와
박 모 씨가 신용카드로 항공료 190만 원을 결제하는 등 둘이 함께 여행 다
녀온 사실을 확인했다. 고위공직 후보자가 청문회에서 위증한 것이다.

---

8   딥 쓰로트(deep throat)는 '익명의 제보자', '내부고발자'라는 뜻으로 사용된다. 워터게이트
     스캔들에 닉슨 대통령이 직접적으로 연관되었음을 알려준 정보원의 별명이었다.

KBS 기자(정윤섭)가 이를 기사로 작성했다. 하지만 당시 고대영 보도 국장이 이 보도를 막는다. 고 국장은 "들은 이야기일 뿐 증거가 없다"며 "증좌를 가져와!"라고 했기 때문이다. 신용카드 사용 내역 그 이상, 즉 제보자(취재원) 인적 사항을 요구한 것이다. 결국 이 기사는 당일 〈KBS 뉴스9〉에 나가지 못하고 다음 날 저녁이 돼서야 보도된다. 후보자가 자진 사퇴를 한 이후에 보도가 나간 것이다. 검찰총장 후보자에 대한 인사 검증 보도가 뒷북치기로 김이 빠진 채 방송되고 말았다.

당시 이 사태의 책임소재를 밝히는 차원에서 보도위원회가 열렸다. 기자협회장(김진우) 등 기자들이 고대영 보도국장의 '이중 잣대'를 지적했다. 이 사건 직전 노무현 대통령의 이른바 '논두렁 시계'를 보도할 때는 취재가 부족했음에도 고 국장이 즉각 보도를 강행했지만, 왜 이번에는 정반대였는지 따져 물었다. 이에 대해 고 국장은 논두렁 시계 건은 '사이드' 취재 결과 사실이었기 때문에 경우가 다르다며 버텼다. 결국 노사 간 공방위가 열리게 되고, 그때가 되어서야 마지못해 유감을 표명한다.

이후 8년여 시간이 흐르고 고대영 보도국장은 KBS 사장이 된다. 그리고 새노조의 총파업 돌입 한 달여 전이던 2017년 8월 16일, 천성관 검찰총장 스폰서 의혹을 취재했던 이주형 기자를 포함한 기자 6명[9]이 고 사장의 이중성을 지적하는 " '증좌를 가져오라' 고대영의 본질입니다"라는 제목의 글을 사내 게시판에 올렸다.

"증좌를 가져와!" 사건은 단순히 일회성 해프닝이 아닙니다. 저희는 KBS 보도국이 이 사건 이전과 이후로 나뉜다고 생각합니다. 이미 1년 전부터 KBS 뉴스는 청와대 홍보창구로 전락했지만 이때부터 KBS 뉴스, KBS 저널리즘이 무너지는 속도에 엄청난 가속이 붙었기 때문입니다. '팩트'가 철저히 무시된 상

---

9   이주형, 이영섭, 김귀수, 정윤섭, 노윤정, 김경진.

징적 사건이었습니다. 이후 통제는 일상이 됐고 기자들은 쫓겨났고 뉴스는 죽어갔습니다. 저희는 지금도 당시를 돌아보면 괴롭습니다. 더 강하게 싸웠다면, 질질 끌려 나가더라도 수단과 방법을 가리지 않고 싸웠다면 이후 KBS 뉴스 추락의 속도를 조금은 늦출 수 있지 않았을까? 이 사건은 지난 8년 동안 저희들에게 트라우마였습니다.

'홍위병', 이사장의 착각

KBS와 MBC 노동조합의 파업 목표는 '적폐 사장 퇴진'이었다. 이미 KBS 내 절대다수 구성원으로부터 불신임을 받고 리더십을 상실한 고대영 사장에게는 자진사퇴가 최선이었다. 하지만 스스로 물러나지 않는다면, 해임 외에 길이 없었다. 자진해서 물러나지 않는다면 이사회 구도가 바뀌도록 해서 이사회에 해임을 요청하는 수밖에 없었다.

파업 돌입 24일째(9. 28.), 해임제청권을 가진 이사회 구성에 중대한 변수가 발생했다. 새노조가 제작한 〈파업뉴스〉는 일부 이사가 업무추진비를 상습적으로 사적인 곳에 써 온 의혹이 있다고 유튜브 채널을 통해 보도했다. 파업 중인 기자들이 내부 제보를 바탕으로 취재한 내용이었다. 새노조는 기자회견을 열고 "지난 2년간 명지대 교수인 강규형 이사에게 지급된 법인카드의 사용 내역을 전수 분석한 결과, 자택 인근 다섯 곳의 애견카페에서 총 34차례에 걸쳐 법인카드를 결제하는 등 537만 원을 업무 외적인 용도로 사용한 사실이 드러났다"고 밝혔다. 이어 "강 이사가 이용한 애견카페는 대부분 개를 위한 놀이터이기 때문에, 업무를 볼 수 있는 환경이 아니었다"며 강 이사가 업무추진비를 사적 용도로 사용한 것이라고 지적했다.[10] 강 이사는 이외에도 집 근처 김밥집에서, 주

---

10 제보자 강 모 씨는 기자회견장에 직접 나와 "지난 4월에 열린 도그쇼에서 강 교수의 개가 좋

말이나 공휴일에 백화점에서, 그리고 해외 시찰 중 개인적으로 공연을 관람하는데도 KBS 법인카드를 사용한 것으로 드러났다.

이를 근거로 새노조가 이사진의 업무추진비 유용 의혹에 관해 감사원에 감사를 청구하자, 구★여권(당시 야권) 이사 측의 반발이 터져 나왔다. 특히 이인호 이사장은 새노조의 파업이 한창 진행 중이던 2017년 11월 15일, 'KBS는 국민의 방송으로 바로 서야 합니다'라는 제목의 이사장 호소문을 발표한다. 파업을 멈춰달라면서 새노조를 문재인 정부의 '홍위병'이라고 비난했다.

우리의 과거 정권들도 모두 방송 장악을 시도했고 사장이나 이사장을 임기 중 퇴출시킨 사례가 많습니다. 그래도 그때는 방송 노조가 정치권력의 부당한 행사에 맞서는 모양새라도 갖추고 있었습니다. 하지만 현재는 정부가 '적폐청산'이라는 포괄적 구호 아래 옛 공산당의 '정적 숙청'을 상기시킬 정도로 국가권력을 무소불위로 동원하는 위협적 모습을 보이는데도 민노총의 산하기구인 '언론노조 KBS본부' 일명 새노조는 방송 장악 계획을 실천에 옮기려는 새 정권의 홍위병 노릇을 자처하는 상황입니다.

이인호 이사장은 당시 조선일보가 보도한 '민주당 공영방송 관련 내부 문건'에 적힌 대로 KBS본부노조(새노조)가 문재인 정부의 방송 장악에 앞장서는 홍위병이라고 착각한 모양이었다. 하지만 당시 조합원들은 다시 제작 자율성을 쟁취하고 방송사 내부의 민주화를 추진하기 위해 새 정부를 이용하려 했을 뿐 이용당할 이유가 없었다. 지금까지 얘기한 것

은 성적을 거둬서 뒤풀이하는 자리가 있었는데, 강 교수가 일정 때문에 먼저 떠나야 해서 내가 대신 카드를 받아 결제한 적이 있다"고 말했다. 제보자는 이어 "강 교수가 준 카드에는 KBS 로고가 찍혀 있었다. 최근에서야 강 교수가 한국방송 이사였고 당시 카드가 법인카드였다는 걸 알게 됐다"고 증언했다.

처럼 정권의 방송 장악에 대한 KBS인들의 트라우마와 저항은 그 뿌리가 깊다. 특히 지난 9년 동안 정권의 방송 장악에 너무 큰 피해를 당했다. 그래서 이제는 끝장을 낼 수 있는 기회라고 생각하고 있었다.

만일 이인호 이사장처럼 새노조가 문재인 정부의 홍위병이라고 규정하면, 그동안 새노조의 조합원 숫자가 파업할 때마다 계속해서 늘어난 현상을 설명할 수 없다. 2009년 12월 605명의 조합원으로 출범한 새노조는 2017년까지 네 차례에 걸쳐 총파업을 했고, 그때마다 조합원이 계속 늘어났다. 2010년 단협쟁취 파업 과정에서 1,000명을 돌파했다. 2012년 95일 파업 전후로는 1,200명으로 늘어나 출범 당시보다 2배가 되었다. 2014년 길환영 사장 퇴진 파업 때는 조합원이 1,547명으로 늘었다. 그리고 이번에 다시 파업에 돌입하자 조합원 숫자가 급증한다. 9월 15일, 마침내 2,000명을 넘어서 출범 8년 만에 새노조는 '과반 대표노조'(KBS 전체 조합원 숫자 기준)가 되었다.[11]

새노조는 소수 노조에서 절대다수 노조로 바뀌었다. 파업하면 '무노동 무임금'이 적용돼 참가한 조합원들은 임금을 받지 못한다.[12] 그런데도 어떻게 파업할 때마다 조합원 숫자가 계속 늘어났을까? 그만큼 지난 9년 KBS인들이 심한 자괴감 속에 있었다는 얘기가 아닐까?

2015년 9월, 이인호 전 서울대 명예교수를 이사장으로 해서 출범한 제10기 KBS 이사회는 고대영 사장 체제를 탄생시킨 책임이 있다. 그는 이사회 석상에서 KBS 뉴스와 프로그램에 대해 수시로 자신의 의견을 밝혀

---

11 그리고 이번 파업이 끝나갈 무렵에는 2,200명으로 늘어나 '근로자 기준 과반노조'에 거의 다 다르게 된다. 반면 KBS노조(기업별 노조)는 2008년 3,500여 명에 이르던 조합원 숫자가 2017년 말 1,000명 아래로 급감했다.

12 사측이 재판 과정에서 제출한 자료에 의하면 '무노동·무임금'으로 인한 인건비 절감액은 2017년 '142일 파업' 기간에 192억 원, 2012년 '95일 파업' 때는 77억 원에 이르렀다.

논란을 일으킨 장본인이었다. 방송법이나 이사회 정관 등 어디에도 이사가 KBS의 프로그램 제작과 편성에 개입할 수 있게 되어 있지 않다. 이 원칙은 불문율이기도 하다. 더구나 그의 '뉴라이트 역사관'은 다른 이사들이나 사원들로부터 거센 항의를 받을 만큼 문제가 있었다.[13] 이러한 전력을 가진 이사장이 새노조 조합원들에 대해 홍위병 운운한 것이다. 나는 다음 날 사내 게시판에 "누가 홍위병이란 말입니까? - '이사장 호소문'에서 빠진 두세 가지'라는 제목의 글을 올렸다.

먼저 이사장은 2008년 이명박 정부부터 2016년 박근혜 정부까지, 지난 9년 동안 정권 차원에서 자행한 폭압적 공영방송 장악 행위에 대해 그동안 한 번도 사과하지 않았습니다. … 사실 이번에 임기가 남은 고대영 사장을 물러나라고 요구하는 게 모순이 아닌지 처음엔 고민도 했습니다. 2008년 정연주 사장을 쫓아내려는 폭압에 대해 KBS 사원들은 해괴한 행동으로 일탈을 거듭하는 당시 노동조합을 대신해 스스로 '조직'(KBS사원행동)을 만들어 맞섰습니다. 그 당시 우리는 '임기가 보장된 공영방송 사장'을 왜 정권이 몰아내려 하느냐며 저항했습니다.

그래서 이번에 기다렸습니다. 당신들의 반성을 말입니다. 만일에 지난 잘못에 대해 사과하면서 새노조와도 적극 대화하려 했다면 아마 지금과 많이 다른 양상이 펼쳐졌을지도 모릅니다. 만일 그랬다면 파업 방식이 아닌 노사 간에 뭔가 다른 절차를 밟게 됐을지도 모릅니다. 하지만 고 사장과 이사장을 포

---

13 이인호 이사장은 박근혜 정부의 총리 후보로 내정됐다가 낙마한 문창극 후보를 적극 옹호한 일도 있다. 이인호 당시 서울대 명예교수는 한 종편 프로그램에 출연해 "(문 총리 후보의) 강연 보고, 감동을 받았다", "그 사람을 반민족이라 하는 사람들은 제정신이 아닌 사람들이다", "KBS가 국민의 방송으로 제발 그 강연 전체를 방영해야 한다"고 주장했다. 또한 이 이사장은 2013년 박근혜 정부의 '한국사 교과서 국정화' 사태 당시 주도적 역할을 한 한국현대사학회의 고문을 맡기도 했다.

함한 다수 이사들 그 어느 누구도 지난 9년, 아니 최소한 당신들의 재임기간 중 잘못한 일들에 대해 사과하지 않았습니다. 따라서 처음의 고민이 이제는 완전히 사라졌습니다.

이인호 이사장은 홍위병 운운에 이어 'KBS가 몸도 제대로 가누지 못하는 공룡'이라며 구성원들에게 모욕적 표현을 하면서 이렇게 적었다.

우리 방송문화의 견인차였던 KBS가 거대한 공룡처럼 스스로 몸도 가누기 어렵게 된 지는 훨씬 오래된 일입니다. 모두에게 불행한 그러한 사태의 연원에 대한 설명에는 여러 가지가 있겠지만 그중 가장 결정적 원인은 방송사가 정치 권력의 부당한 간섭을 막아내지 못하고 권력을 견제한다는 명분 아래 방송노조 스스로가 정치권력화 함으로써 방송인들이 방송인으로서의 본분을 망각하기 시작한 데 있다고 저는 생각합니다.

새노조 조합원들은 그 책임이 현 이사장과 사장에게 있다고 해서 파업하고 있는데, 이사장은 그 책임을 KBS 사원들 탓, 조합원들 탓으로 돌리고 있었다. 이 이사장은 사태의 원인과 결과를 혼동하고 있든지 아니면 편의대로 해석하고 있었다. 이에 나는 이렇게 반박했다.

적반하장 아닌가요? 공영방송 KBS의 신뢰도를 종편보다 못하게 추락시키고, 자율과 창의성으로 넘쳐나야 할 공영방송사를 지금의 '공룡처럼 스스로의 몸도 가누기 어렵게' 만든 게 대체 누굽니까? 1987년 민주화 이후 공영방송 KBS의 보도 독립성과 프로그램 제작 자율성, 그리고 사내 민주화는 꾸준히 상승했습니다. 그런데 2008년 8월 8일 이후 어땠습니까? 지난 9년 KBS를 책임졌던 당신들 책임이 아닙니까?

두 달 넘게 파업 중인 상황에서 쓴 글이어서 거친 표현도 있지만 당시 구성원들의 정서를 그대로 반영했다고 생각한다.

과천 벌판의 칼바람을 뚫고

조합 집행부는 하루도 소홀히 할 수 없는 만큼, 전략을 짜고 아이디어를 내서 파업 집회를 준비했다. 조합원들이 늘 깨어있게 하기 위해 집행부와 중앙위원, 지역지부장, 파업봉사단 모두가 혼신의 힘을 다해 하루하루 프로그램을 짜고 집회를 이어가야만 했다.[14] 그리고 많은 시민단체 활동가, 연예인, 그리고 저명인사들이 새노조의 파업 집회에 참석해 지지 발언을 했다.[15]

어느덧 12월 초순, 파업이 100일을 향해 가고 있었다. 감사원 감사는 오래 걸렸다. 꼬박 두 달이 지나갔다. 감사 결과, 일부 이사들이 개인적인 해외여행에서 업무추진비로 식사비를 결제하거나 자택 인근 음식점에서 배달 음식을 시키는 등 KBS 법인카드를 사적으로 유용한 의혹이 사실로 드러났다. 특히 강규형 이사는 업무추진비 327만 3,300원을 유용하고 1,381만 7,746원을 사적으로 사용한 것으로 드러났다. 2017년 11월 24일, 감사원은 이인호 이사장과 이사 9명에 대해 "비위의 경중을 고려하여 대통령에게 해임을 건의하는 등의 방안을 마련"하라고 방송통신위원

---

14 전국언론노조 KBS본부, 《파업백서 2017~2018》 참조.
15 연기자(박철민, 김응수, 정우성, 곽도원), 보컬·밴드·가수(리더스 플루트 오케스트라, 브로콜리 너마저, 데이브레이크, 조슈아 재즈밴드, 박원, 정인, 이한철, 서영은 등), 종교인(천주교 서울대교구 최용진 신부, 명진 스님), 프로레슬러(김남훈), 영화감독(진모영), 작가(공지영), 맛칼럼니스트(황교익) 등이 파업 집회에 참석해 지지 및 연대 발언을 했다. 전국언론노조 KBS본부, 위의 책, 56~69쪽.

회에 통보했다.

하지만 방통위도 더디기만 했다. 12월로 접어들어서도 결단하지 못하는 모습이었다. 9월 4일에 시작한 새노조의 파업이 석 달을 넘기고 있었으나 이사 한 명이 자진 사퇴한 것 외에 별다른 변화가 없었다. 한 명의 이사가 더 교체돼야 고대영 사장에 대한 해임이 가능했다. 다행히 MBC는 KBS보다 빨리 이사회 구도가 바뀌었다. 11월 13일, 방송문화진흥회(이하 방문진)에서 김장겸 사장에 대한 해임을 의결하고, 이어 신속하게 새 사장 선임 절차를 진행했다. 그리고 12월 8일, 최승호 전 PD가 사장으로 취임했다. MBC에 암흑 같은 세월이 드리운 지 7년 만의 일이었다. 하지만 KBS에서는 오리무중인 상황이 계속됐다.

이제 극한상황으로 가고 있었다. 12월 7일, 김환균 언론노조 위원장과 성재호 KBS새노조 위원장이 곡기를 끊고 단식에 돌입한다. KBS 조합원들의 심정은 더 절박해졌다. 그들은 '광화문광장 24시간 이어말하기 투쟁'을 진행했다. KBS 조합원들이 왜 이렇게 오래 파업하고 있는지 시민들에게 알리는 한편, 스스로 성찰하고 각오를 새롭게 하기 위한 목적이었다.

12월 5일부터 12월 14일까지 10일 동안 551명이 참여했다.[16] 하루 24시간, 열흘 동안 이어갔으니 총 240시간이다. 12월 9일 밤 12시, 나도 한 시간 동안 발언대에 섰다. 새노조의 《파업백서》에 이렇게 기록되어 있다.

이순신 장군이 올려다보이는 광장 입구
마이크 하나, 카메라 한 대 놓은
넓지도 화려하지도 않은 무대에서
한 명, 한 명이 자기만의 참회록을 씁니다.

---

16 KBS 조합원들 외에 시민들도 참여했다. 특히 현직 교수 신분으로 참여한 김세은 교수(강원대 신문방송학과)의 발언은 KBS 조합원들에게 큰 힘과 용기를 주었다.

자기만의 기도문을 읽습니다.

이 마음, 하늘, 아니 방통위에 가 닿을 때까지 계속합니다.

비가 와도 눈이 와도 합니다.[17]

언론노조 위원장과 KBS새노조 위원장이 단식에 들어가고, KBS 조합원들이 광화문광장에서 '24시간 이어말하기' 투쟁까지 하는 상황이 되자 방통위가 움직이기 시작했다. 파업 99일 차이던 12월 11일 월요일, 내 일지에는 이렇게 기록돼 있다.

아침 8시 과천 방통위 앞 집회 참석. 300여 명의 조합원들이 큰길을 가운데에 두고 횡렬 대형으로 9시 20분까지 서 있었다. 엄청 추웠다. 영하 7도에 바람이 많이 불었다. 박노원 아나운서가 마이크 잡고 사회 보느라 많이 고생했다. 단식 중인 성재호 위원장도 참석했다.

이날 아침 방통위원들이 강규형 이사 해임 안건을 논의하기 위해 '아침 간담회'를 연다고 알려져 이에 대응하는 차원의 집회였다. 12월 들어 새노조 조합원들은 이틀에 한 번꼴로 과천 방통위 앞으로 갔다. 법인카드를 사적으로 유용한 이사를 하루속히 해임하라고 촉구하기 위해서였다. 이날의 내 일지는 이렇게 계속된다.

다행히도 집회 중에 좋은 소식이 들려왔다. 방통위가 강규형 이사 해임 건에 대해 당사자에게 '사전 통보'했다는 뉴스다.

당사자에게 '사전 통보'했다는 것은 방통위가 강규형 이사에게 '청문

---

17 전국언론노조 KBS본부, 앞의 책, 36쪽.

절차'를 통보함으로써 해임 절차에 들어갔다는 의미였다. 1월 초에는 해임 절차가 끝날 것이라는 낙관적 전망이 나왔다.

다음 날(12. 12.) 오후 2시, 본관 민주광장 파업 집회에서 한 조합원이 긴급 제안을 하고 참석자들이 박수로 호응해서 성재호 위원장이 단식을 멈추기로 했다. 그리고 실국별로 업무 복귀 문제에 대한 토론이 이루어졌다.

나는 '이제 복귀하자'는 쪽 의견이었다. 이제는 방통위와 노조 집행부에 맡겨도 되지 않겠나 하는 낙관적인 생각이었다. 무엇보다도 시청자들을 생각할 때 파업이 100일을 넘어가는 것은 엄청난 부담이었다.

하지만 젊은 기자들과 PD들은 강경한 입장이었다. 게다가 강규형 이사가 방통위 청문 절차를 거부하는 바람에 결국 파업을 지속하는 걸로 의견이 모아졌다. 다시 조합원들이 방통위 앞으로 가서 강규형 이사 해임을 요구했다. 또 한 주일이 지나갔다. 12월 26일, 조합 집행부가 과천 방통위 앞에서 24시간 천막농성에 돌입했다. 천막에 붙은 현수막이 강한 바람에 흔들렸다. "국민이냐 고대영이냐, 방통위는 결단하라! 정치권 눈치 보는 방통위는 각성하라!"

겨울이 깊어 갈수록 과천 벌판의 칼바람은 매서웠다. 밤에 느끼는 체감 온도가 영하 20도를 넘나들었다. 당시 일지를 찾아보니 12월에 과천 방통위 앞에서 집회를 가진 날이 8일이나 되었다. 매우 추웠다는 기록이 여러 번 나온다.[18]

12월 27일 6시 15분경, 방통위 앞 집회 중에 좋은 소식이 날아왔다. 방통위가 결단을 내린 것이다. 이날 방통위가 강규형 이사에 대한 해임제청안을 의결했다는 보도가 났다. 방통위는 강 이사가 "업무추진비를 사

---

18 12월 27일, 내 일지에는 이렇게 기록돼 있다. "오후 3시 30분, 과천 집회에 참석했다. 가는 길에 후배 최지원·김범수 PD와 동행했다. 집회에서 황용호·이완희·김동훈·이내규와 함께 자리했다. 나중에 발이 너무 시려서 일어나 잠시 서 있다가 방통위 1층 로비 화장실에 다녀왔다. 건물 안이 너무 따스해 나오기 싫을 정도였다."

적 용도로 사용한 규모가 크고 KBS 이사로서 품위를 심각하게 훼손했다"며 해임 사유를 밝혔다. 감사원에서 방통위에 통보한 지 34일 만이었다. 한 달 가까이 과천 벌판의 칼바람과 눈보라를 견디며 투쟁한 새노조 조합원들이 방통위를 움직인 것이다. 이날 내 일지는 해피엔드였다.

> 모두가 환호했다. 마무리 집회가 끝나자 6시 30분이었다. 영하 4도의 강추위 속에서 3시간을 버틴 나와 조합원들이 자랑스러웠다.

강규형 이사가 해임되고 김상근 목사[19]가 새 이사로 선임되었다. 이제 이사회 구도가 바뀌었다. 그동안 고대영 사장을 보호했던 이사들이 이제 소수가 되었다. 마침내 사장에 대한 해임이 가능해졌다.

2018년 1월 22일, KBS 이사회가 고대영 사장에 대한 해임제청안을 의결했다. 해임 사유는 첫째, KBS에 대한 지상파 재허가 심사 결과 최초로 합격점수 미달로 '조건부 재허가'를 받은 점, 둘째, KBS 신뢰도와 영향력 추락, 셋째, 파업 사태를 초래하고 이를 해결하지 못함으로써 직무 수행능력을 상실한 점 등 8가지였다. 앞서 얘기한 것처럼 당시 고대영 사장에 대한 내부 평가는 최악이었다. 2015년 말 KBS 구성원들이 절대 불가 후보로 규정했지만 박근혜 정부는 그를 사장으로 임명했다.

이틀 후 KBS 이사회의 해임제청안을 문재인 대통령이 재가함으로써 고대영 사장은 해임되었다. 다음 날(1. 25.) 오전 9시, 조합원들이 업무에 복귀했다. 파업 142일 만이었다. 다행히 평창동계올림픽 개막 보름 전에 KBS가 정상화됐다.

---

19 김상근 목사는 군부독재 정권에 맞서 민주화운동을 한 분이다. 기독교계 원로로서 한국기독교교회협의회(NCCK) 대외협력위원장, 대한기독교서회 사장을 지내고, 민주화·평화·통일 운동가로서 김대중 정부의 제2의 건국 범국민추진위원회 상임위원장, 민주평통 자문회의 수석부의장을 역임했다.

2016년 말, 교수신문은 그해의 사자성어를 군주민수君舟民水로 선정했다. "백성은 물이고 임금은 배이니, 강물의 힘으로 배를 뜨게 하지만 강물이 화가 나면 배를 뒤집을 수도 있다"는 의미였다. 그리고 다음 해에 박근혜 대통령은 탄핵당했다. KBS도 마찬가지였다. KBS판 군주민수였다. 구성원들이 물이라면 사장은 그 위에 떠 있는 배일 뿐이다. 구성원의 대다수가 문제가 있다고 보고 물러나라고 하면 버틸 수 없었다. 2014년 세월호 참사 당시 조합원들은 물론 보직 간부들까지 들고 일어나자 결국 길환영 사장이 물러날 수밖에 없었다. 이른바 KBS판 명예혁명이었다. 이번에 '142일 파업'이라는 KBS 역사상 최장기 파업 사태를 초래한 고대영 사장은 내려와야 했다.

KBS 사장이 임기 도중 구성원들에 의해 물러나는 일이 2010년대에 두 번 반복됐다. 매우 불행한 일이다. 하지만 KBS 민주화 30년 여정에서 이 두 사건은 자랑스러운 기록이기도 하다. 오랜 기간 정권의 방송 장악에 맞서 싸우면서 수없이 많은 패배와 좌절을 딛고 쟁취해 낸 의미 있는 성과물들이기 때문이다.

2008년 8월과 2018년 1월

해임된 강규형 전 KBS 이사는 2018년 1월, "업무추진비를 사적으로 사용한 적이 없다"고 주장하며 '해임처분 취소소송'을 제기해 승소한다. 하지만 업무추진비를 사적 용도로 사용한 적이 없다는 강 전 이사의 주장과 달리, 법원은 그가 업무추진비 일부를 부당하게 집행했다고 분명히 짚었다. 그럼에도 재판부는 "원고가 업무추진비 일부를 부당 집행했다는 등의 사실만으로 임기 만료 전에 해임될 정도로 이사의 적격을 상실했다고 보기 어렵다"고 판결했다. 법원의 판단이기 때문에 어쩔 수 없었다.

하지만 이 판결은 과거 KBS에서 일어난 사건들에 대해 KBS 구성원들

이 갖고 있던 자괴감과 분노가 얼마나 큰지, 공영방송에서 제작 자율성
이 얼마나 중요한지, 그리고 민주주의 유지에 언론자유가 얼마나 필요한
지를 총체적으로 감안한 판결은 아니었다고 본다. 법원 판결과는 별개
로, 고대영 사장 체제를 탄생시키고 유지시킨 이사들, 특히 강규형 이사
는 KBS 사원들이 도저히 용납할 수 없었다.[20]

고대영 전 사장도 해임무효소송을 제기했다. 고 전 사장의 경우는 1심
에서는 패소했으나 강규형 이사가 해임무효소송에서 승소함에 따라 최
종 승소했다. 이를 어떻게 봐야 할까?

혹자는 이렇게 주장한다. 2008년 8월 정연주 사장이 강제로 해임된 것
이나 2018년 1월 고대영 사장이 해임된 것이 똑같지 않은가? 두 전임 사
장 모두 해임무효소송에서 승소했기 때문에 외형상 유사해 보인다. 하지
만 두 사안은 본질적으로 다르다. 2008년 8월 8일, 임기가 보장된 정연
주 사장을 해임한 것은 외부의 힘이었다. 정치권력이 방송을 장악한 것
이다. 내부에서 당시 KBS노동조합이 방조 내지는 묵인했지만 PD협회와
기자협회 등을 중심으로(나중에 사원행동으로 결집) 격렬히 저항했다. 그
런 가운데 국가 권력기관들을 총동원해서 신태섭 이사를 불법적으로 해
임하고 이어서 정연주 사장을 해임한 것이다. 법원은 이런 강제성과 불
법성을 인정해 두 사람에 대한 해임을 무효로 한 것이었다. 사실 이러한
법원의 판결과는 별개로 정권에 의한 공영방송 장악과 공공연한 낙하산
사장 투입은 용납돼서는 안 된다. 그런 경우, 앞에서 본 것처럼 KBS의 보
도와 프로그램이 망가지고 신뢰도는 추락하게 되지 않았는가?

하지만 2017년 12월의 강규형 전 이사 해임과 다음 해 1월의 고대영

20　그는 자신의 비리 의혹을 제보한 이들에게 100차례 넘게 문자메시지를 보내 협박하고 입에
　　담지 못할 인신공격을 퍼붓기도 했다.

사장 해임은 그렇지 않았다. 이 사건의 근저에는 박근혜-최순실 국정 농단에 분노한 촛불의 힘이 있다. 그리고 그 힘을 딛고 일어선 KBS 구성원들의 내부 민주화와 제작 자율성에 대한 열망과 의지가 고대영 사장 해임의 결정적 동력이었다. 정치권과 정부는 이를 반영할 수밖에 없었다. 이게 어떻게 2008년 8월 이명박 정권이 정연주 사장을 강제로 해임한 것과 같겠는가?

エ피로그

칼바람에도 뿌리가 바르면
'KBS 민주화 여정 30년' 그 후

2018년 1월 말 고대영 사장이 해임된 이후 곧바로 차기 사장 선임절차가 진행된다. KBS 이사회(김상근 이사장)는 사장 선임에 시민들이 참여하는 길을 열었다. '시민자문단' 제도[1]를 도입함으로써 그동안 이사회가 갖고 있던 사장 선임에 대한 권한의 40%를 직접 참여한 시민들에게 이양^{移讓}한 것이다. 이러한 시민자문단 제도를 도입하게 된 배경에는 촛불의 시대정신이 있었다.[2]

나는 이렇게 '시민 참여'로 뽑힌 최초의 사장이 되었다. 그 덕분에 나는 낙하산 사장이라는 꼬리표를 뗄 수 있었고, KBS도 '낙하산 사장의 KBS'라는 멍에를 벗을 수 있었다. 과거와 달리 국회 인사청문회에서 '낙하산 사장'이라는 말이 한 마디도 나오지 않았고 이후에도 나는 그 불명예스러운 말을 들어본 적이 없었다. 과거 KBS에는 청와대 출신이나 대통령 특보 출신 등이 낙하산 사장으로 오곤 했다. 낙하산 사장이라는 프레임은 KBS의 공정성과 신뢰도를 떨어뜨리는 결정적 요인이었다. 그러다

---

1   '시민자문단' 제도는 895차 KBS 정기 이사회(2018. 1. 31.)에서 의결, 도입되었다. 당시 이사진(10기 후반기)은 김상근(이사장)·전영일·권태선·변석찬·조우석·이원일·조용환·김서중·차기환·장주영·강형철 등 11인이었다.
2   2016~17년 촛불의 시대정신은 시민참여의 확대, 일상 속(또는 직장 내) 민주주의 확장, 성평등과 사회적 소수자의 권리 강화, 한반도 평화, 공정과 상식 등의 가치를 담고 있었다. 한 마디로 민주주의의 회복과 확대였다.

필자가 사장에 취임한 직후 KBS를 방문한 정연주 전 KBS 사장이
'시민 참여로 뽑힌 최초의 사장'이라며 격려했다(2018.5.17.).

보니 특히 노골적인 낙하산 사장이 올 때마다 사원들은 격렬하게 반발했
다. 앞에서 본 것처럼 이게 바로 KBS 민주화 30년 역사의 큰 흐름이다.

이러한 배경 속에서 나는 촛불의 시대정신을 구현하기 위해 '공영방송
을 정상화'하고 '새로운 KBS'를 만들겠다고 다짐했다.

2018년 4월 9일, 사장 취임사를 통해 내가 가장 먼저 언급한 것은 국
장임명동의제 실시였다. 조직 내부의 민주주의 수준을 높이고 제작 자율
성을 실효성 있게 보장하기 위해, 보도와 시사 담당 국장에 대한 임명동
의제를 도입하겠다고 선언했다. 과거 10년 KBS의 많은 파행들은 바로
취재·제작의 자율성을 억압해서 생긴 일이다. 나는 취임사에서 이렇게
약속했다.

보도와 제작에 어떠한 압력도 행사하지 않겠습니다. … 이른 시일 내에 '국장
임명동의제'를 명문화해 취재·제작 자율성을 시스템으로 보장하겠습니다.

나는 이 약속을 곧바로 이행했다. 통합뉴스룸 국장(보도국장), TV프로덕션3담당(후에 시사교양1국장), 라디오프로덕션1담당(후에 라디오제작국장)을 먼저 지명한 후 해당 국 소속 기자나 PD 과반의 동의를 구하는 절차를 밟아 임명했다. 그리고 곧 이를 노사 합의로 단체협약에 명문화했다.

이와 함께 콘텐츠 중심으로 조직을 개편하고, 재임 기간 보도 부문과 시사·교양·드라마·예능·드라마·스포츠·라디오·국제방송 등 제작 부문에서 다양한 실험을 적극 장려하고 지원했다. 또한 보도본부가 재난방송을 고도화하고 '시청자와 함께하는 재난방송'의 틀을 만들 수 있게 지원했다. 이를 기반으로 2020년 초부터 코로나19 팬데믹에 선제적이고 적극적으로 대처해 국가 기간방송사로서의 책무에 빈틈이 없도록 했다.

지역방송을 활성화하기 위한 전략으로 저녁 〈7시 뉴스〉(40분)에 대한 편집권을 모두 지역총국의 보도국으로 귀속시켰다. 이전에는 본사 뉴스 30분 뒤에 지역뉴스를 10분 덧붙이는 형식이었다. 물론 각 지역총국에서 30분 더 긴 뉴스를 제작할 수 있도록 인력과 제작비를 더 지원했다. 방송사 최초로 성평등센터를 설치해 여성 직원에 대한 차별을 앞장서 철폐해 나갔다. 조직 내부에서 성평등을 구현하는 일은 KBS의 조직을 더 역동적으로 만들어줄 뿐 아니라 방송 프로그램에도 긍정적 영향을 줄 것으로 생각했다. 비정규직 처우 개선 및 '상생의 미디어 생태계' 구축을 위해 관련 예산을 배정하고 지상파 3사 간 협력을 도모하며 추진해 나갔다.[3] 노동조합과는 '노사 동반경영'이라는 내 원칙을 지키려 노력했다.[4]

KBS 예산 집행과 회계의 투명성 강화를 위해 임원들의 연봉과 업무추

---

3 그리고 오랜 시간 내부적으로 논의하고 조정해서 주 52시간제를 안착시켰다. 물론 비정규직과 미디어 생태계, 주 52시간제 이슈는 방통위 등 정부와의 유기적 협력을 통해 추진했다.

4 재임 기간 중 교섭대표노조인 KBS 본부노조(새노조)의 이경호 제5대 위원장 및 유재우 제6대 위원장과 적절한 긴장 관계 속에서도 KBS 개혁을 함께 추진할 수 있어서 감사했다.

진비를 공개하기 시작했고, 임기 첫해를 제외하고 이후에는 3년 연속 흑자(당기손익)를 달성했다.[5] KBS의 방대한 아카이브를 점진적으로 개방하기 시작했다.[6] 시민들과 학생들이 창의적인 콘텐츠를 만들고 이를 KBS 플랫폼을 통해 방송 또는 공유할 수 있도록 하기 위해서였다. 그리고 디지털·글로벌 미디어 시대를 맞은 공영방송의 새로운 비전 찾기에 부심했다. 그동안 급변해 온 미디어 환경 변화에 KBS가 제대로 대응하지 못하고 있었기 때문이다.

이러한 과제들을 이행하는 과정에서 뼈아픈 실수와 시행착오도 있었고, 핵심 가치로 내건 제작 자율성이 시험대 위에 서는 일도 있었지만, 여러 가지 변화를 만들 수 있었다. 무엇보다도 그동안 추락했던 신뢰도가 다시 회복되었다. 이러한 재임 시절의 자세한 얘기는 이 책에서 담기 어려워 다음 기회로 미루어야 할 것 같다.

임기 3년 8개월이 지나가고 또다시 일반 시민들이 사장 선임절차에 참여한 가운데 김의철 전 보도본부장이 후임 사장으로 뽑혀 임기를 시작했다. 김 사장은 새 경영진과 함께 기존의 토대를 더 튼튼히 하는 한편, KBS의 미래를 위해 더 많은 개혁 작업을 추진해 나가는 것으로 보였다.

---

5 당기손익은 2018년 −321억 원, 19년 +16억 원, 20년 +327억 원, 21년 +393억 원이다. 임기 첫해 당기손익이 적자를 기록한 이유는 콘텐츠에 대한 투자를 대폭 확대하고 비정규직 처우 개선과 '건강한 미디어 생태계 구축' 등 관련 예산을 늘렸기 때문이다. 영업손익은 적자에서 벗어나지 못했지만, 그 폭을 해마다 줄였다. 2018년 −585억 원, 19년 −759억 원, 20년 −140억 원, 21년 −71억 원. KBS의 재원 구조상 영업손익은 흑자를 내거나 균형을 맞추기는 현실적으로 어렵다. 그래서 재임 중에 뼈를 깎는 자구책을 전제로 하는 수신료 현실화를 추진했다.

6 꽤 오랜 준비 과정을 거쳐 사장 퇴임 직전에 공개용 콘텐츠 클립 제작에 착수했고, 플랫폼 구축 작업도 시작했다. 2022년 3월 3일(공사 창립일)에 '개방형 아카이브플랫폼'인 〈KBS 바다〉(bada.kbs.co.kr)를 오픈했다.

하지만 2022년 5월 윤석열 정권 출범 후 모든 게 전도되고 엉망이 돼 버렸다. 다시 임기가 많이 남은 KBS 사장을 정권이 공공연히 해임하고 낙하산 사장을 내리꽂는 시대로 역주행한 것이다. 이로써 공영방송을 정상화하고 새로운 KBS를 만드는 여정은 완전히 멈추었고, 민주주의와 시민참여의 확대, 공정과 상식 등 촛불의 시대정신은 짓밟혔다.

낙하산 사장 시대를 끝내기 위해 KBS 10기(후반기) 이사들이 숙고해서 도입한 시민자문단 제도는 간단히 폐기되었다. 이사회가 다시 거수기로 전락한 것이다. 새로 투입된 낙하산 사장은 보도 및 시사 담당 국장에 대한 임명동의제를 파기했다.[7] 이로써 제작 자율성은 다시 억압당하고 내부 민주화는 후퇴했다.

그 결과는 뉴스와 프로그램의 연이은 파행이었다. 자신과 무관한 시기의 보도에 대한 대국민사과,[8] 〈더 라이브〉와 〈역사저널 그날〉 등 폐지[9], 세월호 10주기 다큐 불방, 국가기간방송임을 망각한 재난방송 소홀과 이른바 '땡윤 방송'[10], 지난 8월 15일 광복절 일본의 '기미가요' 방송편성, 영화

---

7   박민 사장은 취임 후 임명동의 대상이던 국장 5명(보도국장, 시사교양1국장 등)에 대한 인사를 하지 못하다가 두 달이나 지나서 실시했다. 그러면서 단체협약에 명문화돼 있던 국장임명동의제를 일방적으로 파기했다. 이와 함께 박민 사장은 노조와의 단체협약 갱신을 회피했다. 현재 새노조는 사측을 상대로 노동법 위반 관련 소송을 진행하고 있다.

8   그는 윤석열 정권의 낙하산 사장답게 과거 보도국의 정상적 시스템 속에서 방송됐던 '오세훈 서울시장 검증 보도', '김만배-신학림 녹취록 보도' 등 네 가지 보도에 대해 머리 숙여 대국민사과를 하는 촌극을 벌였다. 그리고 당시 담당 기자나 데스크에게 어떠한 반론 기회도 주지 않고, 앵커가 일방적으로 사과 방송도 했다. 그리고 곧바로 〈9시 뉴스〉 편집과 배열이 이상해지기 시작했다. 최초의 여성 메인앵커로 〈KBS 뉴스9〉의 새 지평을 열었던 이소정 앵커를 시청자들에게 인사할 시간도 주지 않고 하차시켰다.

9   〈더 라이브〉는 당시 '한국인이 가장 좋아하는 시사교양 프로그램' 1위였다. 〈역사저널 그날〉은 이제원 제작1본부장이 '낙하산 MC'를 내려보내려다 제작진의 거센 반발로 실패하자 프로그램 자체를 아예 없애버린 형국이다.

10 2023년 11월 17일, 정부의 행정전산망이 마비된 국가적 재난이 일어나지만, 이날 KBS 9시 뉴스는 톱을 윤 대통령 소식으로 보도했다. 종편들까지도 당일 메인 뉴스에서 이번 국가적 재난을 첫 번째 리포트로 다루었지만, 오직 KBS만 'APEC 정상회담'을 첫 꼭지로 보도하며

진흥위원회로부터 독립영화로 인정도 받지 못한 〈기적의 시작〉 방영 강행 등 정상적인 공영방송에서 일어날 수 없는 몰상식한 일들이 줄을 이었다.

이뿐만이 아니다. 윤석열 정권은 수신료 제도를 개악시켜 공영방송의 근간을 파괴하며 KBS를 총체적 위기로 몰아넣었다. '수신료 분리 고지(징수)'는 '국민 편익'을 내세웠으나 예상대로 '국민 불편' 및 사회적 갈등비용을 폭증시키고 있다.[11] 현장은 대혼란 상황이고 박민 사장은 전혀 수습을 못 했다.[12]

또한 박민 사장은 KBS 사장의 인사권을 희화화하고 조직문화를 파탄 지경으로 만들었다. KBS 사장이 독립적으로 인사권을 행사하지 못하고 용산 대통령실의 개입을 허용했다.[13] 나아가 '막장 드라마'를 방불케 하는 간부 인사로 직원들에게 혐오감을 주고 제작진의 사기를 크게 떨어트렸다. 그리고 KBS 감사의 독립성을 침해한 인사 발령으로 감사실을 엉망으로 만들었다. 감사실에 실장과 부장이 2명씩 있는 해괴한 상황이 6개월째(2024. 11.) 계속되고 있다.[14]

대통령의 '정상외교'를 홍보한 것이다. 〈미디어오늘〉, 2023. 11. 18. 한 번뿐이 아니었다. 다음 해 여름에도 똑같은 일이 반복되었다. 〈민언련 모니터보고서〉, 2024. 7. 25. 참조.

11 2024년 10월 24일 자 〈미디어오늘〉은 단독기사로 "KBS 수신료 문의 전화 7월 22,000% 폭증… 전화 연결 10%대 그쳐"라고 보도했다. 수신료 부서 직원들은 폭증한 민원전화 때문에 공황 상태이고, KBS는 수신료 담당 인원을 수백 명이나 늘렸지만 부족하다고 한다. 뉴스를 취재하고 프로그램을 만드는 게 본업인 기자와 PD들을 계속해서 수신료 징수 부서로 보내고 있다. 수신료 분리 징수가 KBS에 미칠 파괴적 영향이 어떨지 가늠하기 어렵다.

12 1995년 홍두표 사장 시기, 수신료 제도가 통합징수 방식으로 개선됨으로써 KBS의 공영성이 획기적으로 높아졌다. 수신료를 전기료에 통합 고지(징수) 하게 되면서 1TV 광고도 폐지할 수 있었고, 뉴스를 비롯한 전체 프로그램의 품질이 올라가고 공영성이 강화되는 현상으로 이어진 것이다. 그만큼 공영방송의 안정적인 공적 재원은 중요하다.

13 사장의 인사안에 불만을 가진 일부 직원들의 투서가 대통령실로 들어가 뒤집히는 일이 반복되었다. KBS 내부에서 알만한 직원들은 다 알고 있는 일이다. 심지어 사장 명의의 인사 발령문을 사내 게시판에 올린 지 하루 만에 인사를 취소하고 다시 발령 내는 말도 안 되는 일이 아무렇지 않은 것처럼 횡행했다.

14 2024년 2월 박민 사장은 감사실 인사를 일방적으로 시행했다가 인사 대상자들이 법원에 낸

윤석열 정권의 공영방송 장악과 낙하산 사장의 막장 경영은 KBS에 대한 시민들의 혐오감과 냉소를 유발하고, 내부 제작진의 사기를 극단적으로 떨어트렸다. 이는 KBS의 방송 관련 지표를 일제히 추락시키는 결과로 이어졌다.

먼저 신뢰도 추락이 심각했다. 2024년 9월 초 발표된 시사주간지 시사인의 신뢰도 조사(한국갤럽)에서 MBC가 '가장 신뢰하는 언론매체' 1위를 차지했다. 응답자의 25.3%가 MBC를 꼽았고, 2위인 KBS는 8.5%에 그쳤다. 격차가 무려 16.8%로 MBC가 압도적 1위다. 2021년 같은 시기 조사에서 어렵게 신뢰도 1위를 회복했던 KBS는 2년 만인 2023년 조사에서부터 아래로 곤두박질쳤다. 윤석열 정부가 들어선 이후에 일어난 일이다. 이밖에 시사저널, 로이터저널리즘연구소, 한국기자협회보 등의 2024년 조사 결과도 비슷하다.[15]

앞에서 본 것처럼 2008년 이명박 정부 출범 이후, 특히 노골적 낙하산 사장 시기에는 KBS에 대한 신뢰도가 급격히 추락했다. 그러다가 2016년~17년 촛불 이후 KBS가 정상화되면서 신뢰도가 다시 회복되기 시작했고, 2020년부터는 KBS가 대부분 조사에서 1위를 기록했다.[16] 하지만

가처분신청이 인용되어 이들을 원상회복시켜야 했다. 이에 따라 이전의 감사실장과 기술감사부장이 복귀했으나 자신이 잘못 인사 발령한 또 다른 두 보직 간부에 대한 인사를 철회하지 않았다. 항고 중이라는 이유지만 배임 혐의를 벗어날 수 없을 것이다.

15 시사저널(2024. 8. 중순), 로이터저널리즘연구소(2024. 6. 17.), 한국기자협회보(2024. 7. 19.)

16 특히 2019년 1분기부터 'KBS공영미디어연구소'는 외부기관(리서치앤리서치)에 의뢰해 매년 분기별 신뢰도 조사를 했다. 내가 사장으로 취임한 이후였다. JTBC에 이어 2위에 머물던 KBS는 조사를 시작한 그해 4분기부터 1위로 올라섰다. 그리고 이후 신뢰도 1위를 내 준 적이 한 번도 없었다. 하지만 윤석열 정부가 출범한 2022년부터 KBS 자체 조사에서도 이상 현상이 나타났다. 그해 4분기 조사에서 MBC에 1위 자리를 내어준 것이다. 이른바 '바이든-날리면' 사태(윤석열 대통령 비속어 발언 파문) 직후였다. 그 후로 KBS는 1위를 회복하지 못하다가 2023년 12월 박민 사장 취임 이후 이 조사를 중단한 것으로 알려졌다.

2023년 11월, 박민 사장 취임 이후로 KBS의 신뢰도가 추락했다. 누가 대통령의 공공연한 측근이 사장인 방송사의 뉴스를 신뢰하겠는가?[17]

또한, 선거방송 시청률[18], 라디오 유튜브 조회수[19], 라디오 점유청취율[20], 메인뉴스 시청자수[21] 등 모든 지표가 급격히 추락했다. 역대 최악이다. 수신료를 주主 재원으로 하는 공영방송으로서 자격 상실이다. 노골적 낙하산 사장의 업보다. 이렇게 추락한 지표들로 KBS가 존재 이유를 계속 주장할 수 있을까?

그런데도 박민 사장은 연임을 시도했다. KBS 구성원들을 얕잡아 본 것이다. 하지만 큰 실책이었음이 곧 드러난다. KBS 구성원들이 다시 일어서기 시작한 것이다. 그동안의 혼란과 좌절, 무기력한 모습을 떨쳐내고 다시 행동하기 시작했다. 또 한 번 공영방송을 구하기 위해 일어선 것이다.[22]

---

17 KBS 기자들조차 KBS의 보도를 전혀 신뢰하지 않고 있었다. KBS기자협회가 소속 기자 469명을 대상으로 2024년 8월 26일부터 9월 1일까지 실시한 모바일 설문조사(302명 참여, 참여율 64.4%)에서 응답자의 91%가 "KBS 보도가 공정한가"라는 질문에 "그렇지 않다"고 응답했다.

18 2024년 4·10 총선 선거방송 시청률 1위는 KBS가 아니라 MBC였다. 그것도 전 시간대에서 압도적 시청률 1위를 기록했다. KBS 역사상 전무후무한 일이다. 4년 전 2020년 4·15 총선 선거방송에서 KBS는 평균 시청률에서 두 자리 숫자로 압도적 1위를 기록했다(닐슨코리아, 수도권 기준). 특집으로 방송된 〈뉴스9〉은 14.3%였다.

19 박강수, "'박민 체제' 반년 만에 KBS 라디오 유튜브 조회수 86% 급감: 지난해 11월 박민 취임 후 하락세 뚜렷", 〈한겨레〉, 2024. 5. 13.

20 2023년 1월(김의철 사장 재임) 기준 KBS 1라디오 청취점유율은 7.8%였다. 하지만 박민 사장 취임 후 반토막이 났다. 2024년 7월(박민 사장 취임 7개월 후)에 3.1%를 기록한 것이다.

21 시청률 조사기관 닐슨코리아(수도권 기준)의 조사 결과, 그동안 흔들림 없이 〈KBS 뉴스9〉(저녁 9시 메인뉴스)의 시청자수 1위를 지켜 왔던 KBS는 2024년 4월, 64만 5,200명대를 기록하며 66만 6,500명을 기록한 MBC에 정상을 내줬다. 〈KBS 뉴스9〉의 시청률과 시청자수는 계속 감소하고 있다.

22 물론 KBS 구성원들은 산발적이었지만 계속해서 저항해 왔다. 사실 이번 투쟁은 그 맥이 이어진 것이라고 보는 게 맞다. 2024년 봄, 세월호 10주기 다큐를 중단시키자 제작 PD들이 앞장서서 노조와 함께 싸웠다. 〈역사저널 그날〉 낙하산 MC 사건 때도 마찬가지였다. 2024년

취임 300일 되던 시점(2024. 9. 9.), KBS본부노조(이하 새노조)가 박민 사장에 대한 신임투표를 실시했다. 조사 결과는 예상대로 참담했다. 전체 응답자 98% 이상이 '불신임'한다고 답했다. 전체 2,028명의 투표 대상 조합원 가운데 82%(1,675명) 이상이 참여한 냉혹한 평가다. 다른 노조(같이노조)의 비슷한 시기 조사 결과도 유사하다.[23] 이에 2024년 10월, 새노조와 KBS노조(기업노조) 조합원들은 쟁의행위에 관한 찬반투표를 각각 실시해 압도적 찬성률로 통과시켰다.[24]

그리고 이들은 2017년 '142일 파업' 이후 7년 만에 다시 깃발을 치켜세웠다. 2024년 10월 18일, 600명이 넘는 본부노조 조합원들이 KBS 본관 계단에서 조합원 총회를 열었다. 이어 10월 23일, 본부노조가 박민 사장 연임을 저지하기 위해 대규모 집단행동에 나섰다. 사장 후보자들에 대한 이사회 면접 날이던 이날, 조합원 600여 명이 본관 2층부터 6층 면접장까지 '인간띠잇기' 시위를 벌이는 등 하루 동안 총파업을 벌였다.[25]

결국 이날 박민 사장은 연임에 실패했다. 연임이 유력하다는 말도 있었으나 그의 낙마는 사실 사필귀정이 아니었을까? 돌이켜보면 2008년 이후 새노조로부터 90% 전후의 불신임을 받은 사장들은 결국 모두 쫓겨나는 운명을 겪었다. 2014년 세월호 참사 직후 보도에 개입한 것으로 드

8·15기획 〈기적의 시작〉에 대해서도 편성을 담당하는 PD가 노조와 함께 강력하게 문제를 제기하고 밖으로 알렸다. 이에 시민단체들이 연대투쟁에 나서기도 했다. 또한 과거 오세훈 서울시장 후보에 대한 검증보도를 했던 기자들도 대국민사과를 한 사장과 이를 그대로 보도한 보도국 책임자들을 상대로 소송을 진행 중이다.

23 '같이노조'는 새노조와 KBS노조(기업노조)에서 일부 조합원들이 '대안노조'를 표방하며 2023년 8월에 출범한 KBS의 네 번째 노동조합이다. 조합원 숫자는 현재 3~400여 명으로 알려져 있다.

24 새노조 조사(2024. 9. 23.~10. 7.): 투표권자 2,085명 중 1,754명 투표(투표율 84.12%), 투표자수 대비 찬성률 92.76%, 재적 대비 찬성률 78.03%, KBS노조 조사(새노조와 같은 기간): 투표율 74%, 투표자수 대비 찬성률 89%.

25 본부노조는 '단체협약 쟁취, 무능경영 심판, 공영방송 KBS 사수'를 명분으로 내걸었다.

러난 사장이 그랬고, 2016~17년 촛불의 시대정신을 외면한 사장이 그렇게 됐다.[26] 이번에도 박민 사장이 새노조 조합원 98% 이상, 같이노조 조합원 93.8%로부터 불신임 받고, 결국 쫓겨난 셈이 되었다. 지난해 말, 나는 한 매체에 기고한 글을 통해 이렇게 예상했다.

공영방송 KBS의 지난한 역사와 이에 기반한 묵직한 저력을 절대 무시하지 말라. KBS 구성원들은 결코 만만하지 않다. 과거 10여 년 동안 공정방송을 외치며 급여를 희생하고 총 9달 넘게 제작 거부와 파업을 감행했던 그들이다. 그들은 시민과 시청자의 위력을 너무도 잘 알고 있다. 물론 이제는 과거와는 다른 방식으로 싸울지도 모른다. 하지만 그들은 결코 복종하지 않을 것이다. 이를 무시한다면 박민 사장은 결국 쫓겨나고 주변 사람들을 모두 불행하게 만드는 운명을 맞게 될 것이다.[27]

이렇게 박민 사장이 물러나게 되었지만 시련은 끝나지 않았다. 그에 못지않은 낙하산 사장이 뒤를 잇게 되었기 때문이다. 2024년 10월 23일 KBS 이사회 면접 결과, 박장범 〈KBS 뉴스9〉 앵커가 최종 사장 후보로 뽑혔다. 물론 여권 이사 7명만의 표결이었다.[28] 박 후보는 윤 대통령 부인이 민원인에게서 받은 '디올 명품백'을 "이른바 파우치, 외국 회사의 조

---

26 세월호 참사 직후(2014. 5. 19.), KBS본부노조가 길환영 사장에 대한 신임투표를 실시한 결과 불신임률이 98%로 나왔다고 발표했다. 김시곤 전 보도국장이 길 사장의 보도 개입을 폭로한 이후였다. 그리고 2017년에 새노조가 KBS노조 및 사내 10개 협회와 공동 실시한 설문조사 결과, '고대영 사장이 지금 사퇴해야 한다'는 문항에 대해 응답자 가운데 88%인 2,896명이 '예'라고 대답했다.

27 양승동, "박민 사장에게 묻는다 '혹시 KBS를 문화일보로 알고 있나?' [양승동 전 KBS 사장 특별 기고] 박민 사장, 모든 것을 잃을 수도", 〈미디어오늘〉, 2023. 11. 20.

28 야권 인사들은 이번 이사회 의결이 무효라고 주장했다. 1주일 전(10. 17.) 서울행정법원이 '2인 방통위 체제'의 의결이 위법하다고 판결했기 때문이었다.

그마한 백"이라고 말해서 국민적 조롱을 받았던 기자다. 그에 대한 국회 인사청문회가 이례적으로 3일이나 열리고 언론노조와 KBS본부노조, 민언련 등 90여 시민·사회·언론·노동단체로 구성된 '언론장악저지공동행동'이 강하게 반대했다. 하지만 인사청문회 종료 3일 만인 11월 23일, 윤석열 대통령은 그를 제 27대 KBS 사장으로 임명했다. 인사청문회에서 사장 선임 과정에 용산 대통령실의 관여 의혹이 불거지자 서두른 게 아니냐는 분석이 나오기도 했다.

하지만 그의 앞날도 역시 순탄치 않을 것이다. 그동안의 박 후보 언행으로 볼 때 지금의 수신료 징수 관련 대혼란을 해결할 수 있는 비상한 의지와 역량을 기대하기 어려울 뿐 아니라, 무엇보다도 박민 사장이 추락시킨 KBS의 신뢰도 등 각종 방송 관련 지표를 다시 회복시킬 가능성이 없어 보이기 때문이다.[29] 물론 실마리는 있다. 우선 그가 낙하산 사장이라는 꼬리표를 스스로 과감하게 떼는 것이다. 다시 말해 제작 자율성을 보장하기 위한 국장임명동의제 실시 등의 획기적인 조치들을 취하는 것이다. 하지만 그렇게 하지 못하는 이상, KBS 기자와 PD 등 사원들의 저항은 멈추지 않을 것이고 내부 파행은 계속 이어질 것이다.[30] 사실 수령에 빠진 수신료 이슈를 해결하기 위한 가장 기본적인 전제 조건은 신뢰 회복이다. 추락한 KBS에 대한 신뢰도를 끌어 올리는 일이다. 따라서 그

---

29 KBS의 29·30기 기자들은 성명(2024. 10. 29.)에서 "박장범 사장 후보자가 앵커로 나섰던 기간 KBS 〈뉴스9〉의 일평균 시청자 수는 168만 명 수준"이라며 "전임 앵커 시기 247만 여명과 비교해 32%가 떨어졌다"고 지적했다. "박장범 앵커 후 KBS 메인뉴스 시청자수 32% 하락", 〈미디어오늘〉, 2024. 10. 30. 그리고 2024년 11월 14일(국회 인사청문회 4일 전), KBS 본부노조는 소속 조합원을 대상으로 한 'KBS 사장 후보자 박장범 찬반 설문조사' 결과를 발표했는데, 투표자의 95.4%가 '27대 KBS 사장에 부적합하다'고 답했다.(투표권자 2,032명, 투표자 1,630명, 투표율 80.21%).

30 이사회 다음 날부터 박장범 후보에 대한 기자들의 기수별 반대 성명이 잇따랐다. 2024년 10월 29일 기준, 공채 18기부터 50기까지 전 기수의 기자들 총 495명이 연명했다.

가 수신료 문제를 해결할 의지가 있다면 우선 보도 및 시사 담당 국장들에 대한 임명동의제부터 부활시키라고 권고한다. 그러면 KBS에 대한 신뢰도가 올라가기 시작할 것이다. 이러한 사실상의 경고를 새 사장이 무시한다면 KBS 본관 6층 사장실의 높은 천장은 수시로 그를 짓누를 것이고 사장이 앉는 의자는 가시방석이 될 것이다.

나는 PD시절 30년 동안 스튜디오와 광장을 수없이 오가며 고민해야 했다. 그러다 보니 다큐멘터리 PD로서의 역량을 계속 쌓아갈 수 없었다. 내 제작 역량을 농익게 발휘해야 할 시기에 길거리와 광장으로 나가야 했다. 내 동료들도 대부분 그랬다. 이제 시민의 한 사람으로 돌아오면서 KBS에서 더 이상 이런 일이 반복되지 않기를, 나와 내 동료들이 겪었던 고통을 후배들은 더 이상 겪지 않기를 바랐다. 하지만 그렇게 되지 않았다. 안타까운 일이지만 이 또한 역사의 필연이자 교훈일지도 모른다.

KBS의 민주화 여정 30년, 그리고 공영방송 정상화 5년 그 후, KBS는 다시 칼바람 이는 혹한기를 겪고 있다. 지금 KBS는 무성했던 잎사귀를 떨구게 된 나목裸木 같은 모습이다. 하지만 절망하지 않는다. 조만간 다시 잎을 틔우고 꽃을 피울 것으로 믿는다. KBS의 뿌리가 깊고 건강하기 때문이다. 설립 초창기인 1980년대 후반의 PD협회·기자협회 등 직능단체들과 노동조합, 2008년의 사원행동, 그리고 2010년 이후의 새노조가 만들어 온 'KBS 민주화 30년'의 역사가 바로 그 곧고 단단하게 뻗어 있는 뿌리이자 자양분이다. 1987년 6월 민주항쟁 이후부터 2016~17년 촛불항쟁, 그리고 '142일 파업'까지의 KBS 민주화 여정은 구성원들의 기억 속에 깊게 각인되어 있을 것이다. 그들이 지난 역사를 성찰하며 용기를 낸다면, 그곳에 분명 생명의 봄이 다시 올 것으로 믿는다. 나는 이 책을 쓰는 과정에서 그 믿음을 확인할 수 있었다.

2024년 11월

나나출판 원고지